POINTS AVENTURE

un esprit de liberté

UNE COLLECTION DIRIGÉE PAR PATRICE FRANCESCHI

Il y a 2 500 ans, Pindare disait : « N'aspire pas à l'existence éternelle mais épuise le champ du possible. » Cette exhortation à un dépassement de la vie était aussi un appel à la liberté et aux liens qui l'unissent à l'esprit d'aventure.

Vingt-cinq siècles plus tard, l'énergie vitale de Pindare ne serait-elle pas un remède au désenchantement de nos sociétés de plus en plus formatées et encadrées ? Et l'esprit d'aventure l'un des derniers espaces de liberté où il serait encore possible de respirer à son aise, d'agir et de penser par soi-même ?

C'est sans doute ce que nous disent les livres qui, associant aventure et littérature, tentent de transformer l'expérience en conscience.

Patrice Franceschi

MÉMOIRES

suivi de

JOURNAL DE GUERRE

Roland Garros

MÉMOIRES

suivi de

JOURNAL DE GUERRE

Préface de Philippe Forest

Avant-propos et dossier de Jean-Pierre Lefèvre-Garros

Phébus

Édition établie et annotée par
Louis Chevaillier

ISBN 979-10-414-1158-0

PRÉFACE
de Philippe Forest

L'homme qui embrassait les nuages

1

J'ai longtemps cru à une fable.

J'allais écrire : à une blague.

Sur la foi – si j'ose dire ! – de quelques lignes de Blaise Cendrars dont la faculté à falsifier sa vie fut telle que, dans l'esprit du lecteur le mieux crédule, elle finit par jeter un doute même sur la plus authentique des anecdotes que l'écrivain rapporte.

Les lignes dont je parle se trouvent dans *Le Lotissement du ciel*, le dernier des grands textes de Cendrars et peut-être le plus sous-estimé, le plus insoupçonné des chefs-d'œuvre littéraires de notre vieux vingtième siècle. En 1949, le légendaire et lointain poète de *La Prose du Transsibérien* et de *Pâques à New York* y mène à son terme l'entreprise autobiographique commencée par lui quatre ans plus tôt avec *L'Homme foudroyé*.

« Des Mémoires qui sont des Mémoires sans être des Mémoires », dit-il.

Dans son livre, Cendrars célèbre, des étoiles aux oiseaux en passant par les morts et les saints, tout ce qui est au ciel : ce ciel nouveau, né avec son siècle, où en quelques décennies se sont mis à tourner ces étranges objets nés de l'inventivité des hommes, que Clément Ader, paraît-il, fut le premier à baptiser des « avions », merveilleuses machines qui portaient la promesse d'une paix enfin acquise entre des peuples partageant la même petite planète mais qui devinrent aussitôt les instruments d'une destruction comme la terre n'en avait encore jamais connu de semblable.

2

Nous sommes près de Carvin, dans le Pas-de-Calais, à l'époque de ce que l'on appelle la « drôle de guerre » que Cendrars suit comme correspondant auprès des forces britanniques. La First Brigade est en manœuvre, exposée à une hypothétique attaque de la Luftwaffe. L'auteur futur du *Lotissement du ciel* a de longues conversations avec un prêtre irlandais, l'aumônier des Welsh Fusiliers. Elles portent sur la légende de Joseph de Cupertino, moine italien que ses prouesses inégalées en matière de lévitation contribuèrent à canoniser, faisant de lui le saint patron des aviateurs. Par association d'idées, Cendrars se met à songer au *Journal* de Roland Garros et plus particulièrement à ses premières pages dans lesquelles le pionnier de l'aéronautique se rappelle comment enfant il rêvait déjà de voler.

« Ce *Journal*, écrit Cendrars en 1949, est toujours inédit. Garros l'a fait taper à cinq exemplaires et l'a remis personnellement à cinq de ses amis, pour la plupart de ses anciens compagnons d'aventures à La Nouvelle-Orléans, à Mexico, à La Havane, sous la condition expresse de ne jamais le publier ni de le communiquer à la presse. J'avais tout de même réussi à entrer en possession de l'un de ces cinq exemplaires mais il a disparu, ainsi que tous mes autres papiers, lors du pillage de ma maison des champs en Seine-et-Oise, fin juin 1940. Mon exemplaire était un manuscrit de deux cent quatre-vingt-six feuillets, soigneusement dactylographiés au recto et au verso, sur un papier de Hollande, d'un petit format écu, genre papier à lettres d'une femme du monde ou du demi, sans interligne, sans paragraphes et sans marge aucune, de la dactylographie en bloc, du travail consistant, comme bétonné, sans une faute, sans une rature. De l'ouvrage bien faite. Je n'ai jamais vu un tel boulot. Raconter de qui je le tenais serait écrire un roman. Peut-être le ferai-je un jour ; mais rien n'est moins certain. »

Ce roman, on s'en doute, Cendrars ne l'a jamais écrit. L'histoire promise en semble d'ailleurs si invraisemblable que le lecteur – ce fut mon sentiment – se trouve fort tenté d'imaginer qu'elle doit tout aux élucubrations de l'écrivain et que le mystérieux manuscrit qu'il prétend avoir reçu, lu et puis perdu a toutes les apparences d'une pure fiction : une sorte de livre-fantôme dépourvu de réalité et fabulé de toutes pièces afin d'alimenter la légende de son auteur supposé.

3

Pourtant, le *Journal* de Roland Garros existe bel et bien.

J'en ai sous les yeux la copie réalisée d'après l'exemplaire que détient le Musée de l'Air et de l'Espace du Bourget. La dactylographie ne ressemble pas du tout à la description qu'en donne *Le Lotissement du ciel*. La page de titre – qui nomme *Mémoires* ce que Cendrars appelle *Journal* – donne quelques indications sur le circuit que suivit le manuscrit. Il n'est guère moins romanesque que celui dont parle Cendrars. Les *Mémoires* de l'aviateur auraient été rédigés lors de sa longue captivité en Allemagne entre 1915 et 1918 et plus précisément dans les cellules des « camps de représailles » où son insubordination avait valu à Garros d'être envoyé. Le manuscrit lui en aurait été confisqué par ses geôliers qui l'auraient conservé après l'évasion de leur prisonnier. C'est auprès d'eux que l'aurait retrouvé un certain Jean Ajalbert.

Son nom ne dit plus grand-chose à quiconque mais il fut un écrivain en vue. À Saigon, il avait fait la connaissance du père du jeune aviateur, devenant ensuite l'ami de ce dernier et contribuant grandement à sa gloire posthume en signant en 1926 les deux volumes de sa *Passion de Roland Garros*. C'est donc à lui que nous devrions la découverte en Allemagne du *Journal* de l'aviateur dont Ajalbert aurait réalisé une copie afin de la remettre au père du pilote disparu. À en croire, en tout cas, la note figurant en tête du manuscrit que je lis… Ce qui ne correspond pas à ce qu'en dit *Le Lotissement du ciel* où Cendrars, certain qu'Ajalbert ne les avait pas lus, rêve ironiquement à ce que ce douteux hagiographe aurait pu faire des *Mémoires* de son héros si, comme lui, il les avait eus sous les yeux.

On s'y perd déjà ! Pourtant, on ne peut guère douter que Cendrars ait eu le texte en sa possession. Le résumé qu'il en donne est trop précis. « Le *Journal* de Garros, écrit-il, est le document le plus extraordinaire, et le plus pittoresque et le plus vivant que l'on puisse lire sur les débuts de l'aviation en France et à travers le monde. » Le lecteur en jugera mais c'est assez juste, je crois.

La preuve que Cendrars dit vrai et qu'il n'ignorait pas les souvenirs laissés par l'aviateur ? En tête de *Vol à Voile*, un autre de ses textes autobiographiques d'abord publié en 1932, il place en épigraphe – en regard d'un extrait de l'épître aux Corinthiens de saint Paul ! – une longue citation du *Journal* de l'aviateur qui en constitue l'incipit. Roland Garros s'y explique sur l'origine de sa vocation et la fait remonter aux rêves qu'il avait enfant et dans lesquels, sans le secours d'aucune machine mais par les seules ressources de son corps et de son esprit, il se voyait voler.

4

Il n'est pas donné à tous les hommes de voir se réaliser les rêves de leur enfance.

Particulièrement lorsque ces rêves furent aussi ceux du siècle au sein duquel ils grandirent.

Roland Garros reçut cette grâce – qui, comme toutes les autres, vient d'en haut. Il le reconnaît. Son exaltation, il la partagea avec tous les hommes, toutes les femmes de son âge qui, comme lui, s'émurent aux exploits des premiers inventeurs du ciel : « Je dirais encore ma passion d'enfant pour les chimères de Jules Verne ; mon enthousiasme de jeune homme pour les réalisations de Santos-Dumont, des Wright et des Voisin. Il est vrai qu'à cette époque, toute ma génération vibrait avec moi. »

L'utopie vraie qui accompagna il y a un peu plus de cent ans les débuts de l'aviation est déjà trop loin de nous désormais pour que nous la comprenions encore. Elle nous parle vaguement d'un temps où l'on croyait toujours au progrès, convaincu comme on l'était alors que la même marche en avant allait conduire l'humanité unanime vers une époque de prospérité, de liberté et de justice. Parce qu'ils incarnaient un esprit affranchi de la pesanteur, les pilotes passaient pour des pionniers et des prophètes, prométhéens hérauts d'une ère nouvelle où les vieilles frontières tracées sur la terre auraient cessé de séparer les Nations de sorte que tous les peuples puissent pacifiquement converser dans les airs.

D'une telle espérance témoignent les *Mémoires* de Roland Garros. Le récit couvre cinq petites années. Mais on les dirait chacune aussi longue qu'un siècle tant elles sont denses en événements et riches en nouveautés, donnant le sentiment que le temps s'accélère soudain. Au début – nous sommes en 1910 – Garros, aux commandes de sa frêle Demoiselle conçue par Santos-Dumont, peine à décoller de quelques mètres afin d'accomplir en rase-mottes un vague tour de piste susceptible d'épater les spectateurs peu exigeants de la province profonde où lui et ses amis exhibent leurs nouvelles machines. À la fin – c'est-à-dire seulement deux ans plus tard – son Blériot lui permet de s'élever à quelque 5 000 mètres au-dessus du sol, d'arracher le record d'altitude, puis, sur son Morane-Saulnier, de traverser le premier la Méditerranée, accomplissant un exploit véridique avec lequel son nom s'inscrit à tout jamais dans l'Histoire entre ceux de Blériot et de Lindbergh et en lettres capitales d'une importance égale.

5

Mais les *Mémoires* de Roland Garros ont une valeur autre que purement documentaire. Sinon le livre n'intéresserait plus que les historiens de la défunte épopée aéronautique, si désuète désormais qu'elle nous paraît appartenir à une époque définitivement révolue.

Il s'agit d'un vrai roman, d'un roman vrai, celui de l'aviation naissante, tel que ce roman fut vécu par un individu tout entier voué par sa vocation à la pure passion de voler.

Dans ces pages, il n'est en effet question que d'avions. Quant au reste, Roland Garros n'en parle pas – ou presque. Qui voudra en savoir davantage sur l'existence du héros devra se reporter aux ouvrages que lui consacrèrent autrefois les biographes et au plus récent *Roland Garros, pionnier de l'aviation* de Jean-Pierre Lefèvre-Garros.

De son enfance lointaine – il est né à La Réunion et a grandi à Saigon –, Garros ne dit rien sinon pour rappeler les rêves qui le ravissaient et auxquels il dut son désir de voler. Son récit débute lorsqu'à vingt ans, encore étudiant, les affaires qu'il fait dans le commerce automobile le mettent à la tête d'un petit pécule à l'aide duquel il acquiert son premier appareil. Tout se termine alors que la Première Guerre mondiale s'apprête à éclater – comme si Garros n'avait pas eu ensuite le cœur de pousser son récit davantage.

Remarqué sur le terrain d'Issy-les-Moulineaux où il s'essaye au maniement de sa Demoiselle, le pilote fait ses preuves à Cholet lors d'une exhibition qui lui vaut d'être invité à New York. On lui propose de se joindre au cirque volant dont la tournée va l'entraîner à travers les États-Unis et jusqu'au Mexique ou à Cuba. En 1911, il est de retour en Europe. Il y fait plus que bonne figure dans les courses aéronautiques qui rallient les capitales du Vieux Continent. Il repart pour le Nouveau Monde et s'illustre au Brésil. Revenu en France, il est de toutes les compétitions, de tous les meetings, brise à plusieurs reprises le record d'altitude, ouvre des routes nouvelles dans le ciel dont la plus fameuse est celle qui, en septembre 1913, lui fera franchir enfin la Méditerranée.

6

Tout cela se lit, comme on dit, à la manière d'un roman auquel rien ne manque de ce que le genre exige. Le jeune héros y fait modestement l'apprentissage de son art, triomphe des épreuves qui jonchent sa route, survit aux menaces multiples qu'il affronte. Il apporte la preuve de ses qualités physiques et morales, fait la démonstration de son talent, conquiert la gloire.

Son roman est aux dimensions du monde – mais d'un monde auquel la terre ne suffit plus, auquel il faut désormais l'azur. Il y a en lui un côté Jules Verne dont Roland Garros avait d'ailleurs bien conscience. Tout commence, comme il se doit, dans l'esprit de *Cinq semaines en ballon* et s'achève avec les inquiétants accents de *Robur le Conquérant*. Les tribulations de l'aviateur et de ses camarades sur les terres exotiques de l'Amérique évoquent irrésistiblement celles de Philéas Fogg et de Passepartout.

Le jeune aviateur, souligne Cendrars, « donne cent portraits d'extravagants qui se passionnèrent d'un seul coup pour les choses de l'air et qui voulaient devenir pilotes : des cow-boys, des financiers, des mécanos, des ivrognes, des femmes, toutes plus ou moins toquées qui voulaient subir au moins le baptême de l'air et qui l'entraînaient dans toutes sortes d'aventures qui se terminaient généralement dans des bars aux fulgurants cocktails (les premiers !) que Garros énumère avec éblouissement ». Il rapporte, ajoute toujours Cendrars, « la formation d'un pilote d'élite sorti indemne des mille et un risques courus et des innombrables chutes d'un casseur de bois ».

Ce formidable feuilleton, haut en couleur, a pour héros des aviateurs à la fois casse-cous et cabotins, bricoleurs et acrobates qui multiplient leurs périlleux numéros dans le ciel. Sur d'improbables terrains improvisés au fin fond de la province française ou dans les États les plus périphériques de la grande Amérique, au Mexique où la guerre sévit, la foule se presse pour acclamer leurs exploits quand elle ne menace pas de les lyncher et d'incendier leurs appareils si la prestation offerte n'est pas à la hauteur des attentes suscitées par le spectacle – et du prix acquitté afin d'y assister. Ils courent le cachet et cassent les records, mènent une vie de funambules et de baladins tout en réussissant ce que personne avant eux n'avait osé entreprendre ou même imaginer. La pure passion du vol qui les possède a pris pour eux les proportions d'une addiction : « Le vol, avoue Garros, était devenu plus qu'une passion : un besoin. Il m'absorbait tout entier et je ne m'en privais pas sans en ressentir comme un déséquilibre physique. »

7

À une bonne histoire comme celle que raconte Garros, il faut une fatalité que le héros défie, dont il triomphe ou bien dont il périt. Elle ne manque pas.

La mort accompagne les aviateurs. Elle les frappe souvent. Comme ce 31 décembre 1910 quand John

Moisant, l'ami et le mentor de Garros, s'écrase sur la piste d'un terrain de Louisiane. Ses camarades viennent rendre un dernier hommage au pilote dont le corps est exposé dans sa combinaison de vol. « Les traits sont figés, relate Garros, avec une expression de calme infini, dans un vague sourire mystérieux. On croirait qu'il rêve, n'était-ce ce teint cadavérique et l'instinct animal qui nous avertit de la mort. » Garros médite devant cette image du sort qui, sans doute, l'attend lui aussi : « Une étrange impression se dégageait de cette scène. Voilà ce qui restait de cette nature indomptable, de cet orgueil inflexible, de cette audace folle. Une petite seconde avait contenu le dénouement de cette longue vie d'aventures, obscures ou brillantes. [...] Que pouvions-nous espérer, dans cette lutte quotidienne contre des dangers croissants, des terrains impossibles, des appareils usés ? Le risque intoxiquait nos nerfs, devenait comme un poison nécessaire à notre hygiène. Le macabre nous était familier. »

Entendu à l'Opéra-Comique, un air de la *Lakmé* de Léo Delibes obsède le pilote et semble lui annoncer le dernier acte, forcément sanglant, de la tragédie qu'il joue sur la scène du monde sous un décor de ciel : « Mais, sur leurs têtes, Brahma/ A suspendu sa vengeance/ Et, quand elle éclatera,/ Ce sera la délivrance. » Même les songes enchantés de l'enfance contiennent déjà leur part d'angoisse. Le « vol-rêve », se souvient Garros, quand il était petit, se doublait du « vol-cauchemar ». L'un était comme l'envers de l'autre. Et tous deux formulaient ensemble pour l'enfant la prophétie du destin dont il ne pourrait interminablement différer la sentence.

Tôt ou tard, pour le meilleur ou pour le pire, la vie vient vérifier le rêve qui l'annonçait. Le passé comprenait déjà obscurément tout ce que le présent offrirait. Le vol réel, lorsqu'il en fait enfin l'expérience, répète, redouble et confirme pour l'adulte l'idée que l'enfant s'en faisait dans ses songes, émerveillé et effaré, qui en savait déjà tout et pressentait jusqu'à la façon dont il se briserait enfin. Il n'y a rien d'étonnant à ce que le rêve se transforme en cauchemar. « En miroir, en énigme », selon le mot de Saint Paul cité par Cendrars, la chute réfléchit l'envol qu'elle annonce et avec laquelle mystérieusement il s'accomplit.

8

La conclusion manque toujours aux Mémoires que laissent les hommes. Le moment de la mort en est nécessairement absent. Le récit de Roland Garros s'interrompt à la veille de la guerre. Il est pourvu pourtant d'une sorte d'épilogue. Il s'agit du journal tenu par l'aviateur du 16 août 1914 au 18 avril 1915. Garros a rejoint les rangs de l'armée. Devenu pilote de guerre, il met toute son ingéniosité à élaborer un système destiné à permettre à une mitrailleuse fixée sur le fuselage de faire feu à travers le champ de rotation de l'hélice : révolution technique avec laquelle naît l'art moderne du combat aérien et que l'aviateur expérimente pour son propre compte sur le Morane-Saulnier aux commandes duquel son nouvel armement lui assure coup sur coup trois victoires. Mais, le 18 avril, l'appareil de Garros est contraint à se poser derrière les lignes ennemies. Le pilote met le feu à son avion sans parvenir pourtant à détruire son matériel que les ingénieurs allemands auront ainsi tout loisir d'étudier. Roland Garros n'aura de cesse de s'évader des camps de plus en plus rigoureux où on le retient prisonnier. Son histoire, dit-on, aurait inspiré à Renoir le scénario de sa *Grande Illusion*. Après plusieurs tentatives, l'aviateur réussit enfin à s'échapper, rejoint la France, reprend le combat et meurt enfin lorsque le 5 octobre 1918 son appareil se disloque en plein vol et puis va s'écraser sur le sol des Ardennes.

En un sens, puisqu'il fut le premier à être muni de l'armement qu'il exige, Roland Garros a inventé le combat dans le ciel. C'était le 1er avril 1915. Il raconte comment dans les notes de son *Journal* et la vision d'horreur qui s'ensuivit : « [...] une immense flamme jaillit du moteur allemand et se propage instantanément. Chose curieuse l'avion ne tombe pas mais décrit une immense spirale. Le spectacle est épouvantablement tragique, irréel. La descente s'accentue pendant 20 secondes et se termine par une chute de 200 mètres et un écrasement effroyable. Je regarde bien longtemps pour me convaincre qu'il ne s'agit pas d'un cauchemar [...]. Nous partons en auto pour voir les restes : un tas de morceaux carbonisés et deux cadavres nus et saignants.

« Les réservoirs étaient criblés, le passager avait une balle dans la tête. On n'a pas pu en relever d'autres vu l'état horrible des cadavres [...]. »

Garros conclut : « Ce succès est une immense joie pour moi. » Bien sûr, il est difficile de se défendre du sentiment que c'est à sa propre mort qu'« en miroir » Roland Garros assiste alors que le rêve aéronautique dans lequel l'humanité tout entière avait placé ses espoirs et qu'il avait si bien servi est autour de lui, avec lui, grâce à lui, en dépit de lui, en train de se muer en cauchemar.

9

Je ne sais pas trop comment l'on pourrait expliquer le lien si particulier qui unissait autrefois pilotes et poètes. Mais ce lien existe. Le seul nom de Saint-Exupéry suffit à l'attester. Il y eut bien d'autres écrivains qui, avant lui, avec lui, prirent fait et cause pour l'art nouveau de l'aviation. Il serait trop long de tous les citer ici. Cependant nommer au moins Cocteau s'impose. Il fut l'ami de Garros qui le prit à bord de son aéroplane comme le relate, en vers, *Le Cap de Bonne-Espérance*.

« Un univers nouveau/ chavire », écrit Cocteau. Il se peut après tout que ce soit le même désir de vertige que partagent pilotes et poètes : le monde sens dessus dessous où, tous repères perdus, on se retrouve ivre d'azur, affranchi des règles ordinaires qui prévalent sur terre, délesté du poids des significations usuelles qui vous attachent au sol. Une révolution du regard s'opère qui refait toutes les choses nouvelles parmi lesquelles flottent le corps et l'esprit, semblablement soustraits aux vieilles exigences de la gravitation.

Le moment de la mort n'est pas nécessairement le moment le plus vrai d'une vie.

Plutôt que celle du guerrier, de l'apprenti-sorcier déchaînant les forces de destruction qui lui seraient finalement fatales, je crois que c'est une autre image qu'il faut retenir de Garros. Ses premières prouesses, du temps où il volait dans le ciel américain et excellait à jouer à cache-cache parmi les nuages pour le plus grand plaisir d'un public voyant resurgir son appareil dans le bleu et le blanc, lui avaient valu le surnom de « Cloud-Kisser ».

L'inverse est moins souvent vrai : mais un pilote peut être un poète. J'en veux pour preuve, parmi beaucoup d'autres, ces lignes dans lesquelles Roland Garros décrit le ciel comme si, depuis l'altitude où il le considère, il le comprenait enfin : « Je contemplais pour la première fois le spectacle éblouissant de la mer de nuages. Au-dessus, un ciel bleu d'une pureté idéale. À ma gauche, un soleil comme on n'en peut voir de la terre, car elle est toujours enveloppée de vapeurs imperceptibles qui tamisent les rayons lumineux, les décomposent ou les ternissent. Là-haut c'était de la lumière vierge dans de l'air vierge. C'était une volupté de voir et de respirer.

« Je glissais sur les flots figés d'un océan d'argent. En descendant plus près, cette mer prenait du relief et se transformait en paysages étranges, chaos de rochers, de grottes, de vallées, de précipices. Mes ailes écrêtaient des pics vertigineux, surplanaient des abîmes inondés de blancheur.

« Dans ma tête c'était un rêve qui se déroulait. Le souvenir de la vie ordinaire flottait lointain et flou. »

Embrassant les nuages, Roland Garros salue son siècle à l'aube et c'est encore un signe qu'il adresse à tous les hommes d'aujourd'hui si ceux-ci ne désespèrent pas du ciel.

AVANT-PROPOS
de Jean-Pierre Lefèvre-Garros

Cet ouvrage contient deux écrits de Roland Garros.

Le plus important par la taille et la forme est ce que beaucoup ont appelé les « Mémoires » ou le « Journal » de Roland Garros mais que l'auteur désignait plus modestement sous le simple nom de « Notes ». Pour la première fois est publiée la version intégrale de ce document dans lequel Garros, alors prisonnier de guerre, se raconte sur des cahiers d'écolier, depuis la pénombre d'un cachot allemand, dans un style clair et précis, sous un mode souvent jubilatoire : un véritable roman, assure à juste titre Philippe Forest. En février 1918, lors de son évasion du camp de Magdeburg en compagnie du lieutenant Marchal (les deux hommes déguisés en officiers allemands pour pouvoir plus facilement passer les sentinelles), Roland avait bien d'autres préoccupations que d'emporter en plus de ses vêtements civils et autres accessoires sa demi-douzaine de cahiers, si bien qu'ils restèrent à Magdeburg. Après le décès de Roland et l'armistice du 11 novembre, ce n'est qu'à la suite des multiples interventions et démarches de l'ami Jean Ajalbert que les anciens geôliers consentirent à rassembler les effets de leur ancien pensionnaire dans une cantine, laquelle fut adressée au commandement de la SPA 26. De là, le bagage atterrit à la Malmaison, dont Ajalbert était alors le conservateur. Celui-ci découvrit avec émotion le récit palpitant des cinquante-neuf mois consacrés par Garros à l'aviation. Il couvre en effet la période qui va de 1909 à début août 1914. Mais plusieurs questions se posent, sans réponses officielles jusqu'à présent : qu'est devenu le manuscrit lui-même ? Peut-être dort-il encore dans le coffre d'un quelconque spéculateur ? Quant aux quatre (ou cinq) copies, qui en a décidé la dactylographie ? Pour ce qui est de la décision de le faire taper à la machine, il semble bien qu'Ajalbert soit à l'origine de cette opération. Pour ce qui est de leur répartition, selon l'historien de l'aviation Edmond Petit, Ajalbert disposait d'un exemplaire, celui qu'il a cédé à Charles Dollfus et qui désormais figure à l'inventaire du musée de l'Air du Bourget : c'est le nôtre. René Barrier et Georges Garros, le père de Roland, en auraient disposé chacun d'un. Edmond Petit signalait aussi la présence à Drouot le 26 mai 1961 d'un tapuscrit de 482 pages…

Le second document intitulé « Journal de guerre » (16 août 1914 - 17 avril 1915) a suivi un itinéraire différent. Il s'agit d'un véritable journal, écrit pratiquement au jour le jour par Garros et qui relate son passage à l'escadrille MS 23, puis à l'escadrille du camp retranché de Paris avec le récit de la longue mise au point du système de tir à travers le champ de rotation de l'hélice, puis son retour au front à la MS 26 ainsi que ses deux premières victoires obtenues grâce à son système de tir adapté sur son Morane Parasol. La troisième victoire n'est pas mentionnée, car une panne de moteur intervenue dans l'après-midi du 18 février l'oblige à se poser près de Hulste en Flandre occupée et il est capturé par les Allemands. Commence alors pour lui sa longue captivité et ses multiples tentatives d'évasion. Ce document sera pieusement conservé par son « fidèle mécano » Jules Hue, lequel en fera faire une copie manuscrite qu'il adressera le 9 mai 1932 à Jacques Mortane qui, lui, la déposera au musée de l'Air.

Après sa spectaculaire évasion, Clemenceau essaiera bien de garder à l'arrière Garros et ses immenses compétences. Un peu comme s'il avait honte d'avoir été si longtemps loin de la guerre, ce dernier refusera la proposition du Tigre et exigera de retourner au combat au sein de son ancienne escadrille.

La veille même de ses trente ans, après sa quatrième victoire, Roland Garros trouvera la mort le 5 octobre 1918 aux commandes de son SPAD n° 30 de l'escadrille des Cigognes SPA 26, près de Saint-Morel, dans les Ardennes, dans des circonstances non encore élucidées à ce jour.

Son moteur et ses deux mitrailleuses Vickers, atrocement mutilées comme l'a été Garros lui-même lors de l'impact au sol, sont respectueusement exposés dans la grande salle du musée de l'Air et de l'Espace du Bourget.

Note de l'éditeur

Merci au musée de l'Air et de l'Espace de nous avoir communiqué les documents nécessaires à l'édition de ce texte.

Nous avons reproduit le tapuscrit déposé au Bourget par Jean Ajalbert dont Jean-Pierre Lefèvre-Garros retrace l'histoire. Pour de rares passages manquants, nous avons consulté une retranscription déposée au Bourget par M. Portermer le 9 juillet 1964.

Initialement, l'ouvrage n'était qu'en partie chapitré.

Roland Garros utilise très souvent points de suspension et guillemets pour mettre en relief une expression. Pour faciliter la lecture, nous avons choisi d'en supprimer une grande partie.

Les notes visent à apporter des repères au lecteur non spécialiste. Un dossier réalisé par Jean-Pierre Lefèvre-Garros propose en fin de volume un aperçu chronologique de la vie de Roland Garros et présente les personnalités qui ont marqué sa vie.

Louis Chevaillier

Mémoires

LES DÉBUTS

I

Je pourrais croire à ma vocation. Dès le plus jeune âge j'ai souvent rêvé qu'il m'était donné de voler, sans machine, avec les seules ressources de mon corps.

Comment ? Il est difficile de l'expliquer. Je devais aspirer et retenir dans mes poumons le plus d'air possible, faire avec les bras des mouvements précipités très fatigants qui ressemblaient autant aux gestes du nageur qu'aux coups d'ailes de l'oiseau. Et je volais d'un vol tangent très pénible dans l'ascension, très agréable et très sûr dans la descente planée.

J'ai connu le vol-cauchemar et le vol-rêve.

Exemple de vol-cauchemar : je suis poursuivi par un taureau furieux, cerné contre un obstacle – un effort désespéré – je m'échappe… par la voie des airs.

Exemple de vol-rêve : par une nuit claire et calme, sans angoisse, mais avec une émotion très agréable, je sors par une fenêtre et je vole silencieusement au-dessus d'une ville éclairée (le plus souvent Nice), je m'arrête aux balcons, aux lucarnes des mansardes, je surprends les amoureux.

À une époque où j'étais sujet à des hallucinations assez fréquentes, je m'étonne de ne pas être une fois réellement sorti par la fenêtre tant l'illusion était forte.

Ce phénomène du rêve-vol est connu, paraît-il, de tous les physiologistes du sommeil.

Je cite néanmoins mon cas, parce que je fus assez surpris de constater plus tard une grande similitude entre mes premières sensations de pilote et des lointaines réminiscences.

Je dirais encore ma passion d'enfant pour les chimères de Jules Verne ; mon enthousiasme de jeune homme pour les réalisations de Santos-Dumont, des Wright et des Voisin. Il est vrai qu'à cette époque, toute ma génération vibrait avec moi.

Plus tard, j'assistai en extase à la première apothéose de Reims. J'aurais joué ma vie pour faire comme eux.

Mais le dernier soir, tout le monde eut le délire, les femmes pleuraient et rien, en somme, ne prouve que j'aie été plus enthousiasmé que les autres.

Cependant, ma destinée était fixée.

Hélas, les vocations ne sont pas toujours faciles à suivre.

Nous étions aux âges héroïques. Pour l'achat d'un aéroplane et les frais d'apprentissage, il fallait un capital de trente à cinquante mille francs. À moins de combinaisons, dont je n'avais pas la moindre idée.

Trente mille francs... pour un jeune étudiant vivant d'une modeste pension ; alors que les parents frémissaient au seul mot aviation.

Mais à vingt ans on ne doute de rien. En attendant l'occasion, je m'introduisis dans une maison d'automobiles ; j'entrepris de petites affaires, puis tout un commerce. J'eus un peu de chance ; et au salon aéronautique de 1909 je me trouvai à la tête d'une dizaine de mille francs liquides, acquis par mes propres moyens.

C'était peu. Mais les circonstances vinrent à mon secours.

Santos-Dumont venait d'accomplir des prouesses sur sa Demoiselle[1]. La maison Clément-Bayard mit sur le marché des reproductions de cet appareil au prix de 7 500 francs. C'était une des nouveautés du Salon.

Après quelques nuits d'hésitation fiévreuse, je suivis l'inspiration et passai commande d'une Demoiselle Clément-Bayard[2].

Tous mes amis me blâmèrent, surtout les plus raisonnables – pour une folie, je compromettais la situation enviable que je m'étais créée, à vingt ans.

Beaucoup ne prirent pas mes projets au sérieux. Ma famille, naturellement, ignorait tout, même le commerce d'automobiles… J'étais censé être étudiant en droit.

J'avais choisi la Demoiselle par nécessité, à cause de son prix. Mais elle me séduisait aussi par sa légèreté – j'avais d'instinct la phobie du poids.

Au moment où je signai ma commande, la maison Clément-Bayard en avait déjà enregistré une quarantaine – la première série était à peine en construction. On me prévint qu'il faudrait attendre deux ou trois mois.

Je passai cette période dans un rêve perpétuel. Je me figurais les difficultés de l'apprentissage ; je m'entraînais par l'imagination aux mouvements à faire. Le soir, dans mes insomnies, je me sentais partir, décoller, voler, avec un réalisme saisissant. Quelquefois, j'avais la vision de l'accident…

1. Le Brésilien Alberto Santos Dumont (1873-1932) construit à partir de 1898 des dirigeables puis des aéroplanes. Le 12 novembre 1906, il établit à Bagatelle les premiers records de l'aviation – durée (21 s 1/5), distance (220 m) et vitesse (41,292 km/h), montant à près de 6 mètres – avant de créer en 1907 le premier avion léger, la Demoiselle. (Sauf indication contraire, les notes sont de l'éditeur.)

2. La Demoiselle n° XX, très difficile à piloter, fait 5,5 m d'envergure, 6,2 m de longueur, 10 m^2 de surface et 118 kg de poids à vide.

Cette faculté de vivre d'avance une épreuve se développa en moi et me fut utile par la suite. J'aurai l'occasion d'y revenir.

Il n'existait pas d'école pour la Demoiselle. Seul, Santos s'en était servi. Mais cela ne m'inquiétait pas : je me débrouillerais bien à Issy-les-Moulineaux et la proximité de ce champ me permettrait de ne pas trop délaisser mon commerce d'autos.

Il y eut un long retard dans la livraison. Pendant ce temps, je me formais une mentalité, je m'habituais facilement à l'idée de disparaître. Le grand point noir c'était l'accident stupide d'où l'on sort mutilé, après un long martyre… ou simplement, les embarras matériels : mon petit capital était à la merci d'un faux mouvement. À travers tout cela, je conservai la foi.

Ces complications mentales peuvent sembler puériles aujourd'hui. Au début de 1910, c'était autre chose. Et il ne s'agissait pas d'essayer, en amateur : je m'étais condamné à réussir.

Elle est curieuse, la joie que j'ai à me rappeler cette période de fièvre, pleine de l'attrait angoissant des premières aventures.

J'étouffais à Paris. Je sentis que ma présence indifférente n'empêcherait pas mon commerce de péricliter ; que d'ailleurs cela importait peu, à la veille de la Victoire ou de la Fin. Je décidai d'aller rejoindre dans le Midi des amis qui s'y étaient attardés – c'était au mois de mars 1910. Je partis par la route, dans ma petite voiture d'essai, une légère torpédo de sport, à deux places. Un mécanicien, à la solde de mes amis, profitait de ma place libre, et devait me rendre en route les petits services de son métier. Le pauvre homme regretta de n'avoir pas pris le train.

J'étais extrêmement entraîné à conduire ; mon énervement chronique se traduisait par une allure de route qui devait mettre à la torture – je m'en rends compte – un paisible père de famille. Par-dessus le marché, j'étais distrait, au point d'oublier les obstacles.

Il en résultait des solutions improvisées qui achevaient de terroriser mon compagnon.

Nous ne connaissions la route, ni l'un ni l'autre – nous nous trompions constamment – il fallait revenir en arrière. Entre 3 et 4 heures de l'après-midi, nous étions néanmoins aux environs du village de Feurs, près de Saint-Étienne.

C'est là qu'ayant fait une embardée trop vive pour dépasser une charrette, mes roues de gauche se calèrent dans une ornière, et je vis avec horreur mon compagnon décrire dans l'air une courte parabole et atterrir sur la tête dans un champ labouré. Après la première seconde d'angoisse, je fus pris d'un fou rire nerveux. L'homme était trapu et sanguin. Il se releva en titubant et tourna vers moi un visage congestionné autant par la colère que par le choc. Ses yeux étaient exorbités, larmoyants. Il fit machinalement un pas vers moi. Allait-il m'étrangler ? Les choses se passèrent mieux. Je lui demandai s'il avait du mal, il grommela une réponse, se calma assez vite et vint constater avec moi que nous étions sérieusement embourbés. Seul un bœuf ou un robuste cheval pouvait nous tirer de là. Nous trouvâmes le secours nécessaire dans une ferme voisine. Mais tout cela nous fit perdre deux heures.

Nous étions fatigués : je ne cherchai pas ce soir-là à dépasser Feurs. Un bon dîner et la promesse d'aller moins vite le lendemain rendirent à mon compagnon son humeur naturellement douce.

Dans la suite du voyage, mon moteur, dont j'avais négligé le graissage, grippa deux fois, et se refusa de lui-même aux excès de vitesse. Nous arrivâmes péniblement à Nice en deux journées et demie.

J'eus une très grande joie à retrouver le cadre de mes années de collège : l'air parfumé, les fleurs, le soleil, et le bleu unique de la Méditerranée. J'allai voir mon collège de Cannes, le lycée de Nice, les deux maisons où j'avais vécu, le vélodrome du Vallon des Fleurs. Je refis de longues promenades que j'avais faites jadis à bicyclette. Au seuil de l'aventure, j'étais ému de revoir ce beau pays où, enfant, j'avais envié tant de choses. Comme il serait bon de revenir là un jour *heureux*, dans l'ivresse d'un bel effort victorieux…

De chaque souvenir je recueillais une parcelle de courage ; chaque heure me rendait plus odieuse, plus impossible l'idée d'une existence médiocre, avec sa petite cuisine quotidienne. J'étais un peu exalté…

Un jour, un ami m'invita à Monte-Carlo. Il me fit visiter les salles de jeux. Je subis l'attirance troublante de ces tapis couverts d'or et de liasses, qu'on traite à coups de râteau. Là aussi le Risque exerçait sa fascination.

Mon ami s'était assis. Je m'approchai d'une table de trente et quarante, et suivis le jeu quelques instants.

J'avais sur moi les dix mille francs destinés à payer mon appareil et divers frais. Je voulus essayer ma chance. Ce qui se passa fut une leçon et un avertissement : je misai d'emblée six fois de suite sans gagner, et comme, par esprit de méthode, j'avais suivi une martingale complexe, je fus en cinquante minutes à découvert de 2 400 francs. J'entrevis l'abîme… Le coup suivant coûtait 2 550 francs, le perdre, c'était tout compromettre. Je m'abstins. Alors la couleur que j'avais jouée six fois sortit. Je m'éloignai, un peu pâle sans doute, malgré mes efforts pour rester calme – n'était-ce pas là une petite partie auprès de celle que j'allais peut-être perdre bientôt ? Je rejoignis mon ami et lui dis d'un ton dégagé, que j'avais fait de mauvaises affaires. La soirée fut charmante ; un fin dîner à l'Hôtel de Parisme me laissa l'impression que la vie était belle, et quelques louis, bien peu de chose, auprès de la fortune que je méritais.

Pendant ce temps, mon suppléant de Paris réussissait quelques ventes heureuses qui me permirent de prolonger mon séjour sur la Côte d'Azur. Ces vacances me firent le plus grand bien et je rentrai à Paris le 30 avril – jour d'échéance – dans une forme physique et mentale très propice.

II

Je pris possession de mon appareil un après-midi. Je connus, à cette occasion, le brave père Legay, Mme Legay, gardiens du hangar Clément-Bayard ; le fidèle Romain, mécanicien, compagnon de mes premières armes, et quelques autres comparses.

Je m'installai dans l'appareil, pour m'accoutumer à la position, et répéter les mouvements que j'avais imaginés.

La main gauche manœuvrait le volant du gouvernail ; la droite, le levier de profondeur – celui de gauchissement était fixé au dos du pilote, contre l'épine dorsale, par une ceinture de cuir compliquée de bretelles ; le pied droit commandait un accélérateur. On était assis sur un simple cuir tendu à 10 centimètres du sol – et de la tête, on touchait les ailes. Une fois habitué à cette position, on s'y trouvait très bien.

Romain mettait les appareils au point pour le compte de la maison. Je lui recommandai de tenir tout prêt pour la première heure de beau temps – le temps était *beau*, lorsqu'au milieu du champ la fumée d'une cigarette montait au ciel selon une parfaite verticale. Autrement, c'était la *tempête*.

Ce jour-là, précisément, il faisait tempête et les élèves attendaient le calme du crépuscule pour s'aventurer sur la piste.

« Il n'y a que M. Audemars[1] qui ose sortir par ce vent-là », me dit le père Legay, au moment où je quittais le hangar. « Le voilà justement en panne, au bout du champ. » Et il m'expliqua que M. Audemars avait reçu son appareil depuis trois semaines. Il s'était mis à un entraînement opiniâtre, il avait fait des progrès très rapides. « Il traverse le champ sans toucher terre », m'expliqua-t-il.

J'eus la curiosité de connaître M. Audemars : je le rejoignis auprès de son appareil.

C'était un petit homme, maigre, sec, aux membres fins et nerveux. Il était soigneusement chaussé, portait des guêtres, une culotte de sport de coupe élégante, un gilet spécial muni dans le dos du dispositif de gauchissement ; il tenait d'une minuscule main gantée un casque d'aviateur. L'ensemble était fort sale, couvert de taches d'huile et de poussière coagulée, qui allaient jusqu'à la figure, et faisaient mieux ressortir ses yeux ardents. Un tic particulier agitait les paupières bordées de cils très longs. Toute la physionomie exprimait une énergie tenace. Son mécanicien cherchait la panne ; lui, attentif, donnait de temps en temps une indication, ou questionnait d'un ton bref.

Si je l'avais connu, à ce moment, j'aurais compris qu'il était furieux ; et si j'avais connu la Demoiselle, j'aurais deviné pourquoi. À cette heure-là, ce devait bien être la dixième panne de l'après-midi.

M. Audemars me vit approcher, et son coup d'œil signifia clairement : « Encore un raseur. » Je me présentai néanmoins comme un nouveau débutant. Il fut poli, réservé, presque froid. Je me tins quelques minutes à l'écart, pour les laisser travailler, puis m'en allai discrètement, sans me douter, certes, que M. Audemars deviendrait un jour mon ami le plus intime.

1. Voir notice biographique en fin de volume.

Issy-les-Moulineaux, champ d'exercice militaire, n'était à notre disposition qu'à certaines heures – le matin, de l'aube jusqu'à 6 heures – puis de 10 heures à midi –, le soir, de 4 heures à la nuit. Personne ne songeait à sortir de 10 heures à midi dans les remous de chaleur. Il restait donc comme temps utile : l'aube et le crépuscule.

Ma première sortie eut lieu un soir, entre 6 et 7. *

Il faisait beau*. Romain sortit mon appareil et l'apprêta. J'ajustai ma ceinture de gauchissement et je m'assis dans l'appareil, tête nue et sans lunettes. Le levier de gauchissement fut fixé à mon dos. J'étais très ému, mais décidé. Je fis signe : « En route. » Romain lança l'hélice. Le moteur ne fonctionna pas. Il recommença plusieurs fois, sans résultat. On vérifia si j'avais bien mis le contact, si tout était en ordre. Romain redoubla d'efforts : une fois, deux fois… dix fois… Rien…

Pourtant le moteur avait très bien marché la veille, dans un essai au point fixe – depuis, on n'avait touché à rien.

À tout hasard, on démonta les bougies, pour les nettoyer. Cela prit quelques minutes. Pendant ce temps les badauds, attirés par le jaune criard de mon appareil neuf, avaient fait cercle autour de moi – leur nombre augmentait chaque minute. Je devais être pâle – cela inspira quelques plaisanteries aux titis les plus effrontés. Je n'avais pas quitté mon siège, l'essence me coulait goutte à goutte sur les pieds, par une fuite de tuyauterie.

Les bougies remontées, Romain s'escrima avec une énergie nouvelle – mais l'abominable moteur ne donna pas signe de vie.

J'étais au paroxysme de l'énervement. Je me sentais ridicule…

* Voir la définition ci-dessus. (*Note de l'auteur.*)

La foule, maintenant, m'entourait en rangs serrés, laissant juste un petit espace libre, en avant, dans lequel Romain s'agitait – je ne voyais plus le terrain, ni à gauche, ni à droite.

« Partira… partira pas », disaient des petites voix criardes, qui m'entraient dans les oreilles, comme des vrilles.

Romain, exténué, transpirant, cherchait, démontait au petit bonheur la magnéto, le carburateur, bousculait un gamin qui lui marchait sur les pieds.

Combien de temps dura cette comédie – je n'en sais rien. Mais je sais que d'un seul coup, une pétarade assourdissante couvrit les voix et je fus plongé dans un violent courant d'air. Il y eut une bousculade autour de l'appareil, et la figure épanouie et ruisselante de Romain apparut près de moi, sous l'aile droite. Il attendait le « Lâchez tout » pour le transmettre aux aides.

Mon cœur battait à tout rompre. J'avais la gorge serrée, les membres mous, paralysés d'émotion. Mais une pensée me dominait : j'étais en face de ce que j'avais décidé de faire ; il n'y avait pas à hésiter.

Un effort de volonté me rendit un peu de calme. Sur un signe, la tête de Romain disparut : je me sentis lâché…

Mes mouvements étaient incohérents – un coup d'accélérateur me fit faire un démarrage foudroyant. Je lâchai la pédale pour ralentir. À ce moment précis, je vis surgir à ma droite une énorme machine qui arrivait sur moi à une vitesse d'express… Elle n'était plus qu'à quelques mètres… Je n'avais aucun moyen de m'arrêter à temps… Un éclair de lucidité me fit faire la seule manœuvre raisonnable : j'accélérai de nouveau à fond, pour essayer de passer…

Hélas, le choc était inévitable : il fut terrible. Je me repliai sur moi-même et fermai les yeux – cela se passa tout à fait comme dans mes rêves. Je me retrouvai assis par terre, dans un nuage de poussière, environné de débris informes. À cent mètres de là, comme une ombre, je vis s'arrêter l'énorme biplan qui m'avait pris en écharpe.

Je me sentais abasourdi et lucide. Je ne souffrais pas, je n'étais pas blessé. Je sentais une grande fatigue, une grande indifférence.

On se précipita, on m'environna, on me pressa de questions. Romain avait vu le danger dès le départ. Il m'avait crié d'arrêter ; je n'avais rien entendu. Tout cela ne serait pas arrivé sans cette foule qui nous avait masqué le terrain. Mon coup d'accélérateur m'avait sauvé : j'avais évité les roues et l'hélice du biplan d'une infime fraction de seconde – les plans principaux m'avaient accroché. Un dixième de seconde de plus, j'aurais passé.

J'entendis toutes ces réflexions avec une tranquillité inattendue. Je parlai peu et me dirigeai vers le hangar. J'y arrivai en même temps que le pilote du biplan : c'était Maurice Clément[1]. Il était visiblement ému ; il me demanda si je n'étais pas blessé, me dit qu'il était désolé de n'avoir pas pu m'éviter. Je le remerciai et le quittai pour aller m'habiller dans la petite pièce qui servait de vestiaire. Mme Legay m'aida à me brosser, me dit que j'avais bien de la chance dans mon malheur. Je rentrai d'Issy-les-Moulineaux seul, par le bois de Boulogne, à l'heure paisible et délicieuse du crépuscule.

1. Un des fils d'Adolphe Clément, célèbre industriel, fabricant de pneumatiques, de cycles, d'automobiles, de dirigeables et d'aéroplanes, fondateur de Clément-Bayard et cofondateur de Clément-Talbot. En 1910, Santos Dumont ferme ses ateliers et autorise la reproduction de Demoiselles sans rémunération en contrepartie. Clément-Bayard reprend alors leur fabrication.

Cette catastrophe était une des éventualités prévues – je n'en étais donc pas surpris –, mais je m'étonnais de ne pas être abattu, désespéré. Qu'allais-je faire ? Je n'en savais rien et pourtant je n'avais pas perdu confiance.

Je passai une soirée joyeuse avec mes camarades habituels – je leur racontai en plaisantant mes débuts –, une bonne nuit acheva de me remettre.

Le lendemain, je m'occupai de mes affaires jusqu'à 5 heures. À 5 heures et quart, j'étais à Issy, pour examiner sur place la situation.

Les débris avaient été rassemblés dans un coin. Seul le moteur restait utilisable : le reste était en miettes – aucune réparation n'était possible.

Un appareil neuf, sans moteur, devait valoir environ 4 000 francs – il n'y avait pas d'autre solution que de les trouver. Mais j'avais déjà fait le possible, en fait de miracles.

Je fus tiré de ces réflexions par l'arrivée de Maurice Clément – et voici ce que j'entendis, une minute plus tard :

– Oui, j'ai eu bien peur. J'ai cru que je vous avais tué. Et c'était bien un peu de ma faute. À propos : vous savez qu'il ne faut pas vous inquiéter pour votre appareil. Je suis responsable. Il vous sera remplacé, demain ou après-demain.

Je ne pouvais pas décemment lui sauter au cou et l'embrasser. D'ailleurs, quel geste, quelle parole aurait pu lui expliquer ma gratitude. Je le remerciai comme je pus, c'est-à-dire très mal – nous causâmes un instant –, puis il alla s'entraîner sur son biplan.

Je m'attardai à Issy jusqu'à la nuit ; le champ était en pleine animation – des appareils de tous systèmes le sillonnaient à des allures variées. Parmi eux trois ou quatre petites Demoiselles jaunes faisaient des zigzags capricieux et sautillants.

Seul, M. Audemars allait en lignes parfaitement droites d'un bout à l'autre du terrain, et les connaisseurs affirmaient qu'au milieu du parcours, il *volait*...

Je fis la connaissance ce soir-là de quelques nouveaux personnages. La joie me rendait plus communicatif qu'à mon habitude.

L'équipe des Demoiselles comprenait : M. Audemars, M. Versepuy [1], une étoile de moindre grandeur ; le cycliste Trousselier ; le photographe Meurisse ; Georges Sizaire et un ou deux autres, qu'on voyait rarement [2].

Romain était le mécanicien attitré de Maurice Clément ; mais c'était lui qui, avec deux ou trois aides, s'occupait de tout le monde. Il sortait les appareils, les mettait en route, courait de tous côtés ; resserrait un écrou, nettoyait une bougie, gonflait un pneu. De temps en temps il rentrait au hangar un oiseau blessé. À la fin de chaque séance Romain était exténué, mais il avait communiqué à tout le monde son inépuisable entrain.

Le silence succéda aux pétarades ; on échangea quelques impressions dont je tâchai de faire mon profit – puis je pris congé et rentrai avec plus d'espoir et de confiance que jamais.

Trois jours plus tard, j'étais l'heureux possesseur d'un splendide appareil neuf, et je me retrouvai un beau soir au hangar, pour essayer. Cette fois, je me sentis moins dépaysé, il n'y eut pas de badauds et le moteur partit au premier coup d'hélice.

Je n'avais peut-être pas tout le calme désirable, mais je n'étais pas paralysé.

1. Léon Versepuy passera son brevet de pilote (le n° 149) le 19 juillet 1910 en même temps que Roland Garros.

2. Louis Trousselier, cycliste, vainqueur du Tour de France et de Paris-Roubaix en 1905 ; Louis Meurisse, photographe belge et fondateur de l'agence Meurisse ; Georges Sizaire, pilote automobile et cofondateur du constructeur automobile Sizaire-Naudin.

On m'avait conseillé de rouler doucement jusqu'au coin du champ d'où partait la ligne droite traditionnelle. Justement, M. Audemars s'y trouvait en panne – on lui remplaçait une roue qu'il venait de briser. J'étais à environ 300 mètres de lui. Je partis pour le rejoindre. Tout allait bien. Malgré moi j'accélérai un peu… puis davantage… Au milieu du parcours j'étais en pleine vitesse, et *en vol*, à plus d'un mètre au-dessus du sol… J'étais grisé. Je fis ainsi une centaine de mètres, sans toucher terre… Alors j'eus peur de ne pas m'arrêter à temps. Je lâchai l'accélérateur sans manœuvrer convenablement. Je touchai le sol un peu fort ; une roue se brisa. Tout cela s'était passé en 15 secondes. J'étais radieux…

M. Audemars daigna faire les quelques pas qui nous séparaient, pour venir me complimenter. Mes débuts l'amusaient beaucoup, et un sourire malicieux avait remplacé son air sévère.

Outre ma roue brisée, j'avais un tube faussé. Il valait mieux remettre la suite des essais. D'ailleurs, j'étais content de moi, et je n'étais pas fâché de rester sur cette bonne impression.

Le soir, je ramenai M. Audemars, qui voulut bien accepter à dîner avec moi et mes camarades, et nous fêtâmes mon heureux début.

III

Le détail de mes sorties serait fastidieux. Les quatre premières furent à peu près semblables, c'est-à-dire qu'elles durèrent de dix secondes à deux minutes et se terminèrent invariablement par la rupture d'une roue.

Les roues étaient le point fragile de l'appareil – M. Audemars avait fait renforcer les siennes et malgré cela il en brisait quelquefois. Je suivis son exemple. La seule chose qui méritait d'être retenue est que je ne sortis jamais sans voler, ne fût-ce que cent mètres.

Pourtant, je ne sentis pas de suite ce qu'il fallait faire. Au quatrième essai, je n'avais réalisé aucun progrès ; je commençais à douter de moi. C'est au cinquième que, brusquement, *je compris*.

Avant de parler de ce jour-là, je voudrais fixer quelques souvenirs de cette période d'apprentissage qui dura deux mois : deux mois de printemps et d'espoirs.

M. Audemars devint très vite un excellent camarade – nous nous voyions chaque jour. Pendant que je faisais mes affaires, il s'occupait des siennes : il dirigeait par correspondance un commerce de motocyclettes à Berlin.

Nos situations présentaient une curieuse analogie. M. Audemars était d'une bonne famille suisse, de Genève. Nous avions débuté dans la vie presque de la même façon, lutté contre les mêmes difficultés, dans la même ambiance – et maintenant nous allions vers les mêmes espoirs, avec la même mentalité. Nous étions bien placés pour nous comprendre. Les jours de beau temps, je le ramenais d'Issy, les autres soirs, il me rejoignait dans mon magasin, avenue de la Grande-Armée.

Nous retrouvions à l'heure de l'apéritif, chez Cinzano, rue du 4 septembre, un groupe joyeux et sympathique dont c'était le point de ralliement. Après avoir réglé les consommations selon les résultats du poker d'as, on votait le programme de la soirée. La liste des restaurants habituels se composait surtout de petites boîtes qu'on s'ingéniait à dénicher dans Paris, et dont quelques-unes ont perdu depuis leur intimité et leur charme, pour devenir des maisons à la mode.

Le départ pour le restaurant était en général épique. Nous avions, en tout, deux petites voitures, dont la mienne, théoriquement à deux places. Et il s'agissait de transporter une douzaine de grands gaillards encombrants, sans compter parfois une ou deux jeunes personnes qui avaient eu le courage de se laisser inviter. On se casait comme on pouvait, sur les marchepieds, sur les coffres, sur les garde-boue, dans des positions invraisemblables.

Deux passagers tenaient à bras tendus des lampions de papier qui remplaçaient les lanternes absentes. Et ces deux grappes humaines roulaient sous l'œil malveillant des flics, vers la gargote montmartroise, le chant d'vin du centre, ou la guinguette des bords de la Seine. La gaîté générale était intarissable.

La mode du *skating* battait alors son plein : il y avait rue d'Amsterdam une salle très coquette où nous avions nos entrées parce que l'un de nos compagnons en était co-directeur.

Quelquefois, en guise de repos, nous passions la soirée « au château ». C'était une petite maison à un étage, comprenant six pièces et une cuisine et quelques recoins ; devant la maison, un jardinet inculte ; derrière, une cour minuscule. Le château était la demeure de trois de nos compagnons – mais il était rare d'y trouver à n'importe quelle heure moins de dix personnes installées comme chez soi, même en l'absence des maîtres.

C'était le temple de la camaraderie, le sanctuaire de la bonne humeur. On venait y déjeuner sans invitation – une vieille cuisinière courait à l'épicerie voisine, rapportait des œufs, une boîte de sardines ; on trouvait au fond d'un buffet une aile de poulet. Du reste « on pouvait apporter son manger ».

Les soirs de réception, un piano d'un certain âge permettait de faire de la musique – un des habitués avait une voix superbe – mais le plus souvent on ne faisait que du bruit ; on causait, on bridgeait, on fumait en dégustant des liqueurs.

Audemars et moi, ne fûmes pas parmi les intimes du château, mais nous y passâmes des heures charmantes, dont le souvenir est un de ceux qui me rappellent l'atmosphère bohème de cette époque.

Il y avait dans notre bande quelques enthousiastes de musique – ils m'entraînèrent à des auditions où je n'eusse jamais été moi-même. Mais une fois l'inertie surmontée, j'étais parmi les plus vibrants.

Je n'oublierai jamais l'impression que me fit *Antar* de Rimski-Korsakov (monté à l'Odéon par Antoine) ; surtout à l'ouverture, ces premières notes graves, magiques, qui d'un coup vous jettent l'âme dans les profondeurs mystérieuses du désert, en attendant la ritournelle brodée de rêve du pâtre arabe.

Je retournai entendre *Antar* quatre fois de suite et je vécus quelques jours sous le charme (captivant) de ce beau conte oriental, dont le héros était mort d'enthousiasme, de foi et d'amour.

Entre autres pièces, à l'Opéra-Comique, nous entendîmes *Lakmé*[1]. Je ne sais pourquoi ce passage :

Mais, sur leurs têtes, Brahma
A suspendu sa vengeance,
Et, quand elle éclatera,
Ce sera la délivrance.

resta longtemps sonore à mes oreilles.

Par la suite, je ressentis souvent ce phénomène – chaque période de ma vie a son refrain, retenu au hasard – souvent une simple romance, ou une mélodie de tziganes ; les notes, le rythme m'en reviennent à tout instant ; et c'est comme un fond sur lequel mes pensées et mes sensations se détachent en relief (spécialement pendant les longues tensions nerveuses des courses). Et plus tard il me suffit d'entendre un de ces vieux airs, pour revivre aussitôt, non sans quelque mélancolie, toutes les sensations, toute l'atmosphère, de la période correspondante.

Le refrain d'Issy-les-Moulineaux fut l'air de *Lakmé*. Il devint obsédant et, machinalement, j'y adaptai ces mots idiots :

Et sur ma tête Baya(rd)
A mis son moteur – qui danse,
Et, quand il éclatera,
Ce sera la délivrance.

Audemars habitait un hôtel du centre de Paris. Les jours de *beau* temps, j'allais le chercher avant 4 heures

1. Opéra de Léo Delibes sur un livret d'Edmond Gondinet et de Philippe Gille, d'après une nouvelle de Pierre Loti.

du matin. Mais comme j'habitais à la Porte Dauphine, cette manœuvre était peu commode.

Il prit l'habitude de venir coucher dans ma garçonnière rue Lalo – d'abord sur un divan du boudoir – plus tard, dans mon propre lit, que je partageais avec lui. Nous nous endormions vers minuit, et l'impitoyable réveil nous arrachait au sommeil, trois heures après.

L'un des deux se levait, allait jusqu'à la fenêtre qui donnait sur une cour ; il écartait les rideaux et examinait les feuilles de « L'Arbre », pour voir si c'était la peine de se déranger. L'autre, anxieux, attendait le verdict :

– Rien à faire. Une vraie tempête.

Rassuré par cette déclaration, le deuxième se levait à son tour, faisait mine de vérifier, poussait parfois le zèle jusqu'à un « Vous croyez ? », dont l'autre s'inquiétait :

– C'est par rafales. Tout à l'heure, les branches du haut étaient ployées.

Alors chacun de se renfoncer dans les draps, avec des soupirs hypocrites, qui pouvaient exprimer aussi bien le soulagement que les regrets.

Mais il y eut des matins héroïques, où n'ayant pu évoquer le moindre frétillement de feuille, nous fûmes à Issy vers 4 heures.

Le temps d'ouvrir le hangar, de sortir les appareils, de se préparer, de se mettre en route, nous étions en piste à 5 heures ou 5 heures et demie. Il nous arriva de ne pas trouver nos mécanos à leur poste – eux aussi regardaient quelquefois les feuilles au moment d'une rafale. Ces jours-là, nous nous mettions en route mutuellement, avec l'aide du père Legay.

À 6 heures, il fallait évacuer le terrain ; c'était l'heure des exercices de cavalerie. Il y avait notamment une classe de trompettes qui étudiait tous les jours les mêmes sonneries, avec les mêmes fausses notes.

Alors nous nous précipitions chez Marie, tous ensemble, les quatre ou cinq élèves présents, Romain et ses aides, le père Legay ; chez Marie, c'était un petit cabaret pour charretiers, à 300 mètres du hangar – Marie était la servante. À cette heure matinale, il fallait souvent réveiller Marie, réclamer l'ouverture. Nous avions de solides appétits : on nous servait des œufs, du jambon aux cornichons, du café au lait, du petit vin blanc… Après cela, nous allions nous recoucher, rue Lalo ; ou nous montions sur le toit du hangar, d'où l'on dominait une partie de Paris : nous nous y étendions au soleil et nous somnolions, au son des clairons qui répétaient indéfiniment le même air à fausses notes.

Cette vie dura des premiers jours de mai aux premiers jours de juillet 1910. Pendant ce temps, je ne fis pour ma part qu'une douzaine de sorties réelles, en comptant les quatre premières, qui ne représentent pas, en tout, cinq minutes d'exercice.

Il peut paraître étonnant qu'en deux mois d'apprentissage je n'aie trouvé que douze occasions d'entraînement.

Mais il faut calculer que le beau temps ne se rencontrait pas plus d'une fois tous les trois jours ; que la Demoiselle était un appareil fragile et capricieux qui nous fit perdre de belles journées. Il ne faut pas oublier les petites défaillances matinales, les pannes de réveille-matin, etc. Je peux dire que mon apprentissage fut court, si l'on considère qu'il ne comporta pas, au total, trois heures d'entraînement réel.

Du reste, le seul fait d'avoir volé, sur la Demoiselle, nous fut compté comme une prouesse, à Audemars et à moi ; et nous pouvons presque nous prévaloir, d'avoir été, avec Santos-Dumont, les seuls pilotes de cet appareil.

Revenons à ma cinquième sortie.

C'était un soir. Le temps était particulièrement beau. J'eus cette fois la patience de rouler doucement jusqu'à la grande ligne droite. Mon ami Audemars m'avait livré la veille de précieux secrets : « Je viens de faire une remarque importante, m'avait-il dit. Pour se rétablir, il ne suffit pas de gaucher l'aile qui penche : il faut encore donner un coup de gouvernail, comme pour tourner du côté opposé à celui où l'on penche. » Et il avait ajouté : « Surtout gardez cela pour vous… c'est un secret. »

Telle était notre ignorance des principes les plus élémentaires.

Je partis donc progressivement, et il me resta assez de sang-froid, une fois décollé, pour essayer la manœuvre indiquée et subitement j'eus l'émouvante sensation d'avoir compris. Au lieu de revenir au sol, je me maintins dans l'air, à deux mètres de terre, s'il vous plaît. Je parcourus ainsi les 600 mètres de la ligne droite, d'une allure un peu ondulée peut-être, mais je terminai par un atterrissage normal – mon premier…

Je ne quittai pas mon siège ; je laissai tourner le moteur au ralenti. Romain accourut, rouge, essoufflé, exubérant. Il retourna l'appareil et je recommençai la grande ligne droite en sens inverse, avec le même succès. Je rééditai cette prouesse cinq fois de suite, et ne m'arrêtai que pour une malencontreuse fuite de radiateur. J'étais sauvé…

Audemars volait déjà depuis quelques jours. Il avait ébauché la veille un premier virage très large. Dès la séance suivante j'entrepris des arcs de cercle.

Audemars se pressa de passer son brevet[1], pour participer au meeting d'Angers – on avait accepté son engagement sous condition.

1. L'Aéro-club de France attribue 18 688 brevets de pilote de janvier 1909 à décembre 1921, dont 1754 brevets avant la déclaration de guerre. D'après la règlementation entrée en vigueur le 1er janvier 1910, il est demandé aux candidats d'effectuer trois circuits fermés de 5 kilomètres chacun avec atterrissage à moins de 150 mètres d'un point-repère et arrêt du

Un matin, nous allâmes donc chercher un commissaire de l'Aéro-Club, qui avait accepté un rendez-vous à 3 heures et demie.

Mais la Demoiselle fit des siennes ce jour-là, et il fallut remettre la séance.

Le lendemain, à la même heure, même comédie. Or, c'était le dernier jour utile. Audemars s'entêta. On répara la machine ; on attendit la première heure permise – le vent s'était levé, aggravé de remous de chaleur. Rien n'arrêta l'enragé… Hélas, à la deuxième épreuve du brevet, l'appareil s'arrêta définitivement. On essaya en vain tous les moyens – Audemars crut son meeting perdu. J'eus la joie de lui éviter cet ennui en lui offrant ma Demoiselle. Il m'en garda la reconnaissance d'un homme peu habitué aux gestes désintéressés.

Il passa donc sa troisième épreuve, en nous donnant bien des émotions. Pendant le temps que nous avions perdu le terrain avait été envahi par une foule de curieux attirés par quelque arrivée sensationnelle de pilote connu. Nous vîmes avec terreur Audemars encore peu sûr de ses virages passer plusieurs fois à un mètre au-dessus des têtes, avec ce moteur qui avait en moyenne une panne toutes les demi-heures.

Et quelle danse, au milieu des remous… Le public inconscient, était ravi.

Enfin cette scène eut une fin heureuse – Audemars alla à Angers.

Il prit part successivement à tous les grands meetings européens : Juvisy, Toulouse, Bournemouth, Le Havre, Bordeaux, Milan, etc., et s'acquit rapidement une réputation d'adresse et d'incomparable énergie.

---

moteur à chaque fois. Les épreuves seront ensuite adaptées aux progrès de l'aviation.

Pendant cette période, je ne le revis plus que de temps en temps, pendant de courts passages à Paris.

De mon côté, je fis encore deux ou trois sorties, puis je signai mon premier contrat d'exhibition, pour voler le 14 juillet 1910 à Cholet.

Les circonstances me détournèrent des meetings – sauf le cas spécial de New York ; durant toute la première année de ma carrière, je ne fis que des exhibitions. Tandis qu'Audemars prenait dès le début sa place sur les scènes sportives.

IV

Le Comité des fêtes de Cholet avait confié l'organisation d'une petite fête d'aviation à une société nantaise : la Libellule. L'imprésario Albert Baré, créateur et directeur de la Libellule, se rendit sur place, à Issy, et engagea économiquement trois pilotes non brevetés, mais qui passaient pour avoir volé : Obre[1], Versepuy et moi. Nous devions fournir trois exhibitions.

J'ai conservé, à titre de curiosité, l'original sur papier timbré de ce premier contrat.

De nombreuses surcharges et ratures témoignent d'une âpre discussion et des précautions que je pris pour éviter les conflits alors fréquents entre aviateurs et organisateurs.

Il me fut impossible de passer mon brevet avant Cholet : des ennuis d'appareils m'obligèrent, moi aussi, à prendre des rendez-vous successifs avec le commissaire de l'Aéro-Club. Je partis finalement sans avoir pu terminer mes trois épreuves de cinq kilomètres.

J'arrivai à Cholet par la route, sur un de mes châssis, muni de deux baquets d'essais.

1. Émile Obre passera son brevet de pilote (le nº 148) en même temps que Roland Garros.

Mon vieil ami Jacques Quellennec[1] avait accepté de m'accompagner. J'étais heureux de le sentir près de moi, en cette circonstance intimidante.

Nous nous présentâmes couverts de boue à l'hôtel où l'on nous attendait. Le titre d'aviateur avait encore quelque prestige à cette époque, et nous fûmes fort bien reçus.

Les deux autres pilotes étaient arrivés, ainsi que les mécaniciens. Tout était prêt. Je connaissais Versepuy, pour l'avoir vu plusieurs fois à Issy – sur le terrain et chez Marie.

J'avais vaguement rencontré Obre. Tous deux étaient de bons vivants, ainsi que Baré : nous formâmes dès le premier dîner un groupe cordial – qui savait rendre hommage aux crus d'Anjou.

Après le dîner nous nous mîmes en quête de lieux de plaisir et découvrîmes le music-hall – moyennant trois francs, la meilleure avant-scène fut à nous. Et c'est là que nous fut révélée par une indescriptible comique cette inoubliable chanson qui resta le triomphe de Versepuy :

Est-elle – belonde ?
Nul ne – le sait…
Ha… Ha… – Ha… Ha…
De par le monde… etc.

Après une grasse matinée et un déjeuner bien arrosé – ce début naturel de toute journée d'exhibition – nous arrivâmes au champ vers 2 heures et demie, en pleine forme.

Au premier coup d'œil l'aspect des drapeaux nous frappa désagréablement. Ces emblèmes tricolores affec-

1. Jacques Quellennec a connu Roland Garros aux H.E.C. Il présentera la première édition, incomplète, des *Mémoires* de son ami, chez Hachette en 1966.

taient une allure tendue, frétillante, qui ne laissait aucun doute sur l'état de l'atmosphère : c'était la tempête, dans toute son horreur.

Cependant, chacun eut la pudeur de dissimuler ses sentiments intimes et se retira dans son hangar pour se préparer.

Le public s'amassa nombreux derrière les barrières, et l'heure officielle du premier vol arriva.

Les membres du comité nous entouraient, inquiets…

– Croyez-vous que tout ira bien ?

– Mais oui, répondais-je ; ce vent va certainement se calmer… tout à l'heure…

– Alors, il y a trop de vent pour le moment ?

– Ma foi, il vaudrait mieux attendre un peu.

Certes, « il valait mieux ».

Avec l'heure qui s'avançait l'inquiétude devint plus nerveuse.

Quel rôle ingrat que celui du comité des fêtes d'une petite ville de province.

Des corvées, du travail non rétribué, des tracas de toutes sortes ; et pour récompense le mécontentement obstiné et les critiques aigres des ennemis politiques. Charmante sinécure.

En attendant mieux, nous montrâmes… nos bonnes intentions. L'apparition des appareils sur le terrain provoqua des manifestations approbatives – les mécaniciens prirent une attitude affairée. Au bout d'un quart d'heure, on mit en marche un premier moteur, puis un deuxième. Chacun de ces événements fut salué de démonstrations encourageantes.

Nous gagnâmes deux heures. Mais le temps ne fit que se gâter tout à fait. Versepuy, Obre et moi en arrivâmes aux plus franches confidences : il n'y avait vraiment rien à faire.

On ne pouvait s'en tirer que diplomatiquement. Nous présentâmes au comité la thèse suivante :

Nous avions espéré vainement – le temps loin de s'améliorer était devenu dangereux. Nous étions prêts à en courir les risques – mais nous faisions remarquer qu'un accident pouvait compromettre la journée suivante, la principale, celle du 14 juillet.

Il y eut délibération. Certains ne manquèrent pas de rappeler qu'ils avaient combattu le projet de cette fête d'aviation, d'autres, qu'ils avaient préconisé l'engagement d'un pilote connu.

Enfin, le président Moudoux sut rallier son monde au parti le plus sage.

D'abord il ne fallait pas pousser des jeunes gens à risquer leur vie. Ensuite il ne fallait pas se décourager à la première difficulté, ni compromettre la journée du 14 juillet. On ne pouvait rien contre les éléments. Le public choletais serait assez raisonnable, assez averti pour admettre que l'aviation est tributaire des éléments.

Au surplus, les aviateurs pouvaient prouver leur bonne volonté en roulant un peu sur le terrain.

De cela, en effet, nous étions capables. Obre partit le premier et fit quelques tours, à 20 à l'heure. Son moteur faisait un bruit infernal ; le monoplan traînait sa longue queue, d'une allure sautillante et penchée, grotesque…

Je me mis en piste avec Versepuy : nous fûmes aussi lamentables.

La foule ne se privait pas de nous adresser mille quolibets plus ou moins spirituels.

Heureusement, quelques gouttes de pluie vinrent à notre aide, pour terminer cette journée sans scandale.

Nous regagnâmes l'hôtel, le plus discrètement possible, un peu accablés.

Mais le même soir, la bonne humeur et l'entrain avaient repris ; Versepuy fut intarissable de plaisanteries sur notre aventure. Nous prendrions bientôt une revanche.

La presse locale publia nos explications et rendit hommage au courage malheureux. On attendit le 14 juillet.

Ce fut un vrai jour de 14 juillet, ensoleillé, radieux. À deux heures, nous trouvâmes le champ déjà encerclé de public.

Tout s'annonçait bien – cependant j'avais le trac. Le comité était nerveux.

Nous fîmes encore traîner un peu les préparatifs, pour laisser tomber la brise des heures chaudes. On sentait la méfiance d'un public déjà déçu une fois.

Enfin je sentis le moment venu de faire quelque chose et j'annonçai le premier vol.

Les bons yeux du président exprimaient en même temps sa joie et une certaine anxiété paternelle. Il s'approcha et me dit : « Je vous remercie. Mais soyez prudent. » Dans la foule un silence se fit. Je pris ma place. Romain lança l'hélice, je démarrai à plein moteur… D'un coup de levier résolu, je m'enlevai… Hélas, le moteur ne *donnait* pas. La machine revint au sol.

Avant les barrières, je lâchai l'accélérateur et freinai des deux mains sur les roues. Je me retournai sans sortir de l'appareil, par une manœuvre récemment apprise et qui consistait à immobiliser la roue gauche en la tenant à pleines mains, tandis qu'on accélérait, jusqu'au moment où l'appareil levait la queue et pivotait sur la roue bloquée. Il fallait faire attention de ne pas trop accélérer et de tenir convenablement le levier de profondeur, sous peine de capotage.

Je revins au hangar, cette fois sans le moindre bond, car je n'avais plus l'appoint d'un léger vent debout.

La foule avait salué mon décollage d'un cri de joie, une joie fugitive, maintenant, on hésitait à siffler.

Je fournis des explications – il fallait vérifier mon moteur. Les autres pouvaient partir.

Obre se mit en piste : du 20 à l'heure et des zigzags…

On lança Versepuy, qui ne songeait plus à la galéjade. Le vent de l'hélice fit voler quelques chapeaux. L'appareil lâché démarra, fit un bond salué du « Ah… » de 8 000 poitrines. Puis, comme un acrobate qui a pris son élan, il plongea, piqua un coin d'aile dans le sol et accomplit un soleil… éblouissant…

Des femmes poussèrent des cris aigus. Les mécaniciens se précipitèrent, suivis des membres du comité. Le brave père Moudoux se lamentait. Le service d'ordre contenait à peine la foule.

Avant qu'on l'eût rejoint Versepuy s'était dégagé et tout en se tâtant les côtes il considérait le désastre. Il avait retrouvé sa verve et se lança dans une ténébreuse histoire de trou d'air ou de remous-tourbillons… Il paraissait presque heureux, débarrassé… Notre situation, à nous qui restions, était plus désagréable que jamais.

Obre reprit sa triste promenade à 20 à l'heure. Il passait à quelques mètres du public et le bruit du moteur l'empêchait fort heureusement d'entendre les huées.

Enfin je me remis en piste ; je m'acharnai plein de rage impuissante, profitant de la moindre bosse qui me faisait rebondir. Tout trac, toute appréhension avait disparu – mais de ma machine épuisée, il n'y avait rien à tirer, rien…

Au bout de dix minutes de ce manège, je m'arrêtai devant mon hangar et déclarai que j'avais fait mon possible. On se débarrassa comme on put du public.

Nous attendîmes dans un hangar que la route de Cholet fût moins encombrée et le crépuscule assez sombre… Moment pénible…

Versepuy était le moins affecté : l'accident lui avait en quelque sorte sauvé l'honneur. Il nous arracha les premiers sourires. Obre lui donna la réplique : sa seule ambition était que tout s'arrangeât sans violence. Petit à petit la gaîté revint. Nous évoquions les mines déconfites de ces messieurs du comité, leurs questions affolées, nos réponses hypocrites, les quolibets des paysans et le spectacle ridicule que nous avions offert à 8 000 spectateurs.

Tout cela nous fit rire, dès que nous fûmes décidés à ne pas en pleurer.

Nous rentrâmes à l'hôtel incognito. La patronne eut des politesses cruelles : « Eh bien Messieurs, il paraît que vous n'avez pas eu de chance tantôt ? »

Nous nous vengeâmes sur le dîner.

Ce soir-là, ayant entendu une fois de plus « Est-elle – belonde…, etc. », nous errions sur la place comme des âmes en peine, lorsque notre attention fut attirée par des groupes de femmes qui entraient dans l'église. Versepuy et moi nous approchâmes machinalement : que pouvait-il se passer à cette heure dans ce Saint Lieu, alors que toutes les maisons environnantes étaient déjà plongées dans la plus profonde obscurité ? Par curiosité, nous entrâmes aussi – était-ce mal d'aller à l'Église en sortant du café-concert ? Peut-être. Mais je prends le ciel à témoin que nous n'avions pas la moindre mauvaise intention et que notre attitude fut irréprochable. Nous restâmes à part, dans un silence respectueux, dans un coin discret. Les prières commencèrent. Les fidèles (exclusivement des femmes) récitèrent un premier chapelet à la suite du curé qui entamait en solo les Pater et les Ave. Au bout de deux minutes, nous serions volontiers partis, sans la crainte de déranger les autres et de nous faire remarquer. Le chapelet fini, le curé commença sans transition un sermon. Ce fut une violente harangue contre les mauvais chrétiens qui, au lieu de venir à Vêpres le dimanche, perdent l'après-midi à regarder quelques pantins (*sic*) se traîner le postérieur dans l'herbe.

Le brave curé ne faisait rien pour cacher que l'inspiration lui venait de notre présence et les plus effrontées des bigotes tournaient vers nous des regards pleins de malice. Versepuy me poussa le coude en étouffant un fou rire. L'orage passa, les prières recommencèrent ; nous nous retirâmes sur la pointe des pieds.

Le lendemain eurent lieu nos règlements de compte.

Le comité nous avait donné rendez-vous ainsi qu'à Baré chez le président Moudoux.

Lorsque nous arrivâmes, ces messieurs étaient déjà réunis. Il y eut d'abord un silence gêné. Toutes les physionomies reflétaient le mécontentement, le dépit – celle du président, seulement de la tristesse.

Pour eux cette fête avait été un grand désastre – les jaloux, les adversaires politiques en faisaient un scandale. La presse quoique modérée, avait enregistré l'échec complet et le mécontentement public.

Malgré cela, on ne nous adressa aucun reproche – l'amabilité innée du président mit même de la cordialité dans la conversation.

Nos contrats définissaient les cas de force majeure d'une façon si large qu'ils nous enlevaient toute responsabilité, et nos cachets nous étaient dus. Il ne pouvait y avoir, il n'y eut aucune discussion.

Mais j'étais touché de l'attitude du comité ; il m'était pénible de quitter Cholet sur cette piteuse aventure ; je ne pus m'empêcher de leur faire la proposition suivante : j'irais à Paris, je me procurerais un appareil neuf, et j'offrirais aux Choletais une véritable exhibition, pour les dédommager des déceptions passées.

Obre se joignit à moi – Versepuy, retenu par un engagement antérieur, regretta de ne pouvoir suivre notre exemple.

Cette proposition fut accueillie avec reconnaissance et nous rendit la sympathie du comité.

Il fut convenu que j'écrirais moi-même une lettre d'explications au public. La presse régionale la publia le lendemain, avec l'annonce de la nouvelle exhibition.

Je partis le même soir pour Paris, avec Obre, qui allait chercher un moteur plus puissant.

J'étais loin de posséder les quelque 7 000 francs qu'il aurait fallu payer pour un appareil neuf. Il fallait cependant m'en procurer un. Ma première visite fut pour le Directeur de la maison Clément-Bayard. Je m'efforçai de l'intéresser à mon malheur – malgré tous mes soins, ma Demoiselle refusait de voler à un moment fâcheux ; il en résultait un préjudice pour moi, une mauvaise note pour la marque.

Mon interlocuteur me laissa sentir qu'il soupçonnait ma propre inexpérience d'être la véritable cause de mes déboires, ce qui ne l'incitait guère à me sacrifier un appareil neuf. Enfin je dus être persuasif car après une longue discussion j'obtins le compromis suivant : on me vendait un appareil à crédit, avec promesse d'en annuler la facture à mes premières actions d'éclat. Je n'en demandais pas davantage. L'appareil neuf fut expédié à Cholet sans retard, et 48 heures plus tard, je repartis moi-même.

La journée du vendredi se passa à déballer la Demoiselle et à la monter. Je travaillais vaguement avec les mécaniciens ; quand il faisait trop chaud nous allions boire une bouteille d'Anjou chez « Maman », une bonne vieille qui tenait cabaret dans une petite maison voisine. « Maman » était pleine de prévenance. Quand je voulais être tranquille, elle m'offrait sa propre chambre en guise de cabinet particulier. Elle nous combla de friandises et de petits plats de sa façon.

L'appareil fut prêt le samedi après-midi. À 5 heures, profitant d'un temps superbe, je réussis un brillant essai. Je ne volai que 5 minutes – pour ménager le moteur – à 30 ou 40 mètres de haut, avec des virages et un atterrissage que n'eût pas désavoué Santos lui-même... Et la Demoiselle fut aussitôt enfermée dans son hangar, avec les soins dus à un objet précieux. J'étais joyeux et confiant : le temps resterait beau – je le sentais... Cette fois je tenais ma revanche.

La journée décisive s'annonça magnifique. Je me sentis si rassuré, si libre d'esprit qu'après le déjeuner je me laissai inviter à une partie de tennis par des jeunes gens et des jeunes filles dont j'avais fait la connaissance sur le champ. Je jouai plein d'entrain jusqu'à l'heure du premier vol – j'arrivai même à l'aérodrome un peu en retard. Le public attendait.

Sans perdre un instant, je me mis en piste ; le moteur pétarada, et à la stupéfaction de ceux qui attendaient les préparatifs habituels, je bondis dans l'air...

Pendant une dizaine de minutes, j'évoluai dans tous les sens, montant à une cinquantaine de mètres, redescendant à raser le sol, repartant. Suspendu comme je l'étais, sous mes ailes, je voyais s'agiter chapeaux et mouchoirs. Le comité formait un petit groupe animé.

L'atterrissage fut réussi – je roulai doucement jusqu'au hangar.

Dès que mon moteur fut arrêté, j'entendis – pour la première fois – les bravos et les acclamations de la foule.

Je fus entouré – ces messieurs rayonnaient, le président avait les larmes aux yeux. On m'accabla de compliments et de vigoureuses poignées de main. On m'entraîna au buffet pour boire une coupe de champagne : je déclarai ma préférence pour le vin d'Anjou et ce fut un nouveau titre à la sympathie des Choletais.

Puis il fallut penser à la suite du programme – ce fut au tour d'Obre. Il n'avait pas eu le temps d'essayer son nouveau moteur. Il fit quelques lignes droites infructueuses, comme les jours précédents – seulement un peu plus vite et avec beaucoup plus de bruit. Cette démonstration prit fin dans une collision avec les palissades – il y eut des cris de panique dans la foule.

Mais personne n'était blessé, sauf le grand oiseau, qui avait perdu son hélice et un morceau d'aile.

Resté seul dans l'arène, je fis encore deux vols – le succès et le petit vin d'Anjou m'avaient mis en verve – je me surpassai. Du reste, le vol de la Demoiselle était naturellement impressionnant par l'extrême mobilité, la légèreté, la vitesse.

Le président Moudoux ne savait comment exprimer la reconnaissance du comité. Il m'embrassa avec émotion et me dit : « Vous nous avez sauvé l'honneur. »

Le même soir je signai avec Baré, pour voler la semaine suivante à Rennes, un contrat deux fois plus avantageux que le premier.

Je quittai Cholet le lendemain. J'y laissai le souvenir de mes débuts, de mes premières satisfactions professionnelles, et d'autres souvenirs charmants. J'y laissai aussi de bonnes amitiés – Cholet devait me porter bonheur.

Nous partîmes Baré et moi sur mon châssis d'essais.

Nous avions donné rendez-vous à Rennes, aux mécanos, qui devaient suivre mon appareil, et à Obre, qui s'était fait engager, sous condition de voler.

Il pleuvait un peu. En l'absence de toute carrosserie, nous étions couverts d'éclaboussures. En outre, si le châssis était neuf, les pneus d'essais de la maison Garros ne l'étaient guère et crevaient volontiers.

Nous passâmes quelques heures à Nantes – on y préparait un grand meeting. Baré offrit mes services. Mais je ne pus m'entendre avec le comité, j'étais aussi exigeant qu'inconnu.

Le soir nous arrivâmes à Rennes.

V

Cinq pilotes participèrent aux fêtes de Rennes. L'étoile de ce team était Busson[1] (sur Blériot moteur Clerget) – connu pour avoir doublé la tour Eiffel, le deuxième, après le comte de Lambert[2]. Les autres étaient : Paul de Lesseps, sur biplan Sommer ; Dufour[3], sur cellulaire Voisin, Obre et moi.

Le premier jour, par beau temps, les performances furent les suivantes :

De Lesseps : partit, fit une longue ligne droite sans dépasser de beaucoup la hauteur des arbres ; on le vit accomplir un large virage, hors du champ ; puis il disparut. Il revint en automobile deux heures plus tard, la tête enfouie dans un énorme pansement. Il avait mis son appareil en miettes.

Obre : fit une impétueuse ligne droite au sol, suivie d'un décollage macabre, et d'un écrasement complet – le tout, en moins de temps qu'il n'en faut pour l'écrire.

1. Guillaume Busson (brevet 121).

2. Pionnier des hydroglisseurs et de l'aviation, le comte Charles de Lambert est le premier pilote à survoler une grande ville en traversant Paris le 18 octobre 1909 sur un Wright. Il bat par la même occasion le record de hauteur. Émile Dubonnet est le deuxième aviateur à traverser la capitale mais à l'altitude réduite de 50 à 100 mètres.

3. Paul de Lesseps (brevet 134) ; Jean Dufour (brevet 96).

Dufour : fit à la faveur du calme crépusculaire quelques tours de piste assez souples, ras du sol.

Busson : fit deux vols d'une correction un peu monotone.

Je réussis deux vols. J'allais prendre un troisième départ, lorsqu'en roulant je voulus pivoter sur une roue, comme d'habitude. Mais un coup d'accélérateur un peu nerveux mit la Demoiselle en pylône – l'hélice se brisa.

La deuxième exhibition fut dramatique. La séance s'ouvrit par un temps menaçant et déjà agité. Je laissai la parole aux aînés, Busson et Dufour – mais ils hésitèrent, perdirent du temps. J'annonçai un vol. Mon appareil fut apprêté, j'y pris place, Romain lança l'hélice. Pendant une demi-heure, il fit de vains efforts. La pluie commença, en fines gouttes. On rentra la Demoiselle au hangar – le public attendait sous les parapluies et commençait à siffler.

Le maire (M. Janvier) vint me demander si je ne préférais pas renoncer « puisque le temps n'était pas favorable ». J'étais horriblement énervé : je répondis que « le temps était excellent », ce qui fit sourire Busson.

J'avais l'air de jouer une comédie connue : la panne opportune. Cette idée m'était insupportable. Romain s'escrima plus d'une heure encore. Le temps était devenu tout à fait mauvais, orageux. La plupart des spectateurs étaient partis.

Mais sous mon hangar, je ne me doutais même pas de ces choses. Je ne songeais qu'à voler ; je m'exagérais l'ironie et la malice que je sentais autour de moi, et j'étais fou de rage.

Cependant il faudrait bientôt se résigner, renoncer…

À la dernière minute, sans raison apparente, le moteur partit. Certes, on ne s'y attendait plus. Il y eut de l'étonnement, de l'émotion… On vint me dire qu'il faisait réellement mauvais dehors, et que mes camarades estimaient que c'était une folie de vouloir voler en plein orage. Je ne voulus même pas écouter ce qu'on me disait : je repoussai brutalement ces donneurs de conseils qui se moquaient de moi l'instant précédent.

Je refusai de laisser arrêter le moteur, criai à Romain de me sortir tel quel.

Aussitôt hors du hangar, j'accélérai à fond, décollai sur place, dans le vent. D'un bond, je fus à 50 mètres de haut. J'étais si énervé que je fis un tour de piste avant de me rendre compte que j'étais secoué, ballotté dans tous les sens, comme un bouchon sur une eau agitée. Mes ailes se tordaient – je les sentais craquer. Je luttai, les dents serrées, les nerfs tendus, pendant 5 minutes. Alors se passa une chose effrayante : d'un coup je me sentis soulevé, projeté vers le ciel, avec mon appareil, dans une position incompréhensible. Je vis les arbres pendre, la tête en bas… Mais presque immédiatement, j'eus la sensation de me réveiller d'un cauchemar. Je me retrouvai volant normalement, un peu plus bas et dans une *direction diamétralement opposée*. J'étais abruti… Je manœuvrai machinalement pour me remettre en face de l'atterrissage et je revins au sol sans incident, grâce à l'abri des tribunes et des arbres. Je m'arrêtai à quelques mètres du hangar. On accourut. Mes deux mécanos pleuraient.

On était pâle. Le maître, M. Janvier, m'embrassa (encore).

Personne ne songea à prolonger la séance. Le meeting de Rennes était terminé.

J'étais enchanté de cette nouvelle existence, un peu romanesque. Je ne pensais plus aux corvées et aux embarras du commerce d'automobiles. Baré me proposa une combinaison. Il s'agissait d'organiser nous-mêmes une semaine à Saint-Malo, Dinard.

J'avais de la sympathie pour mon imprésario – c'était un compagnon plein d'entrain. Il avait vécu des années d'aventure en Amérique et en avait gardé l'habitude de s'accommoder de tout, de se débrouiller partout.

J'acceptai sa proposition. Nous partîmes, toujours par la route, précédant les mécanos et l'appareil.

À Saint-Malo, nous nous heurtâmes à la difficulté de trouver un terrain. La plage était à marée basse, un aérodrome idéal : mais il était impossible d'y organiser une recette. Il fallut se contenter d'un petit champ triangulaire, et faire enclore de planches à nos frais. Ce terrain était à peine *possible* : exigu, entouré d'arbres, de maisons, de fils télégraphiques.

La première exhibition de Saint-Malo ne fut pas encourageante – la recette dépassa à peine les frais. J'endommageai mon appareil après un vol de quelques secondes.

Baré se mit en devoir de nous préparer une revanche ; j'en profitai pour aller passer quelques jours à Paris.

J'y retrouvai mon affaire d'autos en assez médiocre situation – mais je ne m'en souciais guère – je complétai une échéance avec une partie de mes bénéfices d'aviation.

Je passai à Paris quelques semaines heureuses, marquées par deux incidents mémorables.

J'avais connu John Moisant[1] parmi les familiers du hangar Clément-Bayard.

En l'absence d'un dirigeable, le hangar était exploité en garage d'aéroplanes, ouvert à tout venant, moyennant un prix de location. On y trouvait, outre une longue file de Demoiselles, peu fréquentées de leurs propriétaires,

1. Voir la notice biographique en fin de volume pour les origines de la famille Moisant.

une collection d'appareils phénomènes – c'était une curiosité pour les profanes, une joie pour les initiés : le lenticulaire de Maurice Clément, dit La Punaise ; l'inénarrable ballon-planeur de César – produit hybrique[1] d'un ballon et d'un aéroplane ; Le Corbeau de Moisant et son appareil en tôle ondulée – qu'aucune imagination n'était parvenue à baptiser.

Moisant était un personnage un peu mystérieux. C'était un petit homme brun, presque chauve, à la peau hâlée, aux yeux noirs pétillants. Toujours aimable, souriant, alerte – il était impossible de lui donner un âge. Il parlait très couramment le français spécial des vieux Canadiens – également l'anglais et l'espagnol. Il se disait d'ailleurs Canadien-Français d'origine. Il logeait dans un très modeste hôtel – le plus rapproché qu'il avait trouvé du champ. Sa mise était négligée, souvent sale de poussière et d'huile. Mais il portait à sa cravate et sur une bague, deux énormes brillants authentiques ; et il s'offrait le luxe onéreux de construire des appareils de son invention. Le Corbeau avait été son premier modèle – c'était un petit monoplan tout noir, aux ailes peu courbées, au fuselage arrondi, et complètement entoilé. Cet appareil, d'une exécution soignée, était pour l'époque admirablement pénétrant – mais il devait être équilibré en dépit des principes élémentaires, car, à chaque fois que Moisant en fit l'essai, il capota dans l'air à des hauteurs et à une vitesse terrifiantes, avant de venir invariablement s'écraser sur le sol. Il est vrai que Moisant eut toujours la prétention de voler, sans le moindre apprentissage préalable.

Au Corbeau succéda l'appareil en tôle ondulée : c'était une réédition du Corbeau, compliquée d'une superstructure qui soutenait un deuxième plan, réellement fait

1. Hétéroclite.

de tôle ondulée grise, comme celle dont on recouvre certains toits. C'était fou…

Le Corbeau avait acquis à son maître une réputation d'invraisemblable toupet – la tôle ondulée le fit connaître comme un original. On vit cette machine sillonner le champ d'Issy à 30 à l'heure, avec un bruit de rouleau compresseur – puis elle rentra au garage ; Moisant disparut quelque temps. Je partis pour Cholet.

De retour à Paris, je flânais un soir au hangar ; c'était l'avant-veille du Circuit de l'Est[1]. Par hasard, j'y rencontrai Moisant, plus aimable, plus souriant que jamais. Il me félicita de mes débuts.

– Et vous savez que je vole aussi, dit-il.

– Vraiment, votre appareil…

– Non. J'ai acheté un Blériot[2] à deux places – je l'ai essayé avant-hier pour la première fois. Hier, j'ai passé mon brevet de pilote.

Il disait cela avec naturel. Et c'était vrai – il avait volé sans apprentissage et au deuxième vol, il avait passé son brevet, à 500 mètres au-dessus d'Étampes.

– Et j'ai un grand projet pour après-demain, ajouta-t-il.

– Allons, confiez-moi cela.

– Je veux bien. Et pourtant c'est un secret. Voici : c'est après-demain que commence le circuit de l'Est. Je me propose d'arriver d'Étampes à Issy, vers l'heure du Départ.

– Emmenez-moi, m'écriai-je.

1. Entre le 7 et le 17 août 1910, un parcours de 785 km à couvrir en six étapes à dates fixes : Paris-Troyes-Nancy-Mézières-Douai-Amiens-Paris.

2. Louis Blériot (1872-1936) abandonne en 1907 son industrie de phares automobiles pour fabriquer des avions. L'ordre alphabétique choisi pour les premiers brevets attribués en 1909 lui octroie le brevet de pilote n° 1. Le 25 juillet 1909, il est le premier homme à traverser la Manche, qu'il franchit en 38 minutes. Son exploit fait le succès commercial de son Blériot XI.

Il sourit malicieusement.

– Vous auriez peur. Vous savez que ce sera mon troisième vol ?

– Emmenez-moi…

Cette confiance le flattait visiblement.

– Eh bien, dit-il, je l'avais presque promis à M. Kousminski, mais je vous donne la préférence.

J'étais radieux. Nous prîmes rendez-vous pour le lendemain soir. Il fallait coucher à Étampes, pour partir à l'aube.

Ce voyage – mon premier voyage en aéroplane – m'a laissé un souvenir vivace. En y pensant j'en revis toutes les phases, toutes les impressions.

Dès le départ je remarquai la sobriété de mouvements de mon pilote. Il laissait faire l'appareil et le redressait lentement, sans hâte : il semblait prendre le temps de *réfléchir à ce qu'il fallait faire*. Que se serait-il passé au cas d'une brusque rupture d'équilibre ?

Le décollage fut très doux, imperceptible. L'ascension très progressive : je m'impatientai au début de nous voir si près des arbres. Je criai plusieurs fois dans l'oreille de Moisant : « Montez. Montez. » Nous montâmes constamment, d'un bout à l'autre. Je ne le sentais pas, mais je m'en aperçus à la lecture de l'altimètre qui était en face de moi. J'annonçai à Moisant la hauteur atteinte de cinquante mètres en cinquante mètres. Au départ il avait fait un large tour qui m'avait dépaysé. Puis la campagne avait défilé sous nous, voilée de brume rose. Nous suivions une grand-route. 300 mètres… 400 mètres… L'horizon s'était élargi. Nous glissions avec un bourdonnement ouaté, dans l'air idéalement calme. Malheureusement, j'étais gelé. Avec mon imprévoyance habituelle, j'étais parti mal couvert. Cette sensation désagréable gâta la joie du voyage. Tout à coup, Moisant fit un signe et me cria :

« La Tour ». Il avait une vue perçante. Je ne découvris que quelques minutes plus tard la silhouette minuscule de la tour Eiffel. 500 mètres… La Tour se précise. Paris se dessine dans la brume. Moisant ne fait plus le moindre mouvement. L'appareil vole seul et monte lentement, constamment. 600 mètres… Je grelotte. Je claque des dents. Mais le but approche. L'enthousiasme fait battre mon cœur et force le sang à circuler. 700 mètres… Nous arrivons sur les faubourgs du sud-est, du côté de Montrouge. Issy est à notre gauche, assez loin. Nous voici sur Paris, à 800 mètres… Lentement Moisant tourne à gauche. Le froid est intolérable ; mais je l'oublie par moments. Quelle griserie ce premier vol, si haut. Nous passons sur la Tour. Une grande curiosité me prend de la voir par son sommet. Les ailes m'en empêchent. Je me mets debout, et je me penche un peu hors du fuselage. Une main me tire par un pan de ma veste et me rassoit. Moisant fait signe qu'il ne faut pas. Puis il tripote une manette qui diminue la force du moteur et il pique sur notre vieux champ d'Issy, encerclé de foule noire. Pendant 5 minutes, nous descendons ainsi. Il me semble que nous fendons l'air à une vitesse folle. Tout l'appareil vibre. Est-ce normal ? J'ai une impression confuse d'insécurité. Moisant s'y est pris trop tard ou mal : il est visible que cette descente va nous amener au-delà du terrain. Il essaie de piquer davantage. Mais la résistance de l'air devient brutale : il se redresse et reprend sa première inclinaison. Le moteur siffle comme une toupie… En effet, nous dépassons le terrain. Le soleil est aveuglant. Moisant descend toujours. Cependant, voici les toits bien près… Que fait-il ? Je lui frappe sur l'épaule et lui montre le danger. Il se redresse vivement, redonne toute la force du moteur et nous voici en vol normal, à plat – il était temps… Un large tour nous remet face au terrain. Nous arrivons au ras du sol à plat. Moisant coupe le moteur et attend, sans bouger. L'appareil se pose, s'arrête. Nous descendons, je lui serre la main. Mes oreilles sont bourdonnantes. On accourt :

– Qui êtes-vous ?

– Moisant et Garros.

Les officiels se regardent – nous sommes inconnus. Et Moisant ajoute fièrement :

– Nous arrivons d'Étampes.

Car c'était une prouesse.

VI

Quelques jours plus tard, un ami de Santos-Dumont vint me voir, avenue de la Grande-Armée. Il m'apprit que Santos était à Deauville. Sur l'avis du médecin il avait renoncé à l'aviation. Le dernier appareil qu'il avait construit lui-même était à vendre. Nous allâmes le visiter. C'était un bijou admirable, de bambou léger et de soie blanche. Le moteur était plein de petits dispositifs spéciaux. Je pris immédiatement un train pour Deauville. Santos-Dumont, que je voyais pour la première fois, me reçut avec une bonne grâce conciliante – le marché fut conclu en 5 minutes. Le même soir j'étais de retour à Paris.

Mon nouvel appareil fut aussitôt transporté au hangar Santos-Dumont, à Saint-Cyr. Pendant quelques jours Romain s'occupa de mettre à mon goût certains détails et un soir, je fis le premier essai.

Le mécanicien Chapin, l'homme de Santos, me donna mille conseils. Évidemment il s'attendait à voir anéantir en une seconde son chef-d'œuvre – je sentais en lui une hostilité mélancolique. Enfin tout fut prêt : je partis. Quel ravissement… L'appareil volait avec une facilité incomparable. C'était une impression toute nouvelle. Les ⅔ de la force du moteur suffisaient au vol horizontal. À pleine puissance, l'appareil bondissait au ciel, comme un pur-sang… C'était au crépuscule, l'atmosphère était radieusement calme… Tout à coup je me souvins qu'il ne fallait pas user inutilement mon précieux moteur. Je me mis à descendre – je m'aperçus alors que j'étais monté aux environs de 200 mètres. On n'avait jamais vu une Demoiselle à cette altitude. J'atterris. Des amis me complimentèrent. Chapin n'en revenait pas. J'étais enthousiasmé. Heureux. Confiant.

Je fis les jours suivants quelques vols d'entraînement et de mise au point. Je passai des journées délicieuses à lézarder dans les champs, pendant que mon brave Romain travaillait au hangar.

Pendant ce temps les « héros » du circuit de l'Est achevaient leur odyssée. Il ne restait plus à faire que l'étape Amiens-Paris. On l'avait organisée pour un dimanche. Comme l'avait fait Moisant, je résolus de profiter de l'occasion. J'irais de Saint-Cyr à Issy, en Demoiselle, ce qui donnait à ce vol une valeur particulière.

Tout fut apprêté, je ne parlai de mon projet à personne, mais pendant deux jours et surtout deux nuits, je le ruminai sans arrêt – je m'imaginai partant, montant, survolant Versailles – montant encore, toujours ; passant la jolie vallée de Sèvres, la boucle de la Seine ; je voyais le panorama de Paris, enfin l'arrivée à Issy, théâtre de mes débuts.

La descente de 600, 800, peut-être 1 000 mètres, sur mon minuscule oiseau de soie blanche…

Le dimanche matin à 5 heures, j'étais au hangar de Saint-Cyr, en compagnie du seul Romain. La Demoiselle fut soumise à une dernière inspection. J'attendis qu'il fût 6 heures. Le temps était clair et calme. Romain me mit en marche. Je démarrai. Au bout de 20 mètres ma roue gauche heurta un caillou et se brisa. Le choc fit rebondir l'appareil, et comme la vitesse était suffisante, je me trouvai condamné à *casser* en atterrissant. Tout compte fait j'aimai mieux aller *casser* à Issy. Le voyage commença tel que je l'avais rêvé ; je grimpai d'un bond à 200 mètres. Je vis Versailles. En montant toujours, je me dirigeai sur le Château. Je passai sur le parc entre 300 et 400 mètres… L'avenue de Paris m'indiquait de son large ruban la route à suivre. Je fouillais déjà l'horizon pour découvrir la Tour. Brûlant d'impatience et soucieux de ménager le moteur, je tâtais du pied l'accélérateur. Soudain la panne… Mon hélice se mit à un régime d'extrême ralenti – sans force de traction. Cela s'était produit juste au-dessus du château. Je descendis droit en face. Je ne savais pas virer en planant, et je croyais d'ailleurs arriver sur la place directement. Je n'avais pas la sensation que j'allais me faire de mal, mais j'étais certain, avec une seule roue, d'écraser l'appareil. La descente fut longue. Au dernier moment, je compris que j'allais dépasser la place mais je n'en fus pas alarmé – l'avenue de Paris s'ouvrait devant moi large et libre à cette heure matinale. Le sol se rapprocha à quelques mètres, je voulus me redresser. Mon geste n'eut aucun effet : l'appareil arriva à terre avec toute sa vitesse et toute son incidence de descente. Le choc fut d'une violence extrême. Je restai paralysé sous les débris, le moindre mouvement me causait de vives douleurs. Je crus avoir l'épine dorsale brisée. J'eus la vision de l'hôpital, de l'agonie douloureuse… Je luttai pour ne pas m'évanouir.

Des soldats m'entourèrent, voulurent me porter secours, je les arrêtai :

– Laissez-moi. Ne me touchez pas.

Et je restai là de longues minutes, me tordant comme une bête blessée.

Petit à petit le courage revint. Je réussis à me redresser doucement. On m'emmena devant la caserne, on me fit prendre un cordial.

J'appris que mon fuselage avait accroché des fils télégraphiques, qui avaient empêché le stabilisateur d'agir.

Bientôt on vit poindre Romain sur mon châssis. En débouchant sur la place, il comprit qu'il y avait eu une catastrophe et vint s'arrêter près de l'attroupement. Je me sentais un peu mieux et j'avais hâte de me retrouver seul, chez moi. J'exigeai que Romain me ramenât à Paris. On me fit monter près de lui, dans la carrosserie de fortune ; je ne pouvais m'asseoir ; je m'installai sur le flanc, les jambes pliées, en soutenant le poids de mon corps sur mes bras. Romain partit lentement. Chaque cahot m'arrachait un gémissement ; je tins cependant jusqu'à la rue Lalo. Romain me déshabilla, me mit au lit. On appela un docteur.

Je n'avais qu'une petite fracture du coccyx, et une forte contusion au bas du dos. Ordonnance : repos, massage… Enfin on me laissa seul.

Alors je songeai à l'espoir déçu, au précieux appareil anéanti et mes nerfs harassés se détendirent dans une crise de larmes.

Romain s'occupa de transporter les débris de Versailles à Issy. Puis il se livra à un examen minutieux et me fit le rapport suivant :

1. La panne avait été causée par le desserrement d'une vis minuscule – le volet du carburateur avait tourné sur son axe et s'était simplement fermé. Une stupidité.

2. L'appareil était irréparable. Mais on pouvait le reconstruire rapidement.

J'ordonnai la mise en chantier immédiate.

Ma convalescence fut moins longue et moins triste que je ne l'avais prévu.

Dix jours après l'accident, je pouvais me tenir debout, et marcher à petits pas. Je pus m'occuper de mes affaires, suivre les travaux de Romain et de ses aides.

La nouvelle Demoiselle prit tournure rapidement. Bientôt, je constatai avec joie qu'elle ne le cédait en rien au modèle, pour la finesse du travail. Le moteur avait échappé aux avaries graves. Romain le démonta et le revit pièce à pièce. Au moment de l'entoilage, j'allai moi-même au Louvre, choisir la plus belle soie blanche du magasin. Les ailes furent recouvertes et enduites par un spécialiste habile.

Quatre semaines après le désastre de Versailles, j'étais de retour à Paramé. Je clopinais encore et j'avais quelque peine à m'asseoir, mais c'était peu de chose.

Dinard, mot évocateur... Je me revois sous mes petites ailes fines, d'une blancheur nuptiale, entrant d'un jeune élan dans la vie de mes rêves, ce mélange d'énergie, de paresse, d'émotion, d'insouciance, de ténacité, de caprice, de raison, de sensualité avivée par le danger quotidien. Je retrouve le premier goût de l'indépendance conquise, de la confiance en soi qui s'affirme... de ces satisfactions habituellement diluées au cours des années, et que Dinard m'offrit comme un bouquet dans son atmosphère douce et enchantée.

Cette fois j'abordais la scène, dans un état d'esprit autre qu'à Cholet ou Rennes. Je me savais capable de faire face aux éventualités et je possédais un instrument sûr, prêt à fonctionner. C'était beaucoup.

En mon absence Baré s'était fait des relations, avait obtenu la création d'un prix, pour le vol Paramé-Saint-Malo-Dinard.

Les circonstances donnèrent à cette petite épreuve un éclat inattendu.

Il fit ce jour-là le vent le plus fort que je pusse affronter et la mer mauvaise achevait de donner au paysage un air de tempête.

À Dinard, des personnes qui avaient assisté aux meetings répandirent l'opinion qu'il était impossible de voler par ce temps-là.

Or, je réussis le trajet et – comme le vent me poussait – à une vitesse folle, à Saint-Malo je faussai une roue, Romain la remplaça en quelques minutes, à Dinard, on me vit poindre inattendu, grossir à 150 à l'heure. L'exiguïté, la transparence des ailes, l'extraordinaire mobilité, donnaient à ce vol une apparence de prodige. Je décrivis pour atterrir sur la plage une courbe oblique qui accentua l'effet…

Ce début fit à Dinard une vive impression.

Baré, manager adroit, obtint un autre prix, pour le vol de Dinard à l'île de Cézembre.

Par temps magnifique je fis cette promenade ravissante. J'observai ce jour-là pour la première fois le phénomène de transparence qui permet de voir le fond de la mer, lorsqu'elle est calme. Ce fut aussi la première fois que j'eus assez de liberté d'esprit pour admirer la Côte d'Émeraude, vue du ciel par une belle journée d'été. Je terminai par quelques évolutions au-dessus de la terrasse du Casino.

Une troisième subvention me fut allouée pour une exhibition libre, ainsi mon séjour se prolongea.

J'avais une popularité dans la région. Elle se manifestait par mille gentillesses – on me traitait en enfant gâté du pays. Telle famille m'accueillait comme un fils ; tel membre du comité se faisait mon mentor, organisant des excursions, des promenades à la voile, des parties de pêche ; les directeurs de casinos m'ouvraient toutes leurs portes. Cette sympathie publique, mais d'un ton presque intime, était une chose nouvelle et charmante.

Un jour, cependant, un malheur faillit m'arriver :

Je suivais tranquillement sur ma 6 cylindres Grégoire, la route de Paramé à Saint-Malo, un ami était à mes côtés (Gallet). Nous croisâmes deux calèches à chevaux marchant à la file.

Au moment précis du croisement, un garçonnet d'une dizaine d'années, jusque-là accroché, invisible, aux ressorts du dernier véhicule, traverse brusquement. D'un coup de frein désespéré je l'évite. Hélas, ils étaient deux… Le deuxième se jette littéralement sous ma roue. Je sentis la voiture se soulever un peu sur une chose molle. Aussitôt arrêté, je bondis et ramassai dans la poussière un pauvre petit être qui se tordait. Je n'ai jamais compris par quel prodige il put se mettre debout, faire même quelques pas et déclarer qu'il n'avait pas trop mal.

La roue d'une voiture de 1 200 kg venait de lui passer sur le ventre.

Par bonheur, le passager de la calèche était un docteur. Il ne put se prononcer de suite, mais laissa espérer que cela s'arrangerait.

Et c'est moi qui pâlis de vertige et dus m'asseoir à l'idée que j'avais failli tuer ou mutiler le pauvre petit.

D'ailleurs le témoignage du docteur me dégageait de toute responsabilité.

Nous conduisîmes les deux enfants chez eux.

Ma petite victime eut ce geste touchant : lorsque la porte s'ouvrit et que sa mère parut, il eut le courage de repousser nos bras qui le soutenaient et de marcher seul, tout pâle, vers sa maman en criant : « Ce n'est rien, Maman. Ce n'est rien. »

On le mit au lit. Je lui fis porter des bonbons, nous devînmes une paire d'amis, et huit jours plus tard, il trottait comme un lapin.

C'est ainsi que pas le moindre point noir n'assombrit le clair souvenir que je gardai de la Côte d'Émeraude.

Après Dinard je fis encore deux petites exhibitions : Évreux, La Ferté-Vidame.

Puis je signai à l'improviste mon engagement de New York (octobre 1910). Je ne revins en France qu'au printemps 1911.

EN AMÉRIQUE

VII

Je dus mon engagement de New York à une triste circonstance. La liste était close, lorsque Léon Morane et son frère furent victimes, aux environs de Paris d'un terrible accident[1]. Une forte somme se trouva de ce fait disponible, au budget du meeting ; car le nom de Léon Morane étant le luxe le plus coûteux que pût s'offrir un comité, celui de New York avait naturellement commencé par là. La place de Morane fut assez grande pour quatre. Audemars, Simon et Barrier[2] avaient brillé dans les meetings récents et furent aussitôt agréés. Ma candidature fut plus pénible – cinq exhibitions en province étaient mes seules références. Mais je fus recommandé à M. Hart O'Berg de la façon la plus chaleureuse, par un de ses amis qui avait assisté à mes vols de Dinard. Le nom de M. Hart O'Berg est lié aux succès des Wright en Europe, et à bien d'autres grandes affaires. Chargé de négocier en France les engagements de New York, il exerçait une autorité considérable sur les décisions du comité. Il appuya ma candidature ; après un échange de câblogrammes, mon

1. Le prix Michelin récompensait de 100 000 francs le premier aviateur reliant le département de la Seine au sommet du puy de Dôme. Les frères Robert Morane (brevet 1670) et Léon Morane (brevet 54) échouent le 5 octobre 1910, s'écrasant près de Bonneuil-sur-Marne.

2. Voir notices biographiques en fin de volume.

contrat fut signé un samedi soir. Je m'embarquai à Cherbourg le surlendemain lundi, avec deux appareils et deux mécaniciens.

Parti pour trois semaines, je revins huit mois plus tard.

L'emballage de mes deux Demoiselles fut laborieux – elles ne pouvaient arriver à temps qu'à condition de voyager comme bagages. Il fallut les mettre en morceaux dans des caisses grandes comme de grandes malles. La dernière nuit on y travailla jusqu'à l'aube.

À la hâte, le samedi soir, je complétai par quelques emplettes mon insuffisante garde-robe. Le tout fut empaqueté pêle-mêle. Bref, je ne manquai ni le train, ni le bateau. C'était l'essentiel.

Je fis la connaissance de Simon et de Barrier dans le rapide de Paris à Cherbourg. Mais aussitôt, je me séparai d'eux et d'Audemars, pour prendre seul un paquebot allemand, le *Kronprinz Wilhelm*, sur lequel j'avais trouvé à grand-peine et à grands frais mon passage et celui de mes hommes. Ce voyage, dans l'isolement, s'annonçait triste, il le fut.

En arrivant à bord, on m'indiqua ma couchette dans une cabine de première, déjà habitée par deux gros Allemands. Je me déclarai prêt à tous les sacrifices pour voyager seul. Un quatrième officier mécanicien consentit à me céder sa cabine moyennant une indemnité exorbitante. J'acceptai sans discuter, trouvant une joie neuve dans ce mépris de l'économie et je pris possession d'un petit endroit assez sale où régnaient, grâce à la proximité des machines une chaleur étouffante et un relent de cambouis tiède, dont naissait naturellement la nausée. Mais on y était seul – pour vomir.

Il y avait exactement dix ans que je n'avais voyagé par mer. Je partis avec cette idée saugrenue que le mal de mer pouvait s'éviter par un simple effort de volonté. Le premier repas eut lieu en sortant du port. Je descendis frais et dispos dans la somptueuse salle à manger écrasée de dorures et de décorations en toc, d'un mauvais goût parfait. On m'indiqua ma place, à une petite place ronde, vis-à-vis de deux messieurs très chics. Je choisis, dans une véritable encyclopédie culinaire, un menu simple – et je commandai quelques vins – car le départ, la solitude m'avaient rendu mélancolique et je professe que la bonne chère est un remède contre les idées noires. Hélas, quelle cuisine prétentieuse et chimique on me servit…

Je me défendis jusqu'à l'entremets : une redoutable bombe glacée à la framboise… Pendant ce temps le bateau avait gagné la pleine mer – la houle lui imprimait un balancement perfide. J'éprouvai un léger malaise. Mais crânement j'attendis le café et les liqueurs. Alors, il fallut bien s'avouer que cela n'allait pas. Les deux vieux messieurs paraissaient inquiets. Il me fallait de l'air frais ; je signai mon addition et me levai. La position verticale aggrava le mal, je sentis d'un coup le vertige, la sueur froide et une grande nausée. Le respect humain m'empêcha de traverser la salle en courant – je m'efforçai au contraire de montrer une allure calme. En arrivant à l'escalier une deuxième nausée me prit, mais je la refrénai avec une grande énergie. Deux étages me séparaient du pont. À mi-chemin, on ne me voyait plus, de la salle à manger, je me mis à monter les marches deux à deux, à toute vitesse : j'arrivai au pont comme une trombe. Hélas, trop tard… Vainement je crispai ma main sur ma bouche, dans un effort suprême. J'étais à six mètres du bastingage – gagner deux secondes, c'était le salut… je ne pus. La catastrophe se produisit, indescriptible. J'avais le visage éclaboussé, les manches pleines, ah… ce sorbet aux framboises… Je traversai le pont, sans hâte – à quoi bon, désormais ? Je m'accoudai au bastingage et terminai triste et seul.

L'impression de cette première journée subsista. Je fis la traversée sans adresser la parole à personne.

Je ne vis pas sans émotion se dessiner à l'horizon, puis grandir, les gigantesques silhouettes des buildings, et la puissante Liberté sur son socle carré. Ce tableau serait une expressive allégorie de la Force.

Le *Kronprinz Wilhelm* franchit l'entrée du port et accosta avec une rapidité de manœuvre surprenante – évidemment tout était prévu et aménagé *to save time*. Aussitôt à quai les passerelles furent installées et la foule pressée des parents et des amis fit irruption sur le pont.

Je fus environné de quatre ou cinq reporters munis de crayons et de carnets ; ils surent m'extraire dans le minimum de temps, avec le minimum de questions une interview convenable. J'étais attendu également par un délégué de l'Aéro-Club d'Amérique. Ces messieurs m'assistèrent dans les premières formalités de douane – on sait combien la douane américaine est sévère –, ensuite, je fus conduit à l'hôtel *Astor*, tandis qu'on indiquait un logement aux mécanos.

Je me sentais dépaysé comme on l'est toujours en arrivant dans une ville étrangère – mais il y avait en plus une curieuse impression d'écrasement, parmi ces gratte-ciel qu'on dirait l'œuvre d'un peuple de géants.

Après la première toilette et un repas réconfortant, j'allai me présenter au comité – j'avais une lettre de recommandation de M. Hart O'Berg, un talisman…

J'appris que John Moisant, mon ex-camarade d'Issy était descendu, comme moi, à l'Astor. Je ne l'avais pas vu depuis son voyage historique (le premier Paris-Londres). Je le rencontrai le soir. C'était toujours le même petit homme sec, avec sa tête ronde et chauve, sa peau jaune, ridée ; son visage rasé, sans âge ; surtout ses deux yeux de diamant noir, au regard étrange. Mais sa tenue avait changé, elle était presque élégante et les deux gros brillants jumeaux qu'il portait l'un au doigt, l'autre à la cravate, ne juraient plus trop…

Il m'accueillit cordialement, il restait flatté de la preuve de confiance que je lui avais donnée le jour d'Étampes-Paris. J'avais été son premier passager – il m'en gardait une sorte d'affection qu'il me prouva par la suite.

En attendant, il s'offrit à me piloter dans New York, me présenta à son frère aîné, le banquier, et aux demoiselles Moisant, ses deux sœurs. Ils habitaient en famille un bel appartement au septième étage de l'Astor. On y trouvait, exposée au salon, la coupe d'or massif offerte par le *Daily Mail* en souvenir de la grande prouesse[1] ; et on y rencontrait le chat Paris-Londres, le légendaire fétiche, que son maître nourrissait de sardines achetées chaque jour exprès pour lui.

Je prenais la plupart de mes repas à la table des Moisant. Après le lunch nous allions en auto au champ de Belmont Park, afin de surveiller le déballage et le montage de nos appareils. Nous ne rentrions qu'à l'heure du dîner, et la soirée s'achevait au théâtre et au music-hall.

Audemars, Simon, Barrier étaient arrivés peu après moi, sur leur bateau moins rapide – ils étaient descendus en Knicker-Becker. J'avais à peine vu Audemars depuis son départ pour Angers. Lui, s'était lié, dans les grands

1. Pour son cinquième vol, accompagné de son mécanicien Albert Fileux, Moisant effectue sur son Blériot XI-2 la première traversée de la Manche avec passager. Elle fait partie d'un Paris-Londres très médiatisé.

meetings, avec Simon, Aubrun[1], Latham[2], etc. – toute la pléiade d'alors. Ils étaient tous au même hôtel, et jusqu'à la fin du meeting, je ne les vis guère que sur le terrain.

Le meeting de New York ne fut pas pour moi un succès sportif. C'était la première fois que je me trouvais en contact avec « les aviateurs », les grands, je me sentais tout petit. Certes, j'étais prêt à courir tous les risques, mais quelle lutte pouvais-je soutenir, avec mon inexpérience contre des rois de l'air ? Moisant s'était imposé, en quatre vols ; mais ma fragile Demoiselle ne permettait pas de ces prouesses : ce n'était qu'un jouet, auprès des machines perfectionnées du circuit de l'Est et de Paris-Londres. Je ne pouvais prétendre à aucun prix de hauteur, ni de durée, ni de vitesse. Pour comble de malheur, aucun de mes deux moteurs ne consentit à fonctionner 5 minutes de suite – je réussis rarement plus d'un tour de piste en vol. Audemars était logé à la même enseigne… Les quelques apparitions que nous fîmes provoquèrent cependant de la curiosité. Le comité créa pour nous un prix quotidien spécial pour un match, départ en ligne, sur trois tours de piste. Dès le début, Audemars refusa de se faire battre tous les jours, par ma Demoiselle blanche qui faisait dix bons kilomètres à l'heure de plus que la sienne. Comme il ne s'agissait, au fond, que de satisfaire le public, nous convînmes de partager les prix, fraternellement. Nous faisions des

1. Émile Aubrun (brevet 21) s'était fait notamment connaître par un vol de nuit en Argentine en mars 1910, avant de terminer deuxième du Circuit de l'Est la même année.

2. Concurrent malheureux de Louis Blériot pour la première traversée de la Manche, Hubert Latham (brevet 9) signe le 19 août 1909 sur Antoinette le premier record d'altitude homologué : 155 mètres. Il est le premier à dépasser les 1000 mètres le 7 janvier 1910. Passionné de chasse aux fauves, il mourra en Afrique à vingt-neuf ans en 1912, piétiné par un buffle.

départs impressionnants, des virages où la corde semblait disputée avec des ruses d'Apaches et un égal mépris du danger. Et tout cela n'était qu'un innocent chiqué.

Malgré tout, je ne perdis pas mon temps à New York. Mon contrat m'assurait une rétribution honorable, quelques prix spéciaux s'y ajoutèrent. Mais cette quinzaine fut surtout une leçon, je pris contact avec le milieu où je devais me faire une place. J'observai chez les autres les défauts, qui limitent le succès, et les excès, qui causent les catastrophes. J'étais comme un acteur étudiant de la coulisse le jeu des premiers rôles.

Je vais essayer de noter ici quelques impressions gravées dans ma mémoire, comme des clichés, que le souvenir remet devant mes yeux avec le relief et le mouvement de la réalité.

Une bûche de John Moisant

John avait pour le meeting deux appareils, son vieux biplace de Paris-Londres et un monoplace tout neuf, fin et léger, comme Blériot les faisait à cette époque. Cet appareil fut monté et prêt un matin, l'avant-veille du meeting, je crois. John, qui méprisait le plaisir d'une grasse matinée – comme tous les plaisirs, excepté celui de vaincre –, se leva tôt, pour aller l'essayer. Inutile de dire qu'à cette heure j'étais dans mon lit.

Il fut en retard au lunch – il lui arrivait quelquefois de l'oublier tout à fait et de remarquer, vers 7 ou 8 heures du soir :

– Tiens. J'n'ai un peu faim. J'n'ai dû oublier de déjeuner aujourd'hui.

Ce jour-là je vis d'abord arriver son secrétaire – John avait un secrétaire chargé des journalistes en quête d'interviews, qui font perdre du temps.

Le dénommé Le Vino était encore vert de peur. Il me dit de suite :

– John a failli se tuer.

– Il n'a pas de mal ? demandai-je.

– Rien, mais l'appareil neuf est en miettes… De terre nous n'y avons rien compris. Il volait à une centaine de mètres, tout à coup l'appareil s'incline, prend une position impossible et glisse vers le sol… Nous le voyons perdu… Mais la seconde suivante, il se redresse et le vol normal reprend. Nous nous remettions à peine de cette émotion lorsque le même phénomène se reproduit et l'appareil vient s'écraser sur le sol, au milieu du terrain… Nous nous précipitons… Mais, par miracle, John était déjà debout parmi les ruines, tranquille, souriant, sans une égratignure.

Quelques instants après, John lui-même nous rejoignit.

– Eh bien, mon vieux. Qu'est-ce que j'apprends ? demandai-je en lui tendant les mains.

– Je n'suis un imbécile.

Il parlait très couramment mais avec un fort accent canadien, un français bizarre.

– Comment diable avez-vous fait ?

– J'n'ai vu que les mécaniciens avaient oublié d'ouvrir l'huile. Impossible d'atteindre le robinet avec la main, j'n'essaye avec le pied… Je glisse… comme ça… le pied qui restait sur la barre tourne le gouvernail – alors j'n'ai dégringolé… Mais j'ai repris l'équilibre… La deuxième fois…

– Voyons, interrompis-je, vous n'avez pas profité de cette leçon ? Pourquoi ne pas atterrir pour ouvrir ce robinet tranquillement ?

– Ah non, je n'voulais ouvrir sans descendre.

Et les petits yeux de diamant noir pétillèrent d'orgueil.

Le cross-country

Il s'agit d'aller doubler un pylône quelque part dans Long Island, à une quinzaine de kilomètres – je ne sais pas exactement où, n'ayant jamais eu la prétention de m'aligner. Il faisait un brouillard opaque, visqueux – on ne voit rien à cinq cents mètres. Il paraît évident que l'épreuve sera remise. Le comité consulte les concurrents – personne n'hésite. Seul, Moisant proteste. Il veut partir. On essaie de lui faire entendre raison : ce n'est pas une question de courage ; nous savons tous qu'il est homme à voler, mais il faut le diriger, trouver le pylône, c'est impossible…

– Moi, je n'veux essayer. C'est mon affaire.

Nous n'insistons pas, ce serait inutile.

Aux termes du règlement, le comité ne peut pas refuser le départ. Et voilà John en route sur son vieux biplace… Il disparaît en quelques secondes – personne ne songe à suivre son exemple. Une demi-heure passe – où aura-t-il atterri ? Qu'il parvienne à trouver le pylône et à rentrer ! Personne n'y croit. Le brouillard est devenu encore plus gluant… Un bourdonnement, une brusque apparition au-dessus des hangars – c'est lui. On accourt, on le presse de questions.

– J'n'ai été. – ce qui veut dire : j'y suis allé.

– Mais comment ?

– Tout droit, parbleu. J'n'ai un compas. – un compas, c'est une boussole.

Magie et stupéfaction.

Un peu plus tard, le commissaire au pylône demande par téléphone s'il doit rester à son poste, il n'a vu qu'un appareil – virage correct.

La mort du vieux biplace

Un vent violent. Les concurrents demandent encore la remise d'une course. Moisant évidemment est d'un avis contraire. Il ordonne au fidèle Fileux d'amener son vieux biplace – le seul appareil qui lui reste. Quatre hommes de peine et le mécano poussent la grosse machine. Ils arrivent au milieu du champ. Là, le vent n'est plus brisé par l'obstacle des hangars. L'appareil menace de s'envoler seul… Les hommes se cramponnent aux haubans. Pendant ce temps, Moisant se prépare, il a revêtu sa combinaison jaune sale et son vieux passe-montagne noir ; il essuie ses lunettes. Autour de lui, des reporters, crayon en main et une nuée d'admirateurs aux kodaks indiscrets.

C'est l'heure. John se dirige vers son appareil, seul au départ. Le vent fait rage. À ce moment précis, une rafale soulève le vieux monoplan à 5 ou 6 mètres de terre. Sous une des ailes, le corps d'un homme se balance, suspendu par les mains, c'est le fidèle Fileux, qui n'a pas lâché.

L'appareil et l'homme culbutent dans l'air, puis s'effondrent dans un craquement de bois cassé. Moisant s'arrête, fait un demi-tour brusque et regagne son hangar, du même petit pas nerveux, sans plus tourner la tête. Le sourire malicieux est figé en grimace.

L'atterrissage de Latham

Le vent s'acharne à troubler la fête. Quelques pilotes ont pris l'air quand même. Mais le ciel s'assombrit, les rafales se font plus violentes : l'orage vient. Un à un les pilotes rentrent avec des atterrissages mouvementés. Latham reste seul dans le ciel ; il totalise, pour la durée.

En ce moment, chaque minute de vol est une avance acquise sur tous.

L'Antoinette se détache, à 200 mètres, sur le ciel noir – et continue sa ronde. Chaque tour se décompose ainsi : une interminable ligne droite vent debout – l'appareil est presque immobile, comme suspendu. Parfois il semble reculer.

Puis un léger changement de direction le met vent de côté à droite : c'est un long dérapage, une glissade à plat de droite à gauche.

Un nouveau quart de tour met l'appareil vent arrière, à une allure vertigineuse jusqu'au troisième virage, là les ailes s'inclinent d'avance et accomplissent une volte précise autour du pylône, pour passer du vent arrière au vent à gauche, en résistant à la dérive.

L'Antoinette montre dans ces évolutions une aisance superbe, une souplesse de goéland. On n'y sent aucun effort. Ce peu de toile et de bois qu'anime une pensée humaine semble se jouer des éléments. La scène est émouvante.

Mais la situation s'aggrave : de courtes bourrasques chargées de pluie annoncent le gros de l'orage. Dans un instant l'air sera tout à fait intenable. Déjà des secousses brusques, des inclinaisons brutales, rompent l'harmonie du vol : mais un instinct d'oiseau anime les ailes et les organes stabilisateurs – les coups invisibles sont *parés d'avance*… Quelques minutes s'écoulent encore… Enfin le signal quotidien (deux fusées, dont le vent emporte la fumée blanche) annonce la clôture du concours de durée – Latham décrit dans l'air une orbe dernière, qui signe ce vol d'un paraphe souple et magistral. Puis c'est l'atterrissage, merveille de sûreté. À quelques pas de moi, je vois l'appareil suspendu oblique, à quelques mètres du sol, l'hélice au ralenti… La célèbre silhouette voûtée émerge du fuselage. Le pilote fait corps avec la machine. Les mains, en gestes rapides, font jouer les deux volants latéraux. Et ce profil se complète du fume-cigarette légendaire serré au coin de la bouche, dans un rictus dédaigneux.

Le vent est devenu terrible ; l'appareil maintenant titube, vacille… mais la main le retient et le redresse, infaillible.

Enfin tout doucement, docilement, les roues viennent effleurer l'herbe et prendre contact sur place, sans rouler, à vingt pas du hangar.

La coupe Gordon-Bennett 1910

Dès la veille le *great event* est le sujet de toutes les conversations.

La France est représentée par :
Leblanc (Blériot 100 HP Gnome)[1] ;
Latham (Antoinette 100 HP Antoinette).
L'Angleterre, par :
Grahame-White (Blériot 100 HP Gnome).
L'Amérique par :
Brookins (Baby Wright) ;
C. K. Hamilton (Hamilton 160 HP) ;
X ? (sur un invraisemblable monoplan Curtis)[2].

Le grand favori est Leblanc. Grahame White pilote aussi un 100 HP Blériot, mais l'aspect des deux machines témoigne du soin particulier apporté à celle de Leblanc.

1. Alfred Leblanc (brevet 17), vainqueur du Circuit de l'Est le 17 août 1910, préfacera le *Guide de l'aviateur* de Roland Garros édité en 1913 chez Pierre Laffite.

2. Claude Grahame-White était connu à l'époque pour ses exploits aériens mais aussi pour sa liaison avec l'actrice Pauline Chase ; Walter Brookins ; Charles K. Hamilton, célèbre pour avoir effectué le 3 juin 1910 le premier aller-retour New York-Philadelphie ; le dernier pilote demeure inconnu.

Quelques-uns croient imbattable l'Antoinette spécial de Latham, avec ses ailes réduites et son moteur aux innombrables cylindres.

C. K. Hamilton annonce des vitesses fantaisistes.

Enfin le plus grand mystère entoure les hangars de Wright où un camion vient d'amener la minuscule machine de Brookins.

La coupe Gordon-Bennett se court à jour fixe, entre le lever et le coucher du soleil. Chaque concurrent choisit son heure et court contre la montre.

J'arrive au champ trop tard, la course est courue :

Brookins, victime d'une panne, a tout cassé. À l'hôpital, dans le coma.

Grahame-White a fini régulièrement à un peu plus de 100 kilomètres à l'heure, il est le *tenant*.

Leblanc est éliminé par un accident, dû à une négligence. Il avait course gagnée, battant tous les records jusqu'à 100 kilomètres, lorsqu'une minute avant la fin un réservoir mal rempli le laisse en panne d'essence. Surpris au ras du sol, il ne peut faire la manœuvre utile et va donner hors de la piste, dans un poteau télégraphique qui est coupé net. Le pilote en sort avec un œil poché et une blessure au front.

Les Américains très sportifs, le considèrent comme le vainqueur moral de l'épreuve. Partout où il montre sa tête enveloppée de pansements, on lui fait une ovation.

C. K. Hamilton jouit en Amérique d'une grande popularité. Les espoirs nationaux se tournent vers lui. Mais son terrible moteur est, paraît-il, en panne – une panne bien opportune je crois…

X ? sur l'incroyable Curtis, ne donne pas signe de vie. Comme je comprends cela…

Aubrun, avec son appareil de série, ne peut que s'incliner devant la performance de Grahame-White.

J'assiste à la course tardive de Latham ; dès le début son appareil est reconnu moins rapide que les 100 HP de Blériot, mais il s'entête à finir le parcours – pour l'honneur. Ses cylindres s'arrêtent les uns après les autres. Quand ils sont trop en panne, Latham atterrit, se fait réparer et repart. Ses virages autour des pylônes sont toujours les mêmes chefs-d'œuvre de souplesse et de précision : même dans la défaite, on reconnaît le Maître.

Johnstone-Hoxsey

Le vol de Johnstone et d'Hoxsey[1] procure d'autres sensations. C'est l'étalage d'une virtuosité déconcertante, une suite de défis aux lois de la gravité. Ce ne sont plus les grandes ailes sensibles, mais la cellule géométrique, la machine à voler, sûre, automatique. Les évolutions d'une rapidité inouïe donnent lieu à des illusions d'optique : on voit la machine se renverser, tomber, se replier dans l'air et le spectacle se termine généralement par quelque spirale vertigineuse, partie d'un nuage, terminée à la porte du hangar, sur un atterrissage désinvolte, hélices calées.

Avec cela, une complète insouciance du danger, un entêtement froid, immuable dans toute résolution prise.

Un jour, ils partent tous deux pour un prix de hauteur. Au bout de dix minutes ils sont l'un près de l'autre, seuls dans le ciel, car le vent sévit une fois de plus. Johnstone est à quelques mètres au-dessus d'Hoxsey.

Hoxsey veut rattraper Johnstone, mais quand il monte d'un mètre, Johnstone en fait autant et la différence ne diminue pas.

En revanche, la vitesse du vent augmente avec l'altitude, bientôt ils sont immobilisés, puis entraînés à reculons, d'abord insensiblement, ensuite, plus vite. Nous

1. Ralph Johnstone et Archibald Hoxsey.

les voyons s'éloigner, très haut; ce ne sont plus que deux points... ils disparaissent... on attend... plus de nouvelles...

Le lendemain les journaux nous rassurèrent. Johnstone et Hoxsey avaient été recueillis en mer... dans une île. Ils avaient atterri sans accident.

Ni l'un ni l'autre n'avait voulu céder, Hoxsey, entraîné par le vent, avait volé jusqu'à sa dernière goutte d'essence, la panne s'était heureusement produite au-dessus d'une île. Alors Johnstone, sûr de la victoire, était descendu lui aussi.

Le soir, les deux rivaux rentrent à l'aérodrome, par l'air; l'appareil du vainqueur est décoré de petits drapeaux étoilés. On leur fait un triomphe.

Un peu plus tard, j'ai l'occasion de serrer la main de Johnstone, qui est un compagnon charmant. Je ne puis m'empêcher de lui dire mon admiration :

– Vous avez été splendide, Johnstone; mais quelle folie, pour un pauvre prix de hauteur.

– Le prix n'est rien, mais il faut être sport, n'est-ce pas ?

The Statue of Liberty

Le prix de la Liberté, le clou du meeting, est favorisé d'une belle journée de soleil. La foule est énorme. Peut-être 100 000 personnes.

Moisant rentre en scène avec un petit Blériot neuf, qu'il vient d'acheter sur place. L'affaire a été conclue en une minute: « Voulez-vous vendre votre appareil ? – Oui. – Combien ? – Tant (un prix confortable). – Voici un chèque. »

Si Grahame-White a l'audace de faire cette course sur son 100 HP, il est à peu près imbattable. Nous essayons de le dégoûter de cette machine dangereuse. D'autre part, John lui en offre 50 000 francs comptant. Mais

Grahame-White ne veut rien savoir, il tient à gagner l'épreuve.

Voici le départ. La lutte est circonscrite entre Grahame-White – favori –, John et J. de Lesseps[1]. Il n'y a qu'un prix, de 50 000 francs. Chacun part à son tour contre le chronomètre.

Grahame-White revient le premier, après un parcours régulier – déjà les ovations de la foule saluent la victoire, qui lui semble assurée.

Devant le hangar Moisant s'est formé un petit groupe d'amis, qu'une lueur d'espoir anime, malgré eux ; espoir insensé… Mais tel est le prestige de l'audace.

De Lesseps rentre ; son temps, sur un appareil semblable à celui de John, le classe derrière Grahame-White, naturellement.

Dans le groupe de Moisant, on ne quitte plus des yeux les chronomètres – les secondes et les minutes passent –, l'impatience augmente.

Voici les derniers instants d'espoir. John n'a plus que 4 minutes pour rentrer vainqueur. Les regards fouillent l'horizon. Plus que 3 minutes. Plus que 2 minutes ½. Quelques secondes passent encore… Un cri : le voilà… Plusieurs le voient en même temps. Ce ne peut être que lui : c'est Moisant !

Une rumeur se propage dans la foule – une belle émotion s'empare de tous. Moisant arrivera-t-il à temps ?

Les secondes s'écoulent toujours, et le point ne grossit que lentement pour des yeux énervés d'impatience.

Enfin la silhouette du Blériot se précise. La dernière minute dissipe tous les doutes : Moisant est vainqueur. À plein moteur, il fend l'air, d'une trajectoire oblique et

1. Fils de l'ingénieur Ferdinand de Lesseps qui perça le canal de Suez, Jacques de Lesseps (brevet 27) est après Louis Blériot le deuxième pilote à traverser la Manche. Héros de la Première Guerre mondiale puis pilote au Canada au service de la photographie aérienne, il disparaîtra en vol en 1927.

sifflante – comme une flèche. Il coupe la ligne d'arrivée, à ras de terre, devant la grande tribune où la foule délire. Puis il se cabre d'un coup et escalade le ciel, telle une alouette éblouie par le soleil.

Un dernier tour de piste et le voici arrêté à quelques mètres de la tribune d'honneur. Les hourras redoublent et forment une immense clameur. Les chapeaux, les cannes, les fleurs voltigent. Le service d'ordre est impuissant. La foule déborde sur la piste, se rue vers Moisant : on le porte à bout de bras au-dessus des têtes, vers son hangar ; à mi-chemin, quelqu'un l'enveloppe d'un grand drapeau étoilé et c'est un étendard vivant que les Yankees portent en triomphe.

Le soir dans l'intimité, John nous donna l'explication de son invraisemblable victoire. Sur la quinzaine de kilomètres qui séparent Belmont Park de la statue de la Liberté, on rencontre un faubourg de New York, c'est-à-dire des gratte-ciel, enchevêtrés de lignes électriques de toutes sortes. Un léger détour suffit pour éviter ce danger. Grahame-White, fort de sa vitesse et prudent de nature, avait renoncé là, à la ligne droite, John, naturellement, ne s'était pas soucié une seconde de ces contingences.

Johnstone s'offre un record

Nous ressentions une vive sympathie pour Johnstone. C'était un superbe athlète solidement musclé, sans lourdeur. Son visage exprimait l'énergie, la franchise, la confiance. Il s'était fait une célébrité jadis, sous un pseudonyme de music-hall, comme acrobate cycliste. Il avait été le créateur du looping à bicyclette. On citait ses prouesses.

Au cours de ses tournées professionnelles, il avait inauguré un système de publicité original – la plupart des grands buildings américains possèdent un *fire escape* ; c'est un escalier étroit, presque une échelle, qui descend en zigzags sur un mur extérieur de la maison, reliant les 15 ou 20 étages au sol. Johnstone choisissait dans chaque ville le *fire escape* le plus long, le plus vertigineux ; il y donnait rendez-vous au public, par la voie des journaux et à l'heure dite, il descendait le *fire escape* d'un bout à l'autre en monocycle. C'était sa réclame.

Devenu aviateur – depuis quelques mois à peine (3 ou 4, je crois) – il avait dépassé tous les records de l'audace et de l'adresse, à défaut de performances sportives. À Belmont Park, la lenteur du Wright l'avait d'avance éliminé des concours intéressants. Il s'était seulement classé dans les prix de durée et de hauteur.

La veille de la dernière journée, nous passâmes la soirée ensemble. Johnstone nous parla d'une nouvelle machine que venait de lui préparer Wright et qui possédait – disait-il – de merveilleuses qualités ascensionnelles. Et il ajouta :

– Vous le verrez demain, dans le concours de hauteur.

Je devinai.

– Voulez-vous tenir un pari ? lui demandai-je.

– Lequel ?

– Eh bien, je parie que demain à cette heure-ci, vous serez recordman du monde.

Johnstone sourit et répondit évasivement.

Nous parlâmes d'autre chose – il croyait le looping en aéroplane possible et il se proposait de l'essayer prochainement. Ce projet fou, c'était en 1910, exposé d'une voix tranquille, nous parut naturel dans sa bouche, car il avait bouleversé dans nos esprits les notions du possible.

Le lendemain, à Belmont Park, il partit flegmatique et souriant, disparut derrière un nuage et revint un peu plus tard avec le record désiré.

Hélas, la semaine suivante, nous apprîmes sa mort. Au cours d'une exhibition, son appareil, soumis à un effort excessif, s'était brisé en l'air.

Voilà, en désordre, quelques souvenirs de ce grand meeting.

Malgré mon enthousiasme, je sentais les faiblesses de ceux que j'admirais – Johnstone et Hoxsey dépassaient la mesure acceptable de risque – excès de confiance, peut-être ; ou simplement : inconscience. Cette impression fut tristement confirmée par la fin accidentelle de l'un et de l'autre, à quelques semaines d'intervalle.

Moisant raisonnait et calculait beaucoup. Il ne tenait pas compte de la fragilité des appareils. Enfin il se faisait trop souvent un point d'honneur de mépriser le risque, au lieu de toujours en mesurer l'intérêt.

Lui aussi devait bientôt trouver la mort : il tomba le même jour que Hoxsey. De sorte que des quatre plus beaux pilotes de Belmont Park, seul Latham survécut quelque temps. Il mourut deux ans plus tard d'un accident de chasse en Afrique – sans avoir été vaincu par l'air, ce monstre vorace.

J'ai appris dès le début à m'instruire en observant le vol des autres. C'est une abondante source d'expérience.

La renommée est sotte ; elle met presque au même rang Latham, cet astre, et de pâles héros de circuits – si chétifs auprès de lui dans le ciel.

The Barber's Shop

Indépendamment de ces résultats professionnels, le séjour de New York fut assez agréable. La journée commençait tard, l'après-midi se passait à l'aérodrome, au crépuscule, nous rentrions à l'hôtel – avant le dîner, c'était l'heure du bain et du *barber's shop*.

Le salon de coiffure américain offre à la fois un repos et des distractions, du moins lorsqu'on n'y est pas habitué.

Étendu sur un grand fauteuil articulé, d'un confort raffiné, le client peut recevoir simultanément les soins d'un coiffeur-masseur, d'une ou même de deux manucures, elles sont en général charmantes, d'un pédicure ou d'un cireur nègre.

Chacun de ces opérateurs est un artiste dans son genre. Les appareils et les produits employés sont d'une perfection inconnue en Europe.

Je fis connaissance avec toutes les sortes de massage du cuir chevelu et de la face ; avec toute la collection des shampoings et des lotions et j'appris toutes les manières de graduer les applications de serviettes chaudes et froides, après une méticuleuse barbification.

Plus tard nous allâmes jusqu'à adopter la coiffure yankee – baptisée cul-de-singe – qui consistait à se faire raser la nuque en même temps que la barbe, de sorte que la chevelure s'arrêtait très haut, sur un cou nu et ressemblait à une perruque trop courte. C'était affreux. Mais l'opération elle-même procurait une sensation de fraîcheur agréable et prolongeait les *parties* de *barber's shop*.

Le soir je dînais, soit avec la famille Moisant, soit avec le groupe Audemars, Simon, Barrier. Les soirées s'achevaient dans les music-halls, théâtres et autres lieux de plaisir. J'assistai plusieurs fois, notamment, à l'opérette *Dollar Princess* alors en pleine vogue, et le refrain « *Every little movement has a meaning of its own* » resta attaché à tous mes souvenirs de cette époque.

Après le meeting

Le séjour de New York se prolongea longtemps après le meeting.

Parmi les pilotes européens, un ou deux avaient regagné leur pays.

Latham et quelques autres prenaient part au meeting de Baltimore.

Un dernier groupe était resté à New York avec l'espoir d'y trouver des contrats – c'étaient C. K. Hamilton, Moisant, Simon, Audemars, Barrier, moi et un ou deux autres.

Autour de nous gravitait une foule de managers et d'organisateurs.

Dès le début, John Moisant m'offrit un contrat d'un an. Il m'assurait une somme fixe pour un nombre de vols indéterminé. Tous les frais, tous les risques matériels étaient à sa charge. La proposition fut faite dans une forme qui excluait toute discussion. Elle comblait du reste mes espérances. J'acceptai sans hésiter. Je pus ainsi assister en curieux au marchandage épique qui suivit.

John et son frère, le banquier, avaient conçu le projet d'une tournée monstre, avec un nombreux team d'aviateurs et une vaste organisation. Ils étaient persuadés que cette entreprise, malgré les frais généraux énormes, leur rapporterait une fortune.

Il fallait engager de bons pilotes, des mécaniciens, tout un personnel de managers et d'employés. Dès que la bande de requins qui rôdait autour de nous eut compris l'importance que les Moisant attachaient à cette affaire, ils s'acharnèrent sur cette proie.

Pendant quinze jours ce furent des conciliabules interminables, des manœuvres ténébreuses, où l'on cherchait tour à tour à se coaliser contre les Moisant ou à s'éliminer mutuellement. Ces drames se déroulaient toute la journée et une partie de la nuit dans tous les coins du hall et du fumoir de l'Astor. Le manager français B…y[1], représentait l'équipe Audemars, Simon, Barrier. Il cherchait comme les autres à imposer aux Moisant ses conditions ou sa concurrence.

Hamilton et son manager Young se livraient à un véritable chantage, à un bluff éhonté sur sa « réputation » et ses « moyens ». Il arracha aux Moisant un contrat exorbitant. Et Young reçut la direction de la tournée – du *show*…

Les intrigues d'Hamilton cessant, la situation se dénoua rapidement. Les managers trouvèrent l'un après l'autre un emploi dans la combinaison.

Enfin je parvins à décider Audemars, puis Simon et Barrier à se joindre à nous ; si bien que le manager B…y, d'antipathique mémoire, resta seul sur le carreau. Il rentra en France bredouille, par le premier bateau… On engagea encore pour faire nombre : Frisbie, un vieux pilote irlandais, et Joe Seymour, aviateur obscur – mais automobiliste notoire, qui devait corser le programme par des courses d'auto contre aéro.

Premier vol sur un Blériot

Quelques jours avant notre départ, je fis à Belmont Park, mon premier vol sur un Blériot. On avait terminé la reconstruction du petit appareil écrasé par John, l'avant-veille du meeting. Ce travail avait été achevé par Fileux, avec l'aide d'un pseudo-ingénieur salvadorien surgi d'on ne savait où – une vieille connaissance de Moisant.

1. Pour ne pas nommer le manager Gabriel Borel, qu'il n'apprécie pas, Roland Garros fait un jeu de mots avec le parc Borély à Marseille.

John devait essayer cet appareil avant de me le prêter ; mais il n'en eut pas le temps. Toujours impatient, je décidai de faire moi-même le premier essai.

Fileux déclara la machine prête : je m'en rapportai à lui, incapable, par inexpérience, de vérifier quoi que ce fût.

Les commandes du Blériot étaient absolument différentes de celles auxquelles j'étais habitué – tout l'appareil était fait pour me dépayser –, du siège, on ne voyait rien au-dessous de soi : moi qui n'avais jamais atterri sans voir mes roues, et de près... Et comment volerait cet appareil reconstruit et réglé au petit bonheur ? Pour augmenter mon appréhension, lorsque j'arrivai à Belmont Park il faisait un temps peu engageant. Je fis disposer la machine face au vent. Je me jetterais dans l'air, là, je me débrouillerais bien. En attendant, j'avais le trac.

Fileux me mit en marche et on me lâcha. L'appareil démarra, face aux tribunes. Ne voyant rien en dessous de moi, j'eus peur d'accrocher le toit, ce qui me fit cabrer d'une façon indécente. Je ne sentais pas ce que je faisais. Les remous me chahutaient en tous sens. Le Blériot n'obéissait pas, était-ce ma maladresse ? Je flottais, désemparé. Après deux vagues tours de piste, je songeai à l'atterrissage, l'épreuve redoutable... Je m'y pris de loin, avec des précautions infinies. Mon cœur battait... Tout se passa fort bien. Je commis la faute de me redresser un peu trop, par crainte de capoter. Le choc au sol ne fut tout de même pas trop brutal ; je reçus les compliments exubérants de Fileux :

– Mais c'est épatant. Vous vous posez comme un oiseau. Je l'ai toujours dit à M. Moisant, qu'il fallait arriver doucement et non comme la foudre.

Être comparé à John Moisant, pour mon premier essai, je ne le méritais certes pas. Mais je n'eus pas l'air de ne pas l'avoir fait exprès.

Un deuxième vol, quelques minutes plus tard, se déroula de même. Je rentrai à l'Astor, heureux de m'en être tiré, mais sans le moindre enthousiasme pour le « Roi des monoplans ».

VIII

Un beau soir, nous partîmes pour la grande Tournée. Il me serait difficile de reconstituer le vrai journal de ce long voyage. J'esquisserai seulement l'organisation réalisée par les Moisant, ensuite je tâcherai de fixer quelques souvenirs particuliers qu'on peut sérier en quatre périodes : de New York à New Orleans, de New Orleans à El Paso, au Mexique, à La Havane.

La Moisant's International Aviators, Ltd

La M.I.A. était une vaste entreprise d'aviation.

Elle avait à New York :

1. Un siège social et des bureaux, toute une administration.

2. Un grand atelier qu'on appelait l'Usine.

Le personnel mobile comprenait : 8 aviateurs ; une douzaine de mécaniciens ; une douzaine de *tentmen* ; quatre ou cinq secrétaires de publicité ; une dizaine de caissiers et de *ticket-sellers* ; un photographe ; un manager chargé des bagages ; une dizaine d'employés divers ; enfin une nombreuse équipe de *promoters*, dont le rôle était de visiter d'avance les villes et d'y trouver les subventions et les garanties nécessaires. Au total 70 à 80 personnes.

Le matériel comprenait 12 aéroplanes en usage ou en réserve ; un lot de moteurs et de pièces détachées ;

une auto de service ; la 100 HP de course, une immense tente de toile qui servait de hangar que les *tentmen* montaient en 3 heures et démontaient en une heure.

Personnel et matériel voyageaient dans un grand train spécialement aménagé, appartenant à la compagnie. On y logeait la tente et les appareils démontés, sans emballage : c'était une grande économie de temps et de travail. Un atelier roulant facilitait les réparations urgentes. Les aviateurs partageaient avec les principaux managers un vaste Pullman. Le reste du personnel se répartissait dans les autres voitures. Nous vivions en Bohémiens : le train était notre roulotte.

Dans presque toutes les villes nous eûmes comme champ le *fairground* qui comporte généralement une piste circulaire, des tribunes, des clôtures et une pelouse centrale libre d'obstacles. Suprême commodité : chaque *fairground* est relié à la gare voisine par un embranchement de voie ferrée – notre train arrivait ainsi au champ même et y restait. Grâce à cette organisation, il nous arriva de terminer une exhibition à 5 heures du soir et d'être prêts à voler le lendemain matin, dans une autre ville distante de 5 ou 600 kilomètres.

Voici, schématiquement, comme opérait la M.I.A.

Un promoteur visitant une ville, trouvait un comité de patronage. Ce comité assurait à la compagnie un appui moral, matériel et financier. Aussitôt commençait une campagne de publicité intense. Une avant-garde de managers nous précédait d'un ou deux jours pour terminer l'organisation et préparer notre arrivée. Notre train nous déposait. Des autos nous attendaient, nous conduisaient à l'hôtel – nos chambres étaient prêtes. Le manager spécial nous faisait apporter nos malles.

Pendant ce temps le train avait été dirigé sur le *fairground.* Quatre heures plus tard la tente et les appareils étaient montés. Les guichets placés. Tout était prêt.

Les débuts de la M.I.A.

Le départ de New York nous fit une impression plutôt désagréable. Tous les départs ont quelque chose de triste. Celui-ci nous faisait quitter une vie de confort et de plaisirs pour l'Inconnu, l'Aventure, dont peut-être nous ne reviendrions pas… Car à cette époque, nous vivions avec l'idée de la catastrophe.

À la gare, nous fûmes un peu affolés du nombre de managers qui nous encadraient. Nous n'étions pas prévenus d'un pareil déploiement de personnel – chacun remplissait une tâche déterminée : cela sentait la discipline, d'une façon déplaisante pour nos jeunes têtes un peu chaudes.

On nous fit attendre, puis avancer ; on nous indiqua notre wagon, nos places : tout était réglé.

Le fidèle Fileux, un peu éméché, fit un petit scandale, parce qu'un manager s'était permis de compter les mécaniciens à haute voix et en les désignant du doigt, tandis qu'ils défilaient au guichet du quai.

– Alors quoi, nous sommes donc un troupeau. (Oh, les droits de l'homme !)

Notre énervement venait aussi de ce que nous savions à peine où nous allions et nous ne savions rien de la vie qui nous attendait. Nos contrats signés, on nous avait avertis d'être prêts à telle date ; nous ressentions une certaine gêne de ce manque d'explications qui n'avait pourtant rien d'intentionnel. Enfin, lorsque nous fûmes dans le train, il fallut bien reconnaître que nous allions y voyager confortablement ; l'énervement calmé fit place à la curiosité. Deux d'entre nous manquaient à ce premier départ. Audemars s'était réservé d'aller régler ses affaires en Europe. Il voulait se débarrasser de son commerce de motocyclettes à Berlin, me donnant en cela un exemple que j'aurais volontiers suivi si j'en avais eu le moyen ; car mon agence d'automobiles végétait dans le plus beau désordre, malgré les efforts généreux de mon vieil ami Jacques Quellennec.

L'autre absent était John. Nous sûmes vaguement qu'il faisait lui aussi un voyage d'affaires et qu'il nous rejoindrait bientôt.

Sauf ces deux défections, la troupe était au complet.

A. J. Moisant et ses deux sœurs nous accompagnaient.

Notre première exhibition eut lieu à Richmond. En l'absence de John, j'étais considéré comme l'homme dévoué de la troupe. Flatté de cette confiance, je prenais mon rôle à cœur. Aussi n'hésitai-je pas, lorsque, la veille de nos débuts, le vieux Moisant me demanda si j'étais prêt à rendre un service à la compagnie. Il s'agissait d'un vol au-dessus de la ville. Justement le président Taft devait traverser la cité ce matin-là, avec un cortège officiel. Ce vol serait présenté comme un salut gracieux de la M.I.A. au chef de l'État : il fallait dès le commencement prendre grande allure.

Fier de ma mission, je m'efforçai de montrer de l'enthousiasme. En réalité j'étais fort ému de cette première aventure. À cette époque, survoler Richmond était un grand exploit : on citait le geste récent de Latham qui, au meeting de Baltimore, avait osé demeurer 40 minutes au-dessus des toits, pour satisfaire la curiosité d'un paralytique. Je me souviens encore de l'obsession que fut l'idée de ce vol, depuis le moment où il fut décidé, jusqu'au moment où je l'accomplis. Ma dernière nuit se passa dans l'insomnie et l'agitation. Mais je dois me rendre cette justice, que pas une seconde je ne songeai à me dédire.

J'eus la chance d'un temps superbe. À l'heure fixée j'étais au terrain ; on me donna quelques indications sur la direction à suivre et le point à atteindre. Il fallait traverser toute la ville, étendue et hérissée des habituels gratte-ciel. Je devais me guider sur une des principales artères – on me montra tout cela sur un plan, et je partis très ému…

Mais aussitôt en vol, je fus frappé d'un agréable étonnement. J'avais obtenu pour ce vol l'appareil neuf de John, celui qu'on appelait le *Statue of Liberty*, en souvenir de la grande victoire : une merveille de légèreté et de réglage. Je me sentis emporté doucement, dans un glissement plein de sécurité. Les toits défilaient sous moi, en arrière des ailes – en avant je ne voyais rien, qu'un lointain brumeux. Le moteur chantait très régulièrement. J'étais anxieux de la panne. Mais on s'habitue à cette angoisse du cœur. Et je me disais que cette épreuve était la première d'une longue série, que bien souvent j'allais me trouver dans des cas analogues ou pires. Ceci n'était qu'un épisode de l'aventure que j'avais cherchée.

Dans ma tête un peu engourdie de froid où tout cela se déroulait comme un rêve, le petit refrain de New York revenait sans cesse, avec le parfum des restaurants de nuit : et je pensais à l'à-propos ironique des paroles : « *Every little movement has a meaning of its own* ».

Au bout de dix minutes jugeant la mission remplie, je fis un large virage très prudent – à plat – et je pris le chemin du retour. Je m'aperçus que j'étais très haut et je compris que, sans m'en rendre compte, j'étais resté cabré tout le temps. Aussi avais-je fait le parcours sans voir autre chose que l'horizon.

Je retrouvai le champ : la descente et l'atterrissage s'effectuèrent avec un luxe de précautions. On me remercia beaucoup : le vol avait pleinement réussi – le cortège présidentiel s'était arrêté pour voir l'aéroplane : quelle publicité !

Cependant la semaine de Richmond n'eut pas le succès qu'on attendait. On n'avait pas encore fait assez de réclame ; le champ n'était pas favorable aux recettes ;

surtout, la principale journée coïncida avec des meetings politiques : le président Taft nous faisait concurrence.

Durant cette semaine, je me servis presque exclusivement du Blériot de John ; j'y étais moins à l'aise que sur ma Demoiselle, mais j'étais enchanté de la sécurité supérieure de l'appareil. Le dernier jour John nous rejoignit. Il ne voulut pas me laisser l'avantage d'avoir seul survolé la ville : il la traversa à son tour dans les deux sens. Simon, piqué au jeu, en fit autant ; le prudent Barrier lui-même suivit notre exemple. Si bien que ce jour-là, trois aéroplanes passèrent, chacun deux fois sur Richmond : peu de villes au monde en avaient vu autant.

Après ce triple défilé, John et Simon firent un match de virtuosité. Cette lutte faillit mal tourner pour John, tant il mettait d'orgueil à vouloir dépasser son rival, bien plus entraîné aux exercices d'adresse. Je voulus aussi essayer quelques virages inclinés ; mais je fus vite calmé.

Hamilton et Frisbie se montrèrent vaguement et tout finit bien – Moisant attachait une grande importance à ce que ce début fût au moins un succès de presse ; ce succès fut mérité et obtenu ; les journaux furent unanimes à nous couvrir de louanges. En revanche, au point de vue financier, ce fut un four. Moisant se montra beau joueur – il nota les fautes commises, se promettant de les éviter à l'avenir.

Nous quittâmes Richmond pour Chattanooga.

Chattanooga

John nous quitta de nouveau, pour aller régler des affaires.

Nous trouvâmes à Chattanooga tout préparé selon les règles de la M.I.A.

On nous avait installés dans un bel appartement du meilleur hôtel. Nous étions pleins d'entrain. Hélas, notre première visite au terrain eut raison de cette bonne humeur. C'était un petit champ bien encaissé, bordé d'arbres et de fils, semé d'obstacles. Il semblait impossible d'y faire un départ ou un atterrissage. Nous signalâmes le danger ; on nous promit de prendre des précautions pour l'avenir, mais on nous supplia, pour la réputation de la compagnie de faire honneur aux engagements pris. Nous acceptâmes d'essayer l'impossible.

Mais le jour de l'échéance tout fut contre nous ; un temps affreux, avec un ciel noir plein de rafales. C'était trop. Nous l'expliquâmes à la Direction. Mais le vieux Moisant se cramponnait à l'idée d'exécuter son contrat. Il nous conjura d'attendre et de profiter d'une accalmie.

Le temps ne fit que se gâter. Bientôt le public, composé de paysans et de rudes cow-boys du Tennessee commença à manifester. La police ne pouvait les maîtriser. Ils environnèrent la tente en poussant des hurlements ; ils menaçaient de mettre le feu à tout et tiraient des coups de revolver en l'air, comme avertissement.

A. J. Moisant était au milieu de nous, désemparé, blanc d'émotion.

Il nous supplia de sauver la situation, puisqu'il était trop tard pour reculer. C'était une occasion de lui rendre un grand service ; je la saisis. Je fis annoncer un vol, sur la Demoiselle. La foule se calma. On sortit mon appareil dont le moteur heureusement fonctionna. Je pris le départ et je réussis à serpenter quelques minutes entre les obstacles du champ, grâce aux manœuvres les plus scabreuses.

En volant bas, je restai dans la zone protégée du vent par les arbres et les maisons d'alentour. Mais il fallait les faibles dimensions et l'extraordinaire maniabilité de la Demoiselle pour se permettre cette tactique. J'atterris sans encombre. Un aussi maigre spectacle ne suffit point à la foule. Simon dut s'exécuter à son tour. Lui, n'avait d'autre ressource que de dépasser les arbres. Son vol fut très émouvant pour nous ; il réussit et se termina par un atterrissage miraculeux.

Cette fois, on parvint à rentrer les appareils au hangar et à se débarrasser de la foule. Après cette expérience on n'hésita plus à supprimer les autres exhibitions à Chattanooga.

Du reste l'honneur était sauf.

Memphis

On fondait de grands espoirs sur Memphis, ce fut encore une désillusion.

Probablement à cause du froid. La durée prévue de notre séjour était d'une semaine ; mais pendant ce temps les *promoters* ne trouvèrent rien ailleurs et nous restâmes à Memphis environ trois semaines, volant chaque jour, quelle que fût la température, quelquefois devant les banquettes vides des tribunes.

Il n'y eut que deux ou trois recettes, et pourtant nos exhibitions furent aussi brillantes que possible. Chaque jour à deux heures précises, on entendait le petit canon qui servait de signal – le vieux Moisant disait : le *cagnon*.

La fanfare entonnait le *Dixie* et le *Yankee Doodle* nationaux. Aux premières mesures, se mêlait le ronflement d'un Gnome – John partait et pendant une demi-heure se livrait aux acrobaties les plus imprudentes.

Dans un ordre réglé d'avance, nous lui succédions, l'un après l'autre, quelquefois plusieurs ensemble. À Memphis, tous les pilotes de la M.I.A. volèrent, même C. K.

Il y eut de nombreux matchs entre auto et aéros – quelquefois avec deux aéros simultanément. Ces matchs, dénués de sincérité, offraient, grâce à cela même des phases palpitantes. Les deux ou trois machines passaient comme des bolides devant les tribunes, se frôlant entre elles et frôlant les obstacles.

Sur la ligne d'arrivée nous rasions l'auto de si près que le grand Seymour ne pouvait s'empêcher de rentrer sa tête entre ses larges épaules, instinctivement et il freinait aussitôt…

Personnellement à Memphis, j'eus des déboires ; on insistait pour me faire voler sur la Demoiselle qui était une rareté, une attraction. Je mettais peu d'empressement à satisfaire ce désir ; il fallut pourtant faire quotidiennement une sortie sur « le plus petit aéroplane du monde », jusqu'au jour de l'accident heureux qui le mit hors d'usage. Alors on m'affecta un vieux Blériot acheté d'occasion ; il fut monté et réglé sans soins et je m'en servis pour la première fois au cours d'une exhibition. L'air était mauvais. Dès le départ je sentis l'impuissance de mes commandes. Toujours secoué et sans défense, je fis un large tour pour revenir face au vent et atterrir. J'atteignis enfin le sol ; mais l'appareil toucha trop tôt, d'une roue, et rebondit dans l'air. En même temps l'aile gauche se repliait, avec le vilain craquement de bois cassé. Je fus dans l'air, à 80 à l'heure, avec une seule aile… L'appareil plongea à gauche ; le train d'atterrissage rencontra le sol à faux, s'écrasa, et la machine se piqua en terre, brutalement. Je fus projeté, mes lunettes se brisèrent sur un tube du pylône. Le sang inonda mon visage. On se précipita vers moi. Mais je pus me dégager et me relever seul. L'abondance du sang causa de l'émotion. On crut que j'avais l'œil gauche crevé. En réalité, le mal se bornait à deux petites blessures, l'une au coin de l'arcade sourcilière, l'autre au nez, dont le cartilage était cassé.

Un docteur me fit sur place deux points de suture, avec la plus grande indifférence pour les douleurs qu'il aurait pu m'éviter. Les sœurs Moisant me pansèrent, me soignèrent très gentiment. Pendant quelques jours on m'empêcha de voler et ma figure resta bouffie et truffée de taches qui passèrent par toute une gamme de couleurs.

En quittant New York, John Moisant était déjà un grand pilote, par l'énergie et l'intrépidité – mais ce n'était pas un virtuose de vol. À Richmond, il fut piqué de voir Simon très entraîné et stimulé par les exemples de Belmont Park, dessiner des virages et des spirales comme aucun Blériot n'en avait encore accompli. John voulut l'imiter immédiatement et se tira tout juste des situations critiques où le mit cette impatience. Mais dès la fin de Memphis, il avait rattrapé et dépassé Simon. Les spirales étaient plus longues, plus audacieuses. Il virait aussi bien à droite qu'à gauche : Simon, routinier de la piste, était incapable de serrer un virage à droite. Enfin John faisait presque les mêmes évolutions, par tous les temps ; les remous calmaient vite les fantaisies de Simon.

En revanche, John ne put jamais acquérir l'élégance et la souplesse de son modèle. Il resta saccadé et brutal – il accomplissait des tours de force, des trajectoires folles, mais il n'était jamais agréable à voir.

Une des particularités de notre quinzaine de Memphis fut le nombre de records du monde que nous y *cassâmes* – le vieux M. disait *casser* un record... Nous eûmes entre autres : le « record de la vitesse de descente sans moteur » par Moisant ; le « record de vitesse du vol au-dessus des villes » par Barrier. Il leur fallait des *world's records*.

Malgré les folies acrobatiques de John, les courses en auto de Simon, les apparitions du national Hamilton, malgré les records cassés, le public trouva qu'il faisait trop froid et il resta de même. La M.I.A. entra dans des difficultés financières. Nous dûmes faire crédit pour nos appointements et il nous arriva de n'obtenir les règlements promis que grâce à une attitude extrêmement énergique. Je fus dans ces occasions le porte-parole de mes camarades, et nous restâmes toujours unis dans la plus étroite solidarité.

Autour de nous, au contraire, se développait la discorde, et l'énervement, comme dans toutes les grandes affaires qui vont mal.

Hamilton qui coûtait un prix fou et dont l'appareil était atteint d'indisponibilité chronique devint la bête noire.

Il y eut une scène scandaleuse un jour d'exhibition, entre lui et les Moisant, à propos de ses mécaniciens personnels.

C. K. écumant de rage, hurla des injures, les plus sordides, au vieil A. J. devant le public et les journalistes. John intervint et fut injurié à son tour. Je m'attendais à le voir sauter à la gorge de l'insulteur, mais à mon grand étonnement il n'en fit rien et l'affaire fut étouffée.

Curieuse physionomie que ce Hamilton. Le « héros » du premier voyage aérien New York-Philadelphie, que la presse américaine avait doté. Pour avoir réussi à temps cette unique performance de sa carrière, C. K. était devenu l'Aviateur National des Américains. Il avait parcouru le pays en tous sens, exploitant habilement la publicité de son nom, semant partout des légendes dont il était le héros. C'est ainsi qu'il acquit une grande célébrité.

Ce maître du bluff et de la mise en scène était en affaires d'un machiavélisme sans scrupule.

Au physique, un squelette dégingandé, surmonté d'une grande tête osseuse et pointue, à la face glabre et rasée ; les yeux enfoncés et brillants, la bouche entrouverte sur des longues dents irrégulières et toujours tordue d'un sourire diabolique. La démarche était cauteleuse, désarticulée. C. K. se vantait de s'être brisé tous les os du corps.

Le large pantalon flottant, l'ample veste de coupe Yankee semblaient sur lui, accrochés à un portemanteau.

De dos, lorsque les mains enfoncées dans les poches du pantalon relevaient un peu le bas de la veste, on remarquait deux saillies sur les hanches : c'était un gros rouleau de bank-notes, et un énorme revolver automatique chargé.

Tous les soirs nous revenions en auto du champ d'aviation ; le point de ralliement était le bar de l'hôtel. Pendant que Barrier et moi y prenions un modeste cocktail, C. K. avalait une prodigieuse quantité de whisky, absinthe frappée et autres alcools, suivi de près par le vieux Frisbie, et de plus loin par notre camarade Simon.

Ensuite bain, toilette, et dîner. Après le dîner nous retrouvions les Américains dans le hall ou dans nos chambres et nous décidions ensemble le programme de la soirée.

C'était d'habitude une partie de music-hall ou une séance de boxe.

Au music-hall nous ne rencontrâmes rien de spécial, sauf la troupe des Minstrels de Geo Evans, dit The Honey Boy. Cette troupe était présentée par le célèbre Corbett, l'ancien champion du monde de boxe[1]. Elle se composait d'une trentaine d'artistes, maquillés en nègres, déguisés en vieux costumes de fête aux couleurs vives et fantaisistes. Ils chantaient en un chœur parfaitement réglé des romances nègres, tour à tour d'une mélodie nostalgique, ou d'un rythme alerte, s'accompagnant

1. James Corbett, dit Gentleman Jim, est champion du monde des lourds de 1892 à 1897, avant d'embrasser notamment une carrière de comédien.

d'instruments bizarres. La performance était à la fois musicale et comique.

La troupe comprenait aussi de remarquables danseurs de ragtime. Enfin il y avait des intermèdes parlés, dialogues ou monologues, dont une revue, improvisée par le Honey Boy.

Ce troubadour de l'humour américain tenait la scène à lui seul pendant une heure. En mâchonnant un gros cigare, il racontait des histoires enchaînées les unes aux autres, émaillées de sous-entendus sur les faits d'actualité, les particularités locales ; de plaisanteries adressées à certains spectateurs dans la salle – tout cela avec une verve et un à-propos intarissables. C'était un immense succès.

Enfin Corbett paraissait quelques minutes sans maquillage, en habit noir très élégant, et il racontait en quelques mots le grand match Johnson-Jeffries[1], tel qu'il l'avait vu des coulisses comme second de Jeffries. Il donnait des explications honorables sur la défaite du champion blanc. Les applaudissements témoignaient de la passion des Américains pour la boxe et de la popularité de Corbett en particulier.

Cette troupe de Minstrels qui remplissait le programme d'une soirée complète, était une chose très américaine, très caractéristique. Nous en conservâmes un souvenir curieux et agréable.

Il y eut aussi quelques bonnes soirées de boxe dans des salles très modestes, dans des clubs spéciaux ou sur des scènes de petits cafés-concerts. Ces séances avaient lieu une ou deux fois par semaine – nous y fûmes très assidus.

1. Le 4 juin 1910, Jack Johnson, le premier boxeur noir champion du monde, humilie Jim Jeffries, le « Grand Espoir blanc », ancien champion du monde sorti de sa retraite.

Après un ou deux combats de novices, le grand *fight* mettait aux prises deux poids légers ou moyens, de réputation régionale.

Ils portaient tous des surnoms et le *speaker* annonçait avec emphase : « Kid Johnson, le Tonnerre de Tupale ; contre Jim Lewis, le Lion de Memphis ».

Il y avait parmi les combattants une assez grande proportion de nègres. Le public était sans indulgence et si la boxe n'était pas toujours bonne, les combats du moins étaient acharnés. On sifflait et l'arbitre pénalisait impitoyablement ceux qui manquaient de combativité. Dans les *knock-downs* les secondes, fictives étaient comptées avec une telle lenteur qu'il s'en écoulait bien vingt réelles, avant que la victoire ne fût décernée ; et si la victime était un nègre, l'arbitre tout en comptant ses secondes, le ranimait volontiers de quelques coups de pied dans les flancs.

Un jour, un pauvre Tonnerre nègre ayant expectoré sur le ring deux ou trois molaires sanglantes, nous vîmes un spectateur du premier rang allonger la main, flegmatique, en ramasser une, l'examiner curieusement, puis l'envelopper dans son mouchoir – en souvenir.

D'habitude on nous admettait par faveur dans les coulisses, et sur la scène même, derrière les cordes du ring. Nous pouvions parler aux boxeurs pendant les repos. Plusieurs fois nous jouâmes les mécènes en instituant des bourses spéciales, qui corsaient l'intérêt des matchs.

Je me souviens d'une prime créée ainsi au milieu d'un combat acharné. Un des boxeurs dominait, depuis plusieurs rounds ; l'autre réduit à la défensive, résistait avec un courage magnifique, tandis que le premier s'épuisait à frapper. Désireux de rompre la monotonie de cette lutte, nous offrons une prime au vainqueur. Le *speaker* l'annonce pendant un repos.

Dans son coin nous encourageons nous-mêmes le plus fatigué des combattants – mais il ne semble pas nous entendre, il est enflé de contusions, inerte... Évidemment, il n'ira pas loin... Cependant les soigneurs multiplient leurs efforts et parviennent à le ranimer un peu ; alors son regard se porte sur nous avec une lueur de reconnaissance : il a compris notre sympathie, et dans cette salle pleine d'indifférence c'est un réconfort.

Le gong lui fait l'effet d'une décharge électrique. Il a retrouvé au fond de son être une dernière réserve de forces. Il bondit au milieu du ring, tombe sur l'adversaire surpris, le harcèle furieusement... Le public hurle...

Ce bruit fouette encore les nerfs de notre petit champion. L'autre, qui tout à l'heure semblait tenir la victoire, se trouve tout à coup démoralisé ; il se défend mal, il n'a pas le temps de souffler et voici qu'un coup rapide et net lui arrive à la pointe du menton et l'étend raide.

On porte le vainqueur en triomphe. Ses fatigues sont passées... Il nous sourit.

Il nous arrivait souvent de renoncer aux spectacles ou de n'en point trouver. Nous nous réunissions alors dans l'une de nos chambres, où nous causions actualités, ou souvenirs de France, jeunes et déjà lointains.

Ces *parties de pyjamas* se prolongeaient fort tard, et vers minuit, nous commandions par téléphone des rafraîchissements et mille sortes de sandwiches exotiques. La formule favorite était l'épais *club sandwich*, qui contient : du blanc de poulet, du jambon, de la laitue et de la tomate assaisonnée, du beurre, de la moutarde... le tout passé au grill et servi chaud.

L'équipe américaine – Frisbie, Hamilton, Seymour – appréciait moins que nous ces paisibles délassements. Ils cherchaient toujours à nous entraîner vers les quartiers mal famés. La voix aigre de C. K. se faisait insinuante : « *Come on... Let's go... New place... new girls... Fine...* »

Ces mots revenaient comme une scie pendant des heures. Quelques fois, Simon se laissait convaincre et nous restions seuls, Barrier et moi. Et nous devisions tranquillement, en fumant des cigarettes.

L'équipe des fêtards rentrait bruyante à des heures indues, dans un état d'ébriété redoutable. En général nous étions couchés – mais il fallait se lever, de gré ou de force et écouter des histoires et des plaisanteries d'ivrognes. Nous essayâmes de barricader nos portes – alors ce furent des sièges en règle où il fallait toujours céder.

Une fois Barrier ayant laissé ouvert, au-dessus de sa porte, un petit volet d'aération, vit tomber dans sa chambre des objets enflammés. Mais comme il avait sommeil et que ce manège n'était pas accompagné de l'habituel tapage nocturne, il laissa les choses brûler sur le tapis ; cette attitude très américaine ne put durer longtemps, il fut pris d'éternuements, de suffocation et se précipita aux fenêtres pour éviter l'asphyxie. Les bandits avaient chargé leurs brûlots de poivre ou d'une matière qui dégageait des vapeurs irrespirables. Malgré le froid, le pauvre Barrier dut ouvrir sa chambre à tous les courants d'air, et, furieux, il vint se réfugier chez moi. Les coupables s'étaient couchés tranquillement après avoir, à leur tour, bouclé leurs portes.

Mais nous eûmes une revanche éclatante... Le lendemain, nous fabriquâmes avec une épingle de sûreté dépliée, un petit marteau à ressort qui fut piqué solidement sur le haut de la porte de C. K. Un fil noir, imperceptible, reliait ce marteau à notre chambre à travers le couloir, en passant par le panneau d'aération. C. K. aussitôt couché, entendit frapper et cria : « *Come in* ». Quant à nous, grimpés sur une table derrière la porte de Barrier, nous observions nos résultats… Le petit marteau fonctionna de nouveau : « *Come in* » hurla une voix furieuse. Naturellement personne n'entra. Alors notre victime comprit qu'il s'agissait d'une farce et il ne donna plus signe de vie.

Le marteau, pendant une heure, frappa à sa porte ; lui, resta impassible, mais bientôt les autres clients de l'étage se levèrent l'un après l'autre, pour faire cesser ce bruit énervant. Ils entrouvraient leurs portes, puis, voyant le couloir désert, les refermaient en grognant. Comme l'insupportable bruit continuait, les plaintes affluèrent au bureau, par téléphone ; Hamilton songea sans doute le premier à cette ruse. Nous vîmes s'avancer dans le couloir à pas de loup, le détective de service. Il s'approcha sans bruit, rasant le mur et vint s'arrêter juste devant notre porte. Il nous tournait le dos et fixait un œil profond à la Sherlock Holmes sur la porte d'Hamilton. Nous le voyions à un mètre de nous. Nous retenions notre souffle. Le bruit mystérieux se fit encore entendre. Notre Sherlock, évidemment n'y comprenait rien.

Au bout d'un instant, impressionné sans doute par un phénomène d'apparence surnaturelle, il se retira prudemment, comme il était venu.

Restés maîtres de la situation, nous cessâmes les représailles.

Matériellement, nous avions une vie luxueuse.

Barrier ne parlait plus que d'acheter de gros diamants pour les offrir, en rentrant, à ses connaissances.

Chacune de nos journées contenait un effort, une petite aventure, un risque, un progrès… puis c'était le repos, l'indépendance, dans un pays où tout était nouveau, et aurait dû nous intéresser. Cependant nous n'étions pas heureux. La perspective constante, familière d'une catastrophe, dans ce pays étranger et brutal, entretenait en nous une nervosité latente. Nous ressentions péniblement les petites contrariétés quotidiennes – la mauvaise situation financière de la Compagnie ; les difficultés de nos règlements ; l'incertitude de l'avenir. Et nous ne pouvions nous habituer à ce rôle de rouages d'une grande machine, à cette absence d'initiative, à cette sorte de discipline automatique. On disposait de nous, on nous déplaçait comme le matériel, sans nous consulter, presque sans nous prévenir.

Certes, nous nous étions liés librement ; mais dans cette atmosphère nouvelle de discorde naissante, notre situation nous paraissait odieuse. Au lieu de profiter de notre séjour, de goûter les plaisirs d'une vie si curieuse, nous ne sentions que l'ennui, et l'hostilité des choses. Et nous commencions à regretter la France et notre liberté…

Le départ de Memphis fut annoncé – Moisant avait compris que le froid et la neige ne valaient rien pour ses affaires. Il fallait à la M.I.A. de grandes villes sous un climat tempéré. Tous les espoirs se portèrent sur New Orleans.

Là, tout semblait favorable, une température méridionale ; une population nombreuse, riche et que son origine française désignait comme bon public d'aviation. Les Moisant avaient en outre à New Orleans de vieilles relations qui leur assuraient des appuis et des facilités. Bref, on décida un gros effort sur cette ville, et tout fut mis en œuvre pour y préparer le succès.

John, qui voyait grand, imagina un raid aérien de Memphis à New Orleans – le long du Mississippi, soit environ 700 kilomètres. Ç'aurait été à cette époque le record des voyages. Ce projet sportif m'enthousiasmait, mais malgré nos encouragements on y renonça. Peut-être John estima-t-il que la compagnie avait trop besoin de son matériel pour l'exposer, peut-être eut-il la crainte de perdre du prestige, dans ce voyage où la chance aurait pu favoriser un autre que lui. Bref, nous prîmes le train.

Tupelo

Au dernier moment il fut décidé qu'on s'arrêterait à Tupelo, le temps de cueillir une subvention. On passa trois jours dans cet affreux village sans ressources. « Fallait-il être fauché. »

Notre exhibition fut, par sa pauvreté, digne de l'endroit. Le *fairground* était minuscule, impraticable au centre : il fallait partir de la piste. Nous eûmes un temps abominable, un vent qui croisait à angle droit la seule direction d'atterrissage possible.

Le premier jour, John partit au mépris de ces difficultés. Il vola longuement. Simon voulut l'imiter. Un remous lui fit faire au décollage une embardée effarante. Il s'en tira pourtant, fit son vol et rentra. Un public peu nombreux se contenta de ces deux démonstrations.

Le deuxième jour le temps fut pire encore. L'atterrissage vent de côté parut impossible même à John – il fit démolir les deux palissades de la piste sur une longueur de quinze à vingt mètres, se fit déblayer une plate-forme orientée face au vent, mais de dimensions infimes et terminée par la paroi verticale d'une carrière de granit. La moindre erreur de manœuvre était là irrémédiable.

Cette fois John vola seul. Il partait de la piste – vent de côté –, atterrissait sur la plate-forme. Dès que les roues touchaient terre, il sautait en voltige de l'appareil et s'y cramponnait de toutes ses forces pour l'arrêter.

John réussit une première fois ce tour d'acrobate, mais le manqua à la deuxième et le Blériot se mit en pylône à l'entrée de la carrière. Cela ne coûta qu'une hélice.

Le soir même nous quittions Tupelo.

IX

Notre arrivée à la Nouvelle-Orléans fut une grande joie. Depuis New York, nous n'avions pas rencontré de séjour sympathique. Les cités du Texas, surgies de terre en quelques années sont d'immenses marchés. Tout y était sacrifié aux affaires, rien à l'agrément.

New Orleans au contraire avait un air de fête. Un tiers de la population parlait plus ou moins le français. La ville ne se composait pas uniquement de gratte-ciel oppressants. La température, en ce mois de décembre, rappelait celle de Nice. Une atmosphère ensoleillée calma notre énervement chronique.

Pourtant, nous avions trouvé dès l'arrivée un sujet de récriminations. John et sa famille étaient descendus dans un palace plus beau que le nôtre.

Ne fallait-il pas que le mécontentement fût devenu chez nous un parti pris ?

En réalité, il avait été impossible, faute de place, de nous loger ensemble. Le manager spécial, averti de notre exigence habituelle, avait fait de son mieux. Nous avions une suite de belles chambres communicantes avec des salles de bains et un boudoir. Nos fenêtres donnaient sur une avenue et recevaient le soleil à flots. À notre demande, l'ameublement du boudoir fut complété d'un piano.

Notre première sortie, dans chaque ville nouvelle, était généralement une visite au terrain.

À New Orleans, c'était un beau champ de courses clos, dont le centre était praticable. De vastes tribunes s'offraient au public. La proximité de la ville et les commodités de transport semblaient garantir le succès. En fait, c'est à New Orleans que l'organisation de la M.I.A. atteignit son apogée. C'est là que le matériel et le personnel furent pour la première et la dernière fois au complet et au point.

Jamais notre programme ne fut aussi brillant et varié : courses contre auto, courses-poursuites, vols sur la ville, vols d'altitude, effets de nuage, exhibition de la Demoiselle par Audemars (les derniers jours), une débauche d'acrobatie par John et Simon, enfin des vols d'ensemble à 6 ou 7 appareils s'entrecroisant en tous sens…

À la première séance qu'il vit, Audemars résuma ainsi son impression : « On n'a pas idée de cela en France. »

En ce qui me concerne, New Orleans fut le théâtre de mes premiers progrès sur le Blériot. Je me servais chaque jour de l'appareil de Barrier ou de celui de John.

Je volais avec plaisir, le plus possible et haut de préférence.

Au départ A. J. venait invariablement nous indiquer la région où il fallait voler, pour n'être vus que de ceux qui avaient payé.

« Vous irez un peu par là, disait-il, pas par là… » Il indiquait l'endroit avec des gestes de général expliquant une tactique.

Et invariablement nous partions du mauvais côté, ce qui mettait le vieux en fureur.

Notre plaisir habituel était d'aller taquiner les nuages au-dessus du lac Pontchartrain. Là, pas un chat, qu'il eût payé ou non, ne nous voyait. Mais il y avait des panoramas de rêve et une atmosphère toujours idéalement calme.

À partir de cette époque, toutes mes forces se concentrèrent dans le désir de voler mieux. J'y mettais toute mon âme. Lorsque le temps était défavorable, la joie de voler se changeait en un besoin de surmonter la difficulté ; quand il fallait pourtant céder aux éléments, j'en éprouvais un malaise nerveux.

John, lui, ne s'occupait plus de vent. Il me dit un jour : « Je voudrais avoir une vraie tempête, pour vous prouver qu'on peut toujours voler. »

Hélas, il devait disparaître avant de tenter aucune des belles folies dont son ardente imagination était pleine.

Mais il resta pour moi un grand exemple, un grand souvenir.

Malgré deux ou trois grosses foules, la M.I.A. fit une fois de plus de mauvaises affaires. Les frais généraux dévoraient les recettes.

Le vieux Moisant s'acharnait dans sa confiance, mais les déboires, le coulage organisé qu'il sentait autour de lui aigrissaient son humeur. Il devint brutal, grossier et se fit détester même de nous. Nos rapports perdirent toute cordialité.

Un jour il voulut exiger que nous fussions prêts et alignés sur le terrain, devant nos appareils, exactement à l'heure du *cagnon*.

Naturellement, nous refusâmes de nous prêter à cette parade foraine. Le vieil A. J. s'emporta jusqu'à nous menacer de suspendre nos « salaires »[1]. Cette scène eut

1. D'après le contrat du 5 novembre 1910, Roland Garros s'engage à faire une série d'exhibitions d'aviation du 5 novembre 1910 au 4 novembre

lieu le jour de l'arrivée d'Audemars : elle lui fit une fâcheuse impression.

Notre vie à New Orleans fut ce qu'elle était d'habitude – des matinées paresseuses, des après-midi d'aérodrome, avec les mêmes émotions, les mêmes efforts quotidiens ; les joyeux retours vers le confort et le repos bien gagnés ; les longues soirées de music-hall, de *new places* ; les parties de pyjamas, dans la fumée des cigarettes blondes.

Tout cela, dominé, gâté par l'espèce de fièvre, la nervosité injustifiée au fond, qui restait en nous. Cependant New Orleans nous enveloppait d'ambiance amie.

Stag

Nous y faisions tous les soirs une station en revenant de l'aérodrome. Stag est un bar réputé, paraît-il, dans tous les États-Unis. C'est une sorte d'Académie du cocktail où sont conservées les vieilles formules, créées ou perfectionnées les nouvelles. Les recettes sont innombrables, et chacune est encore mise au point, au goût personnel de chaque client.

Le chef du Bar, que nous appelions le père Stag, était un vieillard aux cheveux blanc de neige, à la mine réjouie, accueillante. Entouré de ses aides attentifs, comme lui en vestes blanches, il semblait le prêtre de quelque Bacchus perfectionné, Dieu des *mixed-drinks*.

Le père Stag nous recevait avec son plus aimable sourire. Après quelques compliments sur nos « exploits » du jour, il nous interrogeait.

– *Well, what's yours ?* (Eh bien, quel est le vôtre ?)

1911 contre 20 000 dollars : 4 000 versés à signature et 400 à chacune des quarante premières semaines.

Nous ne connaissions qu'une faible partie du répertoire. Cependant, chacun avait déjà ses préférences et n'en sortait guère, sauf lorsque le père Stag, fatigué de reproduire indéfiniment le même chef-d'œuvre, nous initiait à quelque spécialité nouvelle.

Et chacun de proposer, selon qu'il avait soif ou froid, qu'il se sentait fatigué ou de mauvaise humeur, le gin-fizz, l'egg-nog, les flips, le corpse-reviver (ranimeur de cadavre), le bronx, le manhattan ou le simple Martini sec ou mi-sec « pour commencer ». Mais le grand favori était le clover-club, une nouveauté, une découverte, un triomphe…

Nous ne pûmes jamais retrouver par la suite la formule exacte de ce nectar parfumé comme un bouquet, frais comme une rosée, d'une nuance de corail, d'une saveur étrange et finement compliquée.

La boisson choisie, il fallait encore préciser.

– Le voulez-vous comme hier ?

– Oui, le dernier était délicieux ; – toute critique devait être précédée d'un compliment – Peut-être un peu moins sec… une idée plus acidulée.

– Je vois. *All right.*

Et le Maître commençait aussitôt le dosage, dans un grand gobelet d'argent, avec une agilité de prestidigitateur. Ses gestes étaient sobres ; les flacons, présentés à temps, dans l'ordre voulu, par les aides muets, semblaient arriver d'eux-mêmes sous sa main. En un clin d'œil le mystère était accompli. Il ne restait plus qu'à ajouter la quantité convenable de glace. Puis on fermait le gobelet conique, en le couvrant d'un deuxième de même forme, légèrement plus grand, renversé. On obtenait ainsi un récipient hermétiquement clos. Un nègre-secoueur s'en emparait et l'agitait d'un air grave, avec un bruit mat et cadencé de grelots fêlés. Cette opération de brassage était achevée par un des premiers aides, soigneusement.

Enfin les gobelets revenaient au Maître pour la finition.

Les verres givrés à la glace, non essuyés, s'alignaient devant lui. Alors, ayant vérifié la perfection du mélange, le père Stag, la main gauche sur la hanche versait de la droite, retenant d'un doigt une petite passoire qui obstruait le gobelet et filtrait la liqueur. Il emplissait tous les verres à moitié, puis repassait, afin d'obtenir une homogénéité complète. Il surveillait la nuance du liquide en inclinant la tête sur l'épaule, comme un peintre qui suit l'effet de ses touches sur une toile ; et son bras s'élevait, à d'incroyables hauteurs, sans perdre une goutte de nectar.

La dernière goutte complétait exactement le dernier verre.

Le père Stag signait son œuvre, selon les cas, d'un zeste de citron, d'une pincée de muscade râpée, d'un fragment de cannelle, d'un clou de girofle.

Alors, doucement, respectueusement, nous dégustions… Cette attitude recueillie flattait notre vieil artiste. Nous étions ses clients préférés.

Le bar était partagé en deux comptoirs : celui des drinks, où officiait le père Stag et celui des huîtres, non moins curieux.

Il y avait là un énorme tas d'huîtres, irrigué sans cesse d'un jet d'eau salée fraîche. À gauche, des piles de tartines beurrées. Un peu plus loin, une multitude de fioles contenant des sauces à l'oignon, au piment, à la tomate, etc., une corbeille pleine de citrons.

On s'approchait, on s'emparait d'une soucoupe ou d'une fourchette, on se composait une sauce à sa fantaisie – autre genre de cocktail – et sur un signe, le serveur vous ouvrait des coquillages, jusqu'à satiété.

Stag nous faisait passer chaque jour une bonne heure. Nous y faisions provision de gaîté pour la soirée. En sortant de là, je me proclamais le Roi de l'Air ; Simon chantait :

« Paquita… Viens ma brune…

On entend les coucous… »

Audemars se montrait espiègle ; Barrier distribuait des pourboires de Maharajah en affirmant : « Je suis le Roi des dollars. »

Une des joies de New Orleans fut l'arrivée d'Audemars. Il nous rapportait un peu d'air de France et quelques nouvelles ; il y en eut de tristes pour notre ami Barrier. Mais notre vie d'alors était bien faite pour engendrer l'oubli.

Nos soirées furent plus intimes, plus agréables que jamais. Il y en eut de mémorables ; par exemple celle où une dame qui passait dans le couloir, devant notre porte ouverte, fut invitée sur-le-champ, à prendre une coupe de champagne, pour quoi elle ne se fit nullement prier, ce qui eut des conséquences immédiates, successives et sans importance.

Il y eut la soirée sentimentale du tutoiement où nous décidâmes, en vidant une vieille bouteille que nous cesserions de nous dire *vous*. Le *tu* régnait déjà entre : Simon, Barrier, Audemars, mais le *vous* subsistait entre eux et moi.

La convention fut respectée sauf entre Barrier et moi. La sympathie et la force des choses avaient créé une telle intimité entre nous, sous le régime du *vous* qu'il s'était incrusté, le *tu* ne prit jamais.

Une autre soirée mémorable fut celle du 30 décembre 1910.

Ayant précédemment découvert l'Opéra français, nous avions eu la douleur d'y entendre chanter en français une troupe française. À la suite de quoi, nous nous liâmes d'amitié avec trois dames du chœur.

Le 30 décembre au soir, elles honoraient de leur présence nos appartements aux fins d'y sabler le champagne.

La conversation prit résolument un ton intime et licencieux. Simon se taillait un succès dans le genre clown comique. Audemars cultivait la petite plaisanterie cynique. Barrier était le Roi des dollars ; je m'ennuyais.

Les dames avaient des sorts divers. La plus jeune, une belle fille brune qu'on eût vue avec plaisir dans une robe propre, se montrait sensible aux hommages de Barrier.

Une autre avouait une passion soudaine à notre ami Simon, lequel dissimulait mal une répulsion naturelle et résistait avec un succès d'ailleurs incomplet, aux entreprises dont il était l'objet.

La troisième dame avait été déclarée « vraiment incroûtable » par Audemars qui s'y connaissait !

Je m'occupais surtout du piano.

Cette partie fine d'un goût douteux, se prolongea tard. Je n'en vis pas la fin et je n'en parlerais pas dans ces notes, si cette nuit n'avait précédé, en un contraste qui caractérise bien notre vie là-bas, la journée la plus dramatique de notre voyage en Amérique.

Le lendemain, en effet, vers 8 heures du matin, je fus à demi réveillé par une sonnerie de téléphone dans la chambre voisine, celle de Barrier. Dans mon demi-sommeil j'entendis une vague conversation. Un instant plus tard, j'étais vigoureusement secoué par mes trois camarades.

Barrier disait : « Levez-vous vite ! Moisant vient de se tuer ! »

J'eus l'idée d'une plaisanterie macabre du genre habituel. Mais celle-là eût dépassé les bornes, et je voyais leurs visages effarés. Du reste quoi d'étonnant ? N'avions-nous pas cent fois condamné John ? Tout cela me traversa l'esprit. Je fus debout, je questionnai.

Nous savions que John devait ce matin-là s'attaquer dès l'aube à la coupe Michelin. Il aurait été victime d'un accident au départ ? On n'avait pas donné de détails. Je voulus téléphoner moi-même à l'hôtel des Moisant. On ne put me mettre en communication avec personne, mais la téléphoniste confirma la mort.

Nous nous habillons en hâte, autre émotion : Simon s'aperçoit que 8 000 francs ont disparu de son portefeuille, nos soupçons se portent galamment sur nos amies de rencontre. Mais il n'est pas temps de s'occuper de cela.

Nous courons à l'hôtel de John. On ne rencontre que figures consternées.

Il a été déposé à la morgue. Un manager se charge de nous y conduire. Nous passons quelques coins de rue et nous arrivons à la sinistre maison. On y entre librement. Un large escalier en bois nous mène au premier étage. C'est là. Nous pénétrons dans la salle mortuaire. John repose au milieu sur une sorte de table d'exposition, étroite, surélevée, recouverte de noir. On l'a laissé dans le vêtement qu'il portait sous sa combinaison d'aviateur. Il est étendu sur le dos les mains croisées sur la poitrine. Les paupières sont fermées. Les lèvres terreuses légèrement entrouvertes laissent apercevoir le reflet nacré d'une dent. Les traits sont figés, avec une expression de calme infini, dans un vague sourire mystérieux. On croirait qu'il rêve, n'était-ce ce teint cadavérique et l'instinct animal qui nous avertit de la mort. Aucune trace de chute, sauf une petite écorchure légère, contusion sous le nez.

Dans la salle : quelques managers, des étrangers, un policeman, aucun parent. Les uns surpris de cette tragédie inattendue, ou inquiets de l'avenir ; d'autres simplement curieux et indifférents.

Une étrange impression se dégageait de cette scène. Voilà ce qui restait de cette nature indomptable, de cet orgueil inflexible, de cette audace folle. Une petite seconde avait contenu le dénouement de cette longue vie d'aventures, obscures ou brillantes.

La cause ? Une distraction ou la rupture d'un fil… Un sort semblable nous attendait. Comment y échapper ? La presse nous apprenait chaque jour des catastrophes survenues en France, dans les meilleures conditions de sécurité. Que pouvions-nous espérer dans cette lutte quotidienne contre des dangers croissants, des terrains impossibles, des appareils usés ?

Le risque intoxiquait nos nerfs, devenait comme un poison nécessaire à notre hygiène. Le macabre nous était familier. Nous nous amusions d'une publicité sadique. Un journal disait de nous : « Hier, M. Untel a donné une poignée de main à la mort. » Nos plaisanteries même avaient pris ce mauvais ton.

Aux moments critiques, nous adressions à celui qui partait le désormais traditionnel : « Adieu, pauvre camarade, courage, etc. »

Aujourd'hui c'était un véritable adieu. Entre John et nous, il y avait un peu d'intimité. Mais de qui serait-ce le tour demain ?

Nous étions plongés dans cette méditation, lorsque le policeman qui fournissait des explications à un nouveau venu, s'approcha du cadavre comme s'il en faisait les honneurs.

« Son nez est probablement cassé », dit-il, et sans la moindre gêne, il saisit entre le pouce et l'index le pauvre nez blessé et le secoua légèrement, pour se rendre compte. Puis il s'éloigna.

John gardait son indéfinissable sourire de mort.

Nous étions anxieux de connaître les causes de l'accident. En sortant de la morgue, nous nous fîmes conduire au lieu de l'accident. John s'était fait préparer pour sa tentative, un terrain en rase campagne, plus favorable que notre champ de courses. Il était parti de bonne heure pour se rendre en vol au terrain en question. Au moment de l'atterrissage, on avait vu l'appareil piquer du nez brusquement et projeter le pilote dans l'air, en avant. La machine s'était fracassée. John avait été relevé inanimé, sans fracture visible. Son cœur s'était arrêté quelques minutes plus tard, pendant le transport, sans qu'il eût repris connaissance. Le docteur avait constaté la rupture de la colonne vertébrale à la base du crâne.

Les débris de l'appareil avaient été conservés tels quels, nous pûmes les examiner utilement et nous assurer que les commandes étaient intactes. Sur le moment nous ne trouvâmes aucune explication et l'accident resta mystérieux.

Depuis je me suis fait cette opinion : la cloche avait échappé des mains de John dans un remous et parce qu'il la tenait négligemment. Elle s'était bloquée brusquement à la descente, provoquant une violente ruade de l'appareil, et John, surpris, avait été débarqué.

L'enquête terminée nous rentrâmes pleins de tristes pensées.

Il fallut songer aux 8 000 francs de Simon. N'ayant pas assisté à la fin de la soirée, je ne fus pas mêlé à cette affaire. Je regagnai l'hôtel, tandis que le plaignant et les deux témoins prenaient le chemin du commissariat. Là se passa, paraît-il, une scène à la fois bouffonne et pénible.

Les dames, convoquées, protestèrent avec véhémence. La justice faillit s'égarer : on découvrit une somme d'importance suspecte sur celle qui avait accordé des faveurs au Roi des dollars – mais celui-ci avoua, à sa confusion, une libéralité qu'il nous avait cachée. L'accusation fut abandonnée. L'enquête continua, mais resta toujours stérile.

L'enterrement eut lieu en grande pompe. Les autorités et la presse en firent un hommage public à la gloire de John Moisant. Le corps avait été mis dans un cercueil vitré à l'endroit du visage. Jusqu'au dernier moment nous pûmes voir les traits que la mort avait maintenant altérés d'une sorte de boursouflure.

Le vieil A. J. errait, désemparé, hagard, avec des gestes et des grimaces de fou. Pour lui, John avait été un être surnaturel – invincible, invulnérable, qu'il enveloppait d'admiration superstitieuse, de tendresse. Tout s'écroulait.

Le cortège fut imposant mais froid, à part quelques émotions sincères, plus admiratives qu'affectueuses. Pas une femme. Ses sœurs ne parurent point.

Sur la tombe, après les prières, quelques paroles furent prononcées par des personnages officiels. À la fin de la cérémonie, au moment où le cercueil glissa au fond du caveau, on vit le vieux Moisant se pencher et jeter un dernier regard, à travers la vitre sur le visage déjà méconnaissable de son demi-Dieu.

Une grave question se posait : qu'allait devenir la M.I.A. sans John ? Il était peu probable qu'A. J. s'entêtât dans une entreprise qui semblait vouée au désastre. Mais il fallait s'attendre à tout, et les événements prirent une fois de plus la tournure imprévue.

Le Vieux nous fit appeler, ainsi que Young – nous le trouvâmes avec ses deux sœurs, en sévères toilettes de deuil. La cadette avait les yeux rougis. L'aînée qui ressemblait à John autant par le caractère que par les traits, était superbe de douloureuse fierté. Nous balbutiâmes nos condoléances et ces demoiselles se retirèrent.

A. J. semblait avoir recouvré la raison. Il nous fit signe de nous asseoir, et il y eut un silence gêné. Enfin, il prit la parole, d'une voix affermie, un peu sourde.

En phrases maladroites, décousues, il dit à peu près ce qui suit :

– Rien n'est changé. Pour l'honneur de mon frère, je veux continuer ce qu'il a commencé et lutter jusqu'au succès. Je vous demande de m'aider.

En cet instant, le visage brutal du vieil aventurier était magnifique de caractère. On le sentait sincère : c'était bien par orgueil, pour le Nom – nullement par cupidité – qu'il agissait. Je ne pus me défendre d'un sentiment de sympathie, qui balaya les vieilles rancunes. J'admirais son orgueil ; j'avais pitié de sa candeur.

Mes compagnons partageaient mon impression : nous promîmes de faire honneur au souvenir de John.

– Qui veut essayer le nouvel appareil ?

C'était un monoplan hybride, construit dans je ne sais quel atelier de France, sur les plans de John et qui venait d'arriver. On l'avait monté et exposé parmi les autres machines. Nous l'avions baptisé L'Écrevisse, à cause de ses formes bizarres et de sa couleur rouge.

L'évocation de l'Écrevisse jeta un froid glacial.

Barrier, Simon, Audemars se récusèrent d'un geste évasif.

– Et vous ? me demanda A. J. – avec un regard navré.

Je n'eus pas le courage d'une cruelle franchise. Je demandai de l'étudier d'abord.

– Enfin, vous verrez…, conclut-il tristement.

Et il continua :

– Moi je vous quitte, au moins pour quelque temps. Je vais mettre de l'ordre dans mes affaires, réorganiser les bureaux de New York et l'Usine. C'est Young qui dirigera le Show en mon absence. J'espère que vous lui faciliterez la tâche.

À cela nous nous engageâmes volontiers, heureux de compenser par là notre peu d'enthousiasme pour l'Écrevisse ; d'ailleurs nous nous entendions très bien avec Young.

Alors A. J. ayant tout dit, nous congédia d'un « *Good luck* » mélancolique.

Le départ fut annoncé pour le soir même à 9 heures. Nous allions à Dallas.

Il fallait dire adieu à New Orleans. Bientôt, les beaux vols que nous y avions faits, les soirées joyeuses, Stag, les incidents burlesques, le drame d'hier, tout cela serait loin et disparaîtrait derrière de nouvelles moissons de souvenirs.

Déjà nos esprits étaient plus occupés de l'avenir que du passé.

Notre vie allait changer dans un sens favorable. John disparu, nous devenions un peu les maîtres de la situation. A. J., ennuyeux par son caractère brutal et ses manies, nous débarrassait spontanément de sa présence.

Ce malheur, que nous déplorions de tout cœur, avait donc bien arrangé les choses.

Ayant bouclé nos malles, libres, comme d'habitude, des mille soucis d'un départ, nous allâmes prendre chez Stag le dernier clover-club... Je veux dire les derniers... Ensuite nous invitâmes Audemars et Simon à venir faire un bon dîner français – « peut-être le dernier » – dans un petit restaurant élégant que Barrier et moi avions découvert la veille.

Nous arrivâmes chez Ernest de bonne heure, à cause du départ. La salle était encore vide de clients. Nous nous installâmes à une table ronde, à gauche en entrant. Le menu fut élaboré avec verve ; les vins, choisis en toute compétence. Je me souviens que le premier service se composa d'huîtres frites au beurre dans leurs coquilles, sur canapé de gros sel : « une spécialité ». Cette note exotique dans un menu français fut fort appréciée, sauf d'Audemars, qui ne mange jamais de coquillage ni de poisson.

La suite fut digne de ce brillant début. D'autre part, la cave était fine, le sommelier se surpassa.

Au rôti, Barrier était déjà le Roi des dollars, il l'affirmait de la voix et du geste. Les marques de respect redoublèrent autour de nous. Mais au dessert, tout faillit se gâter : Barrier était devenu Bagessen[1]. À l'exemple de ce maître du music-hall, qui brise chaque soir quelques centaines d'assiettes par des mouvements d'une maladresse savante, il s'emparait d'énormes piles et les transportait en zigzags entre les tables. Les garçons affolés se précipitaient, convergeant de tous les points de la salle, avec des sourires de commande et ils rattrapaient la vaisselle au vol. Aux remontrances polies du gérant Barrier répondait : « Ne vous inquiétez pas, mon brave. Je paierai. Je suis le Roi des dollars », et il affectait, en retirant son mouchoir de sa poche, de laisser tomber quelques bank-notes qu'il refusait de ramasser.

En fait, il ne causa aucun dommage et quoique fort éméchés nous restions décents.

Un témoin eût peut-être jugé sévèrement cette gaîté, si près d'un deuil. Mais nous avions besoin de détente. Notre vie eût été insupportable sans une accoutumance parfaite à l'idée de l'accident. Et nous étions si bien habitués à l'idée, que le fait ne pouvait exercer sur nous aucune influence durable : il se confondait dans l'ambiance.

Nous arrivâmes à l'hôtel quelques minutes avant le rendez-vous. Les bagages étaient partis. Audemars réclama un pardessus qu'il avait laissé dans sa chambre. On lui dit que l'appartement avait été évacué. Très excité, il commença un scandale affreux, déclarant à la

1. Carl Bagessen, célèbre jongleur-clown.

cantonade qu'on voulait lui voler son pardessus, comme l'argent de Simon ; mais qu'avec lui, cela ne prendrait pas. Une courte enquête fit retrouver le pardessus paisiblement déposé au vestiaire. « Je savais bien qu'on me le rendrait. Rien à faire, avec moi », cria-t-il en recevant le vêtement.

Une auto nous attendait ; nous nous y empilâmes, avec le national C. K. débordant de whisky. Dans le trajet vers la gare, il eut chaud, et trouvant que son chapeau le gênait, il se débarrassa de ce feutre magnifique, en le jetant négligemment par la portière.

Le train n'attendait plus que nous : dès que nous fûmes montés, il s'ébranla vers Dallas.

X

La période qui suivit fut la plus heureuse de notre séjour en Amérique. Young eut l'habileté de supprimer tous les sujets de mécontentement. Il mit d'abord nos comptes à jour et nous assura des règlements réguliers. Il nous entoura d'égards et d'attentions. En revanche, nous ne fûmes jamais soumis à un travail aussi intensif. Les déplacements se succédèrent avec une rapidité jusqu'alors inconnue : l'exploitation rendit son maximum. La compagnie un moment réalisa des bénéfices. Dallas eut et conserva le record des recettes. Nulle part ailleurs nous ne rencontrâmes pareil enthousiasme.

Par un hasard plein d'injustice, ce succès coïncida avec une crise du matériel. Notre meilleur Blériot avait disparu avec John. Simon endommagea le sien dans un des premiers atterrissages. Il prit contact en pleine vitesse, selon les vieux principes. Or, le bout du terrain venait d'être labouré et hersé. Les roues s'enfoncèrent ; la machine décrivit un soleil complet.

Nous nous précipitâmes, anxieux… Rien ne bougeait. En arrivant tout près, on entendit une voix sortir de terre :

– Pas de mal. *All right.*

Dix paires de bras vigoureux soulevèrent l'appareil renversé. Alors on vit le *fool-flyer*, la face violette de congestion, s'arracher de terre, par une reptation agile et d'un bond se remettre sur pied.

– Qu'est-ce qu'il y a? Qu'est-ce qui s'est passé? Nom de D..., répétait-il indéfiniment, avec cette agitation spéciale où il mélangeait la fureur et l'hilarité.

– Il y a que tu as capoté, imbécile. Débarbouille-toi.

Sur ces paroles de consolation on l'entraîna au hangar. Il bougonnait toujours :

– Rien compris, moi... Comprends rien...

– C'est bon, on te renverra à l'école.

Et ce fut une interminable suite de sarcasmes.

Une autre machine fut éliminée : celle de Frisbie. Le pauvre vieil homme, toujours plein de bonne volonté et de whisky était parti droit devant lui, à faible hauteur. On ne l'avait plus vu... Un peu plus tard, un messager vint demander du secours. Frisbie, en panne, avait atterri sans accident – ô miracle... Les mécanos partirent en auto. Deux heures après, au crépuscule, on le vit poindre, toujours au ras des arbres... Il arriva face aux tribunes. « Tiens, fit l'un de nous, il n'atterrit pas. » En effet, au milieu du terrain – qui n'était pas grand – il n'avait encore montré aucune velléité de descente ; il continuait, droit sur les tribunes. « Mais voyons, que fait-il ? Il est fou. » Frisbie avait arrêté son moteur et il piquait vers le sol, comme s'il se fut trouvé devant l'aérodrome de Reims.

Il toucha terre en pleine vitesse, à vingt pas de l'obstacle et rebondit à quatre ou cinq mètres dans l'air. Alors il comprit que sa situation avait quelque chose d'anormal. Il remit le moteur, esquissa un virage à droite... La machine avait perdu trop d'élan : elle revint obstinément au sol, je veux dire aux barrières de la piste. La rencontre nous arracha un cri d'angoisse...

Le biplan était fracassé. Le vieux Frisbie coincé, aplati contre une palissade luttait contre l'étouffement et l'apoplexie. On le délivra... Il avait les côtes un peu renfoncées, mais ne songeait qu'à sa machine démolie, et il sacrait contre la guigne : car un atterrissage n'était pour lui qu'une question de pur hasard.

C. K. soignait toujours… sa panne…

Ma Demoiselle n'avait jamais été réparée depuis Memphis. Je ne devais plus m'en servir.

Audemars avait ramené de France une Demoiselle jaune de Clément-Bayard. Naturellement cet appareil refusait de voler. Il lui arracha à force de persévérance quelques bonds, un jour, même, un tour de piste. Mais il fit plus de kilomètres sur le sol qu'on ne lui en eût demandé dans l'air.

Un brave caniche qui s'était introduit en fraude sur la piste le poursuivit dans l'herbe toute une après-midi. Ce spectacle obtint un si vif succès qu'on le laissa continuer, aux risques et périls du pauvre cabot. Du reste, il s'en tira.

Voilà comment « le plus grand *aviation-show* du monde » se réduisit à un Blériot, monté par trois pilotes.

Chacun fit des merveilles, selon sa spécialité. Simon se surpassa, comme *fool-flyer* (le fol aviateur). Je fus le *cloud-kisser* (l'embrasseur de nuages) infatigable. Le *tiny* Audemars (le minuscule Audemars) exhiba comme il put « le plus petit et le plus dangereux aéroplane du monde ». Seul Barrier ne put montrer ses talents particuliers de « recordman du vol sur les villes ». En effet, fatigués des buildings et des réseaux électriques, nous avions décidé de nous en tenir dorénavant à la lettre de nos contrats – ils stipulaient que les exhibitions auraient lieu « sur des terrains d'aviation ».

Nous signifiâmes à Young que nous n'irions plus sur les villes, sauf pour y gagner des prix ; et il fut convenu qu'en ce cas, chacun irait à son tour cueillir le prix pour la communauté.

Audemars s'entêtait à ne piloter que la Demoiselle – il ne put donc pas participer à cette combinaison. Young se fit persuasif pour nous envoyer sur Dallas, en vain. Pas de prix, pas de casse-cou…

Le souci de respecter cette convention m'entraîna dans une petite aventure. J'étais parti, comme d'habitude, pour un vol de hauteur. Mon jeu de *cloud-kisser* consistait à poursuivre les nuages, quand il y en avait à moins de 2 000 mètres, et à manœuvrer pour disparaître et reparaître plusieurs fois. Cette tactique était d'un grand effet.

Ce jour-là, le temps était beau, les nuages idoines : je partis face au soleil couchant. Je pris de la hauteur dans cette direction pendant une dizaine de minutes puis je revins en sens contraire. En passant sur l'aérodrome j'étais à 1 200 mètres environ. Je n'avais plus beaucoup à grimper pour atteindre les nuages. Je continuai tranquillement, tout en admirant les teintes du ciel. Quelques minutes encore, je ne vis plus la terre. Alors, un spectacle magnifique, une exquise sensation de solitude me firent oublier un instant l'exhibition, le public… et le reste…

Tout à coup, l'idée me vint que, peut-être, je m'étais trop écarté de l'aérodrome. À la faveur d'un trou de nuages, je cherchai un point de repère : rien… Je coupai l'allumage et repassai sous les nuages. Surprise désagréable : la ville avait disparu… Une brume rose limitait l'horizon ; aussi loin que je pouvais voir, il n'y avait qu'une plaine grisâtre, désertique, tachetée de buissons mauves… Pas une route, pas une maison… Perdu… Une sensation de cauchemar…

Je me ressaisis, je m'orientai grossièrement sur le soleil – car je n'avais pas de boussole. Je calculai que j'avais dû m'écarter vers l'est – le vent y poussait et moi-même j'avais généralement suivi cette direction. Je mis le cap sur sud-ouest approximatif et en cinq minutes j'eus le plaisir de retrouver la ville.

Je m'approchai jusqu'aux premières maisons : impossible d'apercevoir le champ. Du centre de la cité je l'aurais immédiatement découvert – mais je me souvins de la parole donnée : il fallait faire le tour.

Hélas, je choisis mal mon sens de giration… Au bout d'un temps qui me parut interminable, je n'avais encore pas retrouvé le terrain. J'en vins à me demander si la ville que je contournais était bien Dallas…

À la fin, je crus voir la lueur d'un feu-signal – mais menacé à la fois par l'obscurité et la panne d'essence, j'atterris dans un grand champ. Pour la première fois de ma vie, j'avais volé plus d'une heure…

Quelques fermiers accourus m'aidèrent à pousser le Blériot jusqu'à un abri. On m'apprit que j'étais à moins d'un mile du *fairground* – c'était bien un signal que j'avais vu.

Un cabriolet passait sur la route. Mes gestes de détresse l'arrêtèrent ; les occupants – un gentleman-farmer et sa femme – me firent une place entre eux. Ils voulurent bien me conduire jusqu'au champ d'aviation.

Il faisait nuit : le public m'avait attendu très tard et finissait de s'écouler lentement, lorsque nous arrivâmes aux abords de l'aérodrome.

Nous croisâmes mes camarades, qui rentraient en auto – ils me reconnurent avec joie, car on avait été inquiet de mon sort. Nous rentrâmes en bavardant. Il était heureux que je n'eusse pas profité du feu-signal, car le terrain avait été complètement envahi : j'aurais atterri sur des crânes.

Simon fit à Dallas une de ses meilleures exhibitions.

C'était presque au crépuscule, par un temps idéalement calme. Le *fool-flyer* se mit en piste, pour le dernier vol.

Il était en verve, ce jour-là. Ce fut une arabesque de virages, d'ondulations, de spirales capricieuses, qui tenait le spectateur constamment en haleine. Pas une seconde d'angoisse pénible, ni de monotonie : c'était aisé, souple, gracieux. Simon avait un style à lui, plein de fantaisie spontanée, d'adresse et d'élégance naturelle.

Barrier et moi ne nous lassions pas de ce spectacle.

Il termina ce vol par un effet d'une audacieuse précision.

La piste de course, assez étroite, passait devant les tribunes entre deux rangées de poteaux à oriflammes. La dernière spirale amena l'appareil au ras du sol et on le vit s'engager à une vitesse vertigineuse dans ce couloir mortel, frôlant de l'aile les têtes et les obstacles… le pilote saluait d'une main nonchalante…

Puis, sans transition, un virage net, un atterrissage impeccable, au centre du terrain.

Barrier restait abasourdi de ce dernier tour de force. Il se tourna vers moi et dit cette phrase – que j'entends encore : « Eh bien, camarade, croyez-vous que nous en ferons jamais autant ? »

Notre thèse des risques extraordinaires ne tarda pas à produire un effet. Pour nous attirer sur la ville, on créa un prix.

Il s'agissait de faire tomber un message dans les limites d'un bâtiment qu'on nous fit visiter. Malheureusement, tout ne fut réglé que deux jours avant notre départ et le vent fut tel qu'on dut ajourner la dernière exhibition. Le paisible Barrier, désigné par le sort, se récusa sans hésiter. Simon n'avait pas l'habitude de prendre au sérieux les choses désagréables. Quant à moi, j'enrageais d'impuissance. « Si John était là, pensais-je, quelle leçon ! Quel jeu pour Latham ou Johnstone ! »

Le danger seul ne m'eût pas retenu – mais mon appréhension instinctive de la casse, du bois qui craque, de la machine mutilée, s'aggravait de ce qu'il ne nous restait plus qu'un appareil.

Surtout, je sentais la difficulté de faire tomber le message à l'endroit voulu. Par ce temps-là, il ne fallait pas songer à raser les toits – en volant haut, j'étais presque sûr de manquer le but.

Pendant deux jours, ces réflexions m'enfiévrèrent. Le prix m'importait peu mais il m'était douloureux de *ne pas pouvoir*.

Finalement la prudence l'emporta, et le prix ne fut pas gagné. Mais je dus me promettre des revanches éclatantes…

… Simon s'ennuyait…

Avant de quitter Dallas il acheta un accordéon, une mandoline, un ocarina, une flûte. Puis il se maria. Il voulut aussi emporter un petit singe et un lézard. Mais on put l'en dissuader.

Fort Worth

Fort Worth est une petite ville voisine de Dallas. Nous y passâmes deux journées. Le vent ennemi n'avait pas cessé. La première séance se déroula avec les phases ordinaires de l'hésitation.

On laissa entrer le public, avec l'espoir que le temps s'arrangerait. Puis ce furent les subterfuges habituels.

La visite des appareils, sous la conduite du *speaker* loquace et nasillard, dont un camelot de nos grands boulevards n'eût pas désavoué le boniment… Les pétarades poussiéreuses de Seymour, sur sa terrible 100 chevaux Fiat… Les cerfs-volants de Frisbie, récemment inaugurés, dont la fragilité nous laissait rêveurs…

Au bout d'une corde grosse comme le pouce, étaient attachés une demi-douzaine de ces appareils, faits comme des jouets, de baguettes de bois blanc et de calicot rouge et vert. De temps en temps, une rafale en arrachait un. Sur la corde, à quelque 40 mètres du sol, une minuscule balançoire recevait les passagers et les passagères… Et personne n'en mourut…

Ce jour-là, on épuisa tous les trucs. Le moment vint de voler ou de rembourser la recette.

Young nous consulta sans insister : il se rendait compte que les difficultés atmosphériques dépassaient notre mesure habituelle.

Quand il fut convaincu que sa recette était perdue, je le pris à part et lui tins ce langage :

– Je veux tenter de sauver la situation – c'est un risque exceptionnel –, je demande une indemnité.

En une minute nous fûmes d'accord. Je fis signe de conduire l'appareil au départ. Simon s'agita en criant : « Il est complètement fou ! » Barrier ouvrit des yeux consternés. Audemars clignota frénétiquement ses petits yeux. Je les mis au courant, en quelques mots. Mais Barrier n'en revenait pas.

– Vous avez bien vu le vent ?

– Je sais, ce sera un mauvais moment à passer.

Je pris place dans le Blériot que les mécanos retenaient. Audemars avait retrouvé son cynisme. Il donna le signal des plaisanteries rituelles : « Adieu camarade… Dommage… bien brave garçon, etc. »

Ils faisaient tous les trois le simulacre de suivre mon enterrement tête nue, en tenant les cordons funéraires.

On me mit en marche.

Ce vol qui marquait une étape de mes progrès dura un quart d'heure. Il ne me laissa d'autre impression que celle d'une lutte furieuse, les dents serrées, à laquelle un atterrissage hasardeux mit fin heureusement.

L'ère des primes était ouverte, et j'avais pris ma première revanche sur le Vent.

Oklahoma

Oklahoma est à 600 kilomètres au nord de Dallas. Nous y trouvâmes l'hiver, la neige et la gelée – c'est dire que le succès fut médiocre.

Nous volâmes tous les jours, mais péniblement. On rencontrait à 100 mètres un plafond de brouillard humide et glacial. Il était impossible de tenir l'air plus de 10 minutes sans mourir de froid. Nos exhibitions furent peu intéressantes. Je n'en ai retenu qu'un vol où, profitant du brouillard, je fis pour la première fois l'essai d'une boussole. Cette expérience réussit pleinement : je suivis sans repère la direction nord, pendant 5 minutes. Puis je fis demi-tour et visai le sud. Je retrouvai facilement l'aérodrome. J'avais fait une quinzaine de kilomètres sans déviation appréciable.

En moi-même, je dédiai ce petit succès au pauvre John, qui avait été un si ardent apôtre de la boussole.

Oklahoma fut une des villes les moins accueillantes que nous rencontrâmes. Le goût du *struggle for life* s'y dégageait des choses, plus âpre et plus brutal qu'ailleurs. On le retrouvait dans la rudesse des physionomies et des langages, dans l'aspect rigide des avenues, dans la laideur des grandes maisons neuves, toutes imprégnées de peinture fraîche.

On nous conseilla de ne pas abuser des promenades nocturnes : les rixes étaient fréquentes.

En effet, dès le premier soir, nous entendîmes de nos chambres les échos d'une dispute terrible et des coups de revolver, dans un bar du voisinage.

Enfin Young arracha de haute lutte, au comité d'organisation, la garantie due, et nous quittâmes ce charmant pays, pour des régions plus tempérées.

Waco

Une ville modeste et plutôt sympathique, mais quelle pénurie de distractions… On avait heureusement trouvé un hôtel suffisant : nous y passâmes nos soirées, dans un boudoir où régnait un piano supportable. La présence de notre charmante camarade Mabel[1] ajoutait un parfum féminin à la douceur de ces longs repos.

Je rassemblais de vieilles réminiscences musicales, parmi lesquelles une habanera langoureuse. Simon jouait de tous ses instruments et chantait « Paquita… viens ma brune… » Les heures passaient. Mais mon impatience y mettait toujours une amertume.

Là encore, nous trouvâmes le mauvais temps. Le programme n'en fut pas moins intéressant. Barrier alla cueillir un prix sur la ville. Il y eut des courses contre auto, des vols de fantaisie, une apparition d'Hamilton, quelques-unes de Frisbie ; les cerfs-volants, la Demoiselle d'Audemars (à laquelle un heureux changement de carburateur avait donné tout à coup une énergie insolite).

Un seul jour, le temps fut si mauvais et l'assistance si pauvre que d'accord avec Young nous décidâmes de ne pas voler.

Cette abstention unique fut le prétexte de difficultés entre la M.I.A. et le comité local, et l'origine d'un incident qui se produisit un peu plus tard, à Houston.

Temple

Quand nous apprîmes que Temple, la ville suivante, n'était qu'à 60 ou 80 kilomètres, quelqu'un proposa d'y aller en auto. L'idée fut bien accueillie. Nous par-

1. Mabel Thorpe.

tîmes dans notre voiture de service, une petite Steam qui marchait admirablement. Rien ne peut donner une idée des routes par lesquelles il fallut passer. C'était une succession de fondrières, reliées par des ornières profondes. Des blocs de pierre et des troncs d'arbres encombraient le chemin. Il fallut traverser à gué une véritable rivière ; la Steam sortit victorieuse de cette épreuve.

Nous arrivâmes à Temple au crépuscule, défaits et courbaturés. Sur une large place carrée, on nous indiqua l'hôtel où notre appartement nous attendait.

Young était connu à Temple, pour y avoir vécu jadis en modeste employé. On le sentait fier de reparaître dans cette ville, lui encore tout jeune homme, à la tête d'une puissante compagnie. La chance le favorisa : nous y fîmes l'une de nos exhibitions les plus heureuses.

Le spectacle fut court. Nous avions fait aligner nos appareils : au signal, les départs se succédèrent de près. Nous fûmes tous dans l'air en même temps, et pendant une heure, ce fut une invraisemblable fantasia aérienne.

La Demoiselle vola comme jamais… Je réussis ma première grande spirale. Chacun se surpassa. À la fin, les atterrissages eurent lieu avec ensemble, on eût dit un vol de perdreaux s'abattant dans un champ.

Le comité enthousiasmé voulut absolument nous offrir un souvenir et on s'informa discrètement de nos goûts.

Nous répondîmes que nous serions sensibles à toute attention du comité pour notre Directeur.

Le lendemain, Young reçut en grande pompe, une énorme montre d'or massif qui portait cette inscription gravée :

À YOUNG,
Au roi des managers.

Houston

Notre arrivée à Houston fut marquée par l'incident auquel j'ai fait allusion plus haut. Chacun de nous trouva à l'hôtel un télégramme des bureaux de New York, ainsi libellé :

« *Why did you not fly in Waco ?* » Signé : Wuffermann, general manager.

Le vague reproche de cette question mit en feu nos susceptibilités énervées. Chacun s'ingénia à composer la réponse la plus insolente sur ce thème : « Nous n'avons que trop volé à Waco : dans les mêmes circonstances nous nous abstiendrons dorénavant d'un zèle que vous ne méritez pas. » C. K. ajouta quelques injures. Même lui, il avait volé à Waco.

La première ambition de Young était d'affranchir sa gestion des contrôles de New York : il nous soutint. Dans une longue lettre, il déclina toute responsabilité au cas où les bureaux se mêleraient encore de provoquer le mécontentement dans une organisation où il se flattait d'avoir ramené l'harmonie.

Bref, Wuffermann affolé écrivit à chacun de nous une lettre d'excuses et de remerciements pour les services que nous avions rendus à la compagnie.

Pour la première fois, le champ d'aviation ne laissait rien à désirer. C'était une vaste plaine où l'on avait improvisé des barrières et des tribunes en bois. La première journée comporta deux vols sur la ville – j'en fis un, Simon l'autre. On était aveuglé par le soleil et la réverbération, secoué par de violents remous.

Simon en revenant, passa presque au-dessus du terrain sans le voir. Il tournoya un instant dans les environs, puis atterrit, à moins d'un kilomètre.

Les autos démarrèrent. En quelques minutes nous fûmes auprès de l'égaré. Il nous reçut avec des exclamations ahuries :

– Vous êtes déjà là ? Où est-ce que je suis ? Rien vu… Où est le champ ?

– Le champ ? Il y a une heure que tu tournes au-dessus.

– Pas possible.

– C'est vrai tout de même. Allons, remonte…

– Mais où est le champ, nom de D… ?

– Là, en face, à 500 mètres. Veux-tu que ta nourrice t'y conduise ?

Furieux et ronchonnant il reprit sa place et annonça : « Contact. » Un mécano lance l'hélice… démarrage… il n'avait pas roulé dix mètres, que son aile accrochait la capote d'une malencontreuse auto… Simon coupe ; l'appareil s'arrête bêtement près de la maudite voiture. L'avarie était légère, mais rendait impossible le retour en vol.

Les mécanos commencèrent aussitôt le démontage des ailes – tandis que nous filions par les voies terrestres en couvrant le malheureux Simon d'humiliations.

À chaque exhibition nous trouvions quelque effet inédit, pour corser le spectacle. À Houston, ce fut « la course de taureaux en aéroplane » : nous chargions à plein moteur sur les paisibles ruminants qui paissaient dans la plaine et les pauvres bêtes fuyaient dans tous les sens, avec des bonds amusants.

Un autre exercice consistait à plonger sur les tribunes – qui n'avaient pas de toit – jusqu'à frôler les têtes… Plus nous causions de panique, plus on était content…

C'est à Houston, un soir de beau temps, que je fis mon premier vol de fantaisie, à l'imitation du maître, Simon. J'avais fait de grands progrès depuis New

Orleans et enhardi par la première spirale de Temple, je me lançais dans les virages serrés et les évolutions précises.

Et tandis que je volais, grisé de sentir pour la première fois la docilité de mes ailes, je voyais le petit groupe isolé de mes trois camarades, se détachant sur l'herbe... Je pensai avec une pointe de fierté à la réflexion de Barrier à Dallas, moins d'un mois auparavant : « Croyez-vous que nous en ferons jamais autant ? »

Je voulus terminer sur un beau changement de main – manœuvre délicate. Ayant menacé les tribunes d'une courbe à droite, je me renversai subitement à gauche, pour pivoter, au ras du sol, autour du groupe ami...

Je fus un peu fougueux : l'aile gauche ne fit qu'effleurer l'herbe, mais la roue toucha, en dérapant. Je sentis un petit choc désagréable dans l'appareil. Je pus me redresser et atterrir. La roue était à peine faussée.

J'attendais des compliments – seul Barrier dit de sa voix douce : « Vous exagérez un peu, camarade. »

Houston eut un jour de vent pittoresque. Le public s'exaspéra dans l'attente, Simon fit un petit vol ; moi, un autre. Cela ne suffit pas : on réclama le programme. Le terrain fut envahi, les appareils entourés. On parla de feu. Young nous prit à part :

– Si nous n'agissons pas, tout flambe. Allez atterrir dans la campagne, cela sauvera déjà les deux machines et on fera courir le bruit d'un double accident.

On annonça que nous allions voler. Mais le public refusa d'évacuer le terrain, on obtint à peine, devant l'hélice, un étroit couloir qui se refermait quelques mètres plus loin. La moindre déviation au départ, c'était une moisson de têtes et de membres fauchés.

Nous avertîmes du danger. Personne ne bougea.

– Partez quand même, criait-on.

Simon partit et m'attendit dans l'air. Je m'arrachai à mon tour de ce champ vivant, et nous prîmes, l'un derrière l'autre une direction quelconque. J'étais en tête. Un peu plus loin je me retournai : plus de Simon…

Il s'était jugé assez loin et avait atterri. Je continuai, quelques kilomètres ; j'avisai un grand champ près d'une ferme isolée. J'atterris. J'abritai l'appareil, aidé par les fermiers. Des automobilistes qui par bonheur rentraient à Houston m'offrirent une place.

Il faisait nuit. Bientôt on distingua à l'horizon une lueur d'incendie. Ils avaient bien mis le feu, les brigands… À la tente, peut-être ?

En passant près de l'aérodrome je fus rassuré : ce n'étaient que les tribunes.

Un jour de relâche, nous vîmes sur le terrain quelques cow-boys à cheval venus pour visiter les aéroplanes. Ils nous firent les honneurs d'une fantasia de leur façon. Ils jetaient leurs mouchoirs et les ramassaient par terre, en passant au grand galop. Leurs montures, pourtant fringantes, étaient d'une telle docilité, qu'elles semblaient deviner la pensée du cavalier.

Dans la liste des succès financiers de la M.I.A., Houston arriva en deuxième position. Il y eut du monde et de l'enthousiasme et ce fut certains jours un spectacle curieux que cette immense tente, pavoisée aux couleurs françaises, américaines, irlandaises, suisses, en plein champ, entourée d'une foule grouillante, d'une armée de camelots, marchands de boissons, de pistaches, de fruits, parmi lesquels un certain vendeur de bananes qui toutes les minutes criait d'une voix nasillarde, sur un rythme énervant :

– *How many ?… How many ?*

– Combien ?… Combien ? (… en voulez-vous ?)

Si notre vie manquait de distractions c'était le plus souvent faute d'en chercher.

Le soir, nous renoncions difficilement à la béatitude du pyjama, des boissons glacées et des cigarettes blondes parfumées.

Nous nous montrions cyniquement inabordables aux étrangers – tout inconnu était pour nous un raseur. Nous découragions parfois de braves compatriotes heureux de rencontrer des Français, et qui se seraient mis en quatre pour nous être agréables. Souvent nous nous reprochions cette attitude impardonnable, sans pouvoir nous en corriger. Il y eut pourtant des réceptions inévitables et nous y trouvâmes toujours la plus accueillante cordialité.

Le Club Français d'une ville du Texas se compose en principe de bonnes têtes réjouies d'oncles d'Amérique, expatriés depuis des dizaines d'années, et qui ont fait fortune. La plupart sont du Midi : ils ont l'amour du banquet où « l'on a la parole ».

Il y eut des minutes drôles, par exemple, celle où Frisbie, invité par contrecoup avec C. K., montait sur la table au dessert et faisait une petite danse, au grand dam des verres et des assiettes.

Il y eut aussi quelques discours réjouissants – notamment un certain monologue qu'aucun de nous n'a oublié :

– … et des écrevisses, il n'en faut plus, que ça ne sert qu'à nourrir les cocottes… Et les cocottes, il n'en faut plus, que ça encombre les trottoirs… Et les trottoirs, il n'en faut plus, etc.

C'est le même soir qu'un aimable voisin de table ne voulut pas me quitter sans me laisser sa carte. Elle portait ces mots :

A. DURAND
Pierres et monuments funéraires

Il ajouta, avec un sourire charmant :
– Si je peux vous être utile.
C'était tout à fait dans notre ton.

Le dernier soir, Young eut quelque peine à nous faire prendre le train. Par un caprice que je ne chercherai pas à expliquer, Barrier et moi voulions passer une nuit de plus à Houston.

Nous promettions de prendre le premier rapide, le lendemain, pour San Antonio, mais Young sut nous ramener dans le chemin de la Sagesse.

San Antonio

La semaine de San Antonio fut heureuse, avec les difficultés habituelles d'un terrain très petit.

La journée militaire mérite une mention.

La compagnie avait obtenu la collaboration d'une authentique batterie de campagne, qui envahit ce jour-là un coin du *fairground.*

Nous fûmes à la disposition des officiers. On nous confia d'abord une reconnaissance de la région environnante. Mais avant le départ, Young nous fit cette confidence : « Il y a derrière cette colline, là-bas, une demi-compagnie, et dans la vallée, à un mile d'ici, une batterie en position. » Simon, toujours farceur, fit un tour de piste à 200 mètres et déclara qu'il avait vu une batterie sur la colline et un régiment dans la vallée.

Je trouvai pour ma part l'expérience intéressante. Je partis à 800 mètres – altitude reconnue de sécurité – et je tournoyai au-dessus de la colline et de la vallée pendant un quart d'heure. Je ne vis d'abord qu'un troupeau de chèvres, puis, à force de persévérance un vague groupe d'hommes. La batterie, dissimulée sous les arbres, resta parfaitement invisible.

On nous complimenta sur la précision de nos rapports et on en tira des conclusions glorieuses pour la future cinquième arme.

Ensuite, il y eut des simulacres de combat entre la batterie du fairground et les avions. Les pièces crachèrent à grand vacarme des nuages de fumée contre nos trajectoires agressives. Au bout de dix minutes, nous avions anéanti l'artillerie – ce qui ne l'empêcha pas de défiler en parade vers la sortie.

Cette innocente comédie n'offrait évidemment qu'un faible intérêt technique, mais le spectacle fut amusant et mit à l'ordre du jour la question de l'aviation militaire.

Le ragtime

Les nègres du Texas sont souvent traités comme au temps de l'esclavage. Nous vîmes un jour C. K. menacer de son énorme revolver un *bell-boy* qui n'avait pas mis l'empressement désirable à exécuter un ordre.

Ces braves nègres sont plus paresseux que des lézards : ils profitaient volontiers de l'anonymat du téléphone pour *oublier* les commandes.

Il est curieux d'observer l'influence du *ragtime* sur les nègres. Le *ragtime*, c'est une cadence particulière, commune à un nombreux répertoire de danses. Ce rythme a pour les nègres une force entraînante irrésistible.

Dans une salle de restaurant on voit les garçons circuler avec une lenteur exaspérante – l'orchestre entame-t-il un *ragtime* à la mode ? Aussitôt les pas s'accélèrent, s'allègent ; le balancement des démarches, par réflexe, suit la musique et les *beefsteaks* vous arrivent en mesure.

Il n'est pas de soirée de music-hall sans un ou deux numéros de *ragtime*. On en fait des tournois publics où amateurs et professionnels rivalisent de virtuosité.

Parmi les maîtres de cet art original, nous rencontrâmes un unijambiste.

Les scandales d'Audemars

Notre camarade Audemars avait un incorrigible penchant pour les petits scandales. Ceux qui revenaient le plus fréquemment étaient : le scandale du téléphone et le scandale des œufs.

1. Scandale du téléphone

Audemars parle l'allemand comme Goethe, mais il ne dit pas un mot d'anglais. Mieux : il montre une incapacité originale à prononcer aucun mot de cette langue. Les vocables les plus simples – *a cat*, *a dog* – prennent dans sa bouche des sonorités étranges, que les altérations du téléphone achèvent de rendre incompréhensibles.

D'ailleurs, Audemars ne fit jamais le moindre effort pour apprendre l'anglais – mais à chaque fois que l'occasion s'en présentait, il téléphonait.

Et voici le schéma de l'inévitable drame :

Audemars (très calme, très naturel, comme s'il avait l'habitude d'être compris) :

– Alo. Alo. Sandop balboa.

Le portier nègre (qu'on n'entend pas) :

– *What sir ?*

Audemars (toujours naturel, se disant : il n'a pas entendu) :

– Sandop balboa.

Le nègre :

– ?… ?

Audemars (l'air étonné, s'appliquant) :

– Sans-hop – balboa – belbaé.

Le nègre :

– *What do you mean sir ?*

Audemars (à la cantonade) :

– Salaud. Il se f… de moi.

(au téléphone, hurlant) :

– Balvoé. Baëlboi. Bilbao.

Le nègre terrifié raccroche.

Alors c'était une explosion de rage. Nous prenions le téléphone, Barrier ou moi et prononcions intelligiblement : « *Send up a bell-boy, please.* »

– C'est exactement de ce que j'ai dit, affirmait le Minuscule.

Et le lendemain la même scène recommençait identique.

2. Scandale des œufs

Au restaurant, Audemars semble consulter la carte, comme tout le monde – mais il n'en fait rien, car son menu est invariable : des œufs au plat, sans blanc ; un petit filet bien cuit, mais pas trop… avec des pommes sautées à cru.

Naturellement rien de tout cela n'arrive à point : le filet est saignant ou trop sec ; les pommes ont été bouillies, et il ne s'y trompe pas, lui.

Mais le bouquet, ce sont les œufs. Il n'y a pas d'exemple qu'un maître d'hôtel ait compris la commande sur ce point – d'autant moins qu'Audemars en parle comme d'un plat ordinaire, connu :

– Vous me ferez des œufs au plat. – et il ajoute : sans blanc. – comme s'il se souvenait au dernier moment de ce détail.

Si le maître d'hôtel, méfiant ou consciencieux, suscite des explications, il précise d'un mot bref :

– Vous séparez le blanc et vous passez au beurre.

Mais neuf fois sur dix le maître d'hôtel ne demande rien, il suppose quelque obscure facétie, et sourit complaisamment.

Nous assistons silencieux à la naissance du malentendu. Au début, il nous arriva d'intervenir – mais quelle complication quand on a faim.

Et le scandale éclatait, terrible, à l'apparition des œufs : naturellement de braves œufs au plat, comme pour tout le monde, souvent avec un jaune crevé.

– Nom de D… Vous vous f… du monde, alors ! Je vous l'ai assez dit : sans blanc… SANS BLANC… Entendez-vous ?

– Excusez, Monsieur. Je vais vite en commander d'autres…

– Non, je n'en veux plus, de vos sales œufs… La suite… Et vite… Vous verrez que le filet sera saignant…

Non : le filet arrivait un peu plus tard, carbonisé ; et notre table ne cessait pas d'être un objet de curiosité pour toute la salle.

Telle est l'histoire, cent fois vécue, des œufs scandale.

Mais le plus beau jour, le jour inoubliable, fut celui où le garçon rapporta une assiettée de blancs – sans jaune.

El Paso

Après un long voyage, à travers une steppe monotone et déserte, nous arrivâmes à El Paso. En nous rendant à l'hôtel, nous remarquons des masses de gens sur les toits les plus élevés – ils paraissaient examiner le même point de l'horizon. C'étaient des curieux qui suivaient les phases d'un combat entre révolutionnaires mexicains et troupes fédérales[1].

1. L'insurrection générale appelée par Francisco Madeiro contre le général Porfirio Diaz commence le 20 novembre 1910, inaugurant la

Le Río Grande qui forme la frontière entre les USA et le Mexique passe juste derrière la ville d'El Paso.

Des escarmouches avaient lieu tout le jour sur les collines qui bordent la rive mexicaine, et du toit de certaines maisons on pouvait suivre à la jumelle des péripéties de la bataille. On entendait dans le lointain des bruits de fusillade.

Ayant rapidement pris possession de nos chambres, nous nous précipitâmes à la recherche d'un observatoire qui voulût bien se laisser escalader. Ce fut un building d'une quinzaine d'étages, où nous entrâmes familièrement. L'ascenseur nous déposa au *top floor*, d'où un petit escalier nous mit sur la terrasse. Elle était déjà encombrée des locataires de l'immeuble.

À l'horizon, nous crûmes distinguer de vagues mouvements. On entendit encore quelques détonations isolées. Mais avec le crépuscule, tout rentra dans le calme.

Un événement ennuyeux vint troubler notre tranquillité : l'arrivée à l'improviste du vieux Moisant.

Le succès de Dallas lui avait refait d'un coup une provision d'orgueilleuse confiance. Depuis lors, la compagnie avait couvert ses frais, grâce à l'activité intensive organisée de Young. Mais A. J. ne lui en savait pas gré : il lui reprochait même de n'avoir pas réussi encore mieux. Lui, Moisant, ferait tout marcher. Et il nous arriva plein du plus dangereux esprit de réforme et d'initiative.

Il n'était pas seul : l'ingénieur salvadorien Lopez, devenu directeur de l'Usine, venait inspecter notre matériel, et nous annoncer, pour une époque prochaine,

---

révolution mexicaine. La révolte est menée dans le Nord par Pascual Orozco et Pancho Villa. Une bataille décisive aura lieu en avril et mai 1911 à Ciudad Juarez, à quelques kilomètres au sud d'El Paso.

des appareils neufs construits d'après ses idées personnelles.

Ce Lopez, autant que je pus le savoir, était un ancien maître de cabotage, une sorte de corsaire central-américain, rencontré par John au cours de ses mystérieuses aventures et retrouvé besogneux à New York.

Ce personnage étonnant s'était décerné froidement le titre d'ingénieur ; John lui avait confié la direction des ateliers. Il n'avait pas la moindre idée de ce qu'était une machine volante – mais avec ce toupet infernal, il tranchait à sa manière les questions les plus délicates de l'aéronautique.

Nous étions déjà exaspérés par le retour du vieil A. J., avec ses lubies. C'était la fin de notre tranquillité, le recommencement de tous les désordres – nous prîmes contre Lopez une attitude franchement hostile. D'abord, nous refusions net de voler sur ses appareils. Nous étions engagés pour voler sur des Blériot en bon état. Rien de plus.

Nous fîmes d'expresses réserves au sujet des pièces détachées construites à l'usine. Enfin, dans un virulent discours, je dis crûment à M. Lopez – en présence du vieux Moisant ahuri – que c'était, de sa part, une audace criminelle, que de s'ériger en constructeur.

Moisant était ébranlé par mon assurance. Lopez sentit la fragilité de sa situation, la solidité de la nôtre. Nous étions les indispensables.

Il laissa passer l'orage et reprit discrètement le chemin de New York.

Comme nous l'avions prévu, Moisant remit la désorganisation partout, et fit renaître la vieille atmosphère de mécontentement général.

El Paso fut un four complet. Le public fit grève. Nous déroulâmes le programme habituel devant les tribunes vides.

Simon fit une jolie promenade sur la rive mexicaine du Río Grande, où chaque jour avaient lieu des combats. Ce vol n'eut aucun retentissement. Tandis qu'une petite sortie d'Hamilton, sur le lit du fleuve frontière, à 100 mètres de haut, provoqua des cris d'admiration dans toute la presse américaine. « Pour la première fois, l'homme a survolé de vraies batailles. »

Nous fîmes quelques promenades en auto sur la route qui longe la rive américaine du Río Grande. Ce fleuve à El Paso n'est encore qu'une rivière. Sur la rive mexicaine, des insurgés menaient boire leurs chevaux. Nous les voyions de près. Ces pauvres gens étaient vêtus de hardes, sales et affamés. Ils se bousculaient pour attraper les oranges que nous leur jetions.

On organisa un jour une excursion en territoire mexicain. Je n'eus pas la curiosité d'en faire partie. Les touristes revinrent avec un butin de photographies rares, et enchantés de l'aimable accueil du chef révolutionnaire Orozco.

Le toréador français Robert, rencontré à l'hôtel d'El Paso, nous raconta ses débuts, qu'il avait faits, comme moi, sous le management d'Albert Baré.

Avant de quitter El Paso, je fis, de moitié avec Barrier, une affaire qui devait nous attirer bien des ennuis. Nous achetâmes à Hamilton, pour le prix de 15 000 francs, un Blériot légèrement avarié, qui devait se trouver dans un wagon de notre train.

Entre deux cocktails, nous versâmes nos 3 000 dollars contre un reçu et C. K. nous promit livraison à l'étape suivante.

Nous nous félicitions de cette bonne affaire : nos mécanos feraient la réparation à moments perdus. Nous trouverions un acquéreur en cours de route. Nous escomptions, au minimum, 1 000 francs de bénéfice.

Moisant avait décidé de tenter la chance au Mexique. La voie directe de Mexico était coupée par la révolution. Il nous fallut longer la frontière, vers l'est, jusqu'à Eagle Pass. C'était un détour énorme.

Nous vécûmes, je crois, trois jours et trois nuits dans notre Pullman, avant d'arriver à l'étape de Monterey.

Simon, momentanément célibataire, jouait de tous ses instruments. Dès qu'il avait trouvé un air sur sa petite flûte, il le reproduisait sur l'ocarina, l'harmonica, l'accordéon… Nous avions de la peine à obtenir quelque répit.

Des parties de poker s'organisèrent – mais les cartes ne me tentaient pas. Les trépidations du train rendaient la lecture pénible. Nous avions épuisé les sujets de bavardage. Alors, je passai des heures à rêvasser, les yeux fixés sur la grande plaine sauvage qui défilait. J'avais presque le spleen.

Ces petites batailles quotidiennes m'énervaient. J'étais impatient. Je voulais bien lutter, risquer, mais à condition de *vivre*, en même temps.

Or, la vie, après l'avoir âprement méritée, nous n'en profitions pas et sur nous planait toujours la menace… de tomber trop tôt.

Au point de vue professionnel, cette existence était une école merveilleuse. Aucune autre combinaison ne m'eût obligé – pendant des mois – à faire chaque jour trois ou quatre atterrissages difficiles ; à ne jamais voler sans un dessein déterminé.

Ce pénible exil, loin de Paris, et de notre milieu, avait été une condition nécessaire de progrès. Je m'étais donné tout entier à l'entraînement ; j'avais eu de précieux modèles et j'avais respiré la fièvre contagieuse du *struggle for life*. Mais j'en avais assez. Assez de cuisine et assez de business. Du sport et de la vie.

Au lieu de cela, le vieux Moisant revenait nous rendre l'existence odieuse, avec son goût du conflit et du désordre.

Bientôt, ce serait le printemps ; et tandis que la Saison de France battrait son plein, il faudrait continuer cette vie de saltimbanques.

Eh bien, non. Cela, je l'éviterais coûte que coûte. Je romprais le contrat, à la faveur d'un paiement en retard, ou en versant un dédit. Mais aux beaux jours, je serais à Paris… Audemars, près de moi, partageait ces sentiments peut-être avec plus de modération.

De temps en temps, nous échangions un mot, un regard qui nous disait la communion de nos pensées.

Barrier était plus sage : il avait aussi la nostalgie de la France – mais il appréciait avec raison les avantages de nos contrats.

Simon jouait de l'ocarina.

Nous avions grand-peine à trouver une nourriture convenable. Audemars vécut d'amandes.

Notre première station fut à un petit village désolé où il n'y avait en fait de restaurants que des bouges innommables.

Barrier et moi, nous nous entraînions à avaler des matières nutritives, comme on met de l'essence dans un réservoir. Simon n'était pas plus difficile.

Audemars demandait partout, avec une candeur admirable :

– Des œufs très frais… du jour… Il n'y en a pas ? Alors, du poulet rôti… mais l'aile seulement… ou du très bon lait frais…

Et il nous fallait traduire cela, avant de voir notre *Tiny* tirer de sa poche sa triste ration de noisettes.

Dans la tristesse lamentable de ce pauvre village, parmi des physionomies rudes et sauvages, illuminées de curiosité bestiale, nous apparut tout à coup une jolie fille brune, au teint doré de soleil, avec d'admirables yeux bleus… Son costume de sport, d'une simplicité élégante, contrastait étrangement avec le cadre. Seule parmi ces sauvages, elle paraissait aussi heureuse de voir des civilisés que nous l'étions de l'admirer.

Elle nous sourit avec une franche aisance et nous engageâmes une conversation en bons camarades, qui dura hélas moins d'une heure.

Le train repartait…

Elle nous dit son nom étrange – que je n'ai pas oublié – et elle nous donna en souvenir, des petits portraits d'elle, que nous emportâmes, avec un peu de mélancolie au cœur.

XI

Au poste-frontière d'Eagle Pass, notre train s'arrêta quelques heures, pour les formalités de douane.

Ce fut une nouvelle chasse aux vivres : nous avions faim.

On avait tout juste le choix entre le buffet de la gare et le restaurant chinois. La curiosité nous poussa vers ce dernier. Des Chinois… à Eagle Pass…

Dans une salle malpropre et malodorante, nous fîmes un essai de repas. Tout était sale : la table, les couverts, les garçons chinois, les plats.

Au plafond pendaient des quartiers de viande défraîchie, que dévoraient des nuées de mouches. Quand on demandait un *beefsteak* – il n'y avait rien d'autre – on voyait le cuisinier s'approcher et découper des parts sur place, tandis que les mouches s'écartaient un instant.

En luttant contre la nausée, nous avalâmes quelques bouchées puis nous essayâmes d'aller redéjeuner au buffet. C'était peut-être un peu plus propre, mais au moins aussi mauvais.

Audemars demandait partout :

– Œufs du jour ? Blanc de poulet ?

Puis il croquait une noisette en grognant :

– Quelle vie… Quel pays… Faut-il être fauché…

Au Mexique, le trajet fut moins monotone. À la steppe sauvage succéda une région plus accidentée. Le train avait à gravir parfois des pentes si raides qu'on l'aurait suivi à pied.

Nous marchions vers le sud, vers le soleil. On s'arrêtait de temps en temps aux petits postes de ravitaillement qui jalonnent la voie.

On ne voyait plus les banales têtes de nègres mais des types métissés d'Espagnol et de Peau-Rouge.

Une vieille femme maigre, au nez crochu, au regard d'oiseau de proie – la mère ou l'épouse d'Aigle-Noir ou d'Œil-de-Faucon – nous vendit une collection de petits chapeaux mexicains multicolores, faits de brins d'herbe tressés.

Une foule grouillante de gamins dépenaillés, pieds nus, nous regardait curieusement, montrant à travers leurs haillons une peau brun sombre crasseuse. Ils avaient en général les traits réguliers et accentués, des yeux noirs très vifs.

Cette marmaille piaillait dans une langue bizarre ou baragouinait des mots anglais écorchés, pour nous vendre des pistaches ou simplement mendier des sous.

Notre principale distraction était de voir défiler le paysage.

Par la portière on le voyait mal et c'était fatigant. Quelqu'un eut l'idée de monter sur le toit du wagon. Ce devint une mode.

Nous nous installions par groupes de trois ou quatre, agrippés à un tuyau, à une aspérité quelconque. À demi étendus sur le toit arrondi, nous nous donnions des sensations de tourisme automobile.

Nous parcourûmes ainsi des centaines de kilomètres, parfois à d'impressionnantes vitesses. Puis la fumée nous dégoûta de ce nouveau sport : pendant le trajet elle était supportable, mais on descendait de là couverts de suie, noirs comme des charbonniers.

Monterey

Monterey n'avait rien de commun avec les cités du Texas : ce n'étaient que vieilles maisons basses, généralement blanches parmi la verdure, d'aspect exotique.

Au coin d'un square assez vaste, dont un kiosque à musique occupait le centre, se trouvait notre hôtel.

Il manquait un peu de confort – ne contenait qu'une salle de bains assez incommode ; mais sa forme de vieille demeure espagnole avait un air hospitalier.

La bâtisse, à un seul étage, entourait une petite cour carrée que rafraîchissaient un parterre gazonné et un bassin à jet d'eau, avec des poissons rouges. Une large véranda bordait de ses arcades symétriques ce jardinet intérieur. Toutes les chambres s'ouvraient sur la véranda. L'étage et le rez-de-chaussée étaient bâtis sur un plan identique.

Les dimensions des pièces, la hauteur des plafonds, témoignaient d'une époque où l'économie d'espace n'était pas encore devenue une tyrannie.

Un vieil ameublement démodé, dépareillé complétait cette habitation.

Tout cela reposait des palaces insipides et de l'exiguïté du Pullman.

Mais nous étions de mauvaise humeur, décidés à nous plaindre. Le mécontentement éclata quand on nous fit voir le champ.

C'était une étroite bande de terrain vague, mal aplani, bordée de cheminées d'usine, de maisons et d'arbres.

Malgré l'entraînement que nous avions contre ce genre de difficultés, il nous parut d'abord impossible de voler là. Des membres du comité local, présents à notre première visite, nous demandèrent ce que nous pensions du terrain. La réponse fut sèche :

– Nous n'y volerons pas.
– … Cependant, Monsieur Moisant…
– Qu'il se débrouille.
Ce fut une consternation.

En réalité, nous n'y mettions aucune bonne volonté. Nous en avions assez, des exhibitions au-dessus des toits, des appareils en ruine, des difficultés financières et du désordre ambiant.

Un ultimatum fut posé au vieux Moisant : il nous fallait des Blériot neufs, des aérodromes convenables, des paiements réguliers – sinon, nous rompions.

A. J. nous écouta sans se fâcher : il promit tout. À Mexico nous aurions des champs immenses, des ailes neuves ; un peu plus tard, le renouvellement complet du matériel. Nos contrats seraient respectés à la lettre. Après le Mexique, nous visiterions Cuba, pays merveilleux, partout où nous irions dorénavant le succès était assuré. Hamilton, qui coûtait un prix fou et ne volait pas, serait remercié.

Pour nous, il avait de grands projets. Il voulait la Coupe Gordon-Bennett. Aussitôt après Cuba nous rentrerions à New York, préparer des appareils spéciaux. Il mettrait à notre disposition tout le nécessaire. Nous serions une équipe invincible.

En attendant, il nous demandait de ne pas trahir sa grande confiance ; de l'aider encore à Monterey.

Nous ne nous attendions guère à cette attitude et surtout à ces projets d'avenir. Il avait parlé avec l'accent de la sincérité. Nos progrès l'avaient surpris, exalté.

Donc l'avenir s'éclaircissait. Nous savions mieux où nous allions. Adieu, le Texas. À nous les pays ensoleillés, puis New York, la vie et le sport désirés. Nous reprenions courage. Après tout, on s'en tirerait bien, une fois de plus de ce sacré champ.

Et au jour dit, nous fîmes une de nos plus jolies exhibitions ; elle eut pour clou un vol combiné entre Simon et moi. Par un temps idéal, cet exercice, que nous inaugurions, réussit à merveille.

Pendant dix minutes nous exécutâmes dans le ciel, avec un ensemble parfait, des dessins symétriques, conçus d'avance. Les atterrissages se suivirent de si près et furent si semblables, qu'on eût dit les manœuvres de deux automates.

Frisbie toujours héroïque voulut partir et resta dans un arbre, comme un oiseau. On alla le chercher avec une échelle. Pilote indemne. Appareil à refaire.

Il y eut, je crois, trois séances, avec des vols nombreux et intéressants. Je fis quelques cross-countries, sans itinéraire déterminé. Les environs de Monterey sont montagneux et très beaux. C'est un des panoramas qui sont restés gravés dans ma mémoire.

Coup de théâtre

Dans les discussions d'affaires, Audemars était de beaucoup le plus patient de nous. Il s'était chargé d'entretenir A. J. dans ses bonnes intentions par des causeries quotidiennes. Une de ces conversations eut lieu un soir, après dîner.

Barrier et moi nous étions couchés lorsque le Minuscule pénétra dans ma chambre. Il riait silencieusement, ses petits yeux brillants mouillés de joie. Il voulait me parler, mais l'émotion l'en empêchait et il se tordait sans bruit, se tenant le ventre, puis agitant les bras en l'air. Je me demandai s'il était fou.

Enfin il chuchota :

– Fantastique ! C'est fantastique ! Je te le donne en mille.

– Mais quoi ?

– Non, il faut que je prenne mes précautions. Ce n'est pas le moment de claquer d'une embolie. Tiens-toi bien...

– Enfin parle, voyons...

– Voilà... Moisant... nous envoie... à Paris...

Évidemment, il se passait quelque chose d'inouï... Je pris le parti d'attendre des éclaircissements. *Tiny* jouissait de ma stupéfaction, mais il avait hâte de me faire partager son bonheur.

Il s'assit sur mon lit, et murmura longuement :

– Écoute, je ne blague pas. J'ai vu Moisant. En causant de la Coupe, je lui ai suggéré l'idée qu'une Demoiselle bien construite, avec un Gnome, serait un appareil imbattable, sensationnel... C'est d'ailleurs vrai... Il m'a offert l'Usine : j'ai affirmé que nulle part au monde, nous ne serions outillés comme à Paris, où nous aurions en outre les conseils de Santos. J'ai si bien plaidé que tout est décidé : après Mexico et La Havane, nous filons, aux frais de la M.I.A. et sans rupture de contrat. Au contraire, la moitié des prix éventuels est à nous, par-dessus le marché.

J'avais les larmes aux yeux, nous étions tous deux fous de joie puérile, d'attendrissement. C'était trop beau.

Je me fis répéter que tout était décidé, que Moisant avait donné sa parole et que d'ailleurs, il tenait à ce projet autant peut-être que nous-mêmes.

Quand je fus bien au courant de la situation, nous décidâmes de n'en rien dire à Simon et Barrier. Il était inutile de leur donner l'envie d'un sort que nous ne pouvions leur faire partager.

Cette soirée se termina par une séance de gambades folles et d'entrechats silencieux, dont la fatigue nous aida à trouver le sommeil, un peu plus tard – un sommeil coupé de rêves merveilleux où des voluptés sans fin récompensaient d'éclatantes prouesses.

À partir de ce moment, la vie n'eut plus le même goût. L'avenir était plein de promesses : il suffisait d'être raisonnable un mois de plus.

Pour faire passer le temps et tenir le vieux Moisant en haleine, je me mis à voler avec frénésie. Simon et Barrier ne comprenaient rien à ce zèle subit.

D'autre part je trouvais dans mes progrès une satisfaction intense. Je m'observais sans cesse ; j'observais les autres ; je réfléchissais. Je prenais garde à l'excès de confiance ; je m'astreignais à une progression méthodique.

Enfin je n'oubliais jamais l'état d'usure de notre matériel, et je m'habituais à *souffrir*, en même temps que mon appareil.

Mexico

Mexico est resté le meilleur souvenir de notre voyage.

Dès l'arrivée ce fut un ravissement. Dans ce cadre d'élégance latine, parfumé d'exotisme, nous nous sentîmes revivre.

Moisant voulait donner à la fête tout l'éclat possible. Nous eûmes quelques jours de repos, pour révision du matériel. Nous en profitâmes pour nous organiser une existence agréable. Notre premier soin fut de louer une confortable automobile. Elle venait nous prendre le matin vers 10 heures pour une promenade à l'admirable parc de Chapultepec – qui correspond à notre bois de Boulogne. Nous descendions à l'Armenonville[1] de l'endroit, y prenions l'apéritif et revenions doucement, vers midi, faire quelques pas dans la rue centrale.

1. Ancien pavillon de chasse du bois de Boulogne transformé en restaurant en vogue à la Belle Époque.

Ensuite, c'était le déjeuner chez Sylvain – le restaurant à la mode.

Le père Sylvain nous reçut comme ses enfants – il devint notre mentor, notre grand ami, notre ange gardien. Nous lui devons la plupart des bons moments passés à Mexico, sans compter d'inoubliables réjouissances gastronomiques.

Après le déjeuner nous allions faire l'inévitable tour au champ – puis une promenade quelconque ; la journée finissait encore chez Sylvain ; elle se prolongeait souvent d'une heure de spectacle et d'un souper.

Notre champ d'aviation était splendide, parfait.

Mais une mauvaise légende régnait en ville. On disait qu'il était impossible de voler à Mexico, à cause de l'altitude (2 200 mètres). Cette fable était née des échecs consécutifs de deux aviateurs – le dernier, Bellot[1], était encore à Mexico. Il affirmait que nous ne volerions pas. Nous objections que le record établi sur des appareils semblables aux nôtres était de 3 200 mètres. Mais il répondait qu'ayant éprouvé l'impossibilité de voler, il n'avait pas besoin d'explication pour y croire. Malgré notre confiance, l'assurance de Bellot nous causait une impression désagréable. Nous affections cependant une grande tranquillité.

La colonie française, fort nombreuse, se partageait en deux camps : les uns croyaient, les autres doutaient. Au fond tous espéraient voir des ailes françaises escalader les premières le ciel mexicain.

La veille de la première, un essai fut décidé. Le sort désigna Simon. L'expérience eut lieu en petit comité : quelques fanatiques, le pilote de mauvais augure Bellot et l'ami Sylvain, qui malgré son inquiétude pariait *pour* avec ardeur.

1. André Bellot (brevet 317).

Naturellement, Simon partit sans la moindre hésitation, fit un décollage de grand style, et vola un instant avec son brio habituel.

Nous regardions le pilote Bellot avec des sourires fins et des haussements d'épaules. Sylvain exultait :

– Bravo. Bravo Simon. Je vous l'avais bien dit. Tout de même, c'est épatant. Ça vous remue…

Il avait les yeux humides.

L'atterrissage fut mauvais : l'appareil rebondit, mais s'arrêta sans mal. Sylvain se précipita en agitant sa canne et son chapeau. Il sauta au cou de Simon, qui ne s'y attendait guère et l'embrassa.

Le *fool-flyer* interviewé déclara :

– Évidemment c'est un peu drôle, l'air ne porte pas, on glisse, on plane mal. Au fond, rien de terrible.

En ville, la nouvelle se répandit rapidement et fit sensation.

La semaine de Mexico s'allongea en quinzaine et remporta un vif succès. Nous vîmes des foules considérables et sans le coulage cynique des recettes, Moisant eût fait une belle affaire.

Le Vieux était grisé par nos succès : il les attribuait à *ses* mérites, à *son* activité. Il voulait tout faire par lui-même : placer les employés, disposer le service d'ordre, aider les mécaniciens. On voyait ce millionnaire, chef du « plus grand aviation show du monde », sale, couvert de cambouis, courir sur le champ, un bidon d'essence d'une main, une seringue d'amorçage de l'autre.

Un jour, la foule enthousiaste ayant envahi le terrain après le premier vol, on vit Moisant se démener comme un diable pour faire dégager le départ. N'obtenant pas de résultat il cria :

– Puisque c'est ainsi, on ne volera plus. Voilà…

Et il s'étendit de tout son long dans la poussière, entre son bidon et sa seringue.

Les badauds firent cercle autour de lui. Pendant ce temps, aux guichets, le pillage allait grand train.

Nos premiers vols furent réellement un peu gênés par la raréfaction de l'air. Nous avions volé souvent aux environs de 2 000 mètres – mais le voisinage du sol soulignait d'une inquiétude perpétuelle l'impression d'être mal porté. Il fallut s'accoutumer, acquérir un tour de main pour les départs et les atterrissages, ce fut vite fait.

L'équipe française représenta seule la M.I.A. – C. K. était rayé du personnel, Frisbie, en grande réparation. Il n'y avait pas de piste pour l'auto de Seymour.

Audemars réussit par fort vent debout, quelques bonds… à la cravache… Cette altitude ne valait rien à sa Demoiselle anémiée.

Simon, Barrier et moi fîmes tous les frais de la fête.

J'y mettais pour ma part une ardeur extraordinaire. Le vieux Moisant ne jurait plus que par moi.

Parmi d'innombrables vols, j'ai retenu l'essai que je fis un jour d'atteindre le *plafond*. Au bout de 40 minutes, j'avais dépassé 1 200 mètres : j'essayai en vain de monter plus haut. Il était naturel qu'un très vieux Blériot de 50 chevaux refusât de dépasser 3 400 mètres d'altitude, puisque le record mondial de hauteur était à cette époque de 3 200 mètres. J'avais surmonté des difficultés semblables à celles du record.

Nous eûmes l'honneur de voler une fois en présence du président Porfirio Díaz et du gouverneur de Mexico.

Un autre jour, nous eûmes la visite de l'amiral de la Jarte, commandant une escadre de passage à Veracruz, et du ministre de France, M. Lefèvre.

Ce jour-là il fit un vent plus violent qu'aucun de ceux que nous avions affrontés. Personne ne s'attendait à voir voler. Je me sentais en si belle forme que je mis quelque coquetterie à ne pas hésiter. Je fis sortir mon vieux Blériot et je partis, avec le sourire.

Ce vol heureux me causa une grande satisfaction intérieure et fit impression sur mon entourage.

A. J., de plus en plus exalté, déclara, selon une formule bien américaine, qu'à part son pauvre John, il n'avait connu aucun homme au monde, capable de faire ce que je venais de faire.

L'ami Sylvain ne se contentait pas de chanter nos louanges à tue-tête. Il provoqua la création d'un prix. Il s'agissait d'aller doubler au centre de la ville la coupole d'une maison française.

C'était le tour de Barrier. Il alla seul au champ, un matin vers 11 heures et fit le parcours imposé. Il vint ensuite nous raconter quel moment pénible il venait de passer.

Barrier pesait 85 bons kilos. Nos appareils étaient usés. Son moteur avait peut-être une faiblesse passagère. Bref, il avait fait plusieurs tours de piste sans réussir à prendre 100 mètres de hauteur, et parmi d'affreux remous de chaleur, il avait eu, d'un bout à l'autre du trajet, l'impression d'accrocher les toits.

Il en était encore pâle… Nous saluâmes ce récit de tous les sarcasmes qu'il méritait. Nous nous figurions si bien le brave ami – avec son horreur naturelle des émotions fortes, l'œil fixe, les mains crispées, redressant ses embardées à grands coups de pied, sous la menace pointue des paratonnerres.

Mais ce fut autre chose lorsque le donateur objecta que Barrier n'avait pas tout à fait doublé sa coupole.

Sylvain poussa de tels cris d'indignation, que le pointilleux mécène n'insista pas et le prix fut remis à la fin d'un joyeux banquet.

Nous vîmes voler à Mexico un riche amateur mexicain.

Nous eûmes peu de relations avec ce collègue de rencontre. Cependant sa crânerie le rendait sympathique.

L'amateur avait son hangar à lui, sur notre terrain. Il venait de recevoir un Maurice Farman neuf[1].

Nous apprîmes qu'il avait eu l'ambition de voler le premier dans sa patrie. L'appareil avait été prêt trop tard.

Il participa à nos exhibitions, volant peu, mais par des temps qui eussent fait hésiter beaucoup de vieux pilotes.

Il montrait dans ces occasions une inexpérience qui nous faisait frémir. Je me souviens notamment d'un départ et d'un atterrissage vent de côté – avec l'excédent de puissance d'un M.F. 1920 à Mexico.

Le départ surtout fut un spectacle horripilant, à nos yeux avertis. La grande *cage*, traînant la queue, dérapa sur le public – frôla les têtes… On applaudit… Et tout cela finit bien.

Le club français de Mexico se compose exclusivement de gens charmants. Sylvain nous y menait quelquefois prendre un cocktail.

Je ne sais pourquoi j'ai gardé un souvenir particulier d'un grand garçon maigre, à la moustache brune, je n'ai pas retenu son nom, que nos vols avaient enthousiasmé. Il venait toujours trinquer avec nous et disait en souriant doucement :

– Si vous voulez, je vais vous siffler quelque chose.

1. Maurice Farman (brevet 6), pilote et constructeur aéronautique entre autres activités, créera avec ses frères Dick et Harry la société HMD Farman.

Sur quoi, il fallait faire silence et écouter un morceau du *Trouvère* ou de la *Traviata*, que l'artiste rendait de toute son âme, en soulignant du geste les finesses de la mélodie.

Quelquefois notre attitude trahissait une défaillance d'attention, la soif peut-être, amenait à nos lèvres le verre. Alors, le siffleur s'adressait particulièrement à l'auditeur distrait et lui détaillait, avec une recrudescence de sentiment la phrase intéressante.

C'était charmant, et l'artiste ne se faisait pas prier. Il recevait les compliments d'usage avec modestie.

– Non, vous êtes trop aimables. J'ai beaucoup perdu. Il y a dix ans, je sifflais bien, mais maintenant… Et telle chose ? Connaissez-vous telle chose ?

– Oui, mais nous ne voudrions pas abuser…

– Mais pas du tout !

– Vous devez être fatigué…

– Mais non, je vous assure. Je vais vous le siffler… tenez…

On n'y coupait pas !

… Parmi les souvenirs de Mexico, je veux noter un fronton de Pelote, où j'ai passé des moments délicieux…

Hamilton avait donc été remercié. Moisant avait conservé le grand biplan noir : peut-être en avait-il payé le prix. En tout cas, C. K. réclamait l'appareil ; Moisant refusait de le lui rendre ; le conflit était aigu.

A. J. avait l'avantage de la possession, mais le *national* n'était pas homme à se laisser intimider. Il entreprit simplement le cambriolage nocturne des wagons de la compagnie.

Heureusement, un agent de police qu'il avait oublié de soudoyer, donna l'alarme. Les deux mécanos d'Hamilton furent pris en flagrant délit et coffrés.

Mais on leur rendit bientôt la liberté, grâce aux dollars de leur maître, et à l'intervention du tout-puissant ambassadeur des États-Unis.

À notre tour, nous éprouvâmes la mauvaise foi d'Hamilton.

Depuis Monterey, nous avions réclamé plusieurs fois le fameux Blériot.

– Demandez-le à Moisant, répondait C. K. évasif. Il vous le donnera.

Moisant pressenti, déclara que le Blériot en question n'existait plus, qu'il avait été employé en pièces détachées ; que d'ailleurs cet appareil, comme le biplan, était la propriété de la compagnie.

Devant notre mise en demeure, Hamilton prit une attitude cynique et soutint qu'il nous avait livré la machine.

Nous étions roulés.

Je mis l'affaire entre les mains d'un avocat, qui obtint d'abord ce résultat brillant : l'arrestation d'Hamilton.

J'assistai à cette scène. Deux policiers en civil firent prévenir l'inculpé que quelqu'un le demandait, dans la rue. Sans méfiance le cauteleux C. K. vint se placer de lui-même entre les deux argousins, qui l'emmenèrent, incontinent.

Je le suivis en auto jusqu'à la prison pour accomplir certaines formalités.

Je n'eus pas la présence d'esprit de lui demander à ce moment nos 3 000 dollars – je crois qu'il me les aurait rendus. J'étais pressé : on m'attendait pour l'exhibition.

Je vis conduire en cellule notre ex-camarade blême de rage.

Puis l'auto m'emmena à toute allure au champ.

Hélas, le soir même C. K. était sorti de prison – on ne sut jamais comment. Il avait disparu. Tous nos efforts pour le retrouver furent vains. On le sentait protégé par des influences mystérieuses et puissantes.

Ceci se passait l'avant-veille du jour fixé pour notre départ. J'avais déposé une plainte, entamé une procédure. Hamilton avait-il quitté Mexico ? S'y cachait-il encore ? Je voulus pousser l'affaire, obtenir l'appui des autorités.

Le ministre de France, M. Lefèvre, me donna quelques recommandations, promit aimablement de m'aider. Il fut décidé que je resterais seul à Mexico et que je rejoindrais la M.I.A. deux ou trois jours plus tard, à Veracruz.

Moisant était ravi de cette guerre contre son ennemi.

Pendant deux jours, je dépensai une activité inouïe en démarches de toutes sortes dans les bureaux et les ministères. Le premier soir, on me fit assister exprès à un bal officiel où je devais rencontrer le général Díaz, le neveu du président. Le général m'accueillit avec bienveillance, me promit son appui.

Tout fut vain.

Le deuxième jour, accablé de fatigue, j'eus l'impression nette qu'Hamilton resterait introuvable et intangible.

J'abandonnai.

Avant de quitter Mexico, je fis encore un vol.

M. Pugibet, directeur de la société *El Buen Tono*, possédait encore le Blériot avec lequel Bellot lui avait causé des déceptions. Il avait à cœur de voir voler cet appareil.

La perspective de me confier à cette machine de rencontre – avariée et réparée là-bas – ne me séduisait guère. Mais comment refuser quelque chose à M. Pugibet ?

Je promis d'aller prendre le thé à Chapultepec en aéroplane.

Sylvain y donna rendez-vous à un petit groupe d'amis, notamment à un couple de Parisiens de passage, dont nous avions fait la très agréable connaissance.

Je partis à l'heure dite : l'appareil était mal réglé – le moteur bafouillait. Je traversai ainsi, à faible hauteur, les faubourgs de la ville, en flagrant délit d'excès de confiance.

Mais j'étais pressé : il eût été peu galant de me faire attendre à Chapultepec. J'y réussis un atterrissage difficile.

Le thé fut exquis.

Puis il fallut repartir. Le petit champ était bordé de grands arbres. Je calculai un savant départ tournant, pour gagner un peu d'espace.

Au moment où, à force d'acrobatie, j'allais passer une ligne d'arbres, le moteur faiblit… s'arrêta… puis repartit…

Je pus me faufiler entre deux cimes, et me tirer de ce pas critique.

Le Gnome défaillant tourna jusqu'au hangar.

J'avais frôlé l'accident de bout en bout.

M. Pugibet m'offrit en souvenir de ce vol une ravissante montre-bracelet en platine.

Le même soir, je quittai Mexico pour Veracruz, accompagné de l'ami Sylvain qui ne pouvait plus se séparer de nous.

Nous passâmes une nuit en sleeping-car. Au lever du jour, Sylvain me réveilla et voulut me faire admirer, par la portière, un des paysages célèbres de l'Amérique. Il n'eut pas plus de succès que s'il se fût adressé à une bûche. Mes rêves étaient-ils plus beaux que son paysage ?

Nous retrouvâmes nos camarades installés à l'hôtel *Diligencia*. J'appris à Barrier le résultat négatif de mes efforts. Nos 3 000 dollars semblaient bien perdus. Après avoir donné ailleurs tant de preuves de prudence, nous avions traité cette affaire comme des enfants. La leçon était chère, mais méritée.

Veracruz

Nous passâmes à Veracruz une semaine peu agrémentée.

L'exhibition y fut organisée d'une façon originale et ingénieuse : elle eut lieu en rase campagne, sans clôtures, sans guichets. La recette se faisait à la gare de Veracruz – des trains spéciaux déposaient les spectateurs sur le terrain qu'on avait choisi le long d'une voie, à quinze kilomètres de la ville. On ne pouvait y accéder par aucun autre moyen de locomotion.

Notre exhibition fut bonne. Audemars se distingua sur sa Demoiselle.

Je fis deux vols sur le port où nos vaisseaux de guerre étaient encore ancrés : je les saluai de quelques spirales.

Simon et Barrier ne comprenaient toujours rien à mon zèle acharné.

Malgré les derniers retapages, nos appareils étaient en déconfiture. Une certaine paire d'ailes, surtout, dépassait les limites décentes. Nous en avions vainement réclamé le remplacement : il fallut recourir aux grands moyens.

Après le dernier vol, dès que les mécanos eurent démonté les fameuses ailes nous les arrosâmes rapidement d'un bidon d'essence et en fîmes un feu de joie, sous l'œil scandalisé de Young.

– En voilà deux qui ne nous auront pas, remarqua le Minuscule.

XII

Ayant embrassé Sylvain, l'un après l'autre, nous nous embarquâmes pour La Havane sur le paquebot l'*Espagne*.

Audemars et moi partions joyeux : Moisant s'était montré de plus en plus ferme dans ses promesses. Nous ne verrions plus qu'une fois monter et démonter notre vieille tente de cirque. Plus qu'un effort avant la liberté… C'était en nous une obsession.

La conversation, en monosyllabes, revenait sans cesse sur ce que nous ferions, en arrivant à Paris.

Quelquefois l'inquiétude, le doute nous mordaient au cœur : quelque événement imprévu n'allait-il pas tout changer, nous empêcher de partir ?

Mais tous nos espoirs s'insurgeaient contre cette pensée et l'un rassurant l'autre, nous retrouvions bientôt la confiance.

L'*Espagne* était un vieux transatlantique peu confortable. Nous n'avions pas le pied très marin. Heureusement la traversée fut assez belle. Nous eûmes les menus plaisirs habituels des voyages au long cours, c'est-à-dire le spectacle de mille petites intrigues plus ou moins amusantes.

Il y eut notamment grand flirt entre un beau jeune homme que nous connaissions et une copieuse

Espagnole. La belle fille voguait vers l'Espagne – le jeune premier s'arrêtait à Cuba.

Cette circonstance importune brusqua un peu le cours de l'idylle. Le dernier jour de notre traversée fut celui des aveux. Hélas, la mer jusque-là amie devint hostile – simple coïncidence. On vit des choses affreuses. La dame gisait sur une chaise longue de pont, la tête pâle, inerte, inclinée sur l'épaule, l'œil terne. Le beau brise-cœur, à peine plus fringant, restait étendu près d'elle, tout près…

La détresse du moment, l'imminence de la séparation avaient chassé toute pudeur superflue : on voyait les doigts blancs du Don Juan mêlés à ceux de la señorita.

Mais le roulis ne cessait pas. La nausée perfide s'insinuait, montait aux lèvres avec les mots doux…

Nous eûmes le sentiment d'une catastrophe fatale et méchamment – jalousie sans doute – nous prîmes un poste d'observation, Audemars et moi.

Le dénouement ne se fit pas attendre. La dame se redressa soudain, l'œil fixe, et soutenue par le galant, elle gagna le bastingage d'un pas mal assuré mais rapide. Il lui tint la tête…

Près de moi, *Tiny* se tordait, sarcastique. Ah, le flirt a ses rigueurs…

Le couple regagna les chaises longues. Nous reprîmes notre promenade et en passant, nos oreilles perçurent ce murmure, coupé d'un hoquet :

– Jo vous saime… Jo vous saime…

Nous arrivâmes à La Havane un soir, à la nuit tombée. L'immense croissant de la rade se dessinait féerique, en pointillés lumineux que reflétait la mer. Au-delà de cette ligne, toute la ville scintillait.

L'*Espagne* n'entra pas au port – une chaloupe vint nous prendre et nous déposa avec nos bagages au débarcadère.

Quelques formalités de douane ; puis les managers nous conduisirent au nouvel hôtel *Plan Américain.*

En arrivant dans le hall de l'hôtel je fus pris d'une colère douloureuse de violence. J'avais commandé en France un Blériot biplace du type Paris-Londres – choix malheureux s'il en fut… Cet appareil, livré avec des retards considérables, venait enfin d'arriver à La Havane.

Les promoteurs n'avaient rien trouvé de mieux que de déballer la machine en mon absence et de l'exposer à moitié montée par le premier pseudo-mécanicien venu, au fond du hall de l'hôtel.

On percevait même un droit d'entrée pour la visite de *mon* aéroplane.

Cette indélicatesse n'avait rien d'étonnant. Mais notre vie était une révolte continuelle contre la désinvolture avec laquelle on manipulait le matériel. J'ai toujours eu un véritable culte pour mes appareils. Je préfère recevoir un coup de bâton que de voir heurter une aile ou un empennage.

J'imaginai la brutalité de vandales avec laquelle on avait dû arracher mon bel oiseau neuf de sa caisse, piétiner les ailes, forcer les pas de vis.

À cette pensée, des effluves de rage muette me montaient douloureusement au cerveau. J'eusse volontiers étranglé le responsable.

Moisant, épouvanté de la fureur qui me bouleversait les traits, affirma qu'il n'y était pour rien. Sans doute un des promoteurs avait cru bien faire. Il n'avait pu deviner les inconvénients, etc.

Enfin, l'idée de ne compromettre pour rien au monde notre prochaine évasion vers la liberté, me donna le courage de ne pas faire trop de scandale.

Je n'en passai pas moins une nuit blanche, avant de retrouver un peu de sang-froid.

Nous étions mécontents de notre installation. Une première exploration de la ville nous fit découvrir l'hôtel *Miramar* : nous déménageâmes aussitôt pour aller nous établir là, dans un splendide appartement dont toutes les fenêtres s'ouvraient sur la baie. De notre balcon nous avions, à droite, à quelques centaines de mètres, l'entrée du port, avec le vieux fort de Morro-Castle ; à notre gauche, la belle avenue courbe qui suit le rivage.

Chaque soir, à l'heure de la promenade, toutes les élégantes de la ville défilaient sous nos fenêtres et la nuit, nous dormions bercés par le bruit des vagues.

Le climat de La Havane à la fin de l'hiver est exquis. On y trouve la chaleur parfumée des tropiques, adoucie par les brises de la mer.

Notre sybaritisme découvrit là des raffinements nouveaux.

Nous vivions en pyjamas de soie, dans la tiédeur de nos grandes chambres aérées. Sur les tables se trouvaient en permanence des *cups* glacées de champagne aux fruits ou de *piña colada* – savoureuse boisson qu'on prépare avec un jus d'ananas.

Nous fumions les meilleurs cigares du monde et comme ils doivent être fumés, c'est-à-dire frais. Car il faut attribuer l'usage européen de rechercher les cigares secs, à l'impossibilité d'en trouver de frais – il est vrai alors qu'une sécheresse naturelle vaut mieux qu'une humidité empruntée à l'atmosphère. Mais un bon cigare n'a tout son arôme que lorsqu'il est encore humide de la sève des feuilles et qu'il ne craque pas sous la pression des doigts.

Le soir vers 5 heures, après une longue toilette nous allions flâner sur la promenade ou à la terrasse du café *Miramar*.

C'est là, un des premiers jours après notre arrivée, que nous vîmes apparaître C. K. Hamilton en personne.

Il nous envoya un salut moqueur, plein d'insolence et adressa même la parole, je crois, à Barrier ou à Simon.

Nous restâmes abasourdis d'une telle impudence : du reste, nous n'avions ni le moyen ni l'envie de reprendre des procédures aux résultats improbables. Plus tard, à New York, l'occasion serait peut-être meilleure. C. K. disparut de nouveau…

Cet hôtel *Miramar* était vraiment un établissement parfait. Le soir, on y dînait en plein air, dans un jardin illuminé, au son d'une musique agréable.

Une blonde prima donna américaine chantait des romances sentimentales d'une voix chaude et contralto.

C'étaient de paisibles soirées, égayées de lumière, de verdure, d'animation – et nous trouvions, après un bon dîner, dans la fumée bleue d'un cigare, quelquefois un peu de patience et de sérénité.

Pêche aux requins

L'entrée du port de La Havane passe pour un des endroits du monde où il y a le plus de requins. On nous raconta qu'il suffisait d'y laisser tomber à l'eau une proie quelconque pour la voir aussitôt happer par un squale.

Ces récits excitèrent notre curiosité. Nous entrâmes en relations avec un vieux pêcheur et rendez-vous fut pris pour une nuit, à l'heure favorable.

Le pêcheur nous fit faire une promenade quelconque, en traînant dans l'eau une vague ligne, puis il nous ramena bredouilles en alléguant que quelquefois on n'avait pas de chance.

Mais nous nous étions mis en tête de prendre un requin. Nous fîmes au pêcheur la proposition suivante : nous reviendrions le lendemain et paierions en cas de succès, le double du prix demandé. Ce fut marché conclu.

Le lendemain nous arrivâmes exacts, nous embarquâmes sans perdre de temps et le canot prit le large. Une odeur nauséabonde nous entourait. Le pêcheur nous apprit que c'étaient les appâts et nous comprîmes notre échec de la veille : sûr de son salaire, il avait négligé les préparatifs. Mais cette fois nous le tenions, ce requin.

Arrivés au bon endroit, on jeta les lignes. Nous vîmes alors que les appâts consistaient en énormes poissons longs comme le bras, complètement putréfiés.

Il y en avait trois ou quatre en réserve, pendus extérieurement aux parois de la barque : le balancement des lames agitait l'immonde charogne. Certes aucun requin, à un kilomètre à la ronde, ne pouvait ignorer la présence de cette proie.

La patience est la première vertu du pêcheur : la nôtre fut héroïque. Des heures entières nous attendîmes la secousse révélatrice. Nous retenions notre souffle, pour respirer le moins possible… Une telle constance ne fut pas récompensée… Vaincus par la nausée, la fatigue, le sommeil, nous rentrâmes… encore bredouilles…

Merci camarades

Notre ami Simon avait perdu de sa belle exubérance, calmé sans doute par les joies du ménage.

Nous nous amusions parfois à taquiner un peu la gracieuse Mabel, qui partageait en camarade nos parties de pyjamas.

« René » suivait ce jeu d'un œil attendri, sans cesser de fumer son grand fume-cigarette d'ivoire sculpté. Du fond de son fauteuil il murmurait d'une voix émue : « Merci, merci camarades ! »

Parmi les curiosités du pays, on nous cita un parc, situé à une demi-journée de chemin de fer où se faisait un grand élevage de crocodiles pour le commerce des peaux. On nous apprit sur cette industrie des détails curieux : le crocodile n'est adulte que vers l'âge de deux siècles. Il n'atteint une taille utilisable qu'aux environs de la quarantaine.

Il fallut des flots d'éloquence pour dissuader le *fool-flyer* d'en acheter un petit vivant. Ce danger et notre peu de goût pour les excursions, nous firent renoncer à la visite du parc aux crocodiles.

De très aimables guides s'offrirent à nous faire visiter les grandes manufactures de cigares. Mes compagnons profitèrent de cette occasion que ma paresse me fit perdre.

Je n'en reçus pas moins, quelques jours plus tard, une jolie boîte de cigares d'un type inédit, dont chaque gaine portait un nom.

Pendant que nous faisions une débauche de champagne, de bonne chère, de gros cigares, notre vieux millionnaire d'imprésario se consumait en soucis et en déboires dus à sa propre maladresse.

Un jour qu'après déjeuner nous allâmes lui présenter quelque mise en demeure, nous le trouvâmes en train de terminer triste et solitaire un repas composé d'une feuille de laitue, d'un demi-concombre, d'une croûte de pain et d'un verre d'eau.

Il nous expliqua :

– Moi, j'n'ai jamais faim.

Le chauffard

Le redoutable chauffard qui se prend pour Boillot ou Nazzaro [1], est un fléau que l'automobile a répandu dans

1. Georges Boillot, vainqueur de nombreuses courses automobiles puis pilote d'avion, mort pour la France le 19 mai 1916 ; Felice Nazzaro, célèbre coureur automobile italien.

le monde entier et particulièrement dans l'Amérique latine.

Il y avait à La Havane, à côté d'une pléiade de vrais *sportsmen*, quelques écervelés, dont la grande joie était de parcourir l'avenue Miramar à des allures stupides, avec le maximum de bruit et de poussière.

Le hasard nous fit assister, de notre balcon à l'accident le plus bizarre qu'on puisse imaginer.

Sous nos fenêtres, passait un fiacre découvert tenant bien sa droite. Par-derrière, venant dans le même sens, arrive un bolide à quatre places, dont deux seulement occupées – l'une par Boillot-Nazzaro, l'autre par la-jeune-femme-nerveuse-qui-raffole-de-vitesse.

Le bolide prend le milieu de la route, pour dépasser le fiacre.

À ce moment, le vieux cocher sourd décide de faire demi-tour, se garde bien de jeter le moindre coup d'œil en arrière et d'un seul coup il barre la route, de sa guimbarde et de sa haridelle.

Le bolide n'a même pas dévié. Il a passé droit au milieu de l'obstacle, avec un bruit sec. Le fiacre est à droite du chemin, sur ses roues intactes, à gauche, le vieux cheval cagneux attend tranquille, tout harnaché, entre ses brancards sectionnés nets au ras de sa queue.

Le cocher a disparu : on ne retrouve que son chapeau.

Le bolide entraîné par l'élan s'est arrêté à cent mètres de là. Il revient en marche arrière. Il a deux phares télescopés – c'est tout. La direction est neuve, le radiateur est vierge.

Enfin, sur la moelleuse banquette arrière du bolide, trône – ô magie – le vieux cocher sourd, abruti, tenant encore son fouet… Lui aussi est intact… On n'a rien fait de mieux, au cinéma.

L'exhibition

Dès les premiers jours, Moisant avait su se mettre à dos, par son attitude bourrue toutes les personnalités qui auraient pu lui être utiles.

Il existait un excellent terrain bien desservi – il ne sut obtenir ni les autorisations nécessaires, ni le concours indispensable de la compagnie de tramways.

Il prit le parti de leur montrer qu'après tout, il n'avait besoin de personne et il loua à un particulier une petite prairie sillonnée de caniveaux invisibles, et bordée de palmiers. On ne pouvait y aller qu'à pied ou en voiture, par un chemin de fondrières.

De sorte que malgré l'enthousiasme de la population, nous ne vîmes jamais sur le champ que de maigres assistances.

On avait reçu de l'Usine un ravitaillement d'ailes neuves, garanties conformes au modèle Blériot. En réalité, elles étaient un peu plus petites, un peu plus plates… des *improvements* de M. Lopez.

Mais nos vieilles voilures étaient si lamentables, qu'il fallut se résigner.

Les timides retouches du pseudo-ingénieur avaient suffi pour enlever à nos machines leur docilité et leur souplesse. Nous nous sentions dans l'air instables et dépaysés. Enfin il s'agissait – pour la dernière fois – de sauver la situation. Je m'y employai avec ardeur, stimulé par l'approche du départ.

La M.I.A. avait promis aux sportsmen cubains non seulement une exhibition, mais un vrai meeting. Il nous fallut courir une série de prix imaginaires : vitesse, hauteur (Moisant disait : *alture*), durée (*duration*), etc.

Depuis mon expérience de Mexico, nous parlions beaucoup du record de hauteur. Moisant professait que je n'avais qu'à le cueillir. Il insista pour que cette performance rehaussât l'éclat du meeting de La Havane – et naïvement, sans réfléchir à ce qu'on pouvait attendre des ailes Lopez, je promis d'essayer.

Une heure d'efforts laborieux me conduisirent à 2 200 mètres. Je fus un moment perdu dans les nuages, au-dessus de la baie, dont j'entrevoyais le bleu par des éclaircies.

Ces 2 200 mètres étaient une prouesse : je suis certain que dans aucun de mes records postérieurs il ne m'est arrivé de pousser aussi opiniâtrement un plafond.

Pour Moisant, ce fut une désillusion : il avait parlé du record comme d'un fait accompli. Heureusement ma confiance en moi était devenue inébranlable : il admit la responsabilité de Lopez, sans bien comprendre comment ni pourquoi.

J'étais officiellement contrôlé par l'aéro-club cubain, avec barographes scellés. Mon vol fut homologué comme record local. À ce titre, il tint deux ou trois ans.

Un premier passager

Mon biplace neuf avait été remonté et réglé par mes mécanos. J'en fis trois essais malheureux. Le premier, sans passager, au cours d'une exhibition. Après un bon départ, un vol de quelques minutes, je voulus atterrir. Je coupai le moteur un peu tôt : il refusa de repartir. J'eus grand-peine à prolonger mon vol plané jusqu'au terrain. L'équilibrage de ce type de biplace était défectueux. Je n'en avais aucune expérience : j'atterris mal et brisai mon châssis.

Après quelques jours de réparation, je fis un deuxième essai, cette fois avec un passager. Mon premier passager fut M. O. Ferrera, président de la Chambre cubaine.

Mon gros appareil, avec son petit moteur enlevait mal la charge. Le terrain trop petit rendait le départ hasardeux. Dès le décollage, la lourde machine s'inclina sur une aile et reprit durement contact avec le sol. De nouveau le train d'atterrissage s'écrasa. Dans le choc, M. Ferrara s'était foulé un poignet. Il eut l'amabilité de se déclarer enchanté.

Tel fut le sort de mon premier passager... Le troisième essai, en compagnie d'un mécanicien, ne fut pas moins décourageant.

J'en conçus un profond dégoût pour le bel appareil neuf. On le mit en caisse et je n'eus jamais plus l'occasion de m'en servir.

La Demoiselle, de fort bonne humeur, permit à Audemars, pour ses adieux, une série de prouesses.

Le dernier vol

Enfin, le dernier jour du meeting arriva, avec le dernier vol à faire, avant de revoir la France.

Cette pensée contenait tant de joie, j'en étais si ému, qu'une peur affreuse me persécuta tout l'après-midi. Cela me parut tout à fait incroyable, d'être arrivé indemne jusqu'à cette minute. J'eus le pressentiment que le destin me réservait un malheur. Quelle ironie si mon dernier atterrissage allait être l'accident... Tout ce que j'avais de volonté se tendit vers une prudence extrême. Je me rappellerai toute ma vie la béatitude qui m'envahit lorsque mes roues s'arrêtèrent pour la dernière fois, au milieu du petit terrain entouré de palmiers.

Prix du Morro Castle

Le meeting terminé, Barrier se couvrit encore de gloire en gagnant pour la communauté le prix – authentique celui-là – du Morro Castle.

Il fit pour cela un joli vol, traversa la ville deux fois et doubla le phare de la jetée, applaudi sur l'avenue Miramar par une foule innombrable.

Le généreux mécène qui avait doté cette épreuve, lui remit, au lieu du chèque banal, un sac plein de grosses pièces d'or.

Et Simon exécuta brillamment un vol d'adieux et de remerciement, dédié aux sportsmen cubains et à la presse.

Pendant notre séjour, on nous avait fait sentir par de nombreuses marques de sympathie, qu'on ne nous confondait pas avec l'administration de la M.I.A.

Le *fool-flyer* vint donc sur la ville, à l'heure de la promenade et offrit à domicile, au public havanais une *fantasia* mémorable.

Les derniers jours s'écoulèrent dans la fièvre des préparatifs.

Simon et Barrier apprirent avec stupéfaction que nous allions les quitter. Ils envièrent notre sort – surtout Barrier, car Simon s'était toujours montré le plus philosophe, sans compter les bonnes raisons qu'il avait de s'ennuyer moins que nous.

Nos règlements de compte avec Moisant furent pénibles : je ne voulus partir qu'avec mon matériel complet – mon biplace, et les morceaux de la Demoiselle originale de Santos, auxquels je tenais fort.

Audemars nous quitta le premier pour New York, afin de régler certaines affaires – notamment l'achat d'une soie caoutchoutée noire, remarquée sur le biplan de C. K. et que nous avions choisie pour l'entoilage des futurs *baby Moisant*.

Le départ d'Audemars fut un moment de tristesse, même pour moi qui devais le revoir quelques jours plus tard.

C'était le premier acte de la grande séparation. Pendant six mois nous avions vécu dans une intimité complète, où pas le plus petit nuage n'avait projeté une ombre de mésentente.

Nous étions restés étroitement unis devant toutes les difficultés et nous avions partagé en frères les dangers quotidiens. De tout cela était née une grande affection.

Pendant huit jours, Audemars et moi échangeâmes chaque soir de longs câblogrammes où chacun mettait l'autre au courant de ses moindres démarches.

Puis, je m'embarquai à mon tour avec mes caisses, sur un bateau direct pour New York.

J. devait nous y rejoindre par voie ferrée – via Key West.

J'arrivai à New York après une traversée mélancolique et ennuyeuse.

Je retrouvai Audemars installé au vieil hôtel *Astor*. Moisant m'avait précédé de quelques heures, par le chemin de fer.

Nous lui arrachâmes ligne par ligne un contrat qui garantissait l'exécution de ses promesses. Je le vois encore nous dire « Adieu et bonne chance », et ajouter ces mots : « J'ai signé… parce que j'avais promis. Mais maintenant, je crois que j'ai mal fait. »

En attendant, nous étions libres et notre cabine était retenue sur la *Provence*, le plus beau des transatlantiques français. La *Provence* partait deux ou trois jours plus tard.

La M.I.A. s'était chargée de toutes les formalités de douane et de transport. J'eus le temps de voir un avocat, de lui remettre le dossier Hamilton et d'entamer un procès qui devait être continué en notre absence.

Dernière mésaventure

La *Provence* quittait New York un matin vers dix heures. Nous avions la bonne fortune de retrouver à bord d'aimables amis de Mexico.

Nos bagages expédiés, nous partîmes joyeux et légers pour arriver au quai avec quelques minutes d'avance. Un taxi nous déposa au pied de la Transatlantique à dix heures moins dix.

La *Provence* embarquait les derniers bagages et les derniers voyageurs. Nous admirions les belles lignes effilées de ce superbe bâtiment et nous savourions d'avance le beau voyage… le beau retour…

Deux gentlemen s'approchèrent :

– Pardon, vous êtes bien M. Garros et M. Audemars ?

Des reporters, évidemment…

– Oui.

– Alors, veuillez nous suivre. Voici deux mandats d'arrestation qui vous concernent.

On nous tendait deux jolis cartons blancs imprimés, où nos noms figuraient écrits à la main. Sans les cachets officiels, on les aurait pris pour des invitations de bal.

Nous nous regardâmes, atterrés.

Les petits yeux de *Tiny* papillotaient à grande vitesse.

J'essayai de discuter… Le bateau allait partir… Un des gentlemen m'interrompit :

– Messieurs, il est absolument nécessaire que vous nous suiviez immédiatement. La force publique est prête à intervenir sur un signe. Évitez le scandale.

Je croyais rêver.

– Mes malles…

– Vos bagages sont arrêtés.

Audemars me poussa le coude et me dit, sans geste :

– Le vois-tu, là-bas, au fond, à droite ?

– Qui ?

– Parbleu, Hamilton… Il se tord.

Non, je ne voyais pas – je suis un peu myope – mais je compris.

Il n'y avait rien à faire. Une auto nous emmena au bureau central de la Douane. Nous étions accusés de fraude ; nous n'aurions pas réexpédié le matériel pour lequel on nous avait accordé une admission temporaire.

On nous fit subir un premier interrogatoire, puis attendre un temps infini dans une antichambre. On nous gardait à vue.

Des employés subalternes venaient nous examiner de près, avec curiosité…

Un vieux rond-de-cuir, hargneux nous donna le coup de pied de l'âne.

– On vous apprendra à tricher, mes gaillards. Regardez-moi ces airs innocents. Ne dirait-on pas deux honnêtes petits garçons ?

Des heures passèrent.

Deuxième interrogatoire : cette fois sur un ton plus poli – on avait fait une enquête.

Je répondis à toutes les questions sans le moindre embarras, avec précision.

On nous rendit aussitôt la liberté, avec un vague mot d'excuses.

Hélas la *Provence* était loin.

Abasourdis de cette dernière mésaventure, nous allâmes nous réconforter un peu à l'*Astor*, en tenant conseil.

Le plus sage était de ne rien faire : partir au plus vite. Partir à tout prix.

Nous sentions tout conspirer contre ce départ : Hamilton d'un côté ; l'entourage de Moisant de l'autre. Nous avions peur de l'imprévu, de l'idée de rester encore.

Nous courûmes nous renseigner à la compagnie Transatlantique. Il y avait un départ trois jours plus tard : c'était un vieux bateau, réservé aux voyageurs de deuxième et troisième classe, qui traversait en dix jours au lieu de six.

On nous offrit d'attendre le courrier suivant : nous arriverions aussi vite.

Nous n'eûmes pas une hésitation : avant tout, partir…

On nous réserva la meilleure cabine du vieux bateau.

Les trois jours qui suivirent furent trois jours d'angoisse. Nous vécûmes cachés dans un petit hôtel suisse des quartiers excentriques, ne sortant que la nuit, pour prendre un peu l'air. Pour dépister les recherches, nous avions conservé nos chambres de l'*Astor*, mais nous n'y paraissions pas.

L'embarquement sur la *Bretagne* se fit en cachette, longtemps avant l'heure du départ : jusqu'à ce que le bateau se fût éloigné du quai, nous restâmes enfermés à clef, dans la chambre d'un officier du bord.

Telle était notre frayeur puérile, d'être encore retardés.

Le voyage fut odieux. La *Bretagne* était un vieux paquebot déclassé, affecté au service de l'émigration. Tout y était organisé pour l'économie. On nous avait donné une cabine assez grande, mais mal tenue, comme le reste du bateau.

La nourriture était lamentable.

Pour comble, la mer fut continuellement houleuse et un affreux malaise nous cloua sur nos tristes couchettes.

Entre autres mauvais souvenirs, je me rappelle notre conflit avec le commissaire du bord, à propos d'un morceau de jambon…

Trop malades pour absorber les sauces écœurantes de la cuisine, nous avions demandé au garçon de nous apporter, en guise de repas, une tranche de jambon et quelques cornichons.

– Ce n'est pas le menu du jour, répondit cet aimable serviteur.

– Demandez-en tout de même à l'office. Nous sommes souffrants.

Mais l'office refusa : le règlement était ferme. Môssieur le commissaire sollicité se retrancha derrière ses « responsabilités »… « Si tous les passagers en avaient demandé autant. »

Le garçon attendri nous conseilla d'obtenir du docteur une ordonnance prescrivant le jambon. C'était le seul moyen… Nous y renonçâmes…

Ce voyage était notre dernière épreuve. Une semaine de plus et Paris nous ferait oublier tout cela.

Au milieu de la famine, des crampes d'estomac, du mal de mer, des odeurs aigres et moisies, nous faisions des rêves de festins.

Une faible voix s'élevait dans les craquements de boiserie et les mille petits bruits rythmés du roulis :

– Une aile de volaille truffée…

– Une douzaine de Marennes, une bouteille de Pouilly-Fuissé…

– Un petit filet à la béarnaise, avec des pommes dorées…

– Un pâté en croûte…

Les deux derniers jours, la mer se calma tout à fait ; nous nous installâmes sur le pont.

Le bateau s'était mis au ralenti : on ne sentait plus vibrer les machines.

L'étrave, au lieu de fendre l'onde, glissait nonchalamment. La *Bretagne* n'était pas pressée. Elle avait intérêt à ne pas arriver trop tôt. On nous expliqua que le gouvernement français payait une prime aux bâtiments qui repartaient au Havre dans un court délai. Comme l'heure du départ suivant était fixée, il s'agissait de ne pas rentrer au port avant une certaine date. Une économie de charbon s'ajoutait au bénéfice de la prime. En somme cette prime à la navigation n'était qu'une prime à la lenteur.

Ce supplice eut une fin.

Un matin, nous vîmes la bonne terre de France poindre à l'horizon, se dessiner et se rapprocher…

Nous abordâmes… Notre émotion fut indicible…

Un train spécial attendait les voyageurs pour Paris. Nous y prîmes place ; il partit sans tarder.

D'ailleurs, nous n'étions plus impatients ; nous respirions de la joie à pleins poumons. Sous nos yeux, la campagne normande défilait, pleine de printemps.

Je disais à Audemars :

– Regarde, ami. Les arbres, les champs, les bœufs, les chaumières, les fermes, les ruisseaux : tout cela est un peu à nous. C'est chez nous. Nous y sommes. Comme c'est beau…

Nous arrivâmes à la gare Saint-Lazare vers midi et demi.

Sans nous occuper des bagages, nous nous précipitâmes chez Mollard, avec mille gambades puériles – des petites danses, comme au fameux soir de Monterey.

Marennes, Pouilly-Fuissé, ailes de poulet, mayonnaise, petits filets, pommes dorées… tout le programme défila…

Alors se produisit un phénomène inattendu.

Devant ces gourmandises tant désirées, nous restâmes inertes, sans appétit, nous qui n'avions pas mangé depuis dix jours.

La joie nous serrait la gorge.

Moisant nous avait donné en règlement une traite à vue sur son correspondant de Paris.

Bien que nous fussions couverts d'autres gages, cette traite nous inquiétait un peu.

Notre premier soin, avant même de rentrer chez nous fut d'aller présenter notre créance.

M. Matheu nous reçut d'une façon charmante et nous versa immédiatement la somme stipulée.

Toutes les affaires étaient liquidées ; le dernier petit point noir disparaissait de l'horizon où nous avions vu tant d'orages.

La sortie de chez M. Matheu fut l'occasion encore de quelques petites danses furtives.

Nous repassâmes à la gare, prendre nos malles. Quelques minutes plus tard nos taxis nous déposaient chez nous, rue Lalo.

Et pendant quelques jours, la vie fut belle.

CAMPAGNES SPORTIVES EN FRANCE

XIII

Nous étions donc à Paris, vers la fin de mai 1911. Un adorable Paris de printemps, qui nous récompensa de l'hiver au Texas.

La saison sportive s'annonçait brillante : on préparait les trois premières grandes courses d'aéroplanes : Paris-Rome, Paris-Madrid, le Circuit européen.

Mais avant de songer à cela, nous avions à remplir nos engagements envers Moisant. Nous étions à Paris, Audemars et moi pour construire des Demoiselles à moteur Gnome. Ce projet d'ailleurs nous intéressait beaucoup.

Après des recherches assez laborieuses, nous louâmes à Puteaux un atelier agréable. Le fidèle Romain et Rigal, l'ancien mécanicien d'Audemars furent réembauchés, avec trois autres compagnons.

L'outillage nécessaire fut loué et acheté, et bravement notre petite usine se mit au travail.

Ma vieille Demoiselle, rapportée d'Amérique, servait de modèle, et, très vaguement conseillés par Santos nous décidions les modifications nécessaires sans calcul, au petit bonheur. Et nous ignorions les principes les plus simples.

Nous eûmes vite la certitude que nos appareils ne seraient pas prêts pour les courses. D'autre part, la direction de l'usine était une vraie sinécure, grâce à la collaboration experte et consciencieuse de nos vieux mécaniciens.

Je pris donc mes dispositions pour ne pas rester inactif, tandis qu'Audemars s'entêtait quelque temps encore à ne piloter que la Demoiselle, renonçant ainsi à toute participation aux épreuves sportives.

Mon premier soin fut d'échanger – non sans frais – mon biplace de La Havane contre un monoplace Blériot. J'avais déjà passé plusieurs semaines à Paris lorsque cette machine me fut livrée à Issy-les-Moulineaux.

J'éprouvai un plaisir indicible à survoler en pilote accompli ce champ où mes ailes étaient nées, et à revoir d'en haut, la Seine, la vieille tour Eiffel, et tous les coins familiers de Paris.

Mon nom était moins connu en France que chez les Mexicains. L'étonnement des spectateurs, à mes premiers vols me prouva que le public français n'était pas habitué au style américain.

Parmi ces vols de récréation, je me souviens d'une longue spirale que je fis au-dessus du pavillon d'Armenonville, un soir au crépuscule.

Il semblait impossible de courir les grandes épreuves de 1911 sans le secours d'une organisation que seule une maison pouvait assurer.

Je m'adressai à Blériot dont l'appareil était à mon avis le plus au point de cette époque.

L'accord fut facile car je me montrai peu exigeant.

Paris-Madrid et Paris-Rome étaient fixés à des dates si rapprochées que je renonçai d'abord à la première épreuve pour concentrer mon effort sur la deuxième, dont je trouvais le parcours et le règlement plus intéressants.

C'est par hasard et l'avant-veille du départ, que je modifiai ce plan et me décidai à participer à Paris-Madrid.

Je rencontrai ce jour-là chez des amis un rédacteur du *Petit Parisien*, M. Douvier :

– Comment, me dit-il, vous désertez notre course ? C'est très mal ! Pourquoi ne faites-vous pas les deux, comme la plupart de vos camarades ? Vous allez vous ennuyer horriblement !

Bref il fut persuasif et je me laissai convaincre.

Mon Blériot me fut livré à Issy la veille du départ. J'eus à peine le temps de l'essayer et comme il pleuvait, je ne suivis pas le conseil de Leblanc qui m'avait recommandé d'aller reconnaître la sortie de Paris, jusqu'à la tour de Montlhéry.

En face des éventuelles difficultés de vol, je me sentais plein d'assurance. Mais l'orientation m'inspirait des inquiétudes. Je n'avais jamais fait le moindre voyage – jamais lu une carte.

Je me fis à l'idée que cette première course n'était qu'un essai improvisé : je n'espérais en retirer qu'un peu d'expérience.

L'équipe de Blériot se composait dans Paris-Madrid de : Conneau (en aviation : Beaumont[1]), Gibert[2] et moi.

Alfred Leblanc, le « héros du Circuit de l'Est », devenu directeur sportif de Blériot était l'âme de notre organisation matérielle. Il suivit en auto ou en chemin de fer, d'étape en étape, les trois courses de la saison. Il remplissait amicalement vis-à-vis de moi le rôle de manager-conseiller et j'avais grande confiance en lui.

1. Jean-Louis Conneau, dit André de Beaumont (brevet 322), ingénieur, se met en congé de la marine pour participer en 1911 à Paris-Rome, le Circuit européen et le Tour d'Angleterre.

2. Louis Gibert (brevet 92).

Le soir qui précéda le départ je dînai avec un groupe de bons camarades dans un petit établissement très gai où nous fréquentions à cette époque. Je les quittai assez tôt pour aller me reposer. Ils veillèrent toute la nuit et vinrent me prendre rue Lalo vers 3 heures et demie pour me conduire au départ, à Issy-les-Moulineaux.

Aux abords du terrain, dès 4 heures, les voitures ne pouvaient avancer qu'au pas tant la foule était dense. De longues files d'autos et de fiacres serpentaient lentement au milieu d'un flot mouvant de piétons.

Il est impossible d'évaluer avec précision une telle affluence. Mais en affirmant qu'il y eut ce jour-là à Issy 200 000 spectateurs, on est sûr, je crois, de rester en dessous de la vérité.

Paris-Madrid

Un temps gris, humide, agité de mauvaises petites rafales.

L'équipe Blériot, désignée par le sort, doit partir la première. Nos trois appareils sont alignés ; les mécanos s'agitent – Leblanc, jusqu'au dernier moment s'empresse de l'un à l'autre, et ne ménage pas les bons conseils.

On met les moteurs en marche, successivement. Un premier signal : Gibert s'envole. Un deuxième : c'est mon tour.

Je m'élevai avec précaution, je n'avais jamais volé avec une pareille charge, l'impression n'était pas agréable.

Je m'enfonçai dans la brume, à la boussole. Derrière moi, la Tour et le terrain disparurent rapidement. J'étais à faible hauteur au-dessus des toits qui défilaient dans un enchevêtrement où je ne comprenais pas grand-chose. L'orientation me préoccupait déjà. Les maisons enfin se clairsemèrent. Je remarquai tout à coup une route droite bordée de grands arbres et dirigée à peu près vers le sud. J'eus l'intuition que ce devait être la route d'Étampes – je la suivis, et, en effet, cinq minutes plus tard, je vis surgir la fameuse tour de Montlhéry décrite par Leblanc. Je la reconnus et j'éprouvai pour la première fois la petite joie particulière de découvrir qu'on est sur la bonne route.

Toute inquiétude avait disparu : le voyage se poursuivit facile et agréable. Je volais entre 200 et 300 mètres. Par prudence, je n'abandonnai la voie ferrée qu'à quelques kilomètres d'Orléans, lorsque je pus deviner la Loire. Alors, laissant à gauche la ville que j'aperçus à peine, je rejoignis le fleuve, en aval, qui me guida sur Blois, puis Tours.

Il y avait sur la vallée des remous assez violents. Mais ma grosse charge, désagréable près du sol, avait l'avantage, en haut, d'opposer son inertie à toutes les secousses. Du reste, en fait de mauvais temps j'en avais vu bien d'autres.

À Tours il fallait obliquer vers le sud. Petite inquiétude : la voie ferrée que je cherche reste invisible. Je la découvre enfin à la sortie d'un tunnel où elle se dissimulait.

Cette fois, quoi qu'il arrive, je ne la lâcherai plus, jusqu'à Angoulême : c'est trop désagréable de n'être pas sûr de son chemin.

Zut. Des ratés ! Tout allait trop bien. C'est un cylindre qui se trouve mal. Il agonise… il se tait.

J'essayai de continuer sur six cylindres. Mais j'avais perdu de la hauteur à Tours en cherchant les rails. J'étais encore lourd ; le vent arrière irrégulier portait mal. Après un quart d'heure de persévérance je me traînais sur les arbres. Il était urgent d'atterrir. Je saisis l'occasion médiocre que m'offrit un petit champ clos de haies. Je m'y arrêtai de justesse.

Une de mes faiblesses était mon inexpérience du moteur. Dans mes exhibitions, j'avais toujours eu un mécanicien sous la main. Je ne m'étais jamais occupé d'un moteur que pour en écouter le son et signaler la fausse note qui avertit de la panne.

Il s'agissait évidemment d'une simple bougie encrassée : mais laquelle ? Pour plus de sûreté je les démontai et les nettoyai soigneusement toutes les sept. Je perdis là un temps précieux.

« Je n'ai plus de chances au classement de l'étape, me disais-je naïvement, l'essentiel est d'arriver à Angoulême, afin de rester en course. » Il fallait donc agir prudemment.

Je réussis – non sans peine – à repartir, avec l'aide de quelques paysans. Ma fidèle voie ferrée me guida de nouveau, et, cette fois, jusqu'à Angoulême.

Je commençais à mieux lire ma carte : mon regard fouillait déjà l'horizon à l'endroit où devait se trouver la ville, lorsque je la découvris, d'abord imprécise puis elle grandit.

Je vois de loin le champ d'aviation entouré d'oriflammes qui flottent au vent, et d'une foule nombreuse. Me voici au but, comme un vieux routier. Je franchis la ligne… Une vague spirale en guise de salut et je me pose.

On se précipite : des messieurs à brassards, commissaires, reporters, photographes…

La foule agitait chapeaux et mouchoirs, avec des cris que mes oreilles bourdonnantes percevaient confusément.

On m'entoure : « Bravo ! Bravo ! » Des mains se tendent. Je demande :

– Qui est arrivé avant moi ?

– Personne… Vous êtes le premier de loin… Conneau, en panne, brisé, éliminé. Gibert, égaré, arrêté près d'Orléans, attend le beau temps. Védrines[1] a

1. Rare pionnier de l'aviation d'origine modeste, Jules Védrines (brevet 312) fut ouvrier puis metteur au point des usines Gnome avant de devenir

capoté au départ – hors de course… Et… vous savez… le malheur ?

– Non ?

– Épouvantable… Le ministre de la Guerre est tué… le président Monis est grièvement blessé… Train [1] est tombé sur eux au départ.

Ces nouvelles m'étaient jetées pêle-mêle par plusieurs voix consternées, tandis qu'on me ramenait en auto vers le bureau officiel. Tout ce drame me semblait incohérent. La seule chose bien claire était que j'avais gagné ma première étape.

J'étais parti de Paris souffrant, et fatigué d'une nuit incomplète. Je me débarrassai des reporters et des curieux qui m'assiégeaient et j'allai me reposer seul dans ma chambre d'hôtel.

Le lendemain, coup de théâtre ; les organisateurs ont décidé de permettre les départs suspendus la veille. Védrines est reparti.

Cette nouvelle me causa quelque dépit. J'avais voyagé par un temps exécrable. J'y avais trouvé – régulièrement – une occasion de tirer avantage de mes moyens personnels, et voici qu'un concurrent, grâce à un accident, bénéficiait d'une journée superbe.

On m'annonça un peu plus tard – je n'avais pas quitté ma chambre – l'arrivée de Védrines. N'ayant pas eu de panne, il était venu un peu plus vite que moi. Je n'étais plus premier.

L'après-midi arriva enfin le brave Gibert. Lui n'avait pas eu, la veille, l'habileté de capoter au départ, et il

---

pilote. Il porte le 9 septembre 1912 le record de vitesse à 174,1 km/h sur Deperdussin. Parisien gouailleur, héros de l'armée française, il baptise son avion meurtrier *La Vache*. Il se pose le 19 janvier 1919 sur le toit des Galeries Lafayette avant de s'écraser le 21 avril 1919 à trente-sept ans.

1. Émile Train (brevet 167).

avait été se perdre dans le mauvais temps. À la suite de quoi on compta – et fort justement – qu'il avait mis une trentaine d'heures à couvrir le parcours.

Une foule nombreuse restait en permanence autour du terrain. Les pauvres gens avaient payé pour voir arriver les aviateurs et il n'en arrivait… guère.

Le comité me demanda de faire un vol : mais il n'y avait à cela aucun attrait sportif. Je posai mes conditions avec une exigence tout américaine. Elles furent repoussées d'autant plus résolument que le comité obtint le concours de Védrines.

Le vol fut annoncé et le monoplan Borel sorti du hangar. Mais Védrines hésita, temporisa, ne vola pas.

Au bout d'une heure le public énervé manifesta et commença à déborder le service d'ordre. La situation devint critique. Le comité fit alors une nouvelle démarche auprès de moi – mais je repoussai tout marchandage.

Le public avait rompu les barrières : on envahit le terrain ; on parla de mettre le feu – tout comme au Texas – et on avait même commencé, je crois, quand la police, aidée par la nuit, parvint à faire évacuer la place.

Le lendemain à l'aube, on nous donna le départ pour la deuxième étape, Angoulême – San Sebastián. Védrines déclara qu'il y avait trop de brouillard pour se diriger – qu'il partirait plus tard. Cette attitude d'un pilote expérimenté en fait de voyage, me fit hésiter d'abord. Mais au bout d'une demi-heure, énervé de perdre ainsi du temps, je m'envolai.

La direction était en effet assez difficile. Il y avait sur le sol non du brouillard, mais une buée matinale très dense, qui ressemblait à une épaisse couche de coton blanc. Je ne voyais la terre qu'en taches de verdure disséminées. Je dus me fier entièrement à ma boussole.

L'atmosphère était idéalement calme : les flocons blancs et les taches vertes glissaient et disparaissaient sous mes ailes. Mais en avançant le vert se faisait plus rare ; et la buée que le soleil soulevait en nuages, me forçait à monter constamment. Une heure après le départ mon altimètre accusait 1 000 mètres, cependant j'effleurais toujours le coton.

Une dernière fissure me laissa reconnaître le confluent de la Garonne et de la Dordogne, puis la terre disparut définitivement.

L'idée de passer alors sous les nuages ne me vint pas. Ce fut une grosse faute. Je continuai à la boussole, avec l'espoir d'atteindre une zone sans nuages.

Je contemplais pour la première fois le spectacle éblouissant de la mer de nuages. Au-dessus, un ciel bleu d'une pureté idéale. À ma gauche, un soleil comme on n'en peut voir de la terre, car elle est toujours enveloppée de vapeurs imperceptibles qui tamisent les rayons lumineux, les décomposent ou les ternissent. Là-haut c'était de la lumière vierge dans de l'air vierge. C'était une volupté de voir et de respirer.

Je glissais sur les flots figés d'un océan d'argent. En descendant plus près, cette mer prenait du relief et se transformait en paysages étranges, chaos de rochers, de grottes, de vallées, de précipices. Mes ailes écrêtaient des pics vertigineux, surplanaient des abîmes inondés de blancheur.

Dans ma tête c'était un rêve qui se déroulait. Le souvenir de la vie ordinaire flottait lointain et flou. Et pourtant les violons d'Armenonville me chantaient doucement à l'oreille : « On est si bien près de toi. »

Deux inquiétudes grandissaient en moi : la mer, les Pyrénées. Par précaution contre le danger de la mer, j'obliquai systématiquement au sud. Et pour ne pas m'engager sans le savoir au-dessus des montagnes, je me fixai un délai après lequel il faudrait descendre coûte que coûte sous les nuages. Cette manœuvre me causait une vive appréhension : je craignais de rencontrer le sol avant de l'avoir vu, car je n'étais bien fixé ni sur l'épaisseur de la couche de nuages, ni sur le relief du terrain.

Je volais, maintenant vers 1 800 mètres. Jusqu'au dernier moment j'eus l'espoir de rencontrer la trouée qui m'eût permis de voir la terre et de descendre en sécurité. Mais je ne pus trouver cette occasion, et le moment vint d'agir. Je nettoyai soigneusement le cadran de mon altimètre, pour bien en suivre l'aiguille. Puis j'arrêtai mon moteur avec précaution, pour qu'il fût prêt à repartir en cas d'alerte.

J'entrai d'un coup dans l'humidité cotonneuse du nuage. La belle lumière claire avait disparu. Cette sensation de scaphandrier se prolongea désagréablement. L'atmosphère devint obscure, visqueuse. Je n'avais plus notion de l'horizontalité. Mes lunettes, le cadran de mon altimètre, se couvraient d'eau. Mon angoisse de rencontrer le sol augmentait.

Un vague paysage apparut enfin. Je me retrouvai à faible hauteur, au-dessus d'une grande plaine marécageuse. Où étais-je ? Je ne le savais pas exactement, mais j'étais certain de trouver la mer à l'ouest. Je suivis cette direction pendant près d'une heure – tant je m'étais écarté de la bonne route – avant d'arriver sur Biarritz, facile à identifier.

J'avais perdu du temps – la question de l'essence se posa. Aurais-je assez de combustible pour atteindre San Sebastián ? Je fus tenté de descendre à Biarritz – mais l'ennui de perdre du temps, l'espoir d'arriver sans cela me déterminèrent à continuer. Et ce fut encore une faute.

Les minutes qui suivirent furent un supplice. Je voyageais à très faible hauteur – une centaine de mètres – le long d'une côte abrupte, hérissée de rochers, n'offrant pas la moindre possibilité d'atterrissage, et sous mes yeux, mon niveau d'essence baissait rapidement…

Les kilomètres semblaient interminables. J'avais retrouvé, depuis Biarritz, un ciel bleu, un temps superbe. Mais je n'étais guère d'humeur à goûter le pittoresque du rivage.

Malgré mes efforts pour réduire ma consommation, il ne me resta bientôt plus que quelques minutes d'essence…

San Sebastián n'était plus qu'à vingt kilomètres. Mais toute panne brusque, sur un pareil terrain, entraînait l'élimination de la course (car le règlement interdisait les remplacements d'appareils en cours de route).

À ce moment je vis un petit promontoire, où il était à la rigueur possible de se poser. Je me résignai tristement à descendre là. Il fallut réussir un véritable tour d'acrobatie… Je me trouvai enfin perché sur mon coin de falaise, dans une solitude désertique.

Je n'eus même pas l'idée de jauger exactement mon essence – tant j'étais persuadé qu'il ne m'en restait plus.

Mon regard explorait en vain les environs pour découvrir un secours. Pas une maison, pas une route, pas une âme. En mer je vis un torpilleur, probablement chargé de convoyer les aéroplanes ; plus tard une vedette automobile vint de San Sebastián. Abandonnant mon appareil, je descendis au bord de l'eau et je fis des signaux de détresse qui n'eurent aucun effet ; la vedette s'arrêta quelques instants à quelques encablures, puis s'en alla tranquillement. J'aurais pleuré de dépit. Hélas ! Que n'étais-je descendu à Biarritz…

En remontant auprès de mon Blériot je vis arriver en courant une bande de petits moines vêtus de défroques brunes. Ils entourèrent mon appareil et m'adressèrent mille salutations incompréhensibles. La joie d'en « voir un » épanouissait leur visage. Je m'efforçai de leur faire comprendre qu'il me fallait de l'essence – « Benzina ». Ils comprirent seulement que j'étais en peine et se mirent à prier pour moi.

Quelques civils arrivèrent enfin. Un jeune homme partit en courant chercher de l'essence. Mais on me prévint que c'était loin.

Il ne me restait plus qu'à attendre. Une heure passa… Je tournais autour de mon appareil, comme un fauve dans sa cage. Mon regard tomba sur le niveau, il était remonté de dix centimètres… Alors, je m'étais trompé… Fallait-il repartir, sans plus attendre ? Non, j'étais sûr d'avoir bien vu. Ici, c'était l'inclinaison du sol qui faussait le niveau. Mais je ne pus chasser ce doute de mon esprit… Il aurait fallu vérifier… Je ne savais plus. J'étais fatigué, découragé par la guigne.

J'attendis ainsi deux heures. Et pour couronner ce supplice, au moment même où on m'apportait de l'essence, il fallut voir passer à 60 mètres au-dessus de ma tête… Védrines.

Je venais de lui rendre plus de deux heures d'avance. J'atterris à San Sebastián un quart d'heure après lui.

Cet incident eut lieu aux environs de Fontarabie. Parmi les curieux accourus à la fin, se trouvait, par hasard, Monsieur Marcel Violette, directeur de *La Vie au grand air*. Ce sympathique sportsman comprit mon pénible état d'esprit et, avec une discrétion rare, il resta à l'écart, s'abstenant de condoléances, d'encouragements, de questions.

Il me dit plus tard son étonnement de m'avoir trouvé indemne à l'endroit où j'étais, et ensuite, de m'en avoir vu repartir. Mais c'étaient justement les difficultés auxquelles m'avait rompu l'entraînement américain.

Gibert n'arriva que le soir. Je crois qu'il avait encore fait fausse route. Leblanc nous rejoignit en auto. Je lui racontai mes malheurs.

– Comment avez-vous pu manquer d'essence, dit-il ; on n'avait donc pas rempli vos réservoirs ?

Je n'en savais rien. Il examina mon niveau.

– Combien de litres en avez-vous ajouté à Fontarabie ?

– Dix.

– Malheureux ! Mais il vous en reste bien plus que dix litres. Vous aviez donc largement ce qu'il fallait.

Hélas ! Je le croyais aussi. J'étais sûr d'avoir vu mon niveau descendre à zéro. Cela avait tenu à un défaut de communication entre mon réservoir d'alimentation et celui de réserve. Il avait bien fallu atterrir ; mais j'aurais pu repartir quelques minutes plus tard, si j'avais bien vérifié mon approvisionnement.

Je fus d'une humeur noire. Le premier jour, la course m'avait paru trop facile. Depuis j'avais constaté combien l'inexpérience du voyage réduisait mes chances. (Avec cela, j'étais en mauvaise santé.)

Leblanc me consola, m'affirma que j'étais très bien placé, que la course était loin d'être courue…

Je me plaignais de mon moteur fatigué. Les mécaniciens ignares de Gnome l'examinèrent et ne trouvèrent rien de défectueux. On fit des essais au point fixe. L'allure était faible – à mon avis très faible – mais c'était un des vieux axiomes stupides d'alors, qu'un Gnome était en bon état, lorsqu'il entraînait son hélice ordinaire à plus de 900 tours.

Il y avait en gare de San Sebastián un appareil de rechange neuf. Le règlement autorisait ce changement jusqu'au départ de l'étape. Mais Leblanc conseillait :

– Gardez plutôt l'appareil qui vous a amené jusqu'ici : il est éprouvé. Vous n'avez aucune raison de dire que votre moteur ne va pas : ce n'est qu'une impression.

Oui, mais ces impressions valaient sûrement mieux que la règle des 900 tours.

Cependant j'écoutai Leblanc : j'étais fatigué et heureux de m'en rapporter à un autre – surtout à lui qui *devait* savoir.

Après un jour de repos, on nous donna à l'aube le départ de la dernière étape. Gibert passa la ligne le premier et disparut dans les montagnes. Je perdis quelques minutes à un dernier examen de mon moteur. Il allait vraiment si mal que j'avais envie de perdre quelques heures à changer de machine.

Chose curieuse : Védrines qui était fin prêt ne partait pas. Il m'attendait – pourquoi ? Pour en finir, je m'envolai, bien péniblement, et je perdis en coupant la ligne de départ mon droit de changer d'appareil.

J'essayai en vain de gagner un peu de hauteur. Mon Gnome, mal soigné, était à bout de souffle. M'étant engagé dans une vallée, je dus la suivre, faute de pouvoir m'élever. J'allai m'égarer du côté de Bilbao. Il fallut rebrousser chemin. Bientôt le vol devint impossible – mes ailes ne me soutenaient plus. Il fallut atterrir. Je visai au petit bonheur un bout de terrain minuscule et m'y laissai tomber. Mon aile gauche s'arrêta sur un poteau et subit une légère avarie.

Malgré mon découragement et ma fatigue, je ne pouvais admettre l'idée d'abandonner. Il fallait demander du secours. Je gagnai le village voisin au pas de gymnastique. J'y empruntai une bicyclette et pédalai vers San Sebastián. Leblanc, prévenu par téléphone était déjà en route. Je le rencontrai à mi-chemin et le ramenai avec l'équipe des mécanos vers la machine avariée.

On fit à l'aile une réparation de fortune : le moteur subit un vague nettoyage de bougies et de soupapes – c'était tout ce qu'ils savaient faire.

Pendant ce temps, allongé dans l'herbe, à l'écart, je faisais les réflexions les plus amères. Les indigènes faisaient cercle et me regardaient comme une bête curieuse.

Au bout d'une heure, on me déclara que c'était prêt.

– Vous ne pourrez jamais repartir de ce champ, me dit Leblanc.

Mais sur ce chapitre, je n'avais pas besoin de ses conseils. Ce champ, trop petit en effet, se prolongeait d'un deuxième. Malheureusement ils ne s'additionnaient pas en ligne droite. Leurs deux axes formaient un angle obtus ; ils étaient en outre séparés par un petit fossé d'un mètre environ, et au-dessus du sol, par un fil de transport de force de 5 000 volts. Un poteau de soutien divisait encore le passage sous le fil en deux couloirs inégaux. Ayant bien calculé ma manœuvre je réussis à passer à droite du poteau, sous le fil, sur le fossé, tout en amorçant un virage.

Hélas, le moteur allait plus mal que jamais. J'eus toutes les peines du monde à gagner une centaine de mètres de hauteur. Je sentais bien que je n'irais pas loin. Que faire ? Rentrer à San Sebastián, faire démonter et revoir le moteur, pour repartir le lendemain ? N'était-ce pas renoncer à toute chance de classement ? Et saurait-on me réparer ? Et convaincrais-je Leblanc ? On me soutenait que tout fonctionnait bien ; on me soupçonnerait d'avoir eu peur des montagnes. Machinalement, je continuai… Je m'engageai dans une vallée étroite… On m'avait prévenu que cette route était coupée cent fois par des fils de haute tension. En attendant la panne, cette idée ne me quittait pas. Bientôt, malgré tous mes efforts pour monter, je vis se rapprocher le fond de la vallée, où coule un petit torrent. Cette fois, c'était bien la fin. Mon appareil était perdu : il ne me restait plus qu'à m'en tirer sans mal. Je dépassai encore une usine électrique et ses câbles. Je choisis un coin favorable et j'y écrasai doucement mon train d'atterrissage, dans une eau peu profonde. Voilà. J'avais fait mon possible. Dans ces conditions la course était devenue une odieuse corvée. J'étais presque soulagé d'en être débarrassé.

Je m'étais échoué si près du bord, qu'en marchant sur le longeron de mon aile, je gagnai la rive sans me mouiller les pieds.

Sans m'attarder au spectacle lamentable qu'offrait le Blériot, je pris le sentier qui longeait la rivière et me dirigeai vers San Sebastián à une allure de promenade.

Je fus content d'être un moment seul – j'étais triste et fatigué – mais bien résigné.

« En somme, me disais-je, je suis parti pour faire une expérience : elle est faite. Pensons à Paris-Rome. »

Je rencontrai quelques bonnes gens qui me conduisirent à l'usine électrique voisine. J'y fus reçu de la façon la plus cordiale. Après une courte halte je repris mon sentier. À un tournant du chemin je me trouvai nez à nez avec Leblanc. Il accourait à pied – l'auto était restée sur la grand-route.

Mon apparition sembla lui causer une émotion extraordinaire.

– Ah les brutes, répétait-il.

– Eh bien, qu'avez-vous ? demandai-je.

– J'ai, parbleu, que je venais vous ramasser. Il n'y a pas cinq minutes deux paysans m'ont affirmé qu'ils vous avaient vu, eux-mêmes, le crâne fracassé… brutes…

En deux mots je le mis au courant. Mon appareil était en partie détruit. Je n'avais plus le droit d'en prendre un autre. J'estimais que la course était terminée pour moi. Leblanc fut tout à fait de mon avis. Nous rentrâmes à San Sebastián.

Le soir, nous apprîmes que Védrines et Gibert étaient en panne dans la montagne. On les réparait ; ils avaient l'intention de continuer. Mes regrets en devinrent plus amers.

Une deuxième panne élimina Gibert. Védrines arriva seul à Madrid.

On racontait sur le voyage de Védrines, d'Angoulême à San Sebastián, des récits effarants. Il avait atteint des altitudes qui pulvérisaient les records ; rencontré des trous d'air vertigineux ; dans les nuages, son aile avait touché un rocher, qui l'avait faussée (*sic*), etc.

Gibert, enfant du Midi, expert en galéjades, nous annonça des représailles. Il voulait trouver encore plus fort : cela promettait.

En effet, à l'atterrissage suivant, il raconta qu'il avait été attaqué dans les montagnes, par des aigles. Il donnait force détails, que les reporters notaient avidement. Il s'était défendu à coups de revolver. L'aigle lui avait porté à la tête un coup de bec étourdissant.

Et il montrait comme preuves un vieux revolver dont il avait brûlé deux cartouches et sur son casque, un accroc que nous lui avions vu faire au moyen d'un modeste crochet à bottines.

L'histoire prit une ampleur inattendue lorsque Védrines, en l'entendant, s'écria que lui aussi s'était battu contre un aigle.

Et il en fit un tel bruit que la légende des aigles s'accrocha à son nom. Qui n'a pas vu les suppléments en couleurs du *Petit Parisien*, représentant le fabuleux combat ?

XIV

Paris-Rome devait être la course la plus dure, mais aussi la plus intéressante de la saison. Le règlement n'imposait pas de séjour aux étapes. On pouvait changer d'appareil et voler *ad libitum*, pourvu qu'on signât aux contrôles fixés et qui fonctionnaient de trois heures du matin à huit heures du soir. Les prix étaient acquis selon l'ordre d'arrivée à Nice, Rome et Turin.

Leblanc avait fait remettre à neuf et préparer pour moi son propre appareil de Pau, un léger biplace-tandem, dont le moteur était un des mieux réussis que Gnome eût fabriqués. Il avait donné aux essais une puissance exceptionnelle, et depuis, avait fourni un long service sans défaillance.

À cette époque, la dernière série de moteurs avait mauvaise réputation, et tous les pilotes recherchaient les vieux modèles, dits à petites tiges.

Cette fois encore mon appareil ne fut prêt que la veille de la course. On me le livra à Buc, à l'aérodrome Farman, où devait avoir lieu le départ.

Je fis ce soir-là deux petits vols d'essai, en présence de Leblanc et de Blériot. Le tandem, sans passager, s'équilibrait d'une façon spéciale. Leblanc m'en avertit et me recommanda la prudence. Je m'habituai facilement à ces nouvelles ailes et je rentrai de Buc enchanté du beau ronflement sonore du vieux Gnome.

Comme la première fois, une joyeuse bande de noctambules vint me tirer du lit, vers trois heures du matin. Je m'habillai rapidement et notre caravane s'ébranla vers Buc. Le temps était clair.

C'est à la suite de la catastrophe d'Issy, qu'on avait choisi Buc, moins accessible à la foule. On avait pris des dispositions sévères pour réduire l'assistance au minimum.

Malgré cela la route est, à partir de Versailles, tellement encombrée de véhicules, qu'on avance à peine ; l'idée d'arriver en retard me tracasse. J'imagine tous les accidents de route possibles.

Nous sommes tout de même arrivés en temps utile.

J'absorbe mon habituel repas de bataille : des œufs crus, du café au lait, un sandwich. Puis je me fais expliquer par les officiels la façon correcte de partir.

C'est l'heure. Plusieurs appareils s'envolent. J'attends, tout installé dans le mien. Conneau part, juste avant moi. Voici mon tour. « Contact. » On lance l'hélice. J'attends le signal de mon commissaire… « Partez. » Je démarre…

Mon premier point de repère était l'étang de Saclay. De là je continuai à la boussole jusqu'à la Seine.

L'air était clair et frais. Devant moi je distinguais l'appareil de Conneau. Il me précédait de deux ou trois minutes. Un peu plus tard, je le perdis de vue.

Après la période de calme matinal la brise du sud devint un vent assez fort, qui ralentissait mon allure. Ma moyenne ne dépassait pas 60 à 70 kilomètres à l'heure. Aurais-je assez d'essence pour arriver à Dijon ? C'était l'éternel problème de l'approvisionnement. J'avais présente à l'esprit ma triste expérience de San Sebastián. Je me promis de ne pas attendre le dernier moment et de m'arrêter près d'une ville, à la première occasion.

Tonnerre m'offrit cette occasion. Un pâturage magnifique, à quelques centaines de mètres des maisons, me parut favorable. J'atterris. Les habitants accourent. J'envoie deux jeunes gens de bonne volonté me chercher de l'essence et de l'huile. En attendant leur retour, je m'efforçais de contenir la foule. On heurtait mes ailes – on piétinait mon empannage. J'essayais d'expliquer à ces braves gens qu'il ne fallait toucher à rien. Sans méchanceté on continuait à tâter les toiles, à tirer les câbles. En réalité on ne faisait pas grand mal, mais tous les petits chocs que subissait mon appareil se répercutaient dans mes nerfs. Je m'emportai et criai aux habitants de Tonnerre des choses plutôt désagréables, ce qui n'arrangea rien. L'essence se fit attendre terriblement.

Dans les courses en général, l'impatience et l'énervement m'ont toujours fatigué plus que le reste.

Sur ces entrefaites, je vis descendre derrière la ligne d'arbres d'une route voisine, un grand biplan Farman fortement secoué par les remous. (On m'apprit un peu plus tard que c'était un aviateur militaire, le lieutenant Lucca[1].) Il suivit la course jusqu'à la côte méditerranéenne, où il eut un accident très grave.

On m'apporta enfin mon essence, et je pus repartir. J'avais perdu une heure. Mon moteur tournait avec une régularité de chronomètre. Je trouvais le voyage agréable, malgré les remous et le vent contraire. J'arrivai à Dijon sans autre incident. Seul Conneau m'y

1. Trois ans plus tard, le lieutenant Désiré Lucca (brevet 154) sera chargé de chercher un terrain au nord de Paris pour intercepter les avions militaires allemands. Le 9 octobre il trouve une prairie entre Dugny et Le Bourget. C'est aujourd'hui l'emplacement de l'aéroport du Bourget.

avait précédé. Il se reposait. Les autres étaient éparpillés en route.

Le contrôle signé et mes pleins faits, je repartis sans perdre de temps, précédant Conneau.

C'est ici que mes fautes commencent. Persuadé qu'on ne peut pas se perdre de Dijon à Lyon, je pars à la boussole. Il faut dire que les boussoles dont on se servait à cette époque étaient de véritables articles de bazar : il était tout à fait imprudent de s'y fier. Je tombai sur de vastes marécages que je traversai au petit bonheur. Le soleil m'aveuglait ; je ne reconnaissais plus rien. Où diable était la Saône ? Je suivis pendant un quart d'heure une voie ferrée dirigée au sud. J'étais sorti de ma carte, et je faisais des bêtises. Mieux valait sacrifier un instant pour se remettre dans le bon chemin. J'atterris dans un champ où j'avais vu deux paysans. Ils me renseignèrent. J'étais à l'est de Chalon-sur-Saône. Ma voie ferrée allait bien à Lyon, mais par Bourg. Ainsi j'avais pris la vallée inondée de la Saône pour des marécages… J'étais honteux… Assez de fantaisies… Je pique droit sur Chalon, et je retrouve avec le fleuve ma tranquillité d'esprit. J'avais encore perdu une demi-heure – ce qui permit à Conneau d'arriver à Lyon quelques minutes avant moi. Nous avions tous les deux une grosse avance sur les autres.

Je prends un peu de nourriture et un instant de repos. Le vent a encore augmenté. Conneau ne tient pas à repartir ; il attendrait volontiers si je voulais faire comme lui. Mais je préfère augmenter notre avance. En route… Une deuxième fois je précède mon rival. Incorrigible, je m'oriente encore mal au départ et je perds des minutes à retrouver le Rhône. Je me jure bien cette fois de ne plus le quitter.

Je suivis ainsi la vallée jusqu'à Avignon toujours retardé par le vent contraire. J'arrivai en vue de la ville au crépuscule. Je ne vis pas d'aérodrome à l'endroit indiqué sur ma carte. Où était donc ce champ ? Je cherchai pendant un quart d'heure… La nuit vint… Alors je découvris un feu signal, au loin. J'approchai. C'était bien là.

J'atterris dans l'obscurité… 20 minutes après Conneau.

Nous avions volé ce jour-là environ 12 heures.

Audemars était à Avignon. Il y faisait – toujours avec sa Demoiselle – une exhibition organisée par Albert Baré. La présence de mon vieil ami fut un réconfort. J'étais fatigué et malade. J'aurais dû dîner et me coucher, mais je me sentais trop énervé pour dormir. Nous traînâmes dans les brasseries jusqu'à minuit.

J'eus trois heures de mauvais sommeil et à 3 heures et demie nous étions sur la ligne de départ.

À peine en l'air, je sens nettement mon moteur faiblir. Je fais demi-tour et je reviens à l'aérodrome. Pendant ce temps, Conneau s'est envolé, a disparu. Voilà les ennuis qui commencent. Tout vient de l'ignorance des mécaniciens. Ils n'ont pas fait de progrès depuis San Sebastián. Dès que quelque chose ne va pas, on change les bougies et on nettoie les soupapes. Si cela ne fait pas d'effet, on recommence. C'est navrant, décourageant…

J'ai perdu près d'une heure sur Conneau. Enfin je repars. Triste réédition d'un drame connu : pendant vingt minutes, je me traîne péniblement sur la Durance. Mon moteur épuisé, baisse progressivement, jusqu'à la panne complète. Elle se produisit en vue d'un village dont je lus le nom sur ma carte : Mallemort. Lugubre présage, pensais-je en cherchant un terrain. Et je ne trouvai qu'un petit champ de blé, où je me laissai choir, bien cabré, pour éviter le capotage classique. Je sentis à peine un petit choc. Mon train d'atterrissage resta intact : ce fut une stupéfaction de voir mes deux ailes se replier en craquant… brisées.

Il me sembla que je venais de perdre ma deuxième course.

Par terre, le blé m'arrivait au-dessus de la ceinture. Mon moteur était grillé – l'échauffement avait bleui les cylindres jusqu'à la base.

Des paysans m'indiquèrent le chemin de Mallemort. Je fis un ou deux kilomètres à pied. Je réveillai le postier : il se leva de mauvaise humeur, mais devint très aimable lorsqu'il sut ce dont il s'agissait. On téléphona à Avignon. La réponse se fit longuement attendre. Enfin, on m'annonça qu'Audemars venait me chercher en auto. Il arriva une demi-heure plus tard. Le conducteur de l'auto était un des fins volants du pays : il imposa à mon système nerveux une épreuve nouvelle et pénible. Nous arrivâmes cependant à l'aérodrome.

Leblanc avait déjà pris le train pour Nice. On lui télégraphia en gare de Marseille, de revenir.

Les appareils de rechange étaient quelque part, sur des wagons, on ne savait où. Mais il y avait sur l'aérodrome deux Blériot usagés, appartenant, l'un à Roger Morin, l'autre à Kuhling[1] : ces deux pilotes étaient engagés, comme Audemars, pour des exhibitions. L'un et l'autre acceptèrent de céder leur appareil. Je choisis celui de Kuhling, le plus vieux (il datait du Circuit de l'Est) parce que son moteur était de la bonne série. Malheureusement, Kuhling ne consentait à me livrer la machine que contre paiement comptant ou garantie de la maison Blériot. Je n'avais pas 25 000 francs sur moi,

1. Roger Morin (brevet 306) ; Louis Kuhling (brevet 136).

et la signature d'un monsieur qui allait à Rome en aéroplane ne valait pas cher, à cette époque (un accident est si vite arrivé).

Il fallait donc attendre le retour de Leblanc. J'étais trop fatigué pour insister ou chercher des combinaisons. J'allai me coucher.

On vint me réveiller vers 2 heures. Leblanc était là – l'affaire conclue –, Conneau était en panne et en réparation, avant Fréjus (ainsi l'intransigeance de Kuhling allait me coûter la première place à Nice et 50 000 francs).

Je repartis, plein d'entrain.

Le vieux moteur sonnait la ferraille. On sentait l'usure de toutes les pièces. L'appareil était encore plus fatigué – les surfaces étaient flasques et déformées ; les commandes répondaient mollement – par le capot disjoint, l'huile giclait noire, je devais nettoyer mes lunettes toutes les cinq minutes.

Enfin le temps se gâta tout à fait. Le ciel nuageux me condamnait à rester très bas sur cette région accidentée. Le vent soufflait par rafales chargées de gouttes de pluie ; les remous étaient violents. Dans certaines secousses, je sentais craquer mes vieilles ailes vermoulues : cela valait les pires souvenirs d'Amérique.

Malade, abruti, je luttais machinalement. J'enrageais contre l'huile qui m'aveuglait, et qu'il fallait essuyer continuellement, d'un geste crispant. Par moments, je traversais à l'aveuglette des nuages de pluie. Ce fut ainsi pendant plus d'une heure, entre Peyrolles et le sud de Draguignan.

Tout à coup, derrière une côte abrupte, je trouvai la plaine de Fréjus. L'atmosphère y était relativement calme ; mes muscles eurent quelques minutes de repos. Mais en vue de Fréjus, j'entrai dans un orage de pluie… C'était l'aveuglement complet… Mon mouchoir imbibé d'huile ne nettoyait plus. En frottant nerveusement, je fis sauter de sa monture un de mes verres de lunettes et mon œil dut s'ouvrir sous les piqûres douloureuses des gouttes de pluie. L'autre restait aveugle derrière un verre opaque. Pour y voir un peu je devais tourner la tête et regarder derrière mes ailes. C'était une petite torture.

J'atteignis Fréjus, où nous avions un champ de ravitaillement. Je cherchai vainement ce champ entre l'est et le sud, selon l'indication de ma carte. Rien… Mes yeux n'y voyaient plus.

J'avise une bande de terrain qui borde une route. J'y descends. Le sol est marécageux et couvert de grandes herbes (j'évite cependant le capotage).

J'étais exténué – mais il fallait arriver à Nice. J'avais l'espoir d'y arriver premier. Je cours au village, aussi vite que le permet mon état physique.

En chemin, je vois une bicyclette appuyée à la porte d'une maison. Je l'enfourche en criant au propriétaire ahuri que je vais la rapporter et me voilà pédalant vers le centre de Fréjus. On me renseigne : « L'aérodrome ? Par là… Il y en a déjà un d'arrivé. » Encore… Encore lui…

J'arrive au terrain à bout de souffle. Sallenave et les mécanos et une auto étaient là. J'abandonne mon vélocipède à un sort incertain, et nous partons avec les provisions nécessaires.

En route, Sallenave me raconte que j'étais passé au-dessus d'eux sans les voir.

Conneau avait remisé son appareil et déclaré qu'il passerait la nuit à Fréjus. Il était déjà sur le chemin de la ville, lorsque j'avais surgi. Aussitôt demi-tour, grand branle-bas et départ pour Nice. Pendant ce temps, je faisais de la bicyclette…

Nous arrivâmes auprès de mon appareil. Les mécanos remplissaient mes réservoirs avec une lenteur maladroite tandis que je m'efforçais de me préparer une petite piste de départ en piétinant les hautes herbes qui auraient pu me faire capoter.

Au moment de me mettre en route on s'aperçut qu'on avait oublié une seringue d'amorçage. On mit 20 minutes à lancer mon moteur. La nuit venait… Je ne dérageais pas…

Lorsque je m'envolai enfin, il faisait presque nuit. La pluie avait cessé. J'avais retrouvé une vieille paire de lunettes dans mes poches et on m'avait donné un mouchoir neuf.

Malgré l'obscurité, je reconnaissais les contours familiers de cette côte. Je volais très bas – à une cinquantaine de mètres et pour couper court (car il fallait arriver à Nice avant la fermeture du contrôle) je fus un moment à plusieurs kilomètres au large (dans le golfe de La Napoule).

« Si j'ai une panne ici, me disais-je, je suis tout bêtement fichu. »

Je reconnus le phare du cap d'Antibes qui fouillait l'horizon. Ce fut mon point de direction. Je pensais tout le temps au Petit Poucet et je m'étonnais de cette réminiscence puérile à un moment où je sentais ma vie dépendre d'un fil d'allumage.

Puis je passai en revue tout ce qui pouvait vraisemblablement m'arriver en dix minutes. Arriverais-je à Nice ? Y serais-je premier ? Atterrirais-je sans accident, dans cette obscurité ?

Pourquoi ai-je gardé un souvenir aussi clair, aussi précis, de ces minutes lucides ? Toutes ces réflexions étaient cependant bien banales. Mais une impression profonde et indéfinissable se dégageait des choses environnantes.

Dans l'ombre, à ma gauche, c'était le décor de mon enfance, qui se déroulait lentement, pointillé de lumières, tandis que devant moi la grande nappe sombre, ondulée, attirante de la mer fuyait sous mes ailes, d'un glissement égal et doux.

Je passai entre Sainte-Marguerite et Cannes – longeai le fond du golfe Juan, coupai le cap d'Antibes à sa base et suivis jusqu'à Cannes le rivage plat de cette plaine que j'ai tant de fois parcourue à bicyclette, lorsque j'avais 14 ans. Une minute plus tard j'arrivai à l'embouchure du Var, que je devinai dans l'obscurité. À ce moment un feu signal s'alluma comme je m'y attendais. On avait entendu mon moteur. Je visai le feu. Mes roues prirent contact dans les flammes mêmes et l'appareil s'arrêta normalement, un peu plus loin.

Conneau était arrivé depuis 20 minutes.

Nice… Tous mes vieux souvenirs me souhaitaient la bienvenue : souvenirs d'enfance, souvenirs déjà lointains de l'année précédente – quand je ne volais pas encore. Que de choses, depuis… Que d'aventures, quelle vie…

J'étais heureux de retrouver mon Nice. Il avait sa physionomie intime de l'été, lorsque les fêtes sont passées et qu'il ne reste plus que les gens de la famille : j'en étais…

Les hôtels de la promenade des Anglais sont fermés. Je prends une chambre au *Terminus*. Un long bain chaud, et vers dix heures je sors seul à pied. Je descends l'avenue de la Gare les mains dans les poches, comme autrefois, sans me presser. Mes oreilles bourdonnent, mes yeux brûlent, je me sens faible et fiévreux – mais j'éprouve un bien-être à marcher libre, indépendant et un peu fier tout de même – dans ces rues où j'ai si souvent passé triste et inquiet.

Il fallait dîner quelque part. J'échoue au café de la Régence. La salle du restaurant est vide à cette heure. Je m'installe dans un coin et je me fais servir par des garçons peu empressés des œufs au plat et une grillade.

Il fallait encore être au champ à 3 heures du matin. Mais je ne me pressais pas. Je ne me serais pas mieux reposé dans une chambre. Le dîner terminé je flânai encore un peu à travers les rues et il était bien minuit lorsque je me couchai. Il me restait trois heures pour essayer de dormir.

À 3 heures et demie je retrouvai Conneau sur le terrain de départ. Leblanc nous assistait. On sort nos appareils du hangar. Le chef d'équipe de Gnome est complètement ivre. C'était rassurant… On imagine les soins qu'avaient reçus nos moteurs. On les essaie : celui de Conneau refuse de tourner à une allure qui permette de voler. Le mien rend un son de ferraille si terrible que je demande une vérification. On tripote vaguement mes soupapes. Enfin, sur le conseil de Leblanc, je pars résigné d'avance à toutes les catastrophes.

Conneau était bien en panne. Il reste à Nice.

Mon voyage commence bien. L'oreille s'accoutume au bruit de ferraille. Et le régime ne baissait pas…

Je saluai en passant le mont Boron, la rade de Villefranche, le cap Ferrat, la baie de Beaulieu, le Rocher de Monaco, Cap-Martin. Malgré mon inquiétude c'était une joie de revoir *ainsi*, pour la première fois, tous ces paysages familiers. Malheureusement le ciel était gris et je voyais une pauvre Côte d'Azur sans soleil. Près de la frontière je rencontrai un torpilleur, qui croisait le long de la côte. J'esquisse un petit vol plané en son honneur et je vois l'équipage agiter vers moi des bérets et des mouchoirs. J'étais donc très bas… Après San Remo le temps se gâta. J'entrai dans une région de remous violents. Le vent du nord sortait en trombe des gorges tortueuses des Alpes maritimes.

La fatigue me rendait cette lutte pénible ; certaines secousses me donnaient l'impression que mes vieilles ailes allaient se briser.

J'essayai, pour trouver un peu de calme, de voyager au large. Le seul résultat de cette manœuvre fut d'ajouter le risque de la noyade aux autres. Je revins à la côte moins facilement que je ne m'en étais éloigné, et la terrible danse continua. J'étais réellement à bout de forces.

L'approche de Gênes me rendit un peu de courage : plus qu'un quart d'heure… Je ne pensais plus à la panne ni à aucun danger tant j'étais fatigué. Et je dus me débattre ainsi jusqu'à la dernière seconde.

Mais cette fois, enfin, j'atterris premier.

Comme d'habitude, c'est la ruée des porteurs de brassards, seulement plus impétueuse et plus bruyante, parce que nous sommes en Italie. On me crie : « Vous êtes premier, Conneau est resté à Nice. »

Tout ce monde aimable et enthousiaste ne pensait qu'à bien me recevoir. On me pressait, on me poussait, on me bousculait. Cette agitation m'énervait affreusement. J'avais moins que jamais envie de jouer à l'aviateur qui arrive. Je devins hargneux et presque grossier. J'en avais honte, mais je n'y pouvais rien. Il fallut malgré tout faire quelques concessions au protocole. Puis j'obtins qu'on me laissât seul, dans un coin, avec les mécaniciens.

Mon appareil était en piteux état. La toile des ailes était pourrie, par places arrachée de l'ossature de bois. Comme réparation de fortune les mécaniciens plantaient à la pâte des multitudes de petits clous. Le moteur fut vaguement nettoyé, les réservoirs remplis. Pendant ce temps j'absorbais un peu de café au lait et des œufs crus.

En arrivant je me croyais épuisé : cette courte halte suffit à me rendre des forces et de l'entrain.

Le départ était difficile. Vent debout on risquait de se buter dans une colline abrupte qui bordait le terrain.

Dans l'autre sens, on avait le champ libre aussitôt décollé – mais respectueux des principes, je partis face au mur plutôt que vent arrière. Je réussis, bien juste, à virer avant l'obstacle ; je repassai sur le port de Gênes et je repris ma route, du nord au sud, le long de la côte italienne.

Je filais vers Pise. Mon vieux moteur tenait bon… Loin des montagnes du nord l'air devenait plus calme. Mon espoir grandissait : j'étais à trois heures de Rome. J'oubliais mes fatigues ; j'oubliais le beau panorama de la côte italienne, qui défilait.

La route était facile : toute mon attention se concentrait sur le son de mon Gnome. En vue de Pise, le régime baissa un peu. Puis il y eut des ratés, des ratés intermittents… Les soupapes ne fonctionnaient plus.

Me voilà envahi par l'inquiétude, presque découragé. Je suis toujours sous l'impression pénible de San Sebastián et d'Avignon. Je sais ce que signifient ces épuisements de moteurs.

Un ballon captif marquait le terrain. J'atterris, presque en panne. Il était environ 1 heure.

Le champ de Pise n'avait pas l'aspect habituel. Je fus reçu en petit comité, par un groupe d'aviateurs entourés d'amis (Cheuret, Éros). Ils faisaient une exhibition organisée à l'occasion de la course.

Leur accueil fut cordial et reposant. Pendant que les mécaniciens examinaient le moteur, on m'offrit un vrai déjeuner, dans un hangar.

Les nouvelles étaient excellentes pour moi. Conneau ne repartirait de Nice que le lendemain. Que mon moteur tînt encore 2 heures : Paris-Rome était gagné.

Après le déjeuner, je voulus repartir. Hélas. Tout le monde s'acharna à me retenir. Éros trouva des arguments persuasifs.

– Vous n'iriez pas loin avec votre moteur. Laissez mes hommes le remettre en état. C'est la meilleure façon de profiter de votre avance. Un peu de sang-froid et la course est à vous, il ne faut pas perdre patience.

Sur ce, un télégramme météorologique signala une bourrasque sur Rome.

Que faire ? J'étais faible, incapable de clairvoyance. Je me laissai influencer par les conseilleurs. Ce grand diable d'Éros, avec sa physionomie franche et sympathique m'inspirait confiance. Et on sentait en lui la bonne roublardise du coureur cycliste.

Cheuret et sa charmante femme me pressaient aussi.

Hélas… Hélas… Hélas… Je cédai et je restai.

Aussitôt la décision prise mes nerfs se détendirent, je goûtai le repos. Je ne m'attardai pas à examiner mon moteur. Je n'y entendais rien. D'ailleurs, Éros répondait de tout, avec ses hommes.

À l'hôtel on me fit les honneurs de la chambre de Garibaldi. Je m'étendis sur le lit où avait reposé le grand homme. Je cherchai le sommeil et ne trouvai qu'un assoupissement fiévreux. Dans ma tête se déroulait un cortège d'impressions récentes. Je revoyai l'enthousiasme de Gênes, les mains qui s'emparaient des miennes, les cris, les regards brillants.

Ici Cheuret m'avait embrassé les larmes aux yeux… Partout je n'avais répondu à cette émotion que par un abrutissement étonné. J'étais plein d'une immense fatigue, dominée par la volonté d'avancer. Sur ce fond défilait un cinéma d'impressions fugitives de paysages, de visions, certains détails insignifiants, comme cette puérile réminiscence du Petit Poucet dans la nuit, s'étaient gravés dans ma mémoire, je me demandais pourquoi. Et maintenant pour la première fois, je me sentais pénétré de l'émotion ambiante. J'étais à 2 heures de Rome…

Le soir on m'offrit un petit banquet. Le repas fut servi dans un salon particulier de l'hôtel, au premier étage. La course fut toute la soirée le sujet des conversations, non par politesse, mais parce que personne, réellement, ne pensait à autre chose. J'étais étonné de ce qu'on disait de mon voyage. On imaginait des sensations héroïques que je n'avais pas eues ; on ne soupçonnait pas celles que j'avais éprouvées.

Pendant le repas une rumeur de foule avait grossi sous nos fenêtres. Des cris me réclamèrent. J'avais honte de me montrer : on m'entraîna, on me poussa sur le balcon. Alors tout le feu du tempérament italien éclata :

– Bravo ! Bravo ! Viva Francia !

La fatigue donne aux nerfs une sensibilité étrange. J'eus comme un vertige et d'un geste incohérent et machinal, je saisis un pli du drapeau tricolore qui flottait près de moi, et le portai à mes lèvres.

À l'aube eut lieu le départ de l'ultime étape. Je ne pouvais croire au bonheur d'arriver à Rome deux heures plus tard, vainqueur de la plus belle course du monde. Le bruit sinistre de la casse hantait mes oreilles. Cependant les mécaniciens affirmaient le bon état de mon moteur. Enfin…

Un adieu à mes aimables camarades et en route… Le temps était splendide. Le moteur avait en effet retrouvé un peu de vigueur, mais je percevais un petit cognement désagréable qui n'existait pas auparavant.

Je passe sur Livourne à faible hauteur et me laisse glisser vers le sud, le long de la côte. J'éprouvais une angoisse indicible. J'écoutais comme l'accusé doit écouter la sentence. Mes yeux allaient de la carte à la montre, je comptais les minutes, et ne regardais le paysage que pour y découvrir des points de repère et suivre mes progrès.

J'avais fait ainsi une trentaine de kilomètres lorsqu'un craquement affreux se fit entendre. Le moteur eut encore quelques explosions espacées et de sinistres raclements de pièces cassées, contre les parois de tôle du capot. En moi, ç'avait été un coup au cœur, puis un grand écroulement, une grande tristesse découragée. Inerte je me voyais descendre dans une grande plaine verte coupée de caniveaux, je ne pensai ni à choisir mon terrain, ni à couper l'allumage… Le moteur continuait à tourner avec un bruit de crécelle atroce, sous l'action d'un unique cylindre, qui éternuait tous les deux tours. Au dernier moment je vis une rigole me barrer l'atterrissage. Je fis pour l'éviter un mouvement si maladroit que l'appareil s'inclina, toucha terre en dérapant, une roue s'écrasa, l'aile gauche porta à son tour, et sur ce point d'appui, toute la machine se retourna d'un coup, en craquant.

Je sentis un choc à mon épaule et je me retrouvai enfoui sous les débris. L'idée d'un incendie me traversa l'esprit. L'instinct de la conservation me fit faire l'effort nécessaire pour me frayer un passage dans la terre molle et me dégager en rampant.

Voilà… Adieu Paris-Rome…

Je regardai un instant les débris du Blériot. Une tige de soupape en se brisant avait entraîné la rupture des autres. Je me souvins qu'à Pise, Éros avait fait remplacer tous mes ressorts de rappel par des ressorts plus forts.

Mais comment avais-je pu être aussi maladroit dans ce dernier atterrissage ?

À quelques centaines de mètres passait une voie ferrée étroite. Je me dirigeai de ce côté à travers champs. J'étais lamentable dans mes vêtements déchirés, couverts de terre. Je souffrais de l'épaule… Je devais avoir une fracture de la clavicule.

Un train arrivait de Pise, debout sur la voie je fis des signaux de détresse. Il s'arrêta, me recueillit et repartit vers le sud. Cinq minutes plus tard je descendais à Cecina. Là commença le supplice des questions. Ils étaient si heureux de me voir de près. De bonnes figures rieuses me demandaient :

– Vous n'avez pas froid là-haut ?

ou :

– Vous n'avez pas peur ?

Je ne répondais à personne. J'avais de la peine à ne pas pleurer d'énervement. À midi j'étais de retour à Pise.

Leblanc prévenu faisait le nécessaire. J'aurais un autre appareil le lendemain matin. En attendant je m'enfermai dans une chambre, ce n'était plus la chambre d'honneur.

À 2 heures on vint m'annoncer le passage de Conneau et le soir, son arrivée à Rome.

Leblanc m'avait rejoint. L'appareil de rechange arriva et fut monté pendant la nuit. Le lendemain, à l'aube, après un petit vol d'essai et un réglage, je repris le chemin de Rome.

Par une négligence regrettable, Blériot n'avait pas augmenté pour la course la capacité des réservoirs de série. Par prudence il avait fallu préparer un ravitaillement près d'Ortobello, personne n'avait pu me dire exactement où. C'était encore un petit sujet d'inquiétude, mais hélas, je n'avais plus grand-chose à perdre.

Mon épaule me gênait passablement, mais il faisait encore très beau. Je n'avais qu'à me laisser porter.

Je fis les 70 premiers kilomètres sans incident : puis une série de ratés… un cylindre s'arrêta, un autre faiblissait. Il fallut descendre. J'atterris dans un joli champ, au sud de la falaise sur laquelle était perché le petit village de Castiglione (della Pescaia). Je procédai à un nettoyage des bougies.

Pendant ce temps accouraient les habitants du village. Je voulus profiter de l'occasion pour compléter mon ravitaillement, j'évitais ainsi de redescendre à Ortobello ; c'était la tranquillité jusqu'à Rome, une économie de temps et de risques.

On m'expliqua qu'il fallait aller jusqu'à Grosseto pour avoir de l'essence : j'attendrais plus d'une heure… Tant pis : je n'en étais plus à une heure près. Quelqu'un se chargea de la commission et partit sur un petit attelage.

En réalité, c'est plus de deux heures que je perdis à Castiglione. Mais elles passèrent agréablement. La population de Castiglione fut d'une sagesse exemplaire qui contrastait avec l'attitude habituelle des gens en pareil cas. Il me suffit de dire une fois, qu'il fallait se tenir à distance et ne toucher à rien. Ce mot d'ordre fut religieusement respecté, même par les enfants. Ayant fait tout le possible pour me procurer ce dont j'avais besoin – c'est-à-dire de l'essence et de l'huile – on eut la rare discrétion de ne me déranger ni pendant mon travail, ni après. Ce n'était pas faute d'enthousiasme : tout le village était rassemblé autour de moi.

À l'heure du déjeuner on me pria d'accepter une collation toute prête : du poulet froid, des œufs frais et un délicieux vin du pays. Pendant ce repas champêtre, la fanfare du village m'offrait une aubade.

Tout cela avec une simplicité, une délicatesse touchantes.

Je m'envolai enfin, presque à regret, emportant de Castiglione le plus charmant des souvenirs.

Mes tribulations n'étaient pas finies. À un quart d'heure de Rome, nouvelle panne d'un cylindre. J'hésitai à m'arrêter, mais c'était prudence. J'atterris dans un pâturage, près d'un troupeau qui fuit en panique. Cette fois la réparation est courte : je ne nettoie qu'une bougie, et la bonne. Et je repars aidé par des automobilistes qui passaient... Un instant plus tard je découvre Rome, que domine la silhouette grandiose du dôme de Saint-Pierre. Quelle tristesse. Que n'avais-je vu cela la veille.

Au champ des Parioli, on m'attendait depuis trois jours. Il n'y restait plus que quelques centaines de personnes. L'accueil cependant ne manqua pas de chaleur. On me pressa, on m'entraîna vers les tribunes. La bousculade n'épargnait pas mon épaule blessée. Mes nerfs, exaspérés par tant de contrariétés, supportaient mal ces démonstrations. Je me montrai aussi peu aimable que d'habitude.

Le protocole ordinaire se déroula : buffet, coupes de champagne, toasts, compliments officiels. J'aurais donné cher pour que cela fût fini et qu'on me laissât seul dans une chambre. Prendre un bain et dormir...

En attendant je me sentais bourru, insolent – et j'en souffrais.

Trois personnes en dix minutes vinrent successivement me dire que M. le maire de Rome regrettait de ne pouvoir me souhaiter lui-même la bienvenue. Le troisième messager fut plutôt mal reçu : je ne lui cachai pas qu'on me l'avait déjà dit deux fois.

Je sus, un peu plus tard, que j'avais adressé ce mot stupide au prince Potenziani, président de l'aéro-club d'Italie[1].

1. Ludovico Spada Potenziani rejoindra le mouvement fasciste durant les années 1920 avant de devenir gouverneur de Rome du 9 décembre 1926 au 12 septembre 1928.

Il comprit mon énervement et ne tint aucun compte de ma mauvaise humeur.

Conneau, heureux rival, fut un des premiers à me serrer la main à l'arrivée.

Au buffet nous trinquâmes, et au contact de nos verres, je sentis l'étendue de sa joie et celle de ma tristesse.

Paris-Rome s'appelait primitivement Paris-Rome-Turin. En fait, la deuxième partie, Rome-Turin, constituait une course indépendante, dont le départ devait avoir lieu une semaine plus tard.

Nous hésitâmes longtemps à courir cette autre épreuve. Conneau ne demandait qu'à rester sur son succès. Mais il était prêt à me suivre.

Pour moi, c'était peut-être l'occasion d'une revanche : mais j'étais malade, je souffrais de mon épaule ; surtout, j'avais perdu toute confiance dans l'organisation qui me soutenait : j'étais fatigué des appareils à mettre au point, des réservoirs trop petits, des moteurs en panne, des mécaniciens ivres et ignares.

Deux pilotes étaient arrivés après nous à Rome : Frey et René Vidart[1].

Frey partit seul pour Turin : il fut arrêté dans les Apennins par une chute terrible.

Nous restâmes à peu près une semaine à Rome. J'ai gardé de ce court séjour un souvenir assez cher, malgré ma tristesse d'alors.

J'ai toujours eu horreur de *visiter* une ville, bien que ce soit parfois indispensable. Mais je sens dans chacune, rien qu'à y demeurer quelques jours, une atmosphère propre, une sorte d'âme où se mêlent le

1. André Frey (brevet 93) mourra dans un accident d'avion à vingt-six ans en 1912 ; René Vidart (brevet 133).

passé et le présent, le tempérament des hommes et la nature.

J'aimais Rome avec une sorte de respect filial, apaisant et réconfortant.

Notre séjour fut égayé d'une suite de banquets plus ou moins officiels. Conneau s'y montrait aussi intrépide orateur qu'il était brave pilote. À ces moments-là, je cessais d'envier sa gloire.

Pourquoi – encore une fois – certains détails insignifiants s'accrochent-ils ainsi à la mémoire ? Je le vois et je l'entends encore prononcer cette phrase où la volonté, toujours tendue vers la maîtrise de soi, ne parvenait pas à supprimer un léger flottement ; c'était à la fin d'un dîner de remerciements que lui, Conneau, offrait à nos hôtes de Rome : « J'aurais voulu réunir ce soir tous ceux à qui je dois des remerciements. Ils sont trop. Je n'aurais pas trouvé de salle assez grande. Alors j'ai pensé à les réunir dans un sentiment… un sentiment de charité… et j'ai fait un don aux pauvres. »

Mais la palme de l'éloquence revenait sans conteste à ce brave Schneider, qui avait pris au tragique ses fonctions de délégué de l'aéro-club de France et ne nous faisait pas grâce d'un seul des vœux que formaient les aéro-clubs, les uns pour la prospérité des autres – et Dieu sait s'ils en formaient.

Au demeurant le plus aimable des compagnons.

J'ai gardé un souvenir particulièrement agréable d'une promenade au domaine du prince Potenziani à Rimini. Je crois qu'il était question d'une course Rome-Rimini et le prince nous offrit très gracieusement, à un aviateur du nom de Manissero, et à moi, de nous emmener reconnaître le parcours. Il nous conduisit lui-même, avec une remarquable maestria, dans une 120 HP Italia. Je n'avais jamais été en auto à une pareille allure et ce fut un des attraits de la promenade. Mais les instants les meilleurs furent ceux que nous passâmes à Rimini même. La princesse nous accueillit avec une exquise amabilité et sa présence donna à ces moments trop courts un charme inoubliable.

Au crépuscule, nous revenions à Rome.

J'ai fait à Rome la connaissance du fastueux Deperdussin[1]. Il y avait suivi son pilote Vidart, arrivé quatrième. Accompagné de Mme Deperdussin, élégante Parisienne, il célébrait avec éclat une performance considérée comme une demi-victoire pour sa jeune marque. Et le champagne coulait à flots, au milieu des fleurs. Grandeur et décadence… Après avoir ébloui le monde pendant quatre ans par son luxe, ses générosités, ses hardiesses ; après avoir reçu la croix et d'autres dignités, le « grand constructeur », devenu « l'escroc », moisit depuis trois ans dans les cachots*.

En France, on pardonne l'assassinat plus facilement que le vol.

Moi, je ne puis oublier les services rendus à l'aviation, l'éclat des victoires internationales, la gloire acquise à l'Industrie française.

Je pense au dévouement unanime, à l'affection d'un nombreux personnel pour le « patron ». Je pense à cette générosité dont tant de gens ont profité… et je me sens très indulgent. Je suis persuadé que Deperdussin a eu dans l'avenir de l'Aviation une foi touchante. Il a espéré qu'elle le sauverait. Elle l'eût sauvé, peut-être, avec plus de chance et de meilleurs conseils.

1. D'abord simple représentant de commerce, Armand Deperdussin fit fortune dans la soie par de gigantesques opérations financières. Propriétaire d'un aérodrome et fondateur de la SPAD (Société de production des aéroplanes Deperdussin), il est accusé en 1913 d'escroquerie. En dépit du soutien de nombreux pilotes dont Védrines et Gilbert, il est condamné en 1917 avec circonstances atténuantes. Il se suicide en 1924.

* Écrit en 1916. (*Note de l'auteur.*)

C'était à la fin d'un des banquets officiels. Après la série des toasts, au moment où les conversations s'animent, quelqu'un a rappelé l'inévitable formalité des menus à signer, et les voici qui circulent autour de la table, suivant la chaîne.

Chaque feuille porte le nom de son propriétaire, dont elle marquait la place.

Je lis : Jean Ajalbert[1]. Ce nom éveille en moi de chers souvenirs. Déjà tout à l'heure il m'a semblé reconnaître la physionomie aimable de ce monsieur qui occupe là-bas une place d'honneur, parmi les représentants de la presse.

Écrivain de talent et publiciste, Jean Ajalbert est aussi une personnalité du monde colonial. Je l'ai connu en 1906, à l'exposition coloniale de Marseille où il était comme mon père, délégué de l'Indochine.

Dans mon état d'âme actuel, ce souvenir de Marseille m'est très doux. Je me revois à peine débarrassé de mon bachot, passant mes dernières vacances d'écolier auprès de mon Père après une longue séparation. Je cessais d'être enfant et mon Père me traitait en jeune Ami. Dans la petite garçonnière qu'il avait louée pour fuir l'hôtel, nous vivions dans une intimité délicieuse. Lorsqu'il fut malade je restai seul à son chevet. Habituellement nous passions de belles après-midi d'été, chaudes, pleines de couleur et d'animation, parmi ces choses exotiques que j'aimais.

Mais comment se fait-il que Monsieur Ajalbert à qui mon nom est familier, ne m'ait pas adressé la parole, dans cette salle où il ne peut ignorer ma présence ? Peut-être ce monsieur n'est-il qu'un parent de celui que je connais ?

Je m'approche de lui :

1. Voir notice biographique en fin de volume.

– Pardon, monsieur, seriez-vous parent de M. Ajalbert, l'homme de lettres ?

– Mais c'est moi-même.

– Alors je vois que vous ne vous souvenez pas de moi. Mais vous connaissez au moins mon père. M. Garros, avocat à Saïgon ?

– Comment, vous, le fils de mon ami ? Évidemment ! Garros… Mais pouvais-je m'en douter ! Je n'y avais même pas pensé !

Et nous bavardâmes toute la soirée.

Le château des Césars était un endroit que j'aimais particulièrement. Je ne connais pas l'histoire de cette vieille ruine. Mais le gargotier qui s'y était installé a su lui conserver son allure de nid d'aigle perché au bord d'un roc qui domine Rome.

Nous y dînions sur une terrasse en plein air. La ville Éternelle s'étendait à nos pieds sous sa parure de lumières et au premier plan se dressait l'ombre majestueuse du Colisée.

Et on entendait avec la netteté lointaine du son qui monte, les bruits de la vie, et la voix claire et calme des cloches qui répétaient les heures.

XV

Cette fois Blériot me livra bien mon appareil avec deux ou trois jours d'avance, mais avec un moteur qu'on essaya en vain de faire marcher.

Il fallut se résigner le dernier jour à le remplacer, et la machine fut prête juste à temps pour que je la conduise d'Issy à Vincennes, le samedi soir.

Tout semblait aller bien. J'inaugurais un nouveau modèle de bougies en mica, que Gnome recommandait.

Au champ de Vincennes, une grande animation régnait lorsque j'y arrivai. La plupart des concurrents étaient là, entourés du public des coulisses. Pour me mettre en main mon nouvel appareil je me permis quelques minutes de *fool-flying* modéré.

Mes amis vinrent me réveiller à 2 heures du matin.

À chaque départ de course, j'avais cette même inquiétude d'arriver au terrain en retard, pour quelque stupide accident d'auto – tout le long du trajet cette crainte me rendait nerveux. Et ce jour-là elle était bien justifiée. Plus on avance, plus la route est encombrée ; à la barrière de Paris, des milliers de piétons grouillent autour d'une triple file d'autos. Cette cohue progresse lentement par étapes. Impossible de se dépasser. De temps en temps un maladroit cale son moteur et immobilise toute une ligne de voitures : il s'attire une pluie d'injures. À un autre moment ce serait amusant. Mon ami Jacques Quellennec par des prodiges d'adresse gagne quelques rangs en passant sur le trottoir, au milieu des piétons. Cette manœuvre déchaîne des tempêtes de protestations. Nous expliquons que la voiture porte un aviateur. Peu importent les gros mots et quelques orteils écrasés : l'essentiel est d'arriver.

Nous arrivons en effet, mais tout juste et non sans peine.

Dans l'histoire de l'aviation, le départ du Circuit européen est probablement l'événement qui a attiré le plus de monde sur un terrain.

Au début de la journée le temps n'était pas mauvais : une brise favorable soufflait du sud-ouest.

Le champ offrait un aspect pittoresque : une trentaine (?) d'appareils de tous modèles étaient alignés sur deux rangs. Les organisateurs avaient trouvé commode de fixer d'avance le sens des départs. Peu importait le vent. Et dans l'espèce nous partions vent de côté. Je ne crois pas que Lemartin[1] se fût tué ce jour-là, s'il était parti vent debout.

Voici le premier départ donné, et tous les autres se succèdent, à une minute d'intervalle. Il est difficile aujourd'hui d'imaginer l'émotion qu'on ressentait alors d'un tel spectacle. Entre les cris de la foule et les pétarades de moteurs, on ne s'entendait plus. Une minute avant mon tour, on me met en marche. Aussitôt, c'est une suite ininterrompue de ratés… Au signal, je pars quand même, mais après un tour de piste je sens qu'il serait imprudent de continuer : j'atterris et je regagne en roulant la ligne de départ.

1. Théodore Lemartin (brevet 249), mort à vingt-sept ans.

(Ainsi, dès la première minute me voilà aux prises avec cette guigne qui me poursuit.)

Leblanc fait vérifier mes bougies. Il paraît que Conneau a eu les mêmes ennuis, mais il a eu la sagesse de ne pas partir.

Des commissaires sportifs viennent m'avertir qu'il est interdit de revenir sur la piste, comme je l'ai fait.

Pendant que les mécanos travaillent, les départs se succèdent toujours. Conneau s'envole. Lemartin fait sous mes yeux une chute mortelle.

On m'annonce que mon appareil est prêt. Je démarre pour la deuxième fois. Encore des ratés… Oh cette impression d'impatience impuissante ; c'est comme une douleur au cerveau et dans tout le système nerveux. Que faire ? Je prends la direction de Reims et la conserve quelques minutes. Les ratés continuent… Alors exaspéré, je me décide brusquement à rentrer. Pour un peu je renoncerais à cette course et à toutes les courses du monde. J'en ai assez de cette lutte contre mes propres armes. Qu'on me donne un appareil qui marche, tonnerre ! Que les mécaniciens fassent leur métier et je ferai le mien.

Mais le vent s'était levé, m'avait rapidement poussé loin de Vincennes et maintenant retardait mon retour. De longues minutes s'écoulent : chose curieuse le moteur semble aller mieux ; même au dernier moment les ratés ont presque disparu. Mais je suis tellement en colère que je redescends quand même. Puisqu'il est défendu de revenir sur la piste, je vais me poser derrière la ligne de départ. Il y a une place très suffisante entre cette ligne et le public.

Encore une fois les mécaniciens s'emparent du moteur récalcitrant.

Tous ces ennuis venaient des nouvelles bougies en mica – Conneau avait fait remplacer les siennes par des anciennes et il avait eu la paix.

On commence en hâte la même opération pour moi.

C'est à ce moment que m'arrive une délégation officielle, Georges Prade en tête, qui, avec force cris et gesticulations m'annonce que : pour avoir deux fois enfreint le règlement, en revenant au terrain, 1. l'aéro-club m'inflige une amende de 500 francs ; 2. le préfet de Police m'interdit de repartir.

Ces gens-là étaient fous. Le champ de manœuvre était le seul endroit des environs où il fût possible de descendre en cas de panne. On n'avait pas le choix, que Lemartin ne se fût pas tué, aurait-il été pénalisé pour infraction au règlement ? C'était ridicule.

À Issy-les-Moulineaux, on promenait les ministres à travers l'aérodrome ; à Vincennes on l'interdisait aux aviateurs.

Pendant qu'on changeait mes bougies, une discussion véhémente s'engagea entre Blériot, Leblanc et moi, d'une part ; les Officiels de l'autre.

Ces incidents me firent perdre plus d'une heure. On me laissa enfin repartir, sous le poids de ce handicap.

Cette fois tout allait bien – le vent s'était levé et me poussait très fort. Je voyageais vers 1 000 mètres. J'étais au-dessus des remous. Je suivis la vallée de la Marne jusqu'à Dormans – là j'obliquai à gauche, avec la route de Reims que je connaissais bien. Et je terminai l'étape sans incident, un peu secoué à l'atterrissage.

J'avais réalisé un des meilleurs temps réels, sans doute pour avoir voyagé haut. Cependant je me sentais déprimé, malade comme je l'étais, ces incidents et ces contrariétés du départ m'avaient fatigué les nerfs.

Audemars, le cher vieil ami, avait voulu me suivre par la route, pour me soigner. Déjà à Reims il m'entoura d'un dévouement intelligent. J'avais rencontré en descendant des remous qui m'avaient rappelé tous les exemples récents de ruptures d'ailes. Une sorte de pressentiment me détermina à faire doubler mes haubans de cordes à piano, quitte à dépasser de quelques minutes la demi-heure de neutralisation réglementaire. Pendant ce travail, j'avalais des œufs et le lait préparés par cette mère qu'était Audemars, et nous causions un peu.

Je lui racontai les incidents de Vincennes, la mort du pauvre Lemartin. On annonçait aussi celle du lieutenant Princeteau à Issy-les-Moulineaux et celle de Landron[1] en cours de route, entre Paris et Reims.

Les nouvelles de Reims étaient moins tragiques. Il n'y était question que d'une scène de Védrines. Le vainqueur de Paris-Madrid et… des aigles, s'était trompé d'aérodrome. Il avait d'abord atterri au terrain militaire. Il arriva à Bétheny après ce contretemps. Dans son style habituel, il rendait le ciel et la terre responsables de cette erreur. Enfin du bruit. Beaucoup de bruit…

Mon appareil était prêt. Je me disposai sans hâte à repartir – au grand étonnement de mon cher soigneur (car j'étais déjà en retard). Le pauvre ami ne savait pas que j'en avais assez déjà.

Ce circuit était heureusement une course d'enfants, auprès d'un Paris-Rome.

Aucune étape n'atteignait 300 kilomètres – chacune était suivie d'un ou deux jours de repos ; et on changeait d'appareil à discrétion. C'était du tourisme, de la promenade. L'auteur du règlement était évidemment partisan d'une belle arrivée à Paris. Il l'eut.

Je quittai Bétheny pour Liège – toujours vent arrière, avec des remous plutôt secs. La voie ferrée me guidait. Je m'élevais progressivement. En un instant je passai sur Mézières à un millier de mètres d'altitude. Puis, sur-

1. Pierre Landron, brevet 419 depuis le 3 mars 1911 seulement, meurt à vingt-trois ans ; le lieutenant Pierre Princeteau, chef de l'école militaire d'aviation de Pau, à trente-sept ans.

passant une couche de nuages en flocons détachés, j'atteignis, à 1 800 mètres, une région de calme absolu. Les nuages rendaient la reconnaissance du sol impossible. Mais je visai à la boussole la Meuse entre Namur et Liège. Je n'aurais pas dépassé le fleuve sans le voir.

Je survolai ainsi sans m'en apercevoir les redoutables Ardennes et je découvris la Meuse à quelques kilomètres en amont de Liège.

Je repassai sous les nuages et en approchant du but je descendis petit à petit, parcourant en sens inverse la gamme des remous, jusqu'aux plus brutaux.

Je vis de loin sur le plateau, au nord de la ville, l'aérodrome décoré d'oriflammes. Je n'étais guère en forme. L'atterrissage fut assez laborieux.

Il y avait très peu d'arrivées. Vidart était premier du classement provisoire – moi septième. Je n'avais encore pas trop endommagé mes chances.

Ma santé allait très mal. Je souffrais beaucoup des reins. Je pouvais à peine marcher. Vite, un lit et du repos.

Audemars me rejoignit assez tard dans la nuit. Il me convoyait sur la 6 cylindres Grégoire que le Docteur Lüling avait aimablement mise à ma disposition.

C'était une des dernières voitures que j'avais vendues au temps de mon commerce. Elle ne faisait pas honneur à son fournisseur. Audemars et le mécanicien Turet, avaient subi une à une toutes les pannes imaginables, sans compter quelques pneus éclatés. Dans certaines côtes, il avait fallu aider le moteur en poussant la voiture.

Mon pauvre *Tiny* m'arriva sur les genoux, poudreux, défait, maquillé de cambouis. Quelle belle chose que l'Amitié…

Nous chargeons Turet de ramener sa guimbarde à la remise ; Audemars trouvera une petite place dans la voiture de Leblanc, ou dans le train s'il le faut.

René Vidart, vainqueur de la première étape est un grand gosse joyeux. Il s'était préparé à ce joli succès, par une nuit blanche… bien employée : à quoi bon se coucher quand on doit être debout à 2 heures du matin ? On est toujours assez reposé pour voler trois petites heures.

Le principal, c'est de ne pas partir à jeun. Rien ne vaut, à la dernière minute, quelques sandwiches, avec une bonne bouteille de Moët sec.

Oui, mais les remous sont quelquefois perfides dans la fraîcheur du matin, et c'est alors une étrange sensation d'océan agité.

Il faut demander à Vidart, ou à ceux qui l'ont vu arriver à Liège si on a le mal de mer, en aéroplane.

Nous passâmes quatre jours à Liège, car la deuxième étape comportait un retour dans cette ville : c'était Liège-Spa-Liège.

Ce petit voyage me laissa un mauvais souvenir. J'avais quitté, pour le faire, mon lit de malade. C'était par un temps de chien : ciel noir, fumeux ; ondées, rafales… Je n'avais pas étudié mon itinéraire et me voilà pris, à quelques kilomètres de Spa, dans une averse qui m'aveugle et me fait perdre ma direction. Où étais-je ? Je survolais à moins de cent mètres une grande lande marécageuse. Quelques silhouettes de moulins à vent se détachaient sur l'horizon. J'errai ainsi quelques minutes ; puis j'atterris, pour demander ma route auprès d'une petite ferme isolée, entre deux pommiers et une vache.

Je n'étais pas loin de l'aérodrome de Spa. On pouvait en voir le pylône du toit de la ferme. Pour plus de sûreté on m'y fit grimper : ce fut l'occasion d'une gymnastique pénible. Puis on m'aida à repartir. En un instant je fus à Spa, où il n'était pas nécessaire de s'arrêter. Le retour à Liège fut plus facile.

Cette mauvaise performance ne changea pas mon classement.

Je ne quittais plus le lit que pour voler, quand il le fallait. Tous les soirs j'avais de violents accès de fièvre. Le docteur qui me soignait me conseilla d'abandonner la course. Mais je ne pouvais m'y résigner. Alors il s'employa très habilement à me soulager et je lui dois d'avoir pu terminer le Circuit européen.

Malgré ma mauvaise santé, Liège-Utrecht fut pour moi l'étape la plus heureuse de la course. Le vent du sud-ouest soufflait toujours assez fort, mais à un millier de mètres on échappait déjà aux remous et on était poussé par le vent plus vite qu'à l'altitude de 200 mètres généralement adoptée à cette époque. Mes habitudes de *cloud kisser* me permirent de faire cette étape sans fatigue et je faillis de peu la gagner.

Ayant quitté l'aérodrome à la boussole, je retrouvai la Meuse un peu en aval de Liège. Je suivais le fleuve très agréablement. Je passai sur Maastricht. Il fallait atterrir à Venlo et signer au contrôle. Dans l'accomplissement de cette formalité, mon impotence me fit perdre les 2 ou 3 minutes qui me coûtèrent la première place.

Je suivis de nouveau la Meuse, jusqu'au point où elle se rapproche le plus du Waal. J'avais raccourci le trajet en prenant, autant que possible, la corde de l'arc que forme le fleuve, cependant sans le perdre de vue.

Je coupai le Waal obliquement en vue du pont de Zaltbommel et tombai sur la route de Bois-le-Duc à Utrecht. Elle me conduisit au but.

Gibert, mon coéquipier de Paris-Madrid était arrivé peu avant moi, sur son monoplan REP, tout rouge. Il fut le vainqueur de la journée.

Quelques minutes plus tard, j'assistai à l'élégante arrivée de Weymann[1], sur monoplan Nieuport.

Charley Weymann était un des pilotes les plus adroits de cette époque.

Puis on vit passer, à plusieurs kilomètres au large de l'aérodrome, un égaré. On distinguait à peine la forme de son appareil ; je n'aurais pas pu affirmer moi-même que c'était un Blériot.

On sut plus tard que Conneau avait erré longtemps entre Utrecht et le Zuidersee puis atterri dans la brousse.

Mais les officiels déclarèrent que la ligne d'arrivée n'était pas limitée à l'aérodrome : elle se prolongeait à l'infini. Conneau l'avait passée, sans s'en douter. Cette arrivée était valable.

On démonta son Blériot et on le ramena à l'aérodrome sur un camion.

Le séjour d'Utrecht se prolongea de façon imprévue. Le temps était très mauvais. Les commissaires remirent le départ. Quand ils le donnèrent officiellement, les concurrents s'abstinrent. Il se forma une coalition de la prudence, dont l'âme était le pacifique et éloquent Tabuteau[2].

Chacun promit de ne pas partir sans prévenir les autres quelque temps d'avance. Sans cette convention il aurait fallu passer tout son temps à l'aérodrome pour se surveiller mutuellement. Dans mon état, chaque jour de repos augmentait mes chances finales.

Plusieurs jours passèrent ainsi, pour moi bien monotones. Chaque matin il fallait se lever à l'aube et aller tenir conseil à l'aérodrome. En arrivant au hangar

1. Charley Weymann, né à Haïti, se classera premier à la troisième Coupe Gordon-Bennett en 1912.

2. Maurice Tabuteau (brevet 128) bat le 30 décembre 1910 sur Farman le record de distance en circuit fermé : 584,754 km.

j'allais m'étendre sur le lit pliant du mécanicien de garde. Audemars et Leblanc tenaient ma place dans les discussions. Vers 8 heures ou 10 heures, on me ramenait à l'hôtel. En vain se produisirent quelques accalmies. Le Circuit européen n'inspirait pas les coups d'audace : il était trop promenade... promenade admirable, d'ailleurs, et admirablement organisée.

Un matin, Conneau déclara qu'il reprenait toute liberté de partir à sa guise. Il ne faisait pourtant pas plus beau que d'habitude – et la matinée s'écoula sans qu'il fît mine de s'en aller. À midi nous rentrâmes tous en ville pour déjeuner. J'eus heureusement l'idée de hâter mon repas et de revenir au hangar. Je n'y étais pas depuis dix minutes, lorsque Conneau fit sortir son appareil et s'envola vers Bruxelles. Je me mis immédiatement à sa poursuite.

Un témoin de ma première conversation avec Geo Prade, à Vincennes – alors que *son* circuit était menacé d'interdiction à cause de moi, et que lui, m'enjoignait d'aller soigner mes pannes dans la Seine – aurait difficilement prévu que 8 jours plus tard, nous serions excellents amis. C'est pourtant ce qui arriva.

Dans cette pittoresque caravane d'autos et d'avions qui pendant 3 semaines sillonna les routes du ciel et de la terre, nous formions un groupe fidèle : Prade, Mme Prade, Leblanc, Audemars et moi, auxquels s'ajoutèrent quelquefois d'autres compagnons de voyage.

Ma santé s'améliora à partir d'Utrecht et me permit de mieux goûter les bons moments que je passais parmi eux.

Utrecht-Bruxelles comprenait un atterrissage obligatoire à Bréda.

Un peu après le départ, je perdis mon chemin dans la pluie. Pendant 20 minutes je suivis une voie ferrée qui m'entraîna jusqu'à Bois-le-Duc. Je ne le sus, d'ailleurs, qu'en y atterrissant pour me renseigner. Je repartis difficilement d'un petit terrain détrempé et je trouvai enfin Bréda. Conneau avait passé, ainsi que plusieurs autres.

Pendant qu'on me ravitaillait il arriva encore deux ou trois appareils d'Utrecht. Je pris la direction de Bruxelles, presque en même temps que Train. Le temps s'améliora ; le voyage devint agréable. J'étais entre 500 et 600 mètres. La direction était facile. Je m'amusais à regarder Train, qui flottait à ma gauche un peu en dessous de moi. Nous allions sensiblement à la même vitesse. Mon attention se fixa un instant sur ma carte : lorsque je voulus revoir Train, il avait disparu. En vain mon regard fouilla le ciel dans tous les sens.

Je fus envahi d'inquiétude bizarre : Train devait être en dessous de moi. Les formes respectives de nos appareils nous cachaient l'un à l'autre. L'idée d'une collision s'imposa à mon esprit. Je n'osais faire aucun mouvement, sauf pour prendre de la hauteur. Cela ne dura qu'un instant. Je me ressaisis, je computai les chances d'une telle collision, là en plein ciel, où il y avait tant d'espace et je conclus qu'il fallait avoir le système nerveux bien fatigué pour imaginer de pareils dangers. Quelques zigzags à droite et à gauche me convainquirent que j'étais bien seul – Train était tout simplement en panne.

J'aperçus Anvers à ma droite, dans un lointain brumeux. J'arrivai bientôt à Bruxelles. L'accueil au champ de Berchem fut très chaleureux. J'avais encore besoin de repos. Mais j'allais beaucoup mieux.

Audemars m'abandonna à Bruxelles. Ses occupations le rappelaient à Paris.

Vidart, qui à Utrecht était encore en tête du classement général, eut avant Bruxelles une panne qu'il ne put réparer avant la nuit. Il ne termina l'étape que le lendemain avec un retard d'une douzaine d'heures. À partir de ce moment Conneau prit et conserva la première place et moi la deuxième. Notre position s'affermit encore par l'abandon de Weymann qui, à la suite du retard d'Utrecht, renonça au circuit pour courir et gagner la coupe Gordon-Bennett. Védrines, sur l'appareil le plus rapide de la course, gagnait d'habitude les étapes où il ne lui arrivait rien. Mais dans les autres, il perdit tant de temps en réparations qu'il ne fut jamais menaçant. Les autres étaient aussi loin derrière nous. Dès lors, une panne sérieuse pouvait seule modifier nos situations.

Le Lasseur de Ranzay

C'était une des figures sympathiques de la course, ce grand garçon brun, long comme un jour sans pain, myope comme une taupe, le nez chargé de bésicles dont les verres concaves avaient l'épaisseur d'une loupe. Il était d'un abord plutôt timide, réservé sans affectation.

À peine breveté, il était parti dans cette course à ses frais, risques et périls ; Blériot n'avait pris aucune responsabilité dans cette aventure.

Et dès le premier jour, ce fut un drame ininterrompu. À chaque panne, Le Lasseur brisait une aile, une roue, une hélice. Aussitôt, il télégraphiait ; Leblanc lui dépêchait un mécanicien avec le nécessaire. Le Lasseur repartait, infatigable. Je ne me souviens plus au milieu de quel parcours, Reims-Liège, ou Liège-Venlo, il alla buter en plein vol dans un champ de blé : il ne l'avait pas vu. Naturellement ce fut un panache indescriptible. De la machine, il ne resta à peu près rien. Le pilote se releva endolori et s'en fut télégraphier une fois de plus : « Envoyez ailes, hélice, roues, moteurs, etc. »

Il arriva à Utrecht avec une semaine de retard. Heureusement, nous l'avions attendu… Et le drame continua… C'était véritablement du fanatisme.

Après le circuit, on entendit parler encore quelque temps de Le Lasseur. À force de persévérance il eut même un assez beau succès en Espagne[1]. Mais bientôt on apprit sa mort : par une ironie du destin, il avait succombé à la fièvre typhoïde.

Train

C'était un autre genre de héros. Train était lui-même son propre constructeur, son équipe de mécaniciens, son convoyeur. À la halte, il s'occupait de son ravitaillement ; en cours de route, s'il avait une panne, il se procurait une bicyclette, pédalait jusqu'à la gare où il avait expédié en consigne ses pièces de secours, et s'en retournait par les mêmes moyens réparer son appareil. Il repartait et… ainsi de suite. Or il fut avec Védrines, Le Lasseur, etc., victime du nouveau 70 chevaux de Gnome – un fameux loup.

On peut dire que Train, modeste et silencieux, fit le circuit deux fois : en aéroplane et à bicyclette.

Je quittai Bruxelles derrière Conneau. Je voyageai quelques instants dans son sillage, puis le dépassai, car il s'astreignait avec une patience admirable à ménager son moteur (cette fois-là il avait des ratés). Un peu plus loin, je fus moi-même dépassé par Védrines. Il voyageait très bas, selon son habitude ; il me donnait l'illusion de glisser sur le sol. Il disparut à une allure impressionnante. Cette étape très courte se termina sans incident. À l'arri-

1. Gilbert Le Lasseur de Ranzay (brevet 479) gagnera le 20 octobre 1911 la course Valence-Alicante et sera le premier aviateur à franchir la chaîne des Apennins.

vée, réception cordiale : Mademoiselle de la Noé, 4 ans, m'offre un bouquet. Son papa est le président de l'aéro-club local. J'étais recommandé par mon vieil ami Jacques Quellennec à MM. Motte Fils, grands industriels et sportsmen notoires. Ils me font les honneurs de la ville et m'entourent d'amabilité.

Je vivais continuellement sous l'énervante obsession de la panne. C'était en moi une idée fixe, de découvrir dans le son ou l'aspect du moteur le moindre signe de défaillance. J'étais décidé, en ce cas, à exiger le remplacement du moteur ou de l'appareil : car je ne connaissais que trop les talents de mes mécaniciens, en fait de réparation.

Or le désastre faillit se produire dans Roubaix-Calais. Nous étions partis dans un mauvais vent. Le voyage fut pourtant normal jusqu'à Cassel (on m'avait indiqué ce point de repère). Mais là, un de mes cylindres s'arrêta, après quelques ratés. J'essayais de continuer, lorsqu'un deuxième cylindre se tut encore.

J'atterris sans peine, avec mes 5 cylindres, au bord d'une route, dans un champ labouré et j'eus la veine inouïe de voir s'arrêter près de moi, deux minutes plus tard, une équipe de chez Gnome, qui se rendait à Calais en auto. C'est presque un plaisir d'avoir des pannes dans ces conditions.

Dix minutes plus tard, je reprenais mon vol. Je déviai un peu et j'arrivai en vue de Dunkerque.

Sur la côte passait un coup de vent d'une grande violence. C'est juste à ce moment qu'une nouvelle série de ratés se produisit. Il fallut atterrir encore. Des paysans retenaient mon appareil, pendant que je nettoyais les bougies – et le vent menaçait de l'emporter malgré eux. Je repartis de nouveau. Mais alors, ce fut un supplice : les ratés n'avaient pas complètement disparu. Le moteur affaibli, faisait entendre de petits éternuements espacés. Après les bougies, c'étaient les soupapes qui lâchaient. Et je me traînais, un peu plus haut que la cime des arbres, impuissant contre les assauts du vent. Calais n'était plus qu'à quelques kilomètres. Ce fut un effort pénible, épuisant… Enfin j'atteignis le but.

Après cela, je n'hésitai pas une seconde à faire remplacer mon moteur.

Védrines arriva à Calais bon premier. Et sans perdre de temps, il fit aux officiels une scène affreuse : c'était un crime d'avoir donné le départ dans une pareille tempête. Lui Védrines s'en était tiré, évidemment… Mais les autres ? Avait-on pensé aux autres ? Les malheureux… Ah, c'était bien inutile de les attendre sur cet aérodrome.

On les attendit tout de même et le hasard voulut que cette étape fût malgré les difficultés une des plus régulières du circuit. Pas le moindre accident, une ou deux pannes vite réparées. À l'heure du déjeuner, personne ne manquait à l'appel.

On interrompit le circuit pendant 48 heures pour nous permettre d'assister à la coupe Gordon-Bennett. Une caravane d'autos se forma à Douvres pour Eastchurch. Notre groupe comprenait M. et Mme Blériot, Monsieur et Madame Prade, Monsieur Hall-Thomas, de l'aéro-club d'Angleterre, Leblanc, Audemars et moi.

Les principaux concurrents de la coupe étaient Leblanc (Blériot 100 HP) – Hamel[1] (Blériot 100 HP) – C. T. Weymann (Nieuport 100 HP). Comme outsiders, Édouard Nieuport[2] (Nieuport 70 HP) – Chevalier

1. Gustav Hamel (brevet 358).

2. Né en 1875, Édouard de Niéport, dit Nieuport, complète seul son instruction technique. Il révolutionne l'aéronautique par ses recherches sur

(Nieuport, moteur 2 cylindres Nieuport (?)). Enfin un pilote américain sur un petit Wright.

Nous arrivons à Eastchurch de bon matin. Dans le hangar Blériot se passe une scène peu banale : les mécaniciens, armés de scies, de ciseaux et de pinces sont en train de couper les ailes des appareils.

Weymann avait fait un tour d'essai en quelques secondes de moins que Leblanc. Alors on s'était décidé dans le camp Blériot aux moyens extrêmes – couper les ailes, supprimer un hauban.

Cette amputation improvisée fait un effet bizarre. À voir les petites nageoires plates destinées à soutenir dans l'air cette demi-tonne de bois et d'acier, on n'arrive pas à se persuader que cela va voler. Mais les calculs sont là.

Depuis trois jours, Leblanc avait la fièvre : il ne pouvait supporter l'appréhension de cette course. En attendant son tour, il resta couché, tout grelottant sur un lit de mécano.

Hamel, le jeune champion anglais, a la physionomie d'une douceur féminine. Sous son vague sourire on sent de l'agitation…

Weymann paraît plein de confiance, bien que Nieuport ait refusé – dit-on – de rogner ses surfaces, à l'exemple de Blériot. (Il avait pourtant des ailes 3 fois plus grandes.)

Weymann part le premier, de bonne heure et tourne avec une régularité parfaite. Il a des virages d'une belle précision. Sa moyenne dépasse un peu 126 kilomètres à l'heure. Et il termine sur un petit vol plané, qui met bien en relief la supériorité de son appareil sur ceux de Blériot.

---

l'aérodynamisme. Brevet 105, il porte le 21 juin 1911 le record de vitesse à 133,136 km/h. Il meurt à trente-six ans.

Hamel se met en piste, coupe la ligne de départ. Mais il aborde le premier virage si impétueusement, qu'il dérape, touche terre et s'écrase avec un bruit épouvantable. Il y a un cri d'angoisse dans la foule. Là-bas, près du pylône, rien ne bouge plus. Une auto se précipite et on ramène le pauvre Hamel sur une civière. Il paraît inanimé, mais on dit qu'il n'a pas de blessure.

La mère et les deux sœurs du jeune pilote ont assisté à l'accident : leurs visages sont bouleversés d'émotion et elles pleurent en silence derrière la civière.

C'est le tour de Leblanc. Il donne l'impression d'un condamné marchant au supplice. Il est entendu qu'il fera une ligne droite d'essai et qu'il ne coupera le départ que si tout va bien… En route… Tout semble aller bien – du moins aussi bien que possible – car on conçoit que le pauvre Leblanc ne doit pas avoir des sensations de vol bien agréables.

Les premiers tours sont désastreux et ne laissent aucun espoir… Cependant les virages s'améliorent, les temps se rapprochent un peu de ceux de Weymann, et Leblanc termine honorablement second.

Il atterrit avec mille précautions, s'arrête et descend de l'appareil… guéri, souriant, transfiguré, à l'heureuse sensation que *c'est fini*.

Édouard Nieuport sur un simple 70 chevaux et des ailes de promenade approche Leblanc de très près : il est troisième.

Chevalier reste en panne avec son 2 cylindres, et le Wright n'existe pas.

Nieuport avait remporté la plus régulière, la plus méritée des victoires. Son appareil volait d'un vol facile et sûr, plus vite que la machine truquée et dangereuse de Blériot. Une intuition géniale l'avait conduit à une formule que pendant des années on essaya en vain de perfectionner. Cependant lui-même ne considérait son appareil que comme une première étude ; étude qu'il avait réalisée au milieu des plus décourageantes difficultés matérielles.

Qui sait ce que cet admirable cerveau eût encore produit ?

Édouard Nieuport tomba au moment du triomphe ; au moment où des appuis financiers allaient lui permettre enfin un travail libre et fécond.

Il se vit mourir avec le même courage, la même simplicité émouvante qui avaient paré sa vie.

Tous ceux qui l'avaient approché l'ont pleuré comme ami, et vénèrent son souvenir.

Il reste une des gloires les plus pures de l'aviation.

Nous reprîmes notre circuit-promenade. La traversée de la Manche constitua à elle seule une étape. Elle se fit à l'aube d'un jour superbe.

La Manche n'avait encore été franchie que par un très petit nombre d'aviateurs.

Parti deuxième, selon l'ordre du classement général, j'arrivai à Douvres un des tout premiers, après une excellente traversée. Et j'assistai à la première invasion du territoire intangible de la vieille Angleterre par une escadrille volante.

On découvrait d'abord de minuscules points noirs, dans le ciel un peu voilé ; puis les points grossissaient, prenaient forme, les silhouettes s'accentuaient, et l'un après l'autre, les oiseaux de France se posaient.

Un des plus jolis atterrissages fut celui de Tabuteau, sur un biplan Bristol. Il cala son hélice à 300 ou 400 mètres – ce qu'on voyait rarement en 1911 – et d'une seule spire gracieuse et précise, il vint s'arrêter au centre du petit terrain.

Le soir même – je crois – nous partîmes pour Londres, via Shoreham-Brighton. Il y avait à Shoreham, déjà, un aérodrome permanent fort bien aménagé. J'y arrivai sans peine, en longeant la côte, et ce trajet eût été charmant, par un beau temps clair, sans l'odieuse appréhension de la panne qui me poursuivait.

J'avais déjà eu quelques ratés avant Shoreham. On vérifia mes bougies avec soin ce qui n'empêcha pas un cylindre de s'arrêter quelques minutes après mon départ. Je revins à Shoreham me faire réparer, et repartis de plus en plus inquiet.

Le sol anglais au sud de Londres est peu hospitalier aux aviateurs : ce ne sont que petits terrains coupés de haies, parcs plantés d'arbres et obstacles de toutes sortes, qui augmentent le désagrément d'un moteur suspect.

Je passai sur les faubourgs ouest de Londres, en pleine crise de ratés.

Mais le facétieux moteur consentit à me tirer jusqu'à l'aérodrome de Hendon.

La deuxième traversée de la Manche fut aussi heureuse que la première, malgré un peu de brouillard.

Il ne faudrait pas croire qu'en 1911 la prouesse qui fit la célébrité de Blériot fût devenue un jeu. Même aujourd'hui il y a largement assez d'eau dans la Manche pour se noyer, et on y pense très naturellement pendant un petit quart d'heure.

D'autant plus que la Manche est brumeuse 9 fois sur 10 : alors on perd la terre de vue, on ne peut pas se diriger sur le soleil et si l'on n'a pas une très bonne boussole. C'est un mauvais quart d'heure.

Récemment encore, en 1914, la mort du pauvre Hamel a prouvé que tout danger n'avait pas disparu.

Dans le circuit la route était jalonnée de torpilleurs et malgré cela, on ne retrouvait pas la terre ferme sans un petit soulagement agréable.

Pour la dernière étape, je pris un appareil neuf complet et je me promis d'agir avec une extrême prudence. Sans accident ma place de second était assurée. Une panne de Conneau pouvait encore me donner la victoire.

Au départ, la brume gênait beaucoup l'orientation. Pour être bien sûr de ne pas me perdre, je suivis la côte jusqu'à la Somme, et la Somme jusqu'à Amiens. Sur la vallée, le sol n'était visible que par intermittence ; j'étais cependant très bas. Mon nouveau moteur avait un son rassurant. Je m'imaginai déjà la joie d'arriver sur Paris. Une sorte d'intuition me disait d'espérer beaucoup – le sort ne me devait-il pas une revanche ?

Tout à coup mon cœur bondit : en me retournant j'avais vu par terre, à la faveur d'une éclaircie, un Blériot arrêté dans un champ… Ce n'avait été qu'une impression fugitive, mais je doutais à peine, Conneau était arrêté.

Je brûlai d'impatience jusqu'à Amiens ; j'y atterris hâtivement. Conneau, parti avant moi, n'était pas arrivé. J'avais donc bien vu ?

Pendant qu'on me ravitaillait, je fus témoin d'un accident assez curieux, Védrines démarrait vers Paris. Au moment précis du décollage, son moteur éclata, littéralement. On vit un gros objet noir – c'était un cylindre – se détacher à travers le capot et voler au ciel en tourbillonnant, tandis que l'appareil retombait inerte sur le sol, en écrasant son châssis.

Inutile de dire quelle musique le national Jules fit entendre… dès qu'il fut remis de son émotion.

J'avais passé un quart d'heure à Amiens, et Conneau n'y était pas arrivé. Je repartis vers Paris tout palpitant.

Je suivis d'abord une mauvaise voie ferrée mais je m'en aperçus à temps et retrouvai la bonne. Un peu plus tard, je me contentais de viser Paris à la boussole.

C'était une joie de terminer cette course à Paris, au milieu des amis, et il me restait un espoir de terminer vainqueur.

Je devinai la capitale, à contre-jour, dans les vapeurs et la fumée ; mais la tour Eiffel resta invisible. En arrivant sur les faubourgs, mon moteur eut ses premiers ratés et un cylindre s'arrêta. J'avais heureusement 5 à 600 mètres d'altitude ; j'atteignis Vincennes sans trop de peine.

Au moment précis où je me jugeai à portée de vol plané de la ligne, je sentis s'éteindre en moi la préoccupation de la course ; je fis très machinalement une descente et un atterrissage incohérents.

Un petit groupe vint à ma rencontre, Geo Prade en tête, plus souriant que le jour du départ.

Mes premières paroles furent pour demander des nouvelles de Conneau : hélas, il était parti d'Amiens vingt minutes après moi… Je ne me résignai pas encore : il faisait beau, la route était facile – Conneau n'avait pu être retardé que par des ennuis de moteur.

Un quart d'heure à peine s'écoula.

« En voilà un ! » Une rumeur se propage dans la foule… Un point grossit dans le ciel… C'est bien la silhouette d'un Blériot…

Et mon dernier espoir s'évanouit.

Des journalistes compatissants me baptisèrent l'éternel second, et je gardai un souvenir mélancolique des grandes courses de 1911. Je savais qu'on ne retrouverait plus l'émotion étrange de ces premières randonnées, dont chaque minute était un petit drame d'angoisse, de joie, de tristesse, d'enthousiasme.

Ma déception la plus amère fut celle de Paris-Rome ; aujourd'hui encore je ne pense pas sans un léger serrement de cœur à l'occasion que j'ai perdue d'achever le premier – selon l'expression d'un de nos hôtes de Rome – « ce joli trait d'union entre la ville de Lumière et la ville de Gloire ».

XVI

Les courses m'avaient distrait pendant deux mois des travaux pour lesquels nous étions rentrés en France, Audemars et moi.

Mais nos braves mécanos n'avaient pas perdu de temps, et les Demoiselles Gnome avaient pris tournure.

Personne n'avait jamais rien construit de plus fin, de plus léger, de plus luxueux dans les choix des matériaux et l'exécution. Un seul point nous causait avec justes raisons les plus vives inquiétudes : nos centrages avaient été improvisés au petit bonheur, sans données précises – nous ne savions rien. Et sur une très vague indication de Santos, nous avions raccourci la queue du modèle primitif de 80 centimètres. Nous pouvions nous attendre aux pires surprises sur la tenue de l'appareil dans l'air.

Le premier essai eut lieu à Étampes où nous avions obtenu l'hospitalité de l'école Blériot.

Audemars, le cher vieil ami, insistait pour se charger de cette corvée, alléguant qu'il était plus entraîné que moi aux commandes spéciales de la Demoiselle. Mais je refusai d'échapper ainsi à ma part de risques et un tirage au sort me désigna.

La méthode à suivre fut discutée : valait-il mieux rouler progressivement, ou voler du premier coup ? Le premier moyen semblait plus rationnel, mais il n'était pas sans inconvénient : notre train d'atterrissage était fragile – le sol n'était-il pas plus redoutable que l'air ? D'autre part nous étions en retard et impatients d'être fixés.

Bref, je partis face au vent, à plein gaz. L'expérience ne fut pas longue.

La légère machine partit comme un éclair, quitta le sol en 20 mètres, et perdant aussitôt l'équilibre se cabra vers le ciel, verticalement. Je coupai l'allumage et m'effondrai les jambes en l'air. Je m'en tirai sans une égratignure mais notre premier appareil était démoli.

Le second fut modifié – le moteur déplacé vers l'avant – mais insuffisamment. Audemars parvint à le faire voler à Issy-les-Moulineaux, après un entraînement progressif : le vol était instable ; nous serions arrivés, je crois, à la bonne formule en avançant encore le moteur de dix centimètres, ce qui était facile.

Les expériences furent interrompues par un nouvel accident. Audemars m'arriva un soir rue Lalo, couvert de terre, tout endolori de contusions. Il me montra son casque où une bougie du moteur s'était enfoncée. Son casque l'avait sauvé.

Sur ces entrefaites, Moisant impatienté rompit avec nous, réclama nos appareils dans l'état où ils étaient, et ainsi prit fin l'aventure des Demoiselles Gnome.

Je me reposai quelques jours à Paris. Lorsqu'il faisait beau, l'après-midi, nous allions en guise de promenade passer une heure à Issy. Car il n'est pas de journée complète sans un petit vol de délassement.

En général, j'aimais voler seul. La faiblesse des moteurs n'avait pas permis la construction d'un biplace agréable – et l'on profite peut-être mieux d'un vol libre lorsqu'on est seul. Cependant il est des jours où c'est une privation de ne pouvoir partager avec un ami ou une personne chère, des sensations exquises et parfois émouvantes ; j'étais arrivé à cette opinion que si l'on parvenait à caser un passager dans mon monoplan habituel, ce serait encore la façon la moins désagréable de voler à deux. L'appareil s'était montré capable d'emporter une charge équivalente. Il s'agissait de savoir si l'accumulation de tout le poids sur l'arrière – puisque le passager ne pouvait monter qu'en croupe – n'était pas de nature à créer un déséquilibre dangereux. J'en avais causé une ou deux fois avec Audemars et je m'étais promis d'essayer.

Je fis d'abord supprimer sur mon appareil le cintre de frêne qui limitait la nacelle en demi-cercle, derrière le dos du pilote. Ce cintre était pour le fuselage un renfort utile mais non indispensable. On gagna ainsi quelques centimètres. En se portant sur l'extrême avant de son siège le pilote libérait encore un petit espace : en additionnant ces deux gains on obtenait... disons : une demi-place, où un passager de faible corpulence et de bonne volonté parvenait à s'insérer. Il restait à expérimenter le nouvel équilibre.

J'avais eu tout naturellement l'idée de substituer au passager, pour le premier essai, un poids de 20 kilos, qu'on aurait augmenté progressivement. Car la moindre innovation se faisait à tâtons timidement, avec bien des appréhensions.

Ce soir-là, il faisait un de ces tièdes après-midi d'été où dix minutes d'ébats dans le ciel répondent à un besoin physique chez ceux qui y sont accoutumés et procurent une sorte d'assouvissement.

Nous arrivâmes quelques amis ensemble au hangar Blériot. Mon appareil était apprêté avec le raffinement que j'ai toujours exigé de mes mécaniciens. En bavardant, je passai un chandail. On poussa la machine sur le terrain, on amorça le moteur. Qu'allais-je faire ? Emporter mes 20 kilos, puis trente, etc. Piètre façon de jouir d'un si beau ciel.

Comment allait-on attacher le poids ? Au fait, ce poids, on ne l'avait pas, il fallait le trouver… Zut !

Je fais signe à Audemars :

– Tu viens ?

– Allons.

Et nous voilà escaladant gaiement le petit Blériot avec une impatience de gosses déraisonnables et une légère émotion.

La machine se comporta d'une façon inespérée. On compléta aussitôt, en améliorant un peu, cet aménagement d'essai et mon appareil devint un biplace de fortune passable.

Avec l'habitude, je parvins, plus tard, à enlever des passagers de tous poids, j'en pris un, au Brésil, qui pesait 106 kilos.

Mon dispositif fut adopté par Blériot ; je l'introduisis, l'année suivante, chez Morane. Il fut plus utile encore lorsque la force des moteurs atteignit 80 chevaux.

Enfin, le moment me sembla venu de mettre à exécution mon vieux projet de record de hauteur. Ce serait une petite revanche des déceptions de ma saison.

Je commandai à Blériot un nouvel appareil de 50 HP aussi léger que possible, dont j'avais précisé tous les détails : le fuselage était en sapin léger, non en frêne – l'emplacement du moteur était prévu pour l'emploi éventuel d'un 70 HP –, les réservoirs étaient en cuivre extra-mince, les ailes allégées, etc. Je réagissais résolument contre la tendance des *renforcements*, qui sévissait déjà.

En attendant la livraison de cette machine de luxe, je partis pour Saint-Malo-Dinard. Les charmants souvenirs de l'année précédente m'y attiraient. C'était d'ailleurs l'endroit le plus favorable qu'on pût rêver pour un record. Et je savais y retrouver mon vieil imprésario

Baré, en villégiature : il saurait mettre sur pied quelque bonne combinaison.

J'arrivai à Saint-Malo, suivi du fidèle Romain et du premier Blériot que j'avais acheté à mon retour d'Amérique et qui n'avait encore presque pas servi.

Ce retour à Dinard me donna toute la joie que j'en attendais. Ce coin de Bretagne est un de ceux que je préfère au monde. Je considérais les vacances que j'allais y passer comme la récompense d'une année bien remplie. J'allais de plus y faire de beaux sports.

Je fus accueilli comme je m'y attendais, en enfant gâté du pays. J'établis mon quartier général à Paramé où, à marée basse, la plage forme un aérodrome incomparable.

Aussitôt mon Blériot prêt, je voulus faire une première politesse à Dinard en lui rendant visite par l'air. Le temps était splendide. Je consentis à prendre Baré en croupe. Nous partîmes. Une douce brise de mer nous poussait. J'éprouvais une impression indicible, à revoir en toute liberté d'esprit ces choses si jolies, que j'avais vues l'année précédente à travers mes premiers espoirs et mes premières anxiétés. Alors déjà, s'était dissipée, dans cette ambiance amie, la peine d'une déception. Et je retrouvais dans toutes les choses qui m'environnaient l'apaisement dont j'avais encore besoin.

Je me retournais à chaque instant vers mon compagnon, pour lui faire partager mon enthousiasme et mon bras se tendait successivement vers tous les points de l'horizon. Lui, en proie au saisissement des premiers vols, ne semblait pas jouir beaucoup du spectacle. Mais déjà nous arrivions sur Dinard. La petite baie fleurie nous tendait ses deux caps comme en un geste de bon accueil. Très distraitement, je coupai l'allumage. J'avais négligé le faible vent arrière qui nous poussait, et je m'y étais pris trop tard. Je voulus corriger ma faute en piquant davantage. Mais l'accélération me fit reprendre le gain de terrain ainsi réalisé. J'étais engagé dans une impasse, cerné en face, à gauche et à droite par des obstacles menaçants… Mon passager eut conscience du danger : je le sentis s'agiter et grommeler : « Mais nous ne nous arrêterons jamais à temps. » Je lui dis : « N'ayez pas peur… N'ayez pas peur… »

Le dénouement se précipita…

La dernière chose que je vis fut une miss anglaise, brandissant à bout de bras un malheureux *baby*. Elle disparut derrière un alignement de cabines de bains, à l'endroit même où je vins m'écraser… Le choc fut violent. Arc-bouté sur mes jambes, je sentis Baré s'aplatir sur mon dos courbé, avec un « Han » de respiration coupée. Tout l'avant de l'appareil, télescopé, ne formait plus qu'un inextricable chaos. Nous n'avions de mal ni l'un ni l'autre. Je me sentais pâle, mais de rage, plutôt que de peur.

À peine nous étions dégagés, la foule nous entoura. Dinard forme un amphithéâtre autour de sa plage. Toute une population avait assisté, comme au spectacle, à notre lamentable équipée. Moi qui avais souhaité une rentrée élégante… J'étais honteux. Le président du comité des fêtes, M. Poussineau, était près de moi. Il improvisa une petite allocution consolatrice que la foule acclama. Puis il voulut m'entraîner au Casino, vers la coupe de champagne préparée. Mais j'étais décidément trop honteux. Je m'esquivai par un chemin détourné, laissant Baré se débrouiller avec les ruines de mon appareil ; je me faufilai jusqu'à l'embarcadère, pris incognito le premier bateau pour Saint-Malo et j'arrivai à Paramé tout seul et bien dégoûté.

C'est à ce moment que je reçus l'offre télégraphique d'un engagement d'une semaine à Saint-Étienne.

L'affaire fut conclue. Blériot me prêta un appareil en attendant la livraison de celui « du record ».

Je trouvai à Saint-Étienne, Bielovucic[1] ; Charles Voisin lui rendait, en ami, les services d'un manager. Je fis sa connaissance et celle de Raymonde de Laroche[2] qui l'accompagnait. Étaient également engagés : Aubrun, sur Deperdussin ; Marie Marvingt[3], sur Antoinette ; Mouthier, Loridan[4], Obre, mon camarade de Cholet, etc.

Cette première semaine de Saint-Étienne eut lieu avec un succès moyen. L'imprésario Carnus avait habilement constitué son programme, mais avait dû se contenter d'un mauvais terrain, entouré de collines où le public s'accumulait pour assister au spectacle gratis. Au point de vue des vols, l'exhibition fut quelconque. Pour ma part, je fus aux prises avec un moteur impuissant. Je réussis pourtant à remplir mes engagements, même avec un succès que j'aurais pu mieux mériter.

Obre, heureusement en progrès, depuis Cholet, fit quelques démonstrations pacifiques.

Biélo vint à bout, quelquefois, d'un moteur aussi récalcitrant que le mien.

Mouthier fut éliminé à sa première sortie par un atterrissage maladroit, qui coûta une hélice et un train d'atterrissage.

Enfin Marvingt fit preuve d'une audace intempestive en partant avec son vaste Antoinette du mauvais terrain où nous étions : elle échoua sans mal, parmi la verdure, dans un jeu de boules voisin.

1. Voir notice biographique en fin de volume.
2. Voir notice biographique en fin de volume.
3. Marie Marvingt (1875-1963), polyglotte, licenciée ès lettres, pratique de nombreux sports et arts. En 1909, elle traverse la mer du Nord en ballon. Brevet 281, elle remporte en 1911 la Coupe Femina, avant de se déguiser en homme pour servir pendant la Première Guerre mondiale. Démasquée, elle créera un service d'ambulances aériennes, les *Ailes qui sauvent*.
4. Louis Mouthier (brevet 157) ; Marcel Loridan (brevet 224).

À quelques jours d'intervalle eut lieu la deuxième semaine d'aviation de Saint-Étienne – pour inaugurer le magnifique aérodrome permanent de Bouthéon.

Je m'étais vite lié avec Charles Voisin. Nous étions entrés en relation avec M. Nentien le créateur de Bouthéon et nous avions obtenu de lui les engagements de Weymann et d'Audemars. D'autre part étaient engagés : Train, stéphanois de naissance, et son élève Marc Bonnier[1].

Charles Voisin devint en quelque sorte notre représentant à Biélo, Weymann, Audemars et moi. Il se chargeait pour nous de tous les règlements ; de toutes les questions matérielles, transports, surveillance des mécanos et des appareils, organisation de nos voyages, etc.

Nous ne nous occupions plus absolument que de voler.

Je reçus à Saint-Étienne mon bel appareil du record – c'était vraiment une merveille. J'avais hâte de faire la tentative projetée.

En attendant, je repassai mon Blériot d'emprunt à Audemars, qui s'était enfin décidé à abandonner sa Demoiselle. La fête de Bouthéon favorisée d'un temps propice fut très réussie. Nous volâmes avec un entrain superbe. Il n'y eut aucun accident, sauf celui de Marvingt qui, décidément malheureuse, mit en miettes son Antoinette, au premier départ. Elle avait voulu faire, dit-elle, « un virage en allumette ». Ce lapsus nous fit beaucoup rire : on disait en style d'aérodrome un virage en épingle à cheveux et réduire un appareil en allumettes – notre bonne camarade avait adopté involontairement un raccourci expressif.

1. Marc Bonnier (brevet 478) réalisera en 1914 un voyage aérien de Paris au Caire, en passant notamment par Jérusalem. Il mourra en service commandé en 1916.

Audemars se tira sans dommage d'une panne sèche, par un atterrissage adroit, hors du champ.

Weymann obtint un grand succès dans ses virages de précision au ras du sol.

Je fis quelques bons vols, en ménageant avec soin mon appareil neuf.

Malgré l'abondance et la variété de nos exhibitions l'affaire de Bouthéon fut un désastre pour Nentien. Le premier meeting, trop récent, avait absorbé toute la curiosité des Stéphanois. D'autre part, Bouthéon était mal desservi au point de vue des transports. La fête n'était commodément accessible qu'aux automobilistes. Le dernier dimanche, sur lequel on comptait fut désastreux. Nous lui proposâmes de prolonger notre séjour d'une journée pour lui donner une chance de se rattraper un peu.

Ce lundi-là, sous un ciel clair, notre exhibition d'adieu – la plus jolie certainement que nous ayons faite – eut lieu littéralement devant les banquettes. Pas un seul spectateur ne passa aux guichets. Et pourtant, il y en eut un qui apparut soudain, solitaire, au milieu des belles tribunes décorées d'oriflammes... Ce fut un grand émoi parmi les contrôleurs oisifs : deux d'entre eux se précipitèrent à la fois pour réclamer son billet à ce fidèle *aficionado*. Il n'en avait pas. On voulut l'expulser. On découvrit alors que le spectateur était Charles Voisin...

Chacune des journées de Saint-Étienne fut une partie de plaisir. Nous allions déjeuner en pique-nique dans la forêt à une dizaine de kilomètres. Les dames se chargeaient du ménage. Nous partions en caravane, vers midi, dans la montagne. Nous choisissions un point de halte à proximité d'un ruisseau clair et frais. Nous abritions les voitures ; nous déballions les provisions de bouche et le matériel et nous commencions d'inénarrables débauches de gourmandises et de gaîté.

Après le repas nous restions étendus dans l'herbe, les rires et les plaisanteries mouraient peu à peu et l'on n'entendait bientôt plus que le murmure du ruisseau et le frôlement des feuilles.

Nous retardions le plus possible le moment du départ, mais il fallait bien se décider vers les 3 heures à aller gagner sa vie. Dieu sait si elle était belle et facile à cette époque… Nous mettions dans nos exhibitions un entrain, une fantaisie spontanés : c'était par moments un véritable quadrille aérien.

Nous rentrions le soir ivres d'air et d'espace.

Le dîner avait lieu dans un petit restaurant assez intime, dont nous étions les habitués très gâtés.

Et la soirée se terminait par une dernière flânerie à travers la ville endormie. C'était un heureux temps…

De Saint-Étienne, Charles Voisin conclut pour nous une affaire au Mans. À cette occasion le pauvre Kimmerling[1], un excellent camarade, vint renforcer notre team, et notre caravane s'accrut encore d'un groupe d'amis de Weymann, arrivés en touristes de Paris. La vie de bohème de Saint-Étienne recommença au Mans et resta traditionnelle dans ces tournées en province que nous ne reverrons plus et dont la fantaisie insouciante ne serait d'ailleurs plus de mon âge.

En dehors de notre groupe étaient engagés au Mans : Level[2] (sur Savary) qui se tua à Reims quelques jours plus tard et Mademoiselle Dutrieu[3] sur biplan Farman.

1. Albert Kimmerling (brevet 291) mourra en 1912 d'un accident d'avion à vingt-neuf ans.

2. René Level (brevet 221).

3. Hélène Dutrieu, aviatrice belge vainqueur en 1910 de la Coupe Femina.

Cette courageuse aviatrice fit voler avec elle le regretté président de l'aéro-club de la Sarthe, Léon Bollée. Elle fit une fausse manœuvre et heurta en plein vol un mât d'oriflammes. Le Farman, coupé en deux, s'écrasa sur le sol au milieu de la foule. Et par miracle, personne ne fut atteint. Léon Bollée, qui pesait plus de 100 kilos et souffrait d'une maladie de cœur se releva sans mal. Mademoiselle Dutrieu, elle, en avait vu bien d'autres.

Weymann fit également, pour son dernier vol au Mans, une chute impressionnante. Dans un de ces virages très inclinés qu'il ne craignait pas de faire près du sol, son levier de commande trop long se coinça contre son carburateur. Le Nieuport se piqua en terre à pleine vitesse et fut anéanti. Pilote indemne.

Le meeting du Mans fut un gros succès à tous les points de vue.

La municipalité et l'aéro-club nous offrirent des réceptions cordiales.

Certain vin d'honneur resta légendaire par les difficultés que Charles Voisin éprouva à nous réunir pour y aller. Personne n'était prêt. Le brave ami courait des uns aux autres, comme un chien de berger dont le troupeau s'éparpille, et, la montre en main, il débitait d'une voix lente et solennelle cette invariable scie : « Messieurs, je dois vous prévenir qu'il y a exactement 45 minutes, que M. le maire du Mans, ceint de son écharpe et entouré de son conseil municipal, explore les horizons de la place en attendant les aviateurs. »

Et cette idée l'entretenait dans une hilarité communicative.

Après Le Mans, je ne voulus pas différer plus longtemps ma tentative de record. Notre groupe se dispersa provisoirement et je rentrai à Paramé, accompagné de Charles Voisin et de son amie Raymonde de Laroche.

Il avait été convenu que Charles se chargerait dorénavant de mes intérêts personnels, en ami manager. Il était d'une activité infatigable, d'un entrain irrésistible. En affaires, habile et persuasif ; en technique, fort expérimenté. J'attachais le plus haut prix à sa collaboration et à ses conseils. Il devint pour moi un ami très dévoué.

Je trouvai à Dinard un contrat tout préparé avec le comité des fêtes. Mais toutes mes pensées se concentrèrent sur le record. Je tins à m'installer à l'abri d'une gênante affluence de curieux. Charles me fit monter un hangar sur un terrain attenant à une ferme isolée, du côté de Cancale. Là, je serais tranquille.

L'appareil fut déballé et préparé avec des soins infinis. Le moteur démonté pièce à pièce, vérifié, nettoyé, remonté. Puis je m'en servis par petits vols au total pendant 2 heures comme il convient pour roder et remettre en place des pièces nouvellement rassemblées.

Tout était prêt. Jacques Schneider m'avait aimablement offert ses services comme commissaire de l'aéro-club. Je le convoquai par télégramme. Il arriva.

La tentative eut lieu le 4 septembre, au lever du soleil. Je profitai d'une marée basse.

J'arrivai au petit terrain de Cancale en compagnie de Voisin et de Schneider. Pendant que je m'habillais, ils procédaient devant témoins à la mise en train du barographe. Les scellés étaient apposés, l'instrument fixé sur mon appareil, dans une position qui me permettait d'en surveiller le fonctionnement. J'avais la crainte de voir ma performance annulée pour une panne de barographe.

Il fut convenu que je ne reviendrais pas à mon point de départ, mais que j'atterrirais sur la plage de Paramé.

Le record à battre était celui du Capitaine Félix, 3 350 mètres[1].

Je partis calme et confiant, car je me sentais bien prêt.

L'ascension fut très régulière – jusqu'aux environs de 2 400 mètres, je me trouvais dans des conditions habituelles. Je me tenais constamment au-dessus de la mer. Je ne la voyais que dans un rayon limité à cause de la brume matinale qui brouillait l'horizon. À l'est, le soleil flamboyait et réchauffait le côté de mon corps que je tournais vers lui.

À partir de 2 500, je concentrai mon attention à surveiller ma carburation, mes instruments de contrôle et mes propres sensations respiratoires et cardiaques ; car à chaque nouveau record de hauteur, les physiologistes déclaraient l'organisme humain incapable de supporter sans accident de plus grandes différences de pression et chaque nouvelle tentative se faisait sous la menace constante de la syncope.

J'avais repéré sur la feuille quadrillée du barographe la hauteur que devait dépasser mon diagramme et je ne quittais pas des yeux l'aiguille qui le traçait. La courbe se dessinait régulière. À l'approche des 3 000 ma confiance devint presque une certitude de réussir, et je sentis mon cœur battre… mais d'émotion seulement.

Je redoublai d'attention pour me maintenir à l'angle de montée optimum. Par instants je sentais l'air porter mieux : j'en profitai pour gagner plus vite quelques mètres. Je tâtais le vent pour l'utiliser au mieux. Je m'efforçais de mettre en œuvre le doigté que j'avais acquis en un an d'entraînement intensif. Je me sentais bien disposé, lucide et cet effort me passionnait. Je vis l'aiguille effleurer – atteindre – dépasser le record : ce fut une de mes satisfactions sportives les plus complètes.

1. Record établi à Étampes le 8 août.

La courbe montait encore : il me restait près d'une demi-heure de combustible. Jusqu'où irais-je ? Je me fixai comme nouveau but le quatrième kilomètre.

Mon regard revenait sans cesse à la plume du barographe : chaque fraction de millimètre gagnée était une petite victoire… La montée devint plus lente, plus difficile. Malgré mes précautions, je souffrais un peu du froid, surtout aux mains et aux pieds. En revanche, je ne ressentais pas le moindre trouble cardiaque ou respiratoire. J'éprouvais même comme un bien-être dans cet air léger et pur.

La côte et la mer étaient lointaines et floues, c'était une vision de rêve. Au-dessus de moi, au contraire, le ciel était d'un bleu très pur et le soleil levant y faisait éclater une lumière triomphale. Malgré la préoccupation du but à atteindre je voyais tout, je vivais intensément.

Outre le barographe officiel, j'avais sous les yeux un altimètre à cadran. Cet instrument donnait une mesure un peu plus sévère que l'autre. Je m'en rapportai à lui : je lus 3 900 – 3 950. Il fallut dix minutes pour les derniers 100 mètres. L'appareil se cabrait sans monter, titubait, donnait des sensations d'équilibre instable. Peut-être aurais-je pu gagner encore quelques mètres : mais le vol était devenu fort désagréable. J'étais satisfait du résultat atteint… Je coupai l'allumage avec précaution et commençai une descente prudente. De temps en temps je m'assurai par un coup de contact que je pouvais toujours compter sur mon moteur.

À moitié chemin, j'eus un violent sursaut : j'avais entendu une détonation, un éclatement déchirant. Je me rendis compte presque aussitôt que le phénomène s'était produit dans mes oreilles. Je sentis une petite douleur aux tympans et des bourdonnements : mais c'était peu de chose.

La plage approchait. Je visai la place où j'avais rendez-vous, en face de notre hôtel. L'appareil s'arrêta à quelques pas de la terrasse.

J'avais battu de 800 mètres le record du monde de la hauteur[1].

Mon cher manager m'attendait assez anxieusement, le chronomètre en main. On m'avait complètement perdu de vue pendant une demi-heure. La bonne nouvelle fut accueillie avec enthousiasme. La plage était encore déserte à cette heure matinale. Je rentrai tranquillement à l'hôtel et me mis au lit pour me réchauffer, car j'étais gelé : un bon grog et une heure de repos eurent raison de cette petite défaillance d'un tempérament frileux.

Heure délicieuse où les oreilles encore assourdies et bourdonnantes je savourai béatement la joie d'un succès longtemps désiré.

Puis je me levai frais et dispos et il fut décidé que nous irions fêter la victoire par un fin déjeuner à Dinard.

Nous partîmes à quatre, dans la petite Grégoire inachevée que Biélo m'avait gentiment prêtée depuis Le Mans. J'étais au volant ; à mes côtés Raymonde de Laroche, et se partageant l'unique siège arrière : Charles Voisin et Toché, un jeune journaliste de nos amis. Nous partîmes à bonne allure sur la route de Saint-Malo. Je conduisais avec l'entrain d'un vieux chauffeur qui vient de réussir une affaire. Nous nous trouvâmes bientôt à quelque centaine de mètres derrière un infâme tacot qui soulevait d'épaisses volutes de poussière. Le rattraper et le dépasser n'étaient qu'un jeu – mais nous en serions sortis poudrés à blanc. D'autre part il était ennuyeux de marquer le pas jusqu'à Saint-Malo. La solution de ce dilemme se présenta tout

1. Le record ne sera finalement homologué qu'à 3 950 mètres.

à coup sous la forme d'une route perpendiculaire à celle que nous suivions. L'automobile est, par excellence le sport des décisions promptes. D'un coup de volant précis, j'abandonnai le sillage du tacot et m'engageai dans le chemin de traverse. À ce moment j'eus l'intuition que quelque chose de bizarre se passait derrière mon dos. Je perçus un petit cri d'angoisse étouffé. Tout en jouant des pédales, du levier et du volant afin qu'une reprise élégante succédât à un si beau virage, je retournai la tête une seconde… Je revois encore l'instantané qui s'imprima sur ma rétine… Voisin et Toché, dans des attitudes recroquevillées et parallèles étaient *dans l'air*. Leurs profils se détachaient sur le fond blanc du nuage de poussière. L'un derrière l'autre ils continuaient à suivre la grand-route. Je ne vis pas leur atterrissage sur le macadam, mais tout mon système nerveux le ressentit et se crispa. Instantanément j'avais freiné de toutes mes forces. Au prix de quelques-uns de leurs clous, les antidérapants de Biélo s'étaient incrustés dans le sol. Je me précipitai, muet d'angoisse, Toché se releva en titubant et s'époussetait machinalement en balbutiant d'inintelligibles monosyllabes. Charles était moins rassurant : le visage décomposé, il se tenait les reins. Il avait touché terre le premier et avait reçu Toché sur le dos. Néanmoins tous deux étaient debout, n'avaient rien de cassé. J'étais trop heureux de les voir s'en tirer à si bon compte. Alors m'apparut le côté comique de l'accident ; je fus pris d'un fou rire irrépressible qui m'attira très justement les reproches impatientés de Raymonde. L'inquiétude me rendit mon sérieux : la douleur de Charles ne semblait pas se calmer – il était pâle, défaillant. Que faire ? Nous nous consultions fort embarrassés. Pendant ce temps un petit attroupement s'était formé autour de nous. On nous dévisageait curieusement. C'était une situation désagréable… Tout à coup un petit garçon se força un passage et se précipita vers moi, le visage radieux : « Bonjour m'sieur. Vous ne me reconnaissez pas ? » Et pour se faire reconnaître, il ajouta de sa petite voix claire, au milieu du silence que cet incident avait déterminé : « Je suis le petit garçon que vous avez écrasé l'année dernière. »

À ce signalement, Charles lui-même ne put s'empêcher de sourire. À son tour, il eut pitié de moi, fit un effort, remonta en voiture et je m'esquivai honteusement. Notre déjeuner fut moins joyeux que nous l'avions souhaité. Notre pauvre ami souffrait toujours sérieusement. Il avait des étourdissements. Nous dûmes le coucher dans une chambre du *Royal*. Il s'en tira finalement avec 48 heures de repos forcé et 8 jours de courbatures.

Le record de hauteur donna un éclat particulier à mes exhibitions de Dinard. Pendant une dizaine de jours je fus comblé de gâteries de toutes sortes et j'emportai de ce deuxième séjour un souvenir plus aimable encore que celui de l'année précédente.

Mes voyages en province se prolongèrent jusqu'au mois de novembre. En général je passais à Paris les débuts de semaine – sans autre souci que celui de vivre le plus agréablement possible. Je partais généralement le vendredi ou le samedi, soit seul, soit en compagnie d'Audemars ou d'autres camarades. Charles nous attendait à destination avec une organisation parfaite. Je n'avais plus que la peine – ou plutôt la joie – de voler sur mon appareil soigné comme un cheval de grand prix.

C'est ainsi que je visitai notamment :

Lorient – avec Audemars sur Demoiselle. Mauvais terrain, vilain temps, beaucoup de monde.

Auray – moi seul – mauvais temps – je note une remarque utile pour les atterrissages vent de côté. Une marchande de programmes me remet sous enveloppe anonyme une ravissante petite médaille d'or de Notre-Dame d'Auray, que j'ai conservée.

Vannes.

Rennes – avec Kimmerling – organisation Baré – temps médiocre.

La Ferté-Vidame – avec mon premier appareil – celui de l'accident de Dinard – que Blériot venait de remettre à neuf – moteur agonisant – exhibition détestable.

Marseille. Grande semaine organisée par MM. Coussemille, commanditaire et Manselon, imprésario marseillais, promoteur du célèbre combat du tigre avec le taureau[1]. « Lui, il a l'argent, moi j'ai les idées. » Les règlements quotidiens donnent lieu aux formalités de la « pêche » par Charles Voisin. Audemars écrase sa Demoiselle au premier départ et partage mon appareil pendant tout le meeting. Je fais la connaissance de l'ami Niel[2], vieil aviateur honoraire, joyeux compagnon. Mon Père, récemment arrivé de Cochinchine, me voit voler pour la première fois. Védrines accomplit l'exploit de passer sous le pont transbordeur.

Aix-en-Provence. Terrain minuscule, je m'arrête deux fois à quatre pas du mur limite. Une autre fois je n'évite le choc qu'en sautant de mon siège et en retenant l'appareil par la queue.

Après notre départ de La Havane, Barrier et Simon avaient continué leurs pérégrinations à travers les États-Unis. Nous avions reçu une ou deux lettres de Barrier. La belle saison leur avait permis de visiter quelques

1. Combat entre deux tigres et deux taureaux organisé en août 1908.
2. Voir notice biographique en fin de volume.

villes du Nord et ils avaient terminé en prenant part au grand meeting de Chicago.

Ils nous arrivèrent un beau jour à Paris, avec une copieuse moisson de dollars et de souvenirs. Ce fut une douce émotion de nous retrouver tous les quatre indemnes après tant de périls. La tournée Moisant avait coûté 3 morts en 12 mois ; sur un effectif de 8 pilotes au maximum, c'était une proportion éloquente.

Or, voici que s'offrait à nous une nouvelle combinaison américaine. Barrier avait connu à Chicago un riche sportsman qui s'était passionné pour l'Aviation. Ils avaient formé ensemble le projet d'une nouvelle tournée. Barrier était chargé de traîner avec Audemars et moi un engagement de 6 mois au minimum.

J'accueillis cette proposition sans grand enthousiasme : la M.I.A. m'avait laissé un mauvais souvenir, tandis que j'avais trouvé en France une vie facile et agréable.

Mais Barrier me persuada qu'il ne fallait pas craindre de notre nouveau commanditaire les tracas dus à l'exaltation du vieux Moisant.

D'autre part mes conditions furent acceptées sans discussion. Je signai donc le contrat que nous avions dicté nous-mêmes. Il nous restait peu de jours pour préparer le départ. Simon n'était pas de cette nouvelle expédition : rassasié d'aventures il refusa de quitter Paris ; en revanche je ne voulus pas me séparer de Charles Voisin, dont nous n'avions cependant pas pu faire admettre les services, ni de mon appareil du record bien que tout le matériel dût nous être fourni par l'entreprise.

Nous nous mîmes en route vers la fin de novembre 1911 pour Rio de Janeiro, où nous avions rendez-vous avec Monsieur Conibro et le reste de la Queen Aviation Company ^{Ltd}.

EN AMÉRIQUE DU SUD

XVII

Les lignes d'Amérique du Sud sont moins bien desservies que celles de New York. Les convenances de dates nous imposèrent un bateau anglais de deuxième ordre, le *Thames*, sur lequel nous fîmes une traversée peu intéressante ; embarqués au Havre, nous fîmes de courtes escales à Lisbonne, Saint-Vincent, Pernambouc, Bahia. Le voyage se termina dans le décor féerique de la baie de Rio. Dès que le *Thames* franchit l'étroit chenal flanqué à gauche par le Pain de sucre, nous nous trouvâmes d'un coup entourés de cette luxuriance exubérante du climat brésilien. Nous étions attendus au débarcadère par le secrétaire de M. Conibro [1] et un autre employé – Barrier les reconnut et nous les présenta. Nous apprîmes que Monsieur Conibro n'était pas encore à Rio, pas plus que le matériel. Il arriverait quelques jours plus tard. En attendant M. Malone, le secrétaire, était chargé des démarches en vue d'une exhibition à Rio.

On nous avait apprêté un appartement à l'hôtel *Avenida*. Mais nous le quittâmes presque aussitôt pour aller nous installer à l'*International*. Cet établissement accroché au flanc de la montagne, à mi-chemin du

1. Willis McCormick, surnommé M. Conibro ou M. Corni par Roland Garros.

sommet du Corcovado, domine la ville et la baie. Malheureusement le seul moyen d'y accéder était un petit tram électrique qui gravissait le lacet tortueux de sa voie étroite avec des grincements terribles. Il sortait de la ville par un viaduc élevé, étroit, d'aspect délabré, que je ne passais pas, les premiers jours, sans une petite impression de vertige et d'angoisse.

L'absence de toute route carrossable était vraiment un inconvénient déplorable. Moyennant ce désagrément l'hôtel était assez confortable, à l'abri des chaleurs terribles ; surtout, on y jouissait d'un des plus beaux panoramas du monde. À nos pieds, Rio, immense, disséminée dans la végétation tropicale ; puis l'eau calme de la baie. À droite, entre les quais et le Pain de sucre, une succession d'anses régulières donne au rivage la forme harmonieuse d'un feston, que longe une belle avenue bordée de palmiers. C'est le quartier élégant de la ville. Au milieu de la rade, de petites îles dont la disposition rappelle un peu les Borromées, et une flotte de bateaux à l'ancre, qui semblent des jouets. Sur la rive opposée, les maisons blanches de Nictheroy. Enfin au lointain, au fond de la baie, toute une sierra dentelée, sauvage, et sur tout cela une orgie de lumière.

Il y avait en face de nos fenêtres des levers de soleil inouïs. Quelquefois par hasard, l'un de nous s'éveillait à temps et appelait les autres. Nous nous accoudions tous les quatre et longuement, nous contemplions l'aurore. C'étaient des scènes grandioses. Dans un ciel à la fois plus immense et plus vivant que les nôtres, la lumière s'annonçait et se répandait avec force. Les tons plus riches, plus éclatants subissaient des transformations violentes. Pendant un moment une grande animation silencieuse régnait dans la nature : c'était toute la vie ardente de ce climat qui s'éveillait. Et tout à coup, le soleil jaillissait, effaçant les nuances et les ombres sous un flot de clarté accablante.

La nuit, c'était une autre féerie. À nos pieds Rio scintillait silencieuse, devant le miroir sombre de sa baie et au-dessus de nos têtes, le ciel était si prodigieusement chargé d'étoiles qu'on eût dit une voûte de diamants.

Les premiers jours passèrent vite sous le charme exotique de tout ce qui nous entourait. Nous remplissions notre oisiveté de longues promenades lentes, en automobile. On trouve à louer de belles voitures de tourisme, à Rio, notamment beaucoup de nos Renault nationales. Les itinéraires, il est vrai, se réduisaient à deux – du moins nous n'en connûmes pas d'autres. Mais ces deux promenades étaient si belles, qu'on ne pouvait s'en lasser. La plus courte consistait à longer doucement le rivage festonné de la baie jusqu'au Pavillon mauresque ; en continuant sur la même route, on coupait un isthme étroit et accidenté et l'on retrouvait sur l'Océan cette fois, une longue plage bordée de villes et d'un ou deux établissements hétéroclites, où l'on pouvait consommer des rafraîchissements.

L'autre promenade, beaucoup plus longue était le beau circuit de la Tijuca, dans les montagnes pittoresques qui dominent Rio.

Nous fîmes également une jolie excursion – malheureusement en funiculaire et à pied – jusqu'au sommet abrupt du Corcovado qui surplombe presque la ville de ses quelque 800 mètres de roc. En revenant de là nous nous arrêtâmes sur le versant opposé et nous y déjeunâmes sur une terrasse d'hôtel magnifiquement située : de ce côté on ne voyait pas d'habitations.

Des pentes sauvages, couvertes de végétation intense descendaient à pic jusqu'au rivage de l'Atlantique.

Après un déjeuner détestable nous redescendîmes à pied – bien que ce fût défendu – le trajet du funiculaire, jusqu'à la tête de ligne du tramway. Ce chemin était assez pittoresque : il nous fallut passer un ou deux ponts sans plancher, en sautant de solive en solive, au-dessus de ravins profonds. Aucun de nous heureusement n'était sujet au vertige.

Tandis que nous commencions à nous inquiéter de son absence, M.Conibro débarqua un soir à l'improviste, suivi d'un valet de chambre polyglotte si élégant que le prenant pour un ami ou un secrétaire, je le saluai et lui tendis la main, ce à quoi il se prêta du reste sans sourciller.

M.Conibro était un gentleman de belle taille, qui pouvait avoir une trentaine d'années. Il était blond, tout rasé, d'une physionomie douce et souriante. Sa démarche était indolente et gauche. Il parlait peu, d'une voix traînante, avec parfois une sorte de bégaiement. Il portait négligemment des vêtements du meilleur faiseur de New York. L'ensemble de sa personne inspirait de la sympathie. Nous sûmes bientôt qu'il était franc, bon et original. Pendant quelque temps la présence du Directeur de la Q.A.C. ne changea guère notre vie. Il devint le flegmatique mais aimable compagnon de nos flâneries, partagea nos promenades, nos soirées, nos distractions sans se préoccuper beaucoup de l'organisation du meeting. Il semblait vouloir s'en rapporter sur cette question à son secrétaire et à nous, bien qu'en principe nous n'eussions pas à nous en mêler.

Les démarches traînèrent en longueur, sous la direction hésitante de M. Malone. D'ailleurs le matériel n'était pas prêt. Nous avions reçu de New York trois appareils, que la Queen avait achetés d'occasion sous l'assurance qu'ils étaient à l'état de neuf. C'étaient : 1. un vieux Blériot monoplace. 2. un Blériot biplace tandem réparé après avarie grave. 3. un vaste biplace Nieuport auquel il manquait des pièces indispensables.

Quant à mon appareil du record il était en voyage sur le cargo-boat *Eburon* dont on n'avait aucune nouvelle.

Le vieux monoplace fut mis le premier en état de voler. On renonça à s'occuper du Nieuport. Enfin il fut décidé que le tandem serait raccourci et transformé en monoplace, ce qui entraînait des travaux compliqués. En attendant nous ferions quelques vols de démonstration sur la seule machine prête.

Après quelques essais de réglage, ma première sortie fut une visite au Président de la République. Je traversai la ville et arrivai sur la résidence qu'on m'avait indiquée. Le chef de l'État, prévenu, m'attendait avec son entourage, sur la terrasse. Je lui dédiai une spirale de ma façon, laissai tomber ma carte de visite, puis rentrai à l'aérodrome. Ce début fit une heureuse impression dans l'opinion publique.

D'autre part mes premiers vols enthousiasmèrent M. Conibro, ses sentiments admiratifs s'exprimaient par un large sourire béat et cette seule interjection : « *Fine* ».

Audemars fut moins heureux : nous volions sur un champ de courses peu accessible au centre. Il fallait partir et atterrir entre les barrières de la piste. Le Roi de la Demoiselle, peu entraîné encore au Blériot, dévia légèrement au départ et s'écrasa sur la palissade. Notre unique machine était anéantie. M. Conibro avait suivi la catastrophe d'un œil glacial. Audemars eut de la peine à reconquérir sa confiance.

Nous étions de nouveau privés de tout matériel volant. L'*Eburon* avait tant de retard qu'on se demandait sérieusement s'il n'avait pas fait naufrage. Notre vie fut quelque temps un peu monotone. Nous descendions presque chaque jour déjeuner à la rôtisserie, restaurant plus gai que celui de notre hôtel et où j'avais le plaisir de retrouver des mots créoles de mon enfance. Ensuite c'était l'inévitable tour au champ, pour inspecter les travaux de nos mécanos ; puis les mêmes flâneries en auto qui nous soulageaient d'une chaleur torride. Le soir nous traînions vaguement entre le music-hall – dont le programme n'était renouvelé que chaque semaine – le cinéma, et les pensions dites d'artistes. Ou encore, nous recommencions, au clair de la lune l'éternelle promenade au bord de la mer. À demi étendus sur les coussins de la voiture, nous glissions doucement le long de la plage, jusqu'au bout du parcours traditionnel. C'est dans ces circonstances qu'un soir M. Conibro nous donna pour la première fois la mesure de son originalité.

Il pouvait être dix ou onze heures. La mer caressait mollement le rivage, l'air était doux, avec de temps en temps un souffle encore tiède, le ciel criblé d'étoiles. La route n'était pas déserte ; des voitures de promeneurs nous croisaient ou nous dépassaient.

M. Conibro assis devant nous, à la gauche du chauffeur, tête nue, la veste déboutonnée, les membres détendus se rassasiait d'air. Mais voici que M. Conibro ébauche un geste qui signifie : « Stop ». L'auto s'arrête. Il descend et marche tranquillement vers la plage, sans se retourner, sans prononcer une parole. Il a sans doute besoin d'une minute de solitude. Nous attendons, M. Conibro avance toujours, à grands pas lents. Sa haute silhouette habillée de blanc se détache un peu sur le fond sombre de la mer.

Il s'arrête et sans se presser il enlève sa veste, défait sa cravate, déboutonne son faux col et les pose sur le sable. Puis il s'assied et se déchausse, le voici pieds nus, il se remet debout, ôte son pantalon, son caleçon, sa chemise. M. Conibro est nu… nu comme un ver !

Alors de sa même allure nonchalante, comme si c'était une chose toute naturelle il s'approche de l'eau et d'un élan s'y précipite enfin dans un grand éclaboussement. Nous sommes ahuris. Mais M. Conibro continue : l'eau lui arrive à la ceinture, à la poitrine…

Il se met à nager droit vers le large, il s'éloigne dans l'obscurité.

Une inquiétude nous envahit : serait-ce un suicide ? En tout cas, cette plaisanterie, si c'en est une, n'est pas exempte de danger ; il y a des requins au Brésil. Que faire ? Nous attendons, nous nous sommes approchés de l'eau. M. Conibro nage toujours. Nous le suivons péniblement du regard. Voici cependant qu'il s'approche. Comme il est entré M. Conibro sort de la mer. Pourvu qu'il ne passe pas de voiture sur l'avenue ! Il s'ébroue, s'égoutte comme un chien mouillé, puis toujours silencieux et digne, M Conibro entame, à la lueur des étoiles et des réverbères, un pas de gymnastique énergique et bien décomposé. Il s'arrête un peu essoufflé près de ses vêtements et se rhabille sans hâte, sur ces simples mots :

– L'eau est bonne.

Chacun reprend sa place : la voiture repart.

L'eau exerçait décidément sur M. Conibro, une attraction particulière. Il nous en donna une nouvelle preuve au cours d'une excursion à la Tijuca. Nous avions fait au parc la halte traditionnelle, pris quelques rafraîchissements sous les beaux arbres. Puis, en flânant par les allées, nous arrivâmes à un petit rond-point orné d'un bassin entouré d'une pelouse et dans lequel se déversait en cascade un ruisseau.

Là, nous nous arrêtons une minute, parmi de nombreux promeneurs. C'est alors que M. Conibro se détache de notre groupe, de son pas traînant, enjambe la petite barrière métallique qui limite la pelouse interdite au public, et va, tel qu'il est, le plus tranquillement du monde, s'asseoir sous la cascade… Ruisselant de la tête aux pieds, il tend son visage, sa poitrine, ses mains, à l'eau qui tombe et paraît prendre un vif plaisir à ce jeu. La foule regarde, médusée… Un gardien se décide enfin à interpeller le délinquant. Mais M. Conibro prend son temps, se retourne encore une ou deux fois sous la douche, et ne revient qu'après avoir pleinement satisfait son caprice.

Le gardien perplexe tente au passage d'obtenir une explication. M. Conibro impassible ignore cet intrus. Il nous rejoint : son léger costume de soie Chantoung lui colle au corps d'une façon indécente. Une flaque d'eau se forme à ses pieds dès qu'il s'arrête, comme dans les vestibules à la pointe des parapluies mouillés.

Tout le monde nous regarde. Nous entraînons notre original compagnon vers l'auto et nous démarrons sans plus tarder.

M. Conibro pense alors à donner quelque soin aux objets qui se trouvent dans ses poches. Son portefeuille, ses papiers, ses bank-notes sont en bouillie ; ses clefs, sa montre, son mouchoir, sont tout trempés. La place qu'il occupe dans la voiture n'est bientôt qu'un marécage.

Mais M. Conibro n'a jamais été plus heureux et il l'exprime à sa manière concise :

– *Fine*…

Le cargo-boat *Eburon* s'est décidé à nous arriver avec deux semaines de retard. Le malheureux rafiot a subi une tempête terrible. Il a failli sombrer avec mon bel appareil : j'en aurais pris le deuil. Enfin, le voici mouillé dans la baie ; il est sale, désemparé, lamentable ; mais il contient mon trésor. Brûlant d'impatience je saute dans un canot avec Charles et nous allons faire le tour de l'*Eburon*. Charles photographie, en souvenir, la poupe où la mer a arraché des lettres au mot *Eburon*.

Aussi vite que le permirent les formalités de douane, la grande caisse fut débarquée, transportée au champ, ouverte : il n'avait pas trop souffert – l'humidité avait seulement tordu un peu le gouvernail et quelques nervures d'ailes…

Nous avions donné au secrétaire de notre mécène – un excellent homme – le surnom d'Œil-de-coq, que justifiait une certaine ressemblance physique et intellectuelle. Donc, Œil-de-coq ayant terminé une série de démarches plus ou moins heureuses déclara son organisation prête. On fixa un terme rapproché à notre première. Nous aurions ce jour-là deux appareils en service ce qui à la rigueur pouvait suffire à 3 pilotes.

Nous avons tous ressenti ce malaise indéfinissable qui nous envahit à l'approche d'une épreuve parfois insignifiante.

L'intensité de ce trouble nous donne la mesure de ce qui nous manque d'entraînement et nous reconnaissons ce qui en sport s'appelle la forme, à l'indifférence des nerfs lorsque arrive le moment de s'exécuter.

Barrier n'avait pas volé depuis plusieurs mois lorsque lui incomba la tâche ingrate d'essayer notre tandem transformé. Il dut songer longuement à la piste étroite, aux barrières menaçantes et aux terribles remous de chaleur de ce pays torride. Il essaya d'échapper au moins à ce dernier fléau et résolut, quelle que fût notre commune répugnance pour les réveils matinaux, de se rendre au terrain aux premières heures du jour.

Si quelque chose peut aggraver le malaise dont j'ai parlé, c'est bien, pour des dormeurs incorrigibles, la fraîcheur importune de l'aube. C'est le moment où l'on se sent les membres mous, le cerveau vide de chaleur et d'énergie, et dans tout l'être une sorte de dépression. On s'étonne d'avoir cru possible des choses impossibles ; aucun élan n'aide la volonté, on se sent faible et seul devant la détermination prise et le courage est pénible.

Ce jour-là fut pour notre camarade un jour d'épreuve. Seul Voisin toujours plein d'entrain avait consenti à l'accompagner. Il nous fit en rentrant un récit pitoyable. Barrier avait passé la première partie de la matinée à lutter contre un véritable mal de mer plein de vertiges et de nausées. Il avait tout de même accompli l'essai nécessaire – mais fort tard, sous un soleil de plomb, parmi les fameux remous…

« C'était bien la peine », conclut Audemars selon une de ses formules préférées.

Notre première fut assez réussie. Je remplis facilement les conditions de quelques prix créés par les journaux, notamment pour une traversée de la baie, entre Rio et Nictheroy. Mais ces vols n'attirèrent pas la foule qu'il eût fallu. Les spectacles d'aviation ne peuvent être bien organisés que par un spécialiste et notre Œil-de-coq n'avait rien de l'imprésario. Nous étions un peu inquiets de la mauvaise impression de ce début de M. Conibro. C'était mal connaître notre sportif mécène. Nos vols l'avaient laissé vibrant d'enthousiasme : il l'exprimait à sa manière, par un large sourire béat et ce mot universel : « *Fine* ».

Plusieurs fois nous voulûmes lui signaler les imperfections de son entreprise – mais il ne chercha pas à y remédier : son but était moins de réaliser des bénéfices que de se distraire. Et il établit cette tradition de fêter chaque « beau » vol d'un dîner au champagne qu'il ordonnait avec raffinement, et comme nous ne faisions que de beaux vols…

Au lendemain d'une de nos exhibitions nous reçûmes à l'improviste la visite de deux messieurs en civil. Ils se présentèrent ainsi : le major Païva Meira, chef de la commission d'aviation militaire au Brésil, et le lieutenant Kirk. Ces messieurs désiraient entrer en relation avec nous, obtenir des renseignements utiles à leurs travaux. Ils se faisaient fort d'obtenir pour nous une subvention du gouvernement, en échange de notre concours dans une série d'expériences et de démonstrations. Ce fut aussitôt marché conclu.

Je devais voler de Rio à Thérézopolis. On m'engagea à aller d'abord par terre me rendre compte des difficultés du parcours. Ce fut l'objet d'une belle excursion. Une chaloupe à vapeur du service régulier nous fit d'abord traverser la baie selon son plus grand diamètre. Nous arrivâmes en une heure environ dans la région la plus sauvage de ses rives, au point terminus du chemin de fer à crémaillère de Thérézopolis.

Dans le train, après quelques kilomètres en palier, l'ascension commença. Nous longions une gorge profonde, pleine de broussailles touffues enchevêtrées ; presque au-dessus de nos têtes, à gauche des pics vertigineux, parmi lesquels se dresse le Doigt de Dieu. Aucune route, aucune habitation. Nous avancions lentement... Le voyage ne se termina qu'à la nuit, sous la pluie. De la gare, deux vieilles voitures à chevaux nous conduisirent à la villa habitée par la famille du major. Nous fûmes accueillis d'une façon charmante par Mme Païva Meira, ses jeunes filles et une nombreuse société. Il fallut d'abord surmonter une certaine gêne, due à ce que nous ne parlions pas le portugais, que peu de personnes pouvaient s'exprimer en français, que M. Conibro enfin n'entendait que l'anglais.

On parvint cependant à rompre la glace et le repas s'acheva en toute cordialité. La soirée eut son épisode comique. Le nombre des jeunes gens avait rendu inévitables les « petits jeux de société ». Chacun à son tour en avait proposé un. Puis des jeunes filles avaient dit en notre honneur quelques vers français, joué du piano, etc. la fête touchait à sa fin.

Tout à coup, M. Conibro jusque-là impassible et silencieux, me pria d'annoncer qu'il allait danser un *real cake walk*... Les visages des mères de famille reflètent aussitôt une inquiétude que nous partagions : que serait ce *real cake walk* ?

Mais l'attitude de M. Conibro rendait toute diversion impossible. Je fus chargé de jouer au piano le *cake walk* demandé, et je vis de mon poste M. Conibro coiffé de son canotier, qu'il avait été chercher exprès dans le vestibule, et muni d'une petite badine, s'exposer aux regards ahuris de l'assistance dans des poses sereinement inconscientes du ridicule. Son grand corps semblait emplir le salon de gestes dégingandés et incohérents. L'essoufflement tenait sa bouche entrouverte dans un vague sourire. Un instant nous attendîmes la glissade traîtresse sur le parquet ciré. Mais le sort nous épargna cette humiliation.

Quand il se sentit fatigué, M. Conibro s'arrêta à brûle-pourpoint et s'en fut reposer son chapeau et sa badine au vestibule. Le *real cake walk* resta le clou de cette soirée.

Quelques heures plus tard, en retraversant la baie, je fus témoin d'une scène qui reste gravée dans ma mémoire.

Deux de ces grands oiseaux pêcheurs aux longues ailes pointues, qu'on appelle dans le pays des solipotes, prenaient leurs ébats au-dessus de l'eau. J'observai leur vol facile. Tout à coup l'un d'eux pique, plonge et ramène une proie, un beau poisson argenté frétillant. Il s'élève avec effort, car la proie est lourde. Arrivé à une certaine hauteur il secoue son fardeau, en détache une becquée et lâche le poisson mutilé qui tombe. Alors le deuxième solipote qui se tenait à proximité, bascule sur lui-même, et, d'un seul coup d'ailes se donne l'impulsion verticale qui lui fait rattraper dans sa chute le corps cependant lisse et dense du poisson. Ayant ressaisi par un miracle d'adresse cette proie glissante l'oiseau se redresse d'un mouvement souple et reprend à force d'ailes une direction ascendante.

J'en étais encore tout ébahi, lorsque la même scène se reproduisit de la même façon, et ainsi plusieurs fois de suite.

Le vol des grands oiseaux est un sujet d'observation passionnant. On comprend la patience de Mouillard. Et pour un pilote expérimenté et réfléchissant c'est une étude utile. En planant les oiseaux rencontrent les mêmes problèmes que nous et les solutionnent par les mêmes moyens. Leurs organes sont un peu plus complets que ceux de l'avion, et leurs réflexes ont la perfection de l'instinct. Les nôtres sont acquis par une éducation sommaire. Les aviateurs ne rêvent que courses et records, ou s'assurent des succès d'aérodromes grâce à un répertoire d'effets faciles. Il en est peu qui aiment et qui étudient l'art de voler.

Parmi les meilleurs modèles que la nature nous fournit, on peut placer, je crois, les ourougons, sorte de petits vautours qui pullulent au Brésil. Ils font notamment d'admirables vols à voile en utilisant les courants que le relief du sol rend ascendants.

Je m'amusais quelquefois à donner la chasse, en avion, soit à des ourougons, soit à des solipotes. L'oiseau fuyait toujours en ligne droite, affolé de se sentir rattrapé. Au dernier moment un crochet éperdu, rapide comme un éclair, le sauvait de l'hélice. Sans le perdre de vue je me retournais au plus vite et la poursuite reprenait. Lorsque j'avais la patience de prolonger ce manège pendant dix minutes, il arrivait infailliblement que la pauvre bête, épuisée, forcée, s'effondrât tout à coup dans la mer.

S'il avait été possible de supprimer ce qu'il y avait d'inutilement cruel dans ce jeu, j'aurais mieux goûté cette sensation étrange de l'homme devenu le plus redoutable des oiseaux de proie.

Pendant une semaine se déroula le programme du major Païva Meira. Il y eut des séances publiques, qui attirèrent enfin des foules assez nombreuses et quelques réunions exclusivement militaires.

Une des premières épreuves fut le voyage de Thérézopolis.

Il faisait une belle journée chaude et claire. Je partis droit sur le Doigt de Dieu qui se détachait à l'horizon au milieu des massifs montagneux.

Il y a une griserie particulière à voler dans un décor sauvage où l'on sait que les ailes humaines passent pour la première fois. Malheureusement ma joie était empoisonnée par la constante appréhension d'une panne. Ici, un arrêt de moteur signifiait pour le moins, la perte de mon précieux appareil.

Derrière le Doigt de Dieu, une nappe de nuages blancs cachait le fond de la vallée. Je reconnus bientôt que ce plafond s'étendait au-dessus du plateau de Thérézopolis. J'étais à environ 2 500 mètres et je voyais devant moi les pics abrupts émerger des flots d'argent. Je ne pouvais trouver mon but qu'en passant sous les nuages ; il fallait descendre de suite, avant que le sol n'eût disparu sous moi. Je coupai l'allumage : un millier de mètres plus bas, je me glissai entre le fond de la vallée et le plafond. Je reconnus la petite voie ferrée à crémaillère et la suivis un instant. J'arrivai ainsi à l'endroit où la vallée, par un dernier relèvement brusque atteint le plateau au bord duquel se trouve Thérézopolis. C'est là que se passa un phénomène inattendu.

J'avançais contre un faible vent debout. Tout à coup, au dernier moment, quelle ne fut pas ma surprise de voir tout le paysage environnant monter autour de moi... Cependant mon moteur tournait à plein gaz, mon appareil avançait cabré et je ne me *sentais pas* descendre : c'était la vallée qui montait autour de moi, qui *m'engouffrait*… Et ce mouvement s'accéléra avec une rapidité terrible : le plateau me dominait, en continuant j'allais buter dans le roc… Je me retournai avec la célérité de l'ouragan en détresse. Le cauchemar s'évanouit : je me retrouvai fuyant dans la vallée, d'un vol normal. Que diable s'était-il passé ? Bientôt la vérité m'apparut toute claire : je me trouvais dans un véritable fleuve d'air, canalisé entre deux chaînes de montagnes – l'endroit où la vallée se relevait jusqu'au plateau, formait dans ce fleuve un rapide, une chute, que mon avion n'avait pas la puissance de remonter. (Il est curieux de remarquer que dans ce cas c'est le vent arrière qui favorise la montée.)

Il fallait passer l'obstacle à grande hauteur. Les nuages s'y opposaient momentanément. Je n'avais pas assez d'essence pour m'attarder sans la certitude de pouvoir me ravitailler. Mieux valait rentrer et recommencer un autre jour avec l'expérience acquise et des circonstances plus favorables.

À la fois dépité de mon échec et heureux de ma découverte, je pris le chemin du retour, en m'efforçant d'économiser mon essence. Je retraversai la baie, sous un soleil ardent. Le Doigt de Dieu diminuait derrière moi et j'arrivai en vue du champ de course où la foule m'attendait.

Quelques minutes encore, puis un long vol plané… Au-dessous de moi je reconnus une petite tache blanche de forme familière qui se détachait sur l'ovale terreux de la piste : c'était le deuxième Blériot de la Queen Aviation Company, enfin remis en état et que Barrier avait dû essayer en mon absence. Hélas, la petite tache blanche avait une position bien anormale : je la voyais posée obliquement sur la barrière intérieure de la piste ; de toute évidence il y avait eu un… incident.

La Queen jouait de malheur.

On m'attendait avec une impatience énervée par l'accident de Barrier. Le pauvre ami avait été trahi dès le décollage, par un vieux moteur poussif. Il avait terminé en pleine déroute un tour de piste héroïque.

Je racontai mon voyage avec une exactitude scrupuleuse, expliquant comment j'avais échoué presque au port.

– Je recommencerai cela demain, ajoutai-je.

– Mais non, dit le major P. M. Notre programme n'est pas tellement rigide. Ce que vous avez fait suffit, et nous avons besoin de vous.

En effet mon appareil restait la seule ressource de la Queen ; il était nécessaire de le ménager.

La presse donna le compte rendu de mon voyage sur Thérézopolis, sans dire un mot de ma dérobade au dernier obstacle.

J'étais honteux de ce demi-mensonge que je n'avais certes pas provoqué. Je dis demi-mensonge, car véritablement j'avais presque touché le but.

Mais les choses se gâtèrent : un Thérézopolien qui m'avait attendu en vain écrivit aux journaux une lettre ironique et mordante. Notre ami le Major me pria de lui laisser le soin d'y répondre et il le fit en effet de façon fort élégante. L'incident fut clos, et je ne revis pas Thérézopolis.

J'eus à faire une autre reconnaissance sur un camp militaire des environs de Rio. On fit coïncider ce vol avec la visite de ce camp par le Président de la République.

Mais ma tâche principale consista en une longue série de vols avec passagers. Ce fut d'abord le major lui-même que j'emmenai faire sur Rio une promenade dont il revint enthousiasmé. Puis les premiers candidatspilotes de l'armée brésilienne – environ une trentaine d'officiers – se succédèrent en croupe derrière moi. Je les emmenais à cinq ou six cents mètres et je mettais à l'épreuve leur impressionnabilité. Puis je leur mettais la cloche en main. Certains saisissaient en quelques minutes les manœuvres élémentaires. D'autres se montraient plus ou moins compréhensifs, plus ou moins agités. Un ou deux se trouvèrent si mal à l'aise qu'ils renoncèrent sur-le-champ à leurs projets d'aviation.

En somme, avec mon petit monoplace truqué et mon faible moteur je remplis de mon mieux le rôle d'initiateur. Je prodiguai à tous conseils et encouragements et fournis au major beaucoup d'indications pour son rapport sur l'organisation de l'aviation brésilienne.

Ce fut pour moi l'occasion d'être utile à l'aviation en général, à l'aviation française en particulier, et j'eus la joie de constater plus tard, que mon effort avait produit des fruits.

Le programme était rempli, les exhibitions terminées. Avant de laisser emballer mon Blériot je cédai à la tentation d'aller rendre une visite d'adieux aux montagnes de la baie. Je repris donc un matin de soleil éclatant la direction du Doigt de Dieu. Mais cette fois, appuyant à gauche, je dirigeai ma libre promenade sur Pétropolis.

Ce fut une belle excursion d'une heure au-dessus de régions inaccessibles, couvertes de ces verdures sombres qu'on imagine grouillant d'une faune mystérieuse. J'évoluai un instant sur Pétropolis même, puis rentrai avec une jolie série de vues stéréoscopiques. Ce fut mon dernier vol à Rio.

Notre séjour se prolongea encore du temps qu'il fallut pour toucher nos 50 comptes. Les bureaux du ministère sont rarement expéditifs ; de plus, Œil-de-coq affolé, compliquait tout d'un zèle intempestif. Quant à M.Corni, il n'eut d'autre souci que celui de « donner un banquet à ces gens-là, pour leur montrer qu'on n'était pas des mufles ».

On convia à cette fête toutes les personnalités militaires et journalistiques avec qui nous avions été en relations. Le banquet eut lieu, bien entendu, dans le restaurant le plus réputé de Rio. On nous y avait réservé deux grandes salles attenantes : un salon et une salle à manger.

Nous arrivâmes scandaleusement en retard : des invités nous attendaient déjà.

Le début de la soirée fut glacial. M. Corni en smoking impensable, le plastron orné d'une perle précieuse gelait l'atmosphère. Il flottait à travers la salle l'œil absent, l'allure gauche, avec l'air de s'ennuyer infiniment.

Malgré nos efforts, il se produisait à chaque instant des silences sinistres. On restait debout, le cocktail à la main. Dans un groupe je venais d'inaugurer un sujet de conversation. M. Corni s'approcha par hasard. Je lui préparais une place ; il n'y fit pas attention et passa au moment précis où il laissait passer un petit bruit incongru : en même temps, son visage se contracta en une grimace désolée et comique, accompagnée d'un piaffement rageur… Mon regard croisa celui de Barrier…

On nous annonça que le dîner était prêt. On attendit un signe de l'amphitryon qui ne broncha pas. Il fallut pousser tout le monde pêle-mêle dans la salle à manger. Les places n'étaient pas marquées. Aucun de nous n'avait une idée des grades brésiliens. M. Corni, donnant un exemple suivi par chacun se tenait à l'écart de tout siège déterminé. Je l'acculai à une chaise. Il comprit enfin la nécessité d'une parole et il me dit : « *Tell them to sit down* » (Dites-leur de s'asseoir).

Le froid était à son point culminant. Enfin l'atmosphère se réchauffa peu à peu. M. Corni se faisait toujours pardonner une originalité inoffensive par sa grande générosité et sa bonne nature. Son dîner était somptueux et il n'est rien de tel pour rompre la glace. Au dessert il y eut quelques toasts. M. Corni dit, pour sa part : « À votre santé. »

Et la fête se termina mieux qu'elle n'avait commencé.

Une partie de chasse

C'était pendant une semaine d'inaction. Charles Voisin nous parla d'une partie de chasse qu'il projetait. Il avait fait la connaissance d'un émigré alsacien pauvrement établi avec sa famille dans les faubourgs de Rio. Ce brave homme avait offert de nous emmener un dimanche à un endroit où l'on tuait des grues et des ibis à aigrettes. Mais notre culte de la paresse n'admettait plus comme sport, que la promenade lente… en automobile.

Donc Voisin partit seul un beau matin à l'aurore et rentra le soir enthousiasmé, avec un butin de plumes magnifiques.

Il nous apprit que cette chasse ne nécessitait aucun effort : on arrivait en voiture au bord d'un lac. On y trouvait une barque et un batelier indigène, qui vous promenait doucement le long des rivages jusqu'à portée de fusil du gibier. C'était tout à fait ce qu'il nous fallait : du moins nous le crûmes jusqu'au moment où Charles, le lendemain, nous apprit qu'il avait souffert toute la nuit et nous montra ses deux bras enflés de brûlures de soleil.

Alors Barrier et Audemars se désintéressèrent définitivement de la chasse aux grues. Seul, je me décidai à suivre Charles dans une deuxième expédition.

Nous partîmes tous deux avec des provisions de bouche pour la journée.

Dès les premières heures du jour, nous sillonnions les eaux marécageuses d'un lac aux contours tortueux, que traverse le courant d'une rivière. Nous suivions d'aussi près que possible les anfractuosités du rivage. Debout à l'arrière, le batelier nous poussait doucement, sans bruit, un peu à la manière des gondoliers de Venise. Il s'agissait de surprendre le gibier au repos dans les anses. Notre approche mettait en fuite des centaines d'oiseaux aux plumages brillants qui disparaissaient dans le feuillage.

Ce que nous apercevions du sol, grouillait d'une multitude de bêtes bizarres, surtout d'immondes crustacés appelés crabes de terre, qui effectivement tiennent du crabe, mais aussi de l'araignée et du scorpion. Ils sont en moyenne larges comme la main et leur couleur, variable, est en général un gris verdâtre, taché de rouge et de brun. Ils n'ont pas la vivacité gaie de nos crabes de mer mais une démarche rampante de bêtes baveuses, qui donne le frisson.

Le gibier digne du coup de fusil abondait, mais ne se laissait pas approcher. Nous vîmes s'envoler des poules d'eau et un grand nombre d'échassiers blancs. Voisin, doué d'une adresse extraordinaire, essaya en vain de tirer à balle, à des distances impossibles. Cet enragé tenta même d'approcher une belle pièce en entrant à pied dans le marécage où il enfonçait jusqu'au haut des cuisses. Pour ma part, j'imaginai cet endroit infesté de reptiles ou de caïmans, et je frémissais de l'y voir. D'ailleurs il reconnut bien vite l'impossibilité d'avancer et remonta, dégouttant de boue, dans le bateau. Nous restâmes 7 ou 8 heures consécutives sous un soleil de plomb, dans une réverbération aveuglante. Nous avions quitté nos vestes mais nous avions eu bien soin de ne pas relever nos manches de chemises. Vers 5 heures du soir, fatigués et bredouilles, nous nous décidâmes à rentrer…

Au dernier moment, je vis sur une branche un petit oiseau d'un rouge éclatant, comme une tache de sang. Mon instinct de carnage, toute la journée déçu, appelait une victime. La destinée de la pauvre bestiole s'accomplit : j'épaulai, fis feu, l'oiseau tomba.

J'ouvrais la bouche pour demander au batelier d'aller le ramasser : mais déjà un immonde crabe de terre s'était emparé de cette proie inespérée et l'emportait. Je restai doublement écœuré du meurtre inutile.

Au débarcadère l'auto nous attendait. Une heure plus tard nous étions à Rio.

Ce soir-là je dînai sans appétit, sous l'empire d'un vague malaise. Les camarades ne se privaient pas de blaguer notre insuccès. Dans le courant de la soirée, je me sentis plus mal. Une douleur de brûlure se précisa sur toute la surface de mon dos.

Quand je me déshabillai on constata que j'avais en effet subi une forte insolation à travers le tissu trop fin de ma chemise. L'empiècement intérieur, où l'étoffe est double, était marqué en blanc sur mes épaules, et de là jusqu'à la ceinture, j'avais la peau littéralement cuite.

J'essayai en vain de dormir ; la fièvre me prit et augmenta jusqu'à une extrême intensité. Au milieu de la nuit, je réveillai Barrier, Audemars et Voisin. Mes souffrances étaient intolérables. Je sentais ma raison s'égarer. J'en vins à dire : « De la morphine, de suite, ou je me jette par la fenêtre. »

Les pauvres amis affolés en trouvèrent par bonheur chez un vieux morphinomane qui se trouvait dans l'hôtel. Je me jetai sur la seringue et les ampoules qu'on apporta et sans écouter les voix qui me suppliaient d'être prudent je m'injectai au hasard la drogue dans le ventre. Elle fit merveille : en quelques minutes je m'endormis profondément.

Le lendemain le médecin reconnut une brûlure du second degré sur toute la surface du dos. Il fallut suivre un traitement. Chaque soir la fièvre reprenait, je ne pouvais dormir qu'à force de bromure et de véronal.

Quand je fus guéri, ma peau se détacha par plaques si larges, que je pus m'en servir à titre de curiosité, comme de papier à lettres.

Rassasiés de music-hall et de promenades en auto, nous nous contentions souvent, le soir, d'attendre le sommeil dans un bon fauteuil à la terrasse de l'*International*. Rio s'endormait scintillante à nos pieds. Nous causions de souvenirs ou de projets. Quelquefois on racontait à M. Corni des histoires de France d'aviation ou d'automobile. C'était aussi l'heure des espiègleries d'Audemars. Il s'emparait d'un des insectes apocalyptiques qui voltigeaient autour des globes lumineux. Au moyen d'une canne et d'un fil il faisait flotter la bestiole à quelques centimètres du visage de Barrier que cette proximité avait le don d'épouvanter. C'était en lui une répulsion nerveuse. Il bondissait hors de son fauteuil blême de peur et fuyait. Mais Audemars le poursuivait jusqu'à ce qu'il eût répété un nombre de fois suffisant cette phrase idiote : « Ah, le gros *bug*… Ah, le gros *bug*… (hanneton) »

Un soir, nous venions de nous retirer dans nos chambres, après une conversation sur les scorpions. Cinq minutes plus tard Barrier à moitié déshabillé et visiblement ému vint nous chercher : il y avait un grand scorpion dans son lit.

La domesticité fut mobilisée et toute une expédition marcha contre la bête. Sous la direction de Barrier on souleva doucement les couvertures et l'on vit apparaître, sur la neige du drap… une petite branche noire de bois pourri. Audemars avait encore passé par là.

Mon Blériot restait toujours le seul appareil de la Queen en état de voler. Avec Voisin et mon mécanicien je constituai un petit détachement expéditionnaire qui tenterait l'aventure de São Paulo pendant le temps qu'il faudrait à la compagnie pour se réorganiser à Buenos Aires.

M. Corni, Barrier et Audemars nous accompagnèrent jusqu'à São Paulo, y passèrent quelques jours, puis s'embarquèrent à Santos. C'était la première fois que je me trouvais dans une ville étrangère où je ne connaissais absolument personne, responsable d'une entreprise. Voisin était un collaborateur précieux.

Nos premières démarches eurent à surmonter l'inertie indifférente des gens dont nous avions besoin. Nous dûmes nous contenter comme terrain d'un hippodrome mal desservi par les moyens de communication. Je fis deux vols de publicité au-dessus de la ville, une séance consacrée aux représentants de la presse, enfin mes débuts en public.

J'échappai ce jour-là, je ne sais comment, à la menace d'un accident grave. En rasant la piste à toute allure, j'allai donner dans le fil du *starting-post*, que je n'avais pas vu. Mon appareil ne subit aucune avarie et arracha dans l'air, enchevêtré à ses haubans un câble métallique qui avait bien 5 millimètres de diamètre et une dizaine de mètres de long… Je traînais derrière ma queue un vrai *guiderope*… C'était tout de même un danger et je sentis que le gouvernail coincé ne tournait plus que d'un côté. Il fallut faire un long détour pour me mettre face au terrain et atterrir. Pendant ce temps Charles et mon mécano affolés agitaient des serviettes, ce qui signifiait : « Descendez, cela va mal. »

En arrivant au sol je me sentis tiré par la queue ; c'était mon câble qui s'accrochait dans les herbes. Enfin l'appareil s'arrêta intact.

Jusqu'alors nos résultats étaient plutôt décevants. Mais l'avenir s'annonçait meilleur. Mes vols avaient éveillé l'intérêt et je m'étais attiré des sympathies. Tout devint facile. On m'accorda le terrain de polo de la société Antartic. L'Automobile-Club me soutint d'un patronage efficace. Un prix de 15 *contes* fut créé pour le premier voyage de São Paulo à Santos.

Malheureusement je perdis plusieurs semaines, faute de posséder un jeu d'obturateurs de rechange. Ceux de mon moteur étaient hors d'usage. Un garage fort bien outillé – fondé et dirigé par un Français – m'en fabriqua de magnifiques mais qui refusèrent de fonctionner. L'obturateur Gnome était une pièce à la fois simple et délicate ; la composition du métal jouait sans doute un rôle important. Nous fûmes réduits à demander les pièces nécessaires à Buenos Aires et à les attendre dans une complète inaction…

São Paulo est une ville très agréable. Nous étions confortablement installés à la *Rôtisserie*, le meilleur hôtel – encore une maison française dirigée par M. Daniel. Je m'étais fait de nombreux amis parmi la jeunesse sportive. La plupart possédaient des grandes plantations de café – des *fazendas*. On m'offrit d'en visiter quelques-unes : je regrette bien aujourd'hui d'avoir perdu des occasions aussi intéressantes. Il me reste un remords d'avoir gâché mes deux voyages d'Amérique par paresse et indifférence coupable pour tout ce qui n'était pas aviation.

Enfin un mécano arriva tout exprès de Buenos Aires avec les fameux obturateurs et je me hâtai de remplir les conditions du prix.

Le trajet était facile, marqué par une ligne de chemin de fer toute droite sur le plateau : il n'y avait qu'un passage dangereux vers Santos. Mais dans ces régions exotiques où la nature conserve toujours un cachet sauvage, le moindre voyage aérien procure de petites émotions d'explorateur, d'inconnu, qui sont un attrait…

Par un temps favorable je pris à faible hauteur la direction de Santos : en une demi-heure environ j'arrivai au bord du plateau – là le chemin de fer fait un coude à gauche, se transforme en funiculaire et plonge d'une traite jusqu'au fond de la vallée qui débouche aux environs de Santos, dans une plaine marécageuse.

J'évitai ce détour inutile et, continuant en ligne droite, je me trouvai un instant au-dessus d'une forêt qu'on pouvait croire vierge. La curiosité m'attira à quelques mètres des cimes des arbres. Ils formaient un enchevêtrement touffu, impénétrable… Je n'entrevoyais pas un pied carré du sol, mais je m'imaginai l'épouvante d'un peuple de singes, de serpents et de volatiles, à mon passage.

Tout à coup, je dépassai l'arête presque à angle droit qui termine le plateau et je me trouvai lancé, sans transition au-dessus d'un précipice de 800 mètres.

Jusque-là j'aurais pu me croire, tant j'étais près de terre, au volant d'une voiture rapide, sur une route sans cahot : soudain la route se dérobait ; la voiture emportée par l'élan continuait dans l'espace… C'était une sensation de rêve. J'atterris sur la plage de Santos après une quarantaine de minutes de vol.

Dans l'assistance se trouvait l'aviateur brésilien Edu Chaves[1]. Il venait de recevoir de France un Blériot neuf et se promettait la joie d'arriver par la voie des airs dans sa ville natale. Je ne voulus pas ternir l'éclat de ce début, et j'attendis jusqu'au lendemain, que le montage de son appareil fût terminé.

1. Eduardo Chaves (brevet 559 acquis à Étampes) est considéré comme le père de l'aviation civile brésilienne.

Nous nous envolâmes ensemble, l'après-midi, malgré quelques ondées. Nous fîmes les premiers kilomètres l'un près de l'autre. Chaves montait péniblement à cause de son poids et des renforcements à la mode. Je dus l'attendre un peu à l'entrée de la fameuse vallée qui mène au plateau. À ce moment, assailli par une ondée, je perdis mon compagnon et ne le revis plus. Avait-il fait demi-tour ? Ou atterri ? Ou continuait-il ?

Dans le doute, je poursuivis ma route. Elle devint un instant difficile. Un banc de nuages débordait du plateau aspiré, par dépression, vers le fond de la vallée. Il me barrait la route. Fallait-il passer par-dessus ? Par-dessous ? Éternelle question.

Je louvoyais, perplexe devant l'obstacle quand soudain j'aperçus, à travers une mince fissure qui se refermait déjà, tout un paysage ensoleillé : le plateau était là, derrière un mince rideau… Je fonçai joyeusement dans cette fissure providentielle et je me retrouvai de l'autre côté du rideau, au-dessus d'un terrain propice, où les rails brillaient rectilignes vers São Paulo.

Libéré de tous soucis, je me laissais maintenant glisser le long de la voie, à cent mètres de haut, m'amusant de dépasser quelques trains et d'observer la curiosité étonnée des gens.

J'atterris au terrain de l'*Antartic*. L'annonce de notre double arrivée avait attiré un nombreux public, car Chaves appartient à une des familles les plus connues de ce pays.

Je racontai comment je l'avais perdu dans la pluie et les nuages. Un quart d'heure plus tard, nous étions encore sans nouvelles et l'inquiétude grandissait.

Enfin Chaves parut et atterrit au milieu de la joie et de l'enthousiasme général.

Il avait dû passer au-dessus des nuages avec son appareil alourdi et tanguant – c'était la cause de son retard.

Je fis encore à l'*Antartic* quelques vols d'exhibition et je quittai São Paulo emportant de mon séjour un charmant souvenir, auquel restent associés dans ma mémoire les noms de nos compatriotes MM. Charles Hu, de Mallet ; et ceux des frères et cousins : Prado, Chaves et de C. Prates.

Nous avions reçu de Buenos Aires des rappels impatients. Nous étions en retard : il fallut nous embarquer, Voisin, mon mécano, mon appareil et moi sur le premier bateau en partance – un misérable rafiot chargé d'une cargaison de bananes.

La traversée fut péniblement ennuyeuse, un seul soir, nous retrouvâmes un peu de bonne humeur. Mon mal de mer chronique me laissait justement quelque répit. Pour nous remonter un peu je commandai au garçon – qui n'en revenait pas – une demi-bouteille de champagne sec.

Il nous ramena un petit flacon sale, rouillé, galeux où nous identifiâmes aux débris de cachet et d'étiquette qu'il portait encore, du Heidsieck extra-dry, année inconnue.

Cette vilaine fiole nous réservait une surprise. Ce qu'elle contenait, ce n'était pas le champagne quelconque que nous espérions, mais un nectar incomparable, tout ce que peut être un champagne de grand cru, après une vingtaine d'années de cave, dans des conditions que le hasard, sans doute, avait rendues parfaites.

Et cela suffit à mettre dans nos veines ce soir-là un peu de la vieille gaîté de France…

M. Corni, Audemars et Barrier nous reçurent sur le quai à bras ouverts et nous firent une grande fête : ils « se languissaient de nous », comme on dit dans le Midi. C'était même la seule raison de notre rappel, car il n'y avait rien de prêt à Buenos Aires. Par une série de contretemps, les pièces de Santiago étaient on ne savait où, le Nieuport que je m'étais commandé en France, pas arrivé ; le matériel de Rio, à peu près dans le même état ; enfin on avait obtenu le moins bon des trois terrains possibles, et Œil-de-coq était en plein affolement. Cela nous promettait encore une belle période d'inaction.

Nous eûmes le temps de faire la connaissance de Buenos Aires et de quelques-uns de ses habitants.

Deux pilotes européens s'étaient fixés dans le pays. C'étaient pour Audemars et Barrier d'anciens compagnons de meetings – Cattaneo[1] jouissait de la plus grande popularité : il la devait autant à sa nationalité italienne qu'à ses mérites de pilote. Le pilote français Paillette[2] était également très estimé.

Ils avaient déjà donné au public le goût de l'aviation et initié quelques élèves. Un jeune Argentin nommé Fels[3] venait de passer son brevet de pilote et se préparait à débuter sur un Blériot Gnome nouvellement acheté d'occasion.

Des relations cordiales s'établirent naturellement entre nous.

On nous fit visiter aux environs de la ville, à Villa Lugano, une embryonnaire école dirigée par le pilote argentin Castelbert avec des appareils de sa propre construction.

Au cours de cette visite, Fels me demanda d'essayer son nouveau Blériot : malgré ma répulsion habituelle pour les appareils inconnus, j'acceptai, car l'inaction me pesait.

1. Bartolomeo Cattaneo.
2. Marcel Paillette (brevet 99).
3. Paolo Theodoro Fels.

On prépara l'avion : j'y pris place et je partis. Je n'avais pas fait 500 mètres lorsque le moteur s'arrêta net, avec une explosion… J'avais heureusement au-dessous de moi un terrain potable où j'atterris sans mal.

On accourut. Le mécanicien de Fels, qui semblait connaître peu de chose de son métier, accueillit mon explication avec la moue sceptique d'un homme habitué à entendre de bons prétextes.

Sans examiner le moteur, il voulut le remettre en marche et n'obtint que des retours de flammes qui auraient pu causer un incendie.

On rentra le Blériot dans son hangar. Et Fels me remercia de lui avoir peut-être évité un accident.

Buenos Aires offre une grande variété de distractions : music-halls cosmopolites, théâtres italiens, français, argentins, etc., restaurants de nuit, un cabaret montmartrois…

L'hôtel *Plazza* où nous étions est comparable aux meilleurs palaces d'Europe et d'Amérique.

Avec cela nous retrouvions la même existence oisive, énervante, trop vide.

Enfin la première exhibition fut annoncée. Je lui fis une sorte de prologue : c'était la veille de nos débuts. Sur un hippodrome voisin avaient lieu des courses de chevaux auxquelles tout Buenos Aires assistait, car les courses et le pari mutuel font fureur en Argentine. Parti de notre aérodrome, je m'élevai à six ou sept cents mètres et j'arrivai, comme par hasard au-dessus de l'hippodrome. Justement une course finissait.

Profitant de ce moment où l'attention du public était bien libre, j'entamai, sans préambule, une de ces descentes en spirale serrée, qui à des yeux non avertis, procure des illusions d'optique si étonnantes.

Près du sol, juste en face des tribunes, je me redressai, saluai des deux mains à la fois et disparus…

Cette courte démonstration fut d'un grand effet. La presse en fit des comptes rendus lyriques.

Le lendemain nous eûmes pour nos débuts une foule considérable.

Notre séjour à Buenos Aires dura environ 2 mois. Nos vols furent très nombreux.

Les exhibitions publiques se répartirent comme ailleurs en deux séries : la première sous l'organisation exclusive et insuffisante de la Queen – la deuxième avec les appuis trouvés sur place, à la suite des premiers succès.

Audemars et Barrier purent enfin montrer leurs talents sur les deux vieux Blériot remis en état.

Le jeune Fels se joignit à nous quelquefois et ses compatriotes lui firent le succès qu'il méritait.

Pour les dernières séances, qui eurent lieu sur l'excellent terrain de la société sportive, on organisa un pseudo-match entre Cattaneo et moi. Ce programme attira un public énorme.

Un autre jour, le club français nous offrit un prix de 10 000 francs. Il se disputa entre deux clochers distants d'une quinzaine de kilomètres, et me fut attribué.

J'étais à cette époque dans une forme sportive brillante, volant infatigablement même les jours de relâche, souvent par des vents violents, comme ce jour de Pampero où je mis 25 minutes pour aller de notre champ au centre de la ville et deux minutes pour rentrer.

Le vol était devenu plus qu'une passion : un besoin. Il m'absorbait tout entier et je ne m'en privais pas sans en ressentir comme un déséquilibre physique.

Dès les courses de 1911, j'avais senti l'insuffisance du Blériot vis-à-vis de nouveaux appareils plus perfectionnés.

Le Nieuport surtout m'avait séduit. Quelques jours avant sa mort, je m'étais entendu très aimablement avec Édouard Nieuport : il m'avait promis le plus large appui de sa maison.

La catastrophe avait arrêté ces beaux projets, et j'étais parti au Brésil peu de temps après.

À l'approche de la saison sportive de 1912, le souci du matériel hanta de nouveau mon esprit : comme l'année précédente, je rentrerais en France trop tard pour m'habituer à de nouvelles ailes. Il fallait arriver prêt.

Un peu avant notre départ de Rio, j'avais câblé à la maison Nieuport de m'envoyer un appareil sans moteur – la Queen devait m'en céder un. La maison me traita en client quelconque ; mais je ne me laissai pas rebuter.

L'appareil arriva en retard à Buenos Aires. Il fallut le monter, lui adapter notre moteur et le régler. Je m'attendais à voler du premier coup, malgré la différence des commandes. Je m'aperçus bientôt que ce n'était pas si facile : j'avais tellement assimilé les mouvements du Blériot, que j'étais incapable d'en faire d'autres.

Le terrain de Villa Lugano, à moitié inondé, n'offrait pas l'espace nécessaire pour rouler. À plusieurs reprises j'essayai de décoller et j'y serais peut-être parvenu, sans une petite avarie de train d'atterrissage, qui interrompit mes essais. Ce contretemps coïncida avec la période la plus active de nos exhibitions. Puis, la fin de notre séjour survint, sans que j'eusse consommé une véritable infidélité au vieux Blériot.

Après Buenos Aires, M. Corni ne fit aucune difficulté pour nous rendre notre liberté.

J'avais hâte de rentrer en France. Nos passages furent retenus par les soins de la Queen sur le *Highland Warrior*, de la Nelson Line, encore un triste navire…

Le départ fut assez incidenté. Quand on présenta à M. Corni sa note d'hôtel – une quinzaine de mille francs – il s'aperçut qu'il lui manquait de quoi la payer. Il offrit un chèque sur New York : mais la direction du *Plazza* refusa et retint ses bagages. Nous dûmes abandonner M. Corni à sa destinée.

D'autre part, Paillette vint, sur le quai d'embarquement, me proposer l'achat de mes deux appareils : ils avaient été emballés et remis à un expéditeur. L'offre était avantageuse : Voisin se dévoua et resta pour effectuer la livraison. En hâte, on débarqua ses bagages qu'on venait d'embarquer, et le *Highland Warrior* n'emporta finalement de la Queen que Barrier, Audemars et moi.

Notre traversée fut longue et ennuyeuse : vingt-quatre jours avec une seule escale de quelques heures à Las Palmas.

En arrivant à Londres, nous crûmes rêver : M. Corni et Charles nous attendaient sur le quai de débarquement, frais et réjouis. Ils avaient réglé leurs affaires à temps pour prendre un paquebot rapide qui nous avait rattrapés et dépassés.

Nous restâmes deux jours à Londres. Puis M. Corni nous accompagna à Paris où il séjourna environ une semaine.

Il mit une coquetterie manifeste à nous laisser un bon souvenir, et il y réussit pleinement. Jusqu'au dernier instant, il nous combla de sa gentillesse.

Nous nous séparâmes enfin, sur un somptueux dîner au *Ritz*, où chacun de nous trouva dans sa serviette un écrin de Cartier, contenant une montre-bracelet.

LA SAISON DE 1912

XVIII

En arrivant à Paris, mon premier soin fut de commander un appareil. D'abord j'éprouvais le besoin de voler, ensuite, je prévoyais des occasions d'exhibitioner un peu en province. Pour cet usage immédiat, c'était encore un Blériot qu'il me fallait. Cette maison subissait alors une crise grave. À la suite d'une série de catastrophes, on parlait de supprimer les Blériot de l'armée. Les renforcements avaient rendu l'appareil aussi dangereux par le poids, qu'il aurait pu l'être par la fragilité. Tous les pilotes militaires se lamentaient et la casse continuait.

Je stipulai tous les détails de ma commande selon la vieille devise *le plus léger possible* et j'obtins une reproduction assez fidèle du fameux appareil du record.

Le circuit d'Anjou

La saison de 1912 s'annonçait terne. Il n'était plus question de grandes courses comme en 1911.

Le seul événement attendu était le Grand Prix de l'aéro-club, sur le circuit d'Anjou. Son règlement le rendait peu attrayant – on avait le choix entre une course de vitesse dangereuse ou une épreuve de poids lourds. D'autre part la date en était si prochaine que je n'avais le temps de rien préparer sérieusement.

Je songeai d'abord à m'abstenir, mais finalement l'aventure me tenta : c'était une force d'aborder cette épreuve où chacun allait présenter quelque innovation, avec l'expérience que j'avais de mon appareil habituel.

Mon Blériot fut prêt juste à temps. Je l'essayai rapidement à Issy et je gagnai Angers par l'air.

Audemars devait m'escorter avec un appareil de secours. Mais au départ d'Issy il sentit son moteur défaillir et me faussa compagnie.

Mon voyage se poursuivit par un temps assez désagréable et vent debout. Je fis escale au Mans – sur le champ où nous avions volé en 1911 – pour prendre un complément d'essence.

J'atteignis Angers sans incident. Audemars me rejoignit le lendemain après un voyage émouvant dont il garda longtemps le mauvais souvenir.

Toute une escorte d'amis intimes, de camarades et de connaissances vint se grouper autour de moi : Barrier, Voisin, Raymonde de Laroche, Quellennec, Leblanc, Blériot, Thobois, etc. ; enfin mon Père, qui ne m'avait encore vu voler qu'une fois, l'année précédente à Marseille.

Cette course avait attiré de tous les points de France et de l'étranger une foule énorme. Les hôtels étaient combles ; on s'arrachait à prix d'or les moindres chambres ; dans les rues, aux terrasses des cafés on s'écrasait. Un grand brouhaha flottait sur cette agitation, couvert par les pétarades d'échappements et la cacophonie stridente des avertisseurs. Tout cela créait une atmosphère de fièvre.

Tous les pilotes fameux étaient là : Védrines, Vidart, Prévost, Legagneux, Helen, Espanet, Bielovucic,

Brindejonc[1], Bedel, Renaux, Perreyon, Bathiat, Tabuteau, l'Anglais Hamel, etc[2].

L'équipe favorite était celle de Deperdussin, composée de Védrines, Vidart, Prévost. Cette maison avait mis sur pied une organisation formidable. Des appareils construits tout spécialement étaient exposés dans un vaste hangar, avec un luxe de présentation inimaginable. Un personnel nombreux, un outillage d'usine, des autos de secours… On n'avait reculé devant aucun sacrifice.

Deperdussin occupait avec ses pilotes et ses ingénieurs un étage du meilleur hôtel.

Les autres maisons, Morane-Saulnier, Nieuport, etc., avaient également fait des efforts proportionnés à leurs moyens et à leurs chances.

Tous les concurrents, sans exception, disposaient d'une vitesse réelle ou fictive (pour le classement la vitesse réelle était multipliée par un coefficient calculé d'après le nombre de passagers emportés) supérieure à la mienne.

Mais je savais qu'en cas de mauvais temps je serais le dernier à capituler.

La veille du grand jour, le docteur Jules ausculte mon moteur, entend un broutement suspect et démonte tout. Il découvre et me montre en effet deux pignons de distribution mal ajustés, qui accrochaient en tournant et se

1. Marcel Brindejonc des Moulinais (brevet 448) réalisera un tour d'Europe du 10 juin au 2 juillet 1913, parcourant 5 000 km et passant notamment par Varsovie, Dvinsk, Saint-Pétersbourg, Stockholm, Hambourg et La Haye. Il meurt pour la France le 18 août 1916 à vingt-quatre ans.

2. René Maurice Prévost (brevet 475), futur vainqueur de la Coupe Gordon-Bennett et de la Coupe Schneider en 1913 ; Georges Legagneux (brevet 55) ; Dr Gabriel Espanet (brevet 532) ; René Bedel (brevet 608), Eugène Renaux (brevet 139), Perreyon (brevet 311) ; Léon Bathiat (brevet 110).

limaient réciproquement les dents : pourtant c'était un moteur livré par Gnome pour la course.

– Je ne crois pas que vous auriez tenu longtemps comme ça.

Ayant ainsi dit, de sa voix traînarde, Jules sépare d'une rondelle astucieuse les deux dentitions ennemies. Puis il lave tout à l'essence, passe chaque pièce, même la plus infime au rayon X de son regard, et procède au remontage.

Pendant son travail, Jules ne desserre les dents que pour laisser passer des petits grognements intelligibles à son seul aide. Encore ne perd-il pas une occasion de remplacer ces embryons de sons par des embryons de gestes. De prime abord ses mouvements semblent nonchalants, presque inhabiles ; en observant mieux, on découvre leur harmonie : Jules accomplit son ouvrage plus vite et mieux que les plus empressés. Il a le culte de la matière, une compréhension instinctive des efforts mécaniques et quand il examine un obturateur, il me semble que ses nerfs se prolongent dans la pièce et y perçoivent ce qu'il appellerait la douleur du métal.

Tandis que Jules et son aide préparent mon cheval de bataille, je vais reconnaître le circuit. L'appareil de secours amené par Audemars me sert à cette occasion. Dans un ciel plein de remous, je me dirige sur Cholet. Je vais revoir la bonne figure aimable de mon vieil ami Moudoux, au milieu de son comité : on m'offrira du vin d'Anjou chez la « Maman » de l'auberge. Beaucoup de bons souvenirs s'agitent dans ma mémoire.

D'Angers à Cholet, rien ne marque le plus court chemin. La grand-route fait un détour vers l'est et se voit aussi difficilement, de faible hauteur, que la petite voie ferrée qui s'écarte, elle, vers l'ouest.

J'avais visé Cholet au petit bonheur, depuis le départ : sur 30 kilomètres je ne dévierais pas assez pour ne pas reconnaître *mon* clocher.

Mais il fallut traverser à l'aveuglette une zone de pluie fine et en sortant de là j'étais tout bêtement perdu. J'errai un moment sur la campagne puis, remontant au nord je retrouvai la Loire, Angers et l'aérodrome. On se moqua un peu de moi et on eut bien raison.

Avant de quitter le terrain, je vis tourner mon moteur de course. Jules le fit marcher au ralenti, plusieurs fois pendant un quart d'heure, pour roder progressivement articulations et frottements.

La veillée des armes fut pour moi aussi calme que possible. Mes chances étaient faibles, je n'avais rien à perdre, rien ne m'inquiétait. Je partirais à l'heure et ferais tranquillement mon parcours, comme une promenade et qui sait…

– Si ce temps-là continue, disaient Audemars et Barrier avec des œillades malicieuses, ce sera bien amusant.

Leur confiance me soutenait. Le ciel en effet devenait de plus en plus noir et agité de bourrasques.

Après un dîner sobre, je quittai notre tablée d'amis pour aller me reposer.

On vint me réveiller de grand matin. J'absorbai beaucoup d'œufs crus et de café au lait et nous prîmes en caravane le chemin du champ.

Après l'accalmie passagère de l'aube, la bourrasque reprenait.

Nous arrivâmes au hangar vers 7 heures et bientôt s'agita la question du départ. Le comité hésitait entre des responsabilités contradictoires. Presque tous les concurrents demandaient la remise de l'épreuve. Quelques-uns manifestaient seulement l'intention plus ou moins sincère de suivre un départ éventuel.

Mon jeu était clair. Blériot et Leblanc intervinrent de ma part, avec fermeté. Le comité céda. La course fut maintenue.

Aussitôt cette décision obtenue je me retirai dans mon hangar, loin des discussions et j'attendis entouré de mes amis.

À 9 heures moins un quart, mon appareil fut conduit à la ligne de départ.

J'étais calme, parce que je me sentais parfaitement prêt. Mais l'émotion régnait dans mon entourage. Au moment du contact, quelques rafales plus violentes se faisaient sentir. Leblanc s'approcha de moi, inquiet :

– Ne feriez-vous pas mieux d'attendre un peu ? dit-il.

Barrier intervint vivement :

– Ne vous occupez donc pas de cela. Il sait ce qu'il fait, allez.

Ce cri de foi d'un ami fit jaillir dans mes veines le flux d'enthousiasme qu'il fallait. Il me sembla que j'allais faire une promenade sous un peu de pluie. Jules lança l'hélice, et je démarrai vers Cholet.

Le vent n'avait pas, en moyenne, une rapidité énorme, puisque mon Blériot avançait encore. Mais ce fait même prouvait l'irrégularité des courants. On voyait par moments les arbres s'incliner, des tourbillons de poussière monter au ciel puis brusquement de larges gouttes de pluie s'abattaient sur le sol. Avec cela, un vilain plafond noir à moins de 300 mètres vous forçait à raser le sol.

À mi-chemin de Cholet, j'eus le déplaisir de me voir dépasser par le petit corbeau noir d'Helen. On m'avait donc suivi.

Le corbeau me passa comme un bolide, tout près, pour mieux m'humilier, sans doute…

J'avais choisi comme point de repère le moulin de Chemillé qui perché sur une crête, se voit d'assez loin. De là je me guidai sur la grand-route, sans faire avec elle un détour inutile. Je revis le vieux clocher pointu, l'aérodrome agrandi et orné de tribunes. Elles étaient pleines de monde malgré ce temps.

J'atterris avec précaution. L'équipe de Blériot s'empara de mon avion.

J'avais à faire un quart d'heure de halte.

Comment dire la joie de mes vieux amis à revoir en pleine bataille leur enfant de Cholet ? Mais ils comprirent que le meilleur service à me rendre était d'assurer ma tranquillité et ce fut fait.

Au signal, mon moteur tournait déjà. On me lâcha. Je sentis aussitôt une violente secousse dans le fuselage. Je coupai l'allumage et me retournai sur mon siège : avec force cris et gestes on m'engageait à continuer. Je remis le contact, l'appareil s'enleva et cingla vers Saumur.

J'avais une belle route droite à suivre, et cette fois le vent arrière faisait fuir le sol sous mes ailes à une vitesse impressionnante. En un clin d'œil je fus sur Saumur. Je doublai le pylône de contrôle sans m'arrêter et pris la vallée de la Loire dans la direction d'Angers.

La lutte contre le vent recommença : il me sembla qu'il avait augmenté. Cette région était celle des plus mauvais remous. Je conservais un sentiment de confiance et de sécurité, mais je me fatiguais, malgré mes efforts pour voler en souplesse. J'avais des courbatures aux mains, aux poignets, aux avant-bras…

Il fallut traverser quelques nuages de pluie. Le pare-brise était encore inconnu en aviation : les gouttes d'eau vous criblaient la figure de coups d'épingles – rendaient les lunettes opaques.

Ce premier tour ne devait pas être le plus difficile. Il se termina par un atterrissage assez laid à Angers. Je fus entouré, entraîné vers les hangars. Mon camp était en pleine effervescence. J'appris des nouvelles inespérées.

– Victoire, vieux camarade, gesticulait Barrier les yeux brillants, Plus que deux ! Vous n'êtes plus que deux en course ! Les autres… dans les choux… Hardi !

La halte réglementaire était d'une demi-heure. Je pus me reposer, prendre un cordial, des œufs, du lait ; me faire masser les mains.

On avait trouvé un de mes quatre longerons brisés, près de l'empennage. Je compris le choc de Cholet : un mécano maladroit s'était laissé accrocher. Jules improvisa une ligature de fortune et on me mit en route pour le deuxième tour.

C'est alors que le mauvais temps atteignit son summum. Aussitôt la Loire passée, je m'enfonçai dans un vrai déluge : ce n'était plus quelques nuages, mais une douche homogène traversée à 100 à l'heure, au milieu d'une danse indescriptible. Avec cela, il fallait se traîner sur le sol pour le voir.

Au bout d'une demi-heure je fus récompensé de mes peines : je sortis de l'obscurité, l'horizon s'élargit et je vis les premiers rayons de soleil de cette journée.

Mais où étais-je ? J'atterris près de la première ferme venue. En cinq minutes j'appris que j'étais en bonne voie tout près de Cholet.

– Qui veut lancer mon hélice ?

– Moi.

C'était un gaillard d'une taille colossale. Je lui explique les précautions à prendre et lui recommande bien de se retirer à temps.

– Allez-y…

Il y va… et comment. Mes cheveux se dressent. Ayant saisi à pleines mains une pale de l'hélice, le brave géant la tourne comme une vulgaire manivelle, sans lâcher prise. J'imagine le bras… et l'hélice, s'éparpillant dans l'air à la première explosion.

Mais les dieux sont avec moi : voici mon Gnome en marche et l'hercule qui se retire tout heureux de son petit succès.

Provisoirement débarrassé de la pluie je parvins sans trop de peine à Cholet, doublai le pylône et filai vers Saumur. Le soleil continuait de percer entre les nuages. En revanche dans la direction d'Angers, sur ma gauche, l'horizon était d'une noirceur effrayante. C'est là qu'il faudrait passer tout à l'heure.

Je rencontrai une épave : mais je n'eus pas le temps de reconnaître ce camarade malheureux. Un peu plus loin, je traversai encore une petite ondée, avant d'atteindre Saumur et son quart d'heure de repos.

Enfin c'est ce tour-là, entre Saumur et Angers que se décida l'issue du Circuit. J'avançai mètre à mètre vers la barrière noire que j'observais depuis une demi-heure et j'arrivai au cœur même d'une tourmente de grêle. Impossible de contourner l'obstacle puisque mon but, l'aérodrome, se trouvait sous l'orage.

Sur Angers, les yeux à moitié fermés, crispé rageusement sur ma cloche, je serpentai entre les toits et les cheminées. Je suivis la Sarthe jusqu'au pont où nous passions en auto pour nous rendre à l'aérodrome. Il était à deux ou trois cents mètres de là et je ne le voyais pas… mais en virant à angle droit je ne pouvais pas le manquer. Ce fut mon dernier effort. Je vis surgir soudain la silhouette des hangars et des tribunes. Je coupai l'allumage et me posai non loin de mon groupe. Eux aussi ne m'avaient vu qu'à la dernière seconde sortir d'un rideau de grêle.

Cette fois j'arrivai à mon hangar exténué. Je me laissai masser avec délices : j'avais les poignets enflés. Mais les forces revinrent vite.

– Mieux que premier, me répétait-on, vous êtes seul en course… Tout seul…

C'était trop beau… et j'avais peur maintenant des 80 kilomètres qui me restaient à faire.

L'heure vint d'entrer en lice pour le troisième et dernier tour de la journée. Mais le soleil brillait maintenant dans un ciel clair, et le vent même faiblissait.

Mon Gnome ronfla plus joyeusement que jamais : cette course devait être la dernière victoire du 50 HP qui fit la fortune de notre aviation. La petite étoile d'acier voulut disparaître sur un coup d'éclat.

Donc ce troisième tour fut un doux délassement en comparaison des deux premiers. On aurait dit un de ces tours d'honneur que les vainqueurs de vélodromes font en souriant, un bouquet à la main. J'atterris à Angers pour la troisième fois vers 5 heures du soir.

Dans le public l'enthousiasme du premier moment s'était changé en déception. On avait espéré un spectacle mouvementé : il n'y avait eu qu'un rapide coup de théâtre. Par contre, la joie de mon Père et de mes amis décuplait la mienne. Je vécus des minutes inoubliables dans l'intimité de mon hangar.

Jules et Pierre avaient ramené à l'abri mon petit Blériot, et fermé les portes. Je les voyais soigner le fidèle engin comme un pur-sang. Étendu sur mon lit de camp, je me reposais, savourant la paresse après l'effort heureux, dans une douce chaleur d'affections et d'amitiés.

À six heures précises retentit la bombe signalant la fermeture du contrôle. J'appris alors que Brindejonc était parti vers midi à ma poursuite sur son Morane rapide. Il termina quelques minutes trop tard. Je restais bien seul en course.

Le bruit se répandit alors qu'une deuxième course était organisée par le comité et aurait lieu le lendemain, en même temps que je terminerais seul le Grand Prix.

Appuyé par Leblanc et Blériot je protestai énergiquement contre cette décision qui me portait préjudice et le Comité m'accorda en compensation une garantie de 25 000 francs.

Ces démarches nous retinrent assez tard à l'aérodrome. Cependant à 10 heures du soir j'étais très sagement dans mon lit, pendant que les amis faisaient la fête.

Le temps resta beau, pour la deuxième journée. Je fis un premier départ exubérant, les deux mains en l'air – ce qui était une prouesse en 1912.

Mes quatre tours s'accomplirent avec une régularité exemplaire. Naturellement la peur d'une panne me hanta de bout en bout.

Je me souviendrai toujours de la joie que j'eus à voir approcher la ligne blanche finale et à crier dès que j'en fus à portée de vol plané :

– Ça y est !

J'avais gagné : le Grand Prix de l'aéro-club de France (50 000), le grand prix de vitesse (20 000), le cinquième prix de l'épreuve spéciale (5 000) dont le vainqueur fut le docteur Espanet, sur Nieuport.

Après l'arrivée, on nous présenta, Espanet et moi, à Monsieur Besnard, sous-secrétaire d'État, représentant le Gouvernement.

Ce ministre nous adressa une chaude allocution à laquelle je répondis d'enthousiasme en offrant mon Blériot à l'armée. Ma pensée n'était pas de faire au gouvernement un cadeau, pour lui, insignifiant, mais de donner à l'aviation militaire une preuve des erreurs qu'elle commettait en fixant le cahier des charges de Blériot. Mon intention resta incomprise et le sacrifice à peu près inutile. L'avion attendit longtemps, dans un hangar d'Issy, l'acceptation des bureaux. Au moment de la livraison la voilure s'était déréglée par l'humidité, il fallut remplacer les ailes.

Enfin je me rendis aux grandes manœuvres du centre où pendant deux jours, j'errai de village en village, sans pouvoir déterminer qui avait qualité pour recevoir l'appareil. Je l'abandonnai dans un hangar et pris le train pour Paris. Je sus plus tard qu'il avait été baptisé Lieutenant Byasson et affecté au capitaine de Rose.

Ce fut à cette époque le seul Blériot de l'armée qui volât proprement.

De Rose m'écrivit, sans me connaître, une lettre de remerciements charmante. Les pilotes militaires réclamèrent des appareils semblables, mais ne les obtinrent jamais.

Le premier meeting de Vienne

À peine rentré d'Angers, nous reprîmes le train : Audemars, Barrier, Voisin avec Raymonde, et moi – pour le premier meeting de Vienne.

Je m'y étais fait envoyer d'avance deux appareils semblables à celui du circuit, dont un muni du 70 chevaux Gnome.

J'allais enfin participer à un vrai meeting. À celui de New York, je n'avais guère été que spectateur. Je me promettais un succès facile car sur un aérodrome surtout je me sentais dans mon élément.

Le programme était fort bien fait : l'aéro-club d'Autriche, dont le jeune président fut un aviateur de la première heure, avait montré dans cette tâche une rare compréhension de l'aviation. Seules les épreuves de hauteur étaient soumises à une règle regrettable à mon avis – cette règle consistait à tenir compte du poids transporté dans les épreuves de hauteur – mais que justifiait le souci légitime d'encourager l'aviation autrichienne.

Je me rappelle la bonne impression de notre première visite à l'aérodrome. Un champ immense au milieu de la plaine de Wagram, avec une piste bien tracée, des aménagements commodes pour le public ; une quinzaine de hangars spacieux où une armée internationale de mécanos s'empressait à terminer les montages et les mises au point de la dernière heure. Sur le terrain même on voyait des machines de toutes formes que leurs pilotes s'occupaient d'essayer. Il y en avait une notamment qui attira notre attention. C'était la reproduction en grand d'un jouet qui fut à la mode au début de l'aviation et qui se composait d'une simple surface plate, fixée à une tige empennée, munie d'une hélice actionnée par un caoutchouc. Ici, le caoutchouc était remplacé par un moteur quelconque – mais on retrouvait comme voilière l'unique toile tendue sur un cadre, et comme fuselage, la tige empennée : une grosse perche tenue par un réseau de fils de fer. Quant au pilote, il rasait le sol dans une jolie petite nacelle ovoïde munie de deux roues. Tout cela était d'un aspect comique : on se représentait l'aviateur foulant à petite allure l'herbe des champs, sans le moindre espoir aérien.

Un instant plus tard, cet instrument passait à 10 bons mètres au-dessus de nos têtes.

Certes sa vélocité était modeste ; son allure incertaine et glissante inspirait au spectateur des angoisses désagréables, et on aurait dit plutôt un papillon qu'un oiseau… mais enfin il volait.

Il passa près de nous. Le pilote avait l'air de pomper avec un immense levier qui descendait obliquement du haut de l'appareil.

Audemars baptisa incontinent l'originale machine la folle mouche.

La folle mouche vola chaque jour du meeting, avec un admirable courage et un faible succès.

Mon matériel ne me laissait aucun espoir dans les concours de vitesse – ceux de durée me semblaient fastidieux ; mais je me croyais bien placé pour tous les autres, même ceux de hauteur, car mon vieux record de Dinard tenait toujours.

Dès la première journée, il fallut en déchanter. J'avais fait 3 400 mètres. Je descendis tranquille : personne ne m'aurait suivi jusque-là.

On annonce les résultats : je bats Bedel (sur Morane 60 HP Anzani) de 100 mètres. Quant au lieutenant Blaschke[1] – un noble inconnu – il serait monté à 4 250 mètres, avec un passager.

Celle-là est trop forte. Pas un de nous n'y croit.

Avec une courtoisie parfaite le comité m'offrit de vérifier moi-même les barographes. On les attacha tous à mon fuselage et je grimpai à 1 000 mètres. Les instruments fonctionnaient à merveille. Il fallut se rendre à l'évidence. Du reste Blaschke renouvela chaque jour ses exploits. Il me fallut renoncer une fois pour toutes aux prix de hauteur.

Dans d'autres concours j'eus une fortune variable.

Course de 100 kilomètres : Vienne-Neustadt-Vienne, j'étais parti à tout hasard sur mon 50 HP, courant la panne des autres. Mais le coup d'Angers ne pouvait réussir partout : j'arrivai cinquième, il n'y avait que quatre prix... C'est dans cette épreuve que le pauvre Bedel, héroïque sous une douche d'huile, fit le tour des Alpes voisines, rentra une heure après les autres et inspira à Charles Nieuport ce surnom : l'Homme de la montagne.

Avec mon 70 HP (qui ne marcha jamais plus d'un quart d'heure sans accroc) je ramassai tous les prix de vitesse ascensionnelle et presque tous ceux de premier départ.

1. Lieutenant autrichien von Blaschke.

Je partageai avec mon passager Audemars le deuxième prix de lancement de bombes. C'est la folle mouche qui s'adjugea le premier. Mais à l'atterrissage au champ clos je pris sur elle une revanche cruelle : ce champ clos était délimité par 4 poteaux, dont les sommets étaient reliés par un fil fragile garni de petits ballons multicolores. D'après le règlement – c'était une petite lacune – il s'agissait de s'arrêter au plus près du centre. Vu les dimensions réduites de l'enclos, la difficulté consistait à ne pas trop dépasser le centre. La folle mouche fit mieux : elle ne l'atteignit pas et s'arrêta trop tôt pour gagner. On me reconnut un avantage de quelques centimètres. Logiquement j'aurais dû être battu de loin. Mais la justice n'est pas de ce monde, dit-on, et les plus modestes sont les plus sacrifiés.

Quelques mois plus tard, hélas, la folle mouche devait tuer son inventeur et pilote, l'ingénieur roumain Vlaicu[1].

Blaschke ne faisait qu'un vol par jour pour le prix de la hauteur. Il abattit successivement les records mondiaux avec un, deux, trois passagers.

Son retour était attendu, salué d'ovations ; à chaque atterrissage c'était une ruée de photographes et de reporters.

Blaschke était d'ailleurs un garçon sympathique : simple, modeste, la physionomie franche et tranquillement énergique, il portait son succès élégamment.

J'eus peu d'occasions de converser avec lui, mais je n'en gardai pas moins un bon souvenir de celui qui m'avait si brillamment ravi mon cher record.

1. Aurel Vlaicu, pilote et constructeur.

Charles Nieuport faisait là-bas ses débuts en public comme aviateur. Il s'en tira avec une adresse qu'on n'aurait pas attendue de sa corpulence et de son allure un peu vieillotte. Il avait comme matériel : un petit 2 cylindres de ce type qu'Édouard avait créé de toutes pièces ; moteur, magnéto, bougie inclus – et un 100 HP Gnome, type militaire. Avec ces 2 appareils il se classa, et totalisa une somme de prix assez convenable.

Néanmoins, il n'arrêtait pas de se plaindre, geignant du reste, le plus souvent, sur un ton d'ironie spirituelle. Il excellait à faire contraster des mots très drôles avec une voix pleurarde et un ton lugubre.

Il apportait aux luttes sportives une ardeur et un amour-propre extrêmes.

Dans la finale du prix de vitesse ascensionnelle, il avait fait une bonne performance. Son commissaire lui annonça sous toutes réserves qu'il serait probablement classé premier ; nous nous tenions, à quelques secondes près. Ce succès le rendit d'une exubérance intenable ce soir-là, et ce fut pour lui une affreuse déception de se voir deuxième au classement définitif. Il prit le ciel et la terre à témoin de ses malheurs, de sa guigne, de l'injustice du comité. Nous mîmes 24 heures à le calmer.

Sa *guigne* l'éprouva encore dans le concours de bombardement. Le tir se faisait d'une hauteur de 200 mètres. Les projectiles consistaient en petits sacs de farine munis d'empennages et la cible, d'un cercle blanc d'une quinzaine de mètres de rayon.

Charles, enfoui au milieu des ailes immenses de son 100 chevaux fit lâcher ses sacs par un grand diable de mécano (Weber) qui s'allongeait sur le fuselage jusqu'à dépasser le bord postérieur de l'aile. Le pauvre homme fut d'une maladresse superbe : le premier sac tomba trop court à 200 mètres du but... Le deuxième atterrit en dehors de l'aérodrome et brisa net le bras d'un vieux monsieur qui montait en voiture pour s'en aller… Ce fut une terrible histoire, il y eut procès.

Quelque temps après on entendait Charles grommeler d'une mine chagrine :

– Quelle injustice. Classer dernier le seul appareil qui ait montré de réelles qualités destructives.

Notre réputation de virtuosité nous avait valu, à Audemars et moi, l'honneur d'une séance réservée.

Un dimanche soir, en présence d'une foule énorme, on fit évacuer l'aérodrome et on le livra à nos exercices – une série de spirales et de vols plus ou moins combinés.

Cette séance obtint un succès monstre. La presse en fit des comptes rendus sensationnels, ornés de croquis explicatifs.

Vers la fin de notre séjour, Voisin eut un accès de fièvre typhoïde. Il eut l'énergie de prendre le train, en pleine crise, pour rentrer se soigner à Paris. Il quitta Vienne avec Raymonde, deux ou trois jours avant nous.

En dehors du meeting même notre vie à Vienne fut gaie. Nos hôtes nous comblaient d'amabilités. Le soir, notre groupe intime s'augmentait d'un nombre de bons cicérones. Nous allions dîner en bande dans les restaurants d'été : on nous faisait partout le même accueil chaleureux : les orchestres tziganes nous saluaient de *Marseillaises* éclatantes et de chansons improvisées en notre honneur.

Je commettais d'horribles péchés de gourmandise pour le caviar russe, le *fogosch*, les truites, les écrevisses géantes, le *goulash*, l'oie rôtie, etc.

Et quelle hospitalité de bon goût on trouve chez des amis viennois. Cette fête ininterrompue et constamment charmante, qui dura une quinzaine, nous laissa un souvenir enthousiasmé et l'espoir, qui devait se réaliser, de revoir Vienne l'année suivante.

Le record d'Houlgate

Je rentrai à Paris avec l'idée fixe de reprendre mon record. Blériot mit en chantier sur mes indications un appareil spécial, muni du nouveau 80 HP Gnome. La construction de cet appareil prit environ 5 semaines que je passai à Paris en vacances bien gagnées.

C'est à ce moment que je reçus de Morane et Saulnier[1] des propositions pressantes.

J'avais toujours un penchant pour le Nieuport, j'acceptai cependant d'aller essayer à Villacoublay le monoplan type Paris-Pau, mis au point par Tabuteau.

J'ai toujours eu en aversion les essais d'appareils. Je n'ai pas, comme certains camarades, le don d'être à l'aise du premier coup, sur n'importe quelle machine. Au contraire, le moindre changement de position ou de réglage suffit parfois à me dépayser désagréablement. Mais l'essai en question m'intéressait.

Il ne fut pas long : en comparaison de mes Blériot, le P. P. était, malgré son rendement supérieur, un appareil affreusement lourd et tangent.

– Qu'en pensez-vous ? me demanda-t-on à l'atterrissage.

– Commencez par alléger votre construction d'une centaine de kilos.

– Mais nous faisons du 120... Nous montons à 300 mètres en...

1. Léon Morane (recordman de vitesse à 106,508 km/h le 10 juillet 1910 sur Blériot) construit en 1911 avec René Saulnier un monoplan monoplace A. C'est sur un Morane-Saulnier H, très rapide et maniable, que Roland Garros traversera la Méditerranée et que Maurice Brindejonc réalisera son tour d'Europe. Les Morane-Saulnier L dits Parasols compteront parmi les meilleurs avions de chasse du début de la Première Guerre mondiale.

– La question primordiale est de voler bien : pour l'instant vous volez mal.

J'étais trop convaincu pour ne pas convaincre. À la suite de cet essai je ne pensai plus au Morane-Saulnier.

Je suivais jour par jour la construction de mon appareil de record. Dès qu'il fut prêt on l'expédia à Houlgate où je devais être l'hôte d'Émile Dubonnet[1].

Je fis le voyage d'Houlgate par l'air, en deux étapes. Audemars m'accompagna jusqu'à Vernon où Voisin nous avait organisé une petite exhibition. Nous y passâmes un jour et une nuit.

Je continuai seul vers Houlgate par un temps qui rappelait celui d'Angers. Je mis 2 heures et demie pour accomplir le trajet, et faillis bien rester en panne d'essence. Néanmoins ce parcours fut assez amusant ; je voyageais bas, vers 100 mètres, obliquant tantôt à droite, tantôt à gauche, je serpentais entre les colonnes de pluie que je voyais s'avancer de l'horizon. Je ne reçus pas une goutte d'eau, tandis qu'au-dessous de moi toute la campagne ruisselait des averses récentes.

J'atterris à Houlgate dans un petit champ où Dubonnet m'avait fait préparer un hangar, juste à temps pour échapper à une de ces douches.

Voisin arriva un peu plus tard par la route avec une voiture d'amis. Nous nous installâmes au grand hôtel et on commença les préparatifs du record.

Je n'avais pas encore essayé l'appareil spécial mais il ne comportait pas de nouveauté susceptible de causer une mauvaise surprise ; il ne différait qu'en trois points de mes appareils habituels : 1. une voilure un peu plus grande (18 mètres au lieu de 16) ; 2. 80 HP au lieu de 50 ; 3. un train d'atterrissage minuscule, 5 tubes d'acier et 2 roues de bicyclette, sans amortisseurs.

1. Émile Dubonnet (brevet 47).

Dès le premier essai, l'appareil montra des qualités de vol inconnues jusqu'alors. Il quittait le sol presque sur place ; atterrissait à une vitesse extrêmement faible, enfin montait à 1 000 mètres en 3 minutes environ.

Cette machine me révélait un monde de sensations nouvelles.

Pour le contrôle de ma performance, je m'étais entouré d'un luxe de précautions. J'avais fait venir de Paris tout exprès, un ingénieur de la maison Richard, Monsieur Charles Magné, chargé des manipulations du barographe.

Pendant plus d'une semaine nous attendîmes le beau temps. Le ciel restait gris et bas, par un vent de sud-ouest violent. Je brûlais d'impatience. Nous étions en septembre. Houlgate prenait déjà l'aspect désert des plages d'hiver. Les affaires de Dubonnet le rappelaient à Paris.

Enfin un soir, le temps s'éclaircit un peu, on vit des étoiles briller, nous nous endormîmes avec un espoir pour le lendemain.

L'espoir se réalisa incomplètement : le vent soufflait toujours et le ciel n'était bleu que par taches. Mais il fallait en finir.

Voici le récit que j'ai fait, encore sous l'impression de mon vol, aux lecteurs du *Matin*. Le ton peut en paraître aujourd'hui un peu emphatique : les temps ont changé.

Trouville, 7 septembre – J'étais prêt depuis huit jours à tenter le record. J'avais soigneusement essayé et mis au point l'appareil que Blériot avait construit sur mes données, mais le ciel restait obstinément noir de nuages.

Hier enfin, quelques coins bleus. Je pars sans conviction ; le temps est bien peu propice, froid glacial, le vent est déchaîné, surtout trop de nuages. Tant pis ! essayons.

Je pars avec deux heures d'essence, une installation sommaire d'oxygène et un costume digne d'un explorateur polaire.

Le décollage a lieu à midi 45 à ma montre.

Les nuages sont à mille et quelques mètres : je les atteins en quatre minutes et les dépasse par un trou bleu. Tout irait bien sans ces maudits nuages qui me cachent déjà la mer. Je n'ai vue à ce moment que sur la terre, à ma gauche, et par intermittence.

Je monte très rapidement. D'après les diagrammes de mes deux baromètres, dont l'un est devant moi et l'autre derrière moi, dans le fuselage. Je suis à 2 000 mètres : il n'y a pas dix minutes que je vole.

3 000. Je vise toujours la côte que j'aperçois maintenant presque constamment à ma gauche, dans la direction de Ouistreham, par une grande éclaircie ; mais j'ai l'impression qu'au lieu de m'en rapprocher je m'en éloigne à reculons. Mon appareil fait pourtant du 115 kilomètres à l'heure !

4 000 ! Plus de doute : je suis entraîné par le vent, qui fait par conséquent plus de 115 kilomètres à l'heure (32 mètres à la seconde)… On croirait pourtant être en calme plat, tant il est régulier. Je vois sous moi, de temps en temps, par une lucarne dans les nuages, un coin de la campagne normande, grâce aux trous que j'ai fait aménager exprès dans les ailes de mon appareil.

Le moteur faiblit, voici des ratés. Je cherche un nouveau dosage d'essence qui les supprime. Je commence à respirer de l'oxygène, tout en comptant les pulsations de mon moteur, dont le nombre reste normal.

La montée devient pénible. Il fait très froid, mais je suis couvert et souffre peu.

4 600 ! J'ai repris mon record : c'est déjà l'essentiel. L'appareil commence à flotter sur l'air qui ne porte plus : la lutte contre les ratés du moteur devient de plus

en plus délicate. J'espère cependant aller, de 500 ou 600 mètres plus haut. Je m'aperçois malheureusement que ma provision d'oxygène, mal calculée, sera épuisée avant la fin.

Voici 4 800 : la hauteur du mont Blanc. Je n'ai plus une gorgée d'oxygène et mon moteur souffre d'une crise de ratés qui interrompt la montée. Je vois même descendre le tracé des diagrammes.

Mais je suis comme hypnotisé par la ligne des 5 000 mètres, qui est à moins de deux millimètres de la plume enregistreuse. Rien ne me fera descendre avant la panne ou le but atteint.

Je cherche un courant d'air plus favorable et fais appel à tous mes moyens de vieil acrobate.

Enfin le tracé reprend une marche faiblement ascendante : je gagne encore de 150 à 200 mètres. La respiration est maintenant très pénible.

Mais voici les 5 000 ! Je les tiens ! Je veux les dépasser.

Un choc sinistre avec un grand bruit ! Je suis un peu étonné de ne pas sentir mes ailes m'abandonner dans le vide. D'un geste presque instantané, plus rapide que toute pensée, j'ai coupé l'allumage, et je suis en vol plané.

Chaque tour d'hélice produit un ébranlement violent de tout l'appareil et je m'attache à descendre le plus lentement possible pour ménager mes ailes, déjà trop éprouvées par ces commotions. Évidemment une pièce maîtresse, une bielle probablement, est brisée dans le moteur.

Mais les vibrations diminuent petit à petit et l'hélice s'arrête enfin, bloquée. C'est le glissement du vol plané avec les haubans qui bruissent d'un sifflet plus ou moins aigu, selon la vitesse de la descente.

4 500 mètres me séparent encore du sol, mais j'ai la nette impression que je viens d'échapper au danger.

Je retraverse les nuages vers 1 500 mètres et j'ai la joie de trouver sous moi de superbes pâturages : il n'y a qu'à choisir le plus beau. Ce serait un jeu, sans les bourdonnements terribles que je ressens aux oreilles depuis cinq minutes.

Enfin la terre approche ! Je suis exactement face au vent et je descends presque sur place.

Plus que quelques secondes d'attention : me voici doucement posé dans une superbe prairie.

J'ai reculé de vingt kilomètres, mais j'ai mon record.

Le record d'Houlgate est un des cinq ou six vols qui m'ont causé le plus de satisfaction. Je ne regretterais même pas la panne qui m'arrêta deux ou trois cents mètres trop tôt si elle ne m'avait pas fait manquer d'un rien le cinquième kilomètre, comme j'avais manqué le quatrième l'année précédente à Dinard.

XIX

Malgré la saison avancée, Voisin réussit encore à nous faire exhibitionner à Vichy et à Roanne. Toujours la vie libre et imprévue que j'aimais. À Vichy surtout, Monsieur Aletti, grand organisateur des réjouissances, nous fit un accueil inoubliable.

Malheureusement j'appris là une nouvelle désagréable : mon record d'Houlgate venait d'être démoli par Legagneux, sur un Morane-Saulnier. Il n'avait pas tenu un mois.

Blériot était par hasard en villégiature à Vichy. Il reçut télégraphiquement des précisions qui rendaient la nouvelle encore plus déconcertante. On annonçait alors 5 700 mètres (le chiffre fut réduit à 5 400 pour l'homologation).

Ayant terminé Vichy et Roanne je pris le train pour Paris, d'assez mauvaise humeur, laissant Voisin s'occuper de nos affaires.

Il devait ensuite passer par Saint-Étienne pour voir s'il y avait là quelque chose à faire.

Deux jours plus tard, je trouvai, en rentrant chez moi, le télégramme suivant :

« Terrible accident automobile. Charles décédé. Raymonde. »

La dépêche avait été expédiée de Belleville-sur-Saône, localité située à quelques kilomètres au nord de Lyon.

Je la relus dix fois sans pouvoir me résigner à comprendre. Mais les mots étaient trop clairs : ils me plongeaient dans une douloureuse stupéfaction. Que pouvait-il lui être arrivé ?

Charles n'était pas seulement adroit conducteur : il était d'une prudence telle que nous l'en plaisantions souvent. Tout contribuait à rendre cette catastrophe improbable.

Je pris le premier train pour Lyon et après un voyage dont les heures furent longues, je trouvai sur le quai la pauvre Raymonde en larmes. Je restai près d'elle jusqu'au soir. Elle me raconta l'accident absurde, dont elle et un petit chauffeur étaient sortis indemnes, par un vrai miracle. Une roue de la voiture avait laissé des traces d'antidérapant sur l'écorce d'un arbre à 2 mètres au-dessus du sol. On me conduisit à la dépouille de mon ami, dans une sinistre chambre mortuaire d'hôpital. Sa tête était si horriblement mutilée que je ne pus en supporter la vue et me retirai.

Le soir, Gabriel Voisin arriva de Paris. Je lui serrai la main pour la première fois et je les quittai par le train suivant.

J'essayais en vain de m'habituer à la pensée que désormais mon bon Charles ne serait plus là pour répandre dans notre existence vagabonde son intarissable entrain.

En effet sa perte jeta un certain désarroi dans ma vie. Je m'étais habitué grâce à lui, à ignorer les moindres soucis matériels et son amitié dévouée était devenue un de mes points d'appui moraux. Dans la période qui suivit je ne fus pas brillant, malgré les deux performances importantes que je réalisai à force de vouloir.

J'avais perdu tout à coup mon bel allant d'Angers et d'Houlgate. Ce fut un moment de dépression, comme en ont eu la plupart des pilotes de ma génération et à la suite desquels beaucoup ont abandonné l'aviation.

À Paris j'entrai en relations avec Morane-Saulnier. On me fit essayer l'appareil détenteur du nouveau record et qui devait accomplir par la suite tant de beaux vols. Cette fois je fus émerveillé. Morane et Saulnier renouvelèrent leurs propositions. Je devins leur collaborateur.

Je m'entraînai quelque temps à Villacoublay et retrouvai sans peine ma précision de mouvements habituelle.

Saulnier semblait éprouver une satisfaction d'artiste à faire admirer son œuvre, ainsi en beauté, aux visiteurs de Villacoublay.

Il avait complètement adopté mes idées, qu'il savait même préciser mieux que moi. Nous inspirâmes une petite campagne en faveur de l'excédent de puissance et de la qualité de vol, par opposition à la vitesse pure, à la stabilité automatique et autres formules défendues par certains. Frantz Reichel nous dédia un bel article intitulé : « Les faiseurs d'ailes ».

Villacoublay devint le rendez-vous des « étoiles », et un centre d'attraction pour tous les amateurs de beau vol.

J'avais promis par contrat deux performances équivalentes au record de hauteur.

Je choisis pour la première de renouveler le record même.

J'avais à ma disposition l'appareil qui avait servi à Legagneux : il s'agissait de le faire monter plus haut. Je fis augmenter ma voilure de deux mètres, et je partis pour Marseille, muni de ce qu'il fallait.

Je m'installai à l'aérodrome de Pas-des-Lanciers. À l'approche de l'hiver le temps n'était guère propice. Cependant, après quelques jours d'attente je crus pouvoir convoquer mes amis de l'aéro-club de Marseille.

Nous arrivâmes sur le terrain par un mistral qui s'était levé subitement. Les circonstances me parurent trop défavorables et je remis mon essai. Mais je voulus montrer à l'assistance les vertus nouvelles de mon appareil, et les avantages d'un riche excédent de puissance.

Dans ce vent, l'appareil fut d'un bond à 200 mètres ; en quelques secondes à 300… J'évoluai un instant avec souplesse, sans donner, j'en suis sûr, la moindre impression d'effort ou de gêne.

Malheureusement l'atterrissage effaça tout le bon effet du vol.

J'avais un train rigide, fragile, mal placé. C'était une imperfection de détail, qui avait passé inaperçue sur les pelouses de Villacoublay. Ici, j'arrivai en dérapant un peu, sur un terrain dur : une roue céda, l'appareil capota.

J'étais horriblement vexé et furieux. Mais ce n'était que le premier d'une série d'avatars.

Ayant réparé, je fis quelques jours plus tard ma première tentative. Elle ne fut pas brillante…

J'étais parti de Pas-des-Lanciers ; mais je devais redescendre à Miramas, champ plus vaste et plus facile en cas de panne.

Mes efforts eurent lieu au-dessus de l'étang de Berre. À 4 400 mètres, transi de froid et déprimé, je rencontrai des courants contraires et des remous de la plus mauvaise sorte. Mon diagramme ondula vers l'horizontale, et je sentis – déjà – la proximité d'un plafond. Il était inutile d'insister. Je commençai un long vol plané sur Miramas.

En arrivant près de terre je trouvai une violente agitation au lieu du calme relatif du départ. Quand je voulus m'aider de mon moteur, il refusa de fonctionner. Alors, paralysé par le froid et une collection de maillots, écœuré de mon impuissance, je subis la honte d'un deuxième capotage, plus ridicule que le premier.

C'en était trop. J'eus une crise de spleen qui dura plusieurs jours. Tout m'était hostile ; je perdais confiance…

Non, je ne voulais pas décliner. Il fallait changer de climat et réagir.

Je décidai brusquement un plan. Je m'assurai le concours de l'excellent Manselon, mon imprésario marseillais et je m'embarquai pour Tunis.

Parmi tous les endroits qui m'offraient du soleil et quelques ressources, Tunis avait un avantage particulier : en cas d'échec définitif, j'y trouverais ma revanche dans un voyage Tunis-Rome.

Tunis-Rome, autrement dit Carthage-Rome n'était-ce pas une jolie chose à faire en aéroplane ?

J'avais pris le premier bateau en partance. Il était petit, vieux, et s'appelait le *Tafna*. De la première à la dernière minute de la traversée, je fus malade comme une bête et pour comble, en accostant à Tunis où j'allais chercher de la chaleur et du soleil, je tombai – à 5 heures du matin – sur un ciel noir, une petite pluie fine et une bise glaciale. Jamais je n'eus l'impression comme ce jour-là d'être seul au monde.

Troisième record de hauteur

Le temps s'arrangea. Pendant la première semaine je partageai avec Manselon la besogne d'une organisation, car je voulais couvrir mes frais. J'obtins les concours nécessaires et le champ de Kassar-Saïd. J'offris à la presse la traditionnelle séance de démonstration et j'annonçai mon intention de tenter le record de hauteur.

Je fis trois essais, dont les deux premiers en séances publiques.

Au premier, je ne dépassai pas 4 500, arrêté par le froid et un ciel défavorable.

Au deuxième, je partis sans confiance : le temps me semblait encore peu propice. Je m'aperçus en route que je grimpais admirablement. Je dépassai 5 000 : le diagramme continuait splendide. Mais à 5 200 le froid et le manque d'oxygène me déterminèrent à redescendre.

Enfin, dans un dernier essai, je m'adjugeai le record par 5 610 mètres.

J'aurais pu aller un peu plus haut si je n'avais pas dû céder au froid.

Le diagramme obtenu ce jour-là est je crois le plus pur diagramme de record qui existe.

La mer exerce sur moi une attraction spéciale, la pensée d'y rester un jour ne m'inspire pas d'horreur. Tout mon record de Tunis se passa au large de Carthage. Je ne vis pas la Sardaigne parce que les vapeurs du matin n'étaient pas encore dissoutes.

Mais j'eus, pour la première fois avec une telle netteté, l'impression de voler au-dessous d'une immense cuvette, comme si la terre eût été concave.

Le vol plané qu'il fallut pour redescendre de là-haut me fit bien parcourir une trentaine de kilomètres. Cependant, me voyant encore trop loin de Kassar-Saïd je repris un instant le vol horizontal, moteur en marche. C'est l'explication du petit palier qu'on trouve sur ma courbe de descente.

Je me suis toujours donné beaucoup de peine pour établir l'authenticité de mes records. À Tunis, mes deux barographes Richard restèrent constamment sous la surveillance de Monsieur Ginestons, le savant directeur de l'observatoire. À chaque tentative il vint lui-même apposer les scellés et vérifier l'installation.

Le jour du record il reçut l'appareil en dépôt, le remit en main propre au capitaine d'un paquebot ; celui-ci le livra au président de l'aéro-club de Marseille qui le transmit enfin à l'aéro-club de France toujours sous scellés.

D'autre part un procès-verbal avait été dressé sur le terrain et signé par : un commissaire de la ligne nationale aéronautique, le directeur de l'observatoire de Tunis, plusieurs officiers, une dizaine de témoins.

Il est regrettable que des mesures aussi complètes n'aient pas été prises pour tous les records. Il suffit d'avoir sous les yeux la série des diagrammes homologués, pour constater qu'ils n'ont pas tous la netteté désirable.

Tunis et environs

Je fis à Tunis la rencontre inattendue d'un excellent camarade de lycée, avec qui j'avais joué au football en 1906.

Il se laissa gentiment distraire de ses occupations sérieuses pour me tenir compagnie, et, à partir du jour où un reporter avide de détails intimes nous gratifia du titre d'amis d'enfance, nous n'eûmes plus dans nos conversations que ce vocatif : « ô ami d'enfance »...

J'avais loué une automobile. Nous fîmes de jolies promenades aux environs immédiats de Tunis. Je me souviens notamment d'une partie de chasse sur la route de Bizerte, dont le récit remplira d'indignation des âmes de vrais chasseurs. La campagne était peuplée de myriades d'alouettes. On voyait leurs troupes légères voleter à travers les champs et se poser jusqu'au bord de la route. L'approche de notre voiture ne les effarouchait pas assez pour que nous ne pussions sans quitter nos coussins fusiller les pauvres petites, au posé… Un crime… L'ami d'enfance me convia entre autres à de bonnes parties de tennis et à d'innombrables parties de billard.

Le soir, nous entendions de la fort bonne musique. Le théâtre de Tunis partageait les engagements d'artistes signés par l'Opéra de Nice. Cela explique la qualité très supérieure des troupes qui y passaient.

J'entendis là, plusieurs fois la *Tosca* et *Paillasse* chantés par Campagnola[1] avec une maestria superbe.

Mais je ne me pardonnerai jamais de n'avoir été visiter ni Timgad, ni Carthage – aux portes de Tunis – ni les curiosités de Tunis même (je n'ai pas vu la ville arabe).

J'ai perdu, comme toujours par mon indolence, l'occasion de connaître tout un beau pays.

Alors d'où vient le charme attachant que j'ai trouvé à ce climat qui m'était apparu d'abord sous un aspect si rébarbatif ?

C'est le goût de l'air, c'est l'âme des choses ; c'est surtout je crois cette lumière, moins violente que celle des tropiques, plus limpide que celle de la Riviera ; et ces horizons du soir, à la fois doux et lumineux, où le crépuscule met des nuances de perles et de violettes (en décembre).

C'est à Tunis que je fis mes débuts comme conférencier. J'avais attiré, dans la grande salle de théâtre, moins d'auditeurs, heureusement, que Campagnola.

Je me tirai tant bien que mal de cette aventure, en racontant celles que j'avais vécues en Amérique ou ailleurs…

1. Léon Campagnola, ténor français.

On eut l'indulgence de m'écouter jusqu'au bout, peut-être à cause du bon exemple qu'en donnaient le Résident général et Mademoiselle Alapetite ; et j'eus, à bon compte, la satisfaction d'avoir affronté pour la première fois le feu de la rampe.

Ainsi Tunis s'ajouta dans ma mémoire à la collection des lieux propices. J'y avais trouvé l'aide des hommes aussi bien que les faveurs de la nature. Les autorités, la presse, le public, tous m'avaient entouré de sympathie. J'allais partir criblé de dettes... de reconnaissance...

Le Résident m'offrit un dîner d'adieu et me remit encore de la part de S. A. le Bey, en souvenir de mes vols à Tunis, les insignes de Commandeur du Nichan Iftikar.

De Tunis à Rome

Rien ne s'opposait à mon deuxième projet ; c'était une occasion de remplir immédiatement mes promesses à Morane-Saulnier.

En vue de ce voyage, je fis remplacer mon 80 HP par un petit 50 que j'avais en réserve, et la voilure de 16 mq par celle de 14 mq.

Puis j'obtins un convoi de 5 torpilleurs – pour la traversée d'Afrique en Sicile.

Au temps prochain où l'hydro-aviation sera devenue un moyen de tourisme idéal, Tunis-Rome restera l'un des parcours les plus attrayants : la voie aérienne transforme là un voyage assez long et compliqué en une promenade de quelques heures ; elle rapproche, en un contraste plus pittoresque, le climat africain et le climat latin ; la vieille Carthage détruite et rénovée, et la Rome éternelle. Puis, rien ne dépasse la beauté de ces panoramas vus du ciel : Tunis, Palerme, Messine, toute la côte festonnée de Calabre jusqu'à Naples, enfin l'apparition toujours un peu solennelle de Rome à l'horizon...

Malheureusement les ennuis dus à mon train d'atterrissage détruisirent l'agrément de ce premier voyage en me mettant dans un état perpétuel d'inquiétude et de nervosité pénible.

Je quittai Kassar-Saïd vers 8 heures du matin par un temps superbe. Je cinglai aussitôt à faible hauteur sur le cap Ben, point de repère initial de ma traversée.

Je voyais une dernière fois, à ma gauche les ruines de Carthage, à peine distinctes devant un horizon de mer pâle ; derrière moi la Blanche Tunis, plus loin la chaîne mauve du Mahouin.

Je mis environ une heure pour atteindre le cap Bon. Je passai à frôler le phare. Puis, il fallut choisir une direction. J'avais donné rendez-vous au premier torpilleur à 10 kilomètres du cap. Mais je n'avais pas prévu cette terrible réverbération qui m'aveuglait.

Je ne vis d'abord rien sur la mer et je pris sans assurance, une direction indiquée par ma petite boussole.

Voici un bateau. Est-ce le mien ? Non, ce n'était qu'un remorqueur quelconque. J'explorais l'horizon, perplexe. Enfin, j'aperçus au loin un point noir ; j'approchai. Cette fois c'était bien mon premier convoyeur. Il m'avait vu, et il filait à toute vapeur, m'indiquant la direction exacte. Je le dépassai à tribord, de très près. L'équipage me faisait des signes de salut – j'agitai mon mouchoir. Quelques minutes plus tard, je photographiai le deuxième torpilleur. J'étais pour quelque temps tout à fait rassuré.

Arrivé au cinquième et dernier bateau, il restait environ 100 kilomètres de mer devant moi. Mais j'étais sûr maintenant de ma direction et ce vol avait un attrait particulier de chose irréalisée : « *Por mares nunca de antes navegados*[1] ».

La côte basse de cette région ne m'apparut qu'au dernier moment, à cause du soleil. J'arrivais sur Marsala au moment où je découvrais une fuite d'essence à mon réservoir.

Un champ labouré petit mais bien situé m'offrit un atterrissage facile et les gens d'une ferme voisine m'aidèrent à pousser mon appareil jusqu'à un abri.

Les maîtres de la ferme m'offrirent l'hospitalité et un déjeuner improvisé. On avait mis mon couvert seul à une grande table et bien qu'il y eût des domestiques, mes hôtes me servirent eux-mêmes.

On me fit manger d'un poisson spécial de Sicile, qui venait certainement d'être pêché, tant il était frais et délicieux ; et je bus d'un vieux Marsala de cuvée réservée, qui n'existe pas dans le commerce.

Mes mécaniciens devaient toucher à Trapani le lendemain. Mon réservoir nécessitait leurs soins.

Je regrette de n'avoir pas attendu à Marsala. Je crus simplifier en me rendant à Trapani puisque ma fuite d'essence permettait ces 15 kilomètres.

Je montai en avion comme on serait monté en voiture, à la porte de la ferme, et je m'envolai d'une route bordée de maisons – une véritable acrobatie.

Dix minutes plus tard, j'étais sur Trapani.

À défaut d'autre terrain j'atterris sur une plage qui aurait dû être de sable d'après sa couleur ; qui était en réalité couverte de rocs plats mal nivelés. Je ne m'en aperçus qu'au moment où mes roues s'écrasèrent et où pour la troisième fois, l'appareil capota.

Cette fois j'en restai réellement malade de rage. J'abandonnai sans m'en occuper l'avion avarié, gagnai

1. Troisième vers des *Lusiades* de Luís de Camões, épopée du XVIe siècle à la gloire du Portugal, construite autour de Vasco de Gama.

l'hôtel qu'on m'indiqua, m'y enfermai à clef dans ma chambre et me mis au lit.

Heureusement mes hommes ne tardèrent pas. Jules me consola un peu en déclarant qu'il suffisait de 48 heures pour tout réparer.

Je passai le premier jour à Trapani. Mais les attentions dont j'étais l'objet me faisaient mal aux nerfs. J'avais besoin d'être quelque part seul, ignoré. J'eus l'idée d'aller incognito passer mon deuxième jour à Palerme ; Je disparus sans prévenir personne, pris un train qui faisait bien du 20 à l'heure et j'arrivai à Palerme, un soir obscur, pluvieux, triste… On m'indiqua un hôtel magnifique, sur une terrasse qui domine la baie à l'ouest.

Sous un faux nom je pris une chambre et m'y fis servir à dîner. Puis je tentai d'aller faire un tour en ville – pour me distraire.

Une pluie fine tombait sans cesse – je n'avais pas de parapluie. Je fis deux coins de rue, à pied dans la boue, puis, découragé, je me fis reconduire à l'hôtel par un fiacre.

Le lendemain, le train me ramena en 6 ou 7 heures à Trapani, un peu calmé tout de même.

À Trapani encore je m'envolai de la petite avenue où donnait mon hôtel, en pleine ville – les mécanos avaient monté l'appareil à l'aurore sous mes fenêtres. Je quittai ma chambre en tenue de voyage, sautai en selle et démarrai parmi les réverbères et les arbres.

Je me tins constamment au-dessus de la mer, longeant la côte que je voyais glisser sous mon aile droite.

Le paysage se présentait malheureusement à contre-jour, sous un ciel barbouillé qui ne sied pas à la Méditerranée.

En outre, j'étais copieusement secoué. La baie de Palerme fut jolie quand même : je me l'imaginai, fleurie, sous un beau soleil de printemps.

J'avais projeté de me ravitailler à Milazzo (ou Pizzo ?) mais une colonne de pluie y passait devant moi ; j'atterris donc un peu plus tôt sur une longue plage étroite – mes roues s'enfoncèrent sans dommage dans un sable meuble.

L'endroit était assez désert. Quelques pêcheurs s'approchèrent, un propriétaire du voisinage vint se mettre à ma disposition.

La pluie arrivait sur nous. On eut à peine le temps de pousser l'avion jusqu'à un abri, et pendant l'averse, on alla me chercher de l'essence et de l'huile.

Je repartis vers 3 heures. Le décollage ne réussit, dans ce sable, que grâce à l'espace illimité en longueur.

Cette étape fut peut-être la plus jolie du voyage. Je revois encore mon arrivée à Taormine : le soleil perçait entre des orages noirs et créait dans le paysage des zones lumineuses environnées d'ombre. Le détroit de Messine disparaissait à contre-jour, vers le sud, dans un chaos de nuages sombres. Je virai au nord : la côte calabraise s'étendit devant moi à perte de vue. Au premier plan, une petite anse creusée dans la falaise abritait un village de pêcheurs dont les barques multicolores dormaient au sec. La mer, ailleurs d'un bleu profond formait là, par transparence une mosaïque de tons clairs et dégradés jusqu'à la mince frange d'argent qui dessinait le croissant de la plage. Un faisceau de lumière tombait justement sur ce tableau pour lui donner plus de relief et de fraîcheur.

En remontant vers le nord, j'entrai dans un ciel plus calme. La fin du jour approchait. Ayant dépassé Pizzo à faible hauteur, je me mis en quête d'un refuge pour la nuit. Le hasard me conduisit au petit poste douanier de Sant'Eufemia de Marina.

Je n'aurais pas trouvé de repos plus paisible. Trois ou quatre douaniers étaient les seuls habitants du poste. Ils m'aidèrent aux soins de mon avion, m'offrirent un dîner et un coucher rustiques et se chargèrent de faire venir de Pizzo pendant la nuit, l'essence et l'huile nécessaires.

Il s'en fallut de peu que mon voyage ne se terminât là. La plage était coupée de ruisseaux infranchissables en roulant, et toujours formée de ce sable sec qui vous colle aux roues comme la glu aux pattes d'un oiseau.

Dans un premier essai, je dus trop forcer le décollage : l'appareil flotta une seconde et retomba sur l'aile gauche : elle s'enfonça dans le sable en craquant un peu…

Cependant, je constatai avec surprise que rien n'était brisé. Les haubans de gauche s'étaient allongés de quelques centimètres : la voilure était déformée, mais elle devait pouvoir voler ainsi.

Je m'appliquai non sans appréhension à un deuxième départ. Je réussis cette fois à voler : mais dans quelles conditions désagréables… Il fallait tenir mon levier constamment braqué à droite et à fond. Je restais sans défense dans un vent de sud-est déchiré par les crêtes calabraises.

Je cherchai la paix dans les hautes sphères – grimpai d'une traite à 3 000. Le voyage se poursuivit sans fatigue. Le vent m'aidait à faire du 150 à l'heure.

Chaque instant m'éloignait du mauvais temps ; le ciel s'éclaircissait.

En vue de Naples, je redescendis vers 1 500 mètres. Je survolai le Vésuve en pensant : je suis le premier homme qui le voit ainsi. Des gaz sulfurés flottaient dans l'air, mon regard fouilla le terrible entonnoir, qui me semblait petit comme si j'avais pu y découvrir un secret. Au centre, une fumée blanche s'épanchait lentement.

Le volcan disparut sous mon aile. En arrivant sur Naples je découvris le terrain qu'on m'avait indiqué. Une foule nombreuse m'y attendait.

J'atterris sagement sur une belle pelouse. Agréable surprise… Les deux premières personnes que je vois accourir sont mes deux mécanos. Ils venaient de débarquer – juste à point. Je leur abandonnai avec joie mon appareil malade.

Aussitôt, fuyant les interviews, je me réfugiai seul dans une chambre du *Grand Hôtel* où j'eus un bain, un déjeuner et deux heures de détente pour le corps et l'esprit.

Quand je revins au terrain l'avion était tout prêt au départ. Je me mis en selle directement.

– Votre roue gauche ne tient presque plus, m'avertit Jules.

Mais sur ce moelleux tapis d'herbe je décollai sans effort et d'une courbe souple m'orientai vers Rome.

J'étais ravi de cette fin de voyage que tout favorisait. Tout à l'heure je reverrais – sans amertume cette fois – Rome apparaître à l'horizon et grandir, et je goûterais bientôt les satisfactions de l'effort heureux.

J'arrivai au but à une allure de record.

L'hippodrome des Parioli me tenta ; mais on m'attendait au Champ de Mars. L'annonce de mon arrivée avait attiré autour du grand rectangle vert une foule déjà nombreuse.

Je descendis suivant une large spire et m'appliquai à ménager une dernière fois ma roue fragile. Mais la malchance me fit toucher la seule aspérité peut-être, qu'il y eût sur le champ. L'essieu céda et l'appareil selon le mouvement habituel se dressa sur le nez.

Telle fut la fin lamentable de Tunis-Rome.

LES SAISONS DE 1913 ET DE 1914

XX

Nous ne sommes plus à l'époque où chaque vol laissait un souvenir. J'en fis de très nombreux sur les aérodromes. Il y eut peu de meetings. Ce fut une année d'étude et de réflexion. J'étais devenu malgré les ennuis du début, un partisan fanatique du Morane-Saulnier.

J'encourageai vivement Saulnier à ne pas changer de doctrine, à ne pas se laisser tenter notamment par les tendances à l'automatisme.

En 1913 il n'était pas temps de penser à autre chose qu'à la qualité et à la puissance du vol. Morane-Saulnier devaient concentrer leurs ressources limitées sur l'aviation légère. Le type Tunis-Rome était un excellent point de départ : il fallait l'améliorer progressivement, patiemment : l'appareil s'imposerait.

L'année commença par de longues vacances à Nice, en compagnie de Barrier. J'avais l'intention de profiter de ces loisirs pour améliorer mon record de Tunis. Je reçus de Paris un appareil neuf, construit selon mes indications et avec un luxe de soins.

Le moteur était un 80 HP Gnome choisi. Le fuselage, renforcé à l'avant, léger à l'arrière. La voiture légère, de 15 mq. Cette dimension spéciale offrait sur celle de 16 mq l'avantage d'un haubanage plus simple, d'une maniabilité supérieure. Elle donnait un appareil moins dense que celle de 14 mq. Le train d'atterrissage était réduit, élargi, rigide. J'ai cru longtemps en ce système, qui est en effet séduisant sur les pelouses d'aérodromes. Il a fallu l'expérience du rallye de Monaco – en 1914 – pour me convaincre définitivement de mon erreur.

Je fis les premiers essais avec l'amour du dilettante qui prend possession d'une pièce rare – quelques vols sur la mer, devant Nice. L'ambiance du Midi avait beaucoup attiédi mon ardeur sportive : je ne me sentais pas en train.

J'entrepris un entraînement et j'obtins d'abord des résultats déplorables – dès 4 000 mètres, le plafond s'annonçait proche.

La paresse me persuada qu'il y avait dans mon appareil un vice de construction. Et il faisait si froid là-haut…

Renonçant au record je résolus de participer à la coupe de Schneider, à Monaco. Cette épreuve serait à la fois la rançon de mes vacances et un prétexte pour les prolonger.

En hâte, on commanda à Tellier 2 flotteurs destinés à mon appareil neuf. Jules les monta à Saint-Raphaël. Je fis mes débuts sur l'eau la veille de la course, en conduisant mon hydravion jusqu'à Monaco.

Cette course improvisée faillit être pour moi un succès complet. À la moitié du parcours j'étais second – Weymann me prenait péniblement quelques secondes par tour avec son 100 HP Nieuport. Et voilà que tout à coup je le reconnais amerri, en panne… Il resta hors de course. Malheureusement j'eus aussi mon tour de malheur. Il fallut rentrer au port, faire réparer une soupape. Je terminai second, loin derrière Prévost.

Telle que, ma course fit une heureuse impression. J'avais tenu tête à des appareils beaucoup plus puissants ; montré une souplesse et une maniabilité supérieures. Et malgré ses flotteurs placés au petit bonheur, la machine s'envolait en quelques mètres.

Je fis à ce meeting de Monaco mon deuxième vol comme passager. Le premier avait été la fameuse équipée avec Moisant en 1910 – d'Étampes à Paris.

Il y avait à Monaco un gros biplan que Saulnier avait construit sans le moindre souci d'originalité, et que Gilbert – encore peu connu – maniait avec une aisance séduisante. La curiosité d'essayer cette machine paisible fut plus forte que ma répugnance pour le rôle passif du passager.

Depuis, je ne me suis laissé emmener que par le même Gilbert – quatre fois, je crois – et une seule fois par Brindejonc. Il est pourtant fort instructif de sentir voler un autre.

Je passai le mois de mai à Paris. Une bronchite et d'autres ennuis de santé m'éprouvèrent. Cela se termina par un voyage de convalescence en Suisse. C'est vers cette époque qu'on organisa à Juvisy un match-exhibition entre Audemars et moi.

Le programme comprenait un concours de vols de fantaisie. L'annonce de cette épreuve déchaîna une polémique dans la presse : on ne pouvait manquer une si belle occasion de pontifier un peu. Et notre aéro-club national intervint en grande pompe pour interdire nos exercices d'acrobaties comme inutilement dangereux et d'un mauvais exemple.

C'était trois mois avant Pégoud[1]...

1. Célestin Adolphe Pégoud (brevet 1243) sera le premier homme à sauter d'un avion en parachute le 19 août 1913. Le 1er et le 2 septembre 1913, il exécute sur un Blériot ses premiers vols la tête en bas puis, à partir du 21 septembre, multiplie les loopings volontaires.

Notre match eut lieu et remporta un vif succès – bien que le programme ne fût pas celui que nous avions souhaité.

Audemars sortit vainqueur de toutes les épreuves.

Il y eut à Buc une revue en l'honneur du roi d'Espagne. Morane-Saulnier me demandèrent d'aller y présenter leur monoplan.

Autour du terrain on avait rangé environ 70 appareils la plupart militaires. Le roi se fit présenter les aviateurs un à un, puis on donna le signal de l'envol. Les 70 avions prirent l'air successivement avec une belle régularité. Les civils partirent les derniers : on avait recommandé à tous de dégager au plus vite les abords de l'aérodrome. Mais il était officieusement convenu que Chevillard[1] et moi, nous resterions pour évoluer quelques instants en présence du Roi.

Je n'avais jamais vu voler Chevillard dont on vantait beaucoup la virtuosité. J'assistai de terre à ses premiers virages – splendides. Je sus ensuite que son exhibition avait produit une profonde impression. Audemars se résuma ainsi :

– C'est du Johnstone à New York.

Au contraire, ce jour-là je ne fus pas brillant et me laissai trop intimider par les recommandations officielles. Après deux spirales et quelques changements de main je rentrai au nid – à Villacoublay.

Ce matin-là, je m'étais paresseusement réveillé vers les 10 heures. J'ouvris machinalement le journal qu'on venait de me porter au lit, avec mon café au lait. D'un œil distrait je parcourus les titres et à brûle-pourpoint, je tombai en arrêt sur celui-ci :

1. Maurice Chevillard (brevet 385).

« L'académie des sports décerne son prix annuel de 10 000 francs à Garros. »

Cela me tombait des nues. Pas un instant je n'avais songé à l'académie des sports ni à son prix. Je fus très flatté d'avoir été élu par une assemblée d'une impartialité aussi certaine.

Ce prix original et si inattendu resta un des plus agréables que j'aie gagnés. Il me fut remis quelques semaines plus tard au cours d'un banquet charmant sous la forme d'un portefeuille d'un goût exquis. Dans un coin, un chef-d'œuvre de ciselure représente un petit Morane d'or.

Il n'y eut aucun événement sportif avant le deuxième Vienne.

Les organisateurs, encouragés par le succès de 1912 avaient enrichi leur programme. Avec l'expérience acquise, l'organisation fut parfaite.

La bonne renommée de Vienne avait attiré les concurrents nombreux et bien outillés : la compétition fut sévère.

J'eus la malchance d'arriver malade et de constater que celui de mes deux appareils sur lequel je comptais le plus – un appareil spécial que je n'avais pas eu le temps d'essayer – donnait des résultats décevants.

Comme l'année précédente tous les prix de hauteur restèrent aux Lohner autrichiens : le règlement n'y laissait aucune chance à notre aviation légère.

Les prix de vitesse ascensionnelle où j'avais brillé la première fois, furent monopolisés par Perreyon, avec son Blériot 180 HP.

Le prix du Ministère de la guerre, à partager entre les appareils qui emporteraient 300 kilos de charge à 2 000 mètres en moins de 10 minutes resta entièrement à Perreyon.

Je n'eus finalement que le prix de vitesse et le prix d'atterrissage, plus quelques demi-succès glanés de droite et de gauche.

Prix de vitesse Vienne-Wiener-Neustadt (100 kilomètres)

On avait préparé pour mon 100 HP spécial une petite voiture plate (8 ou 9 mq). J'aurais volontiers renoncé à m'en servir en *cross-country*. Mais j'avais si piètrement figuré dans ce meeting qu'il fallait bien recourir aux grands moyens.

Les 40 minutes que je mis à terminer cette épreuve sont certes parmi les plus désagréables que j'ai passées dans l'air.

J'étais si tangent que la moindre défaillance de moteur m'eût amené au sol. À Neustadt je perdis en virant – avec quelques précautions pourtant – les quelques mètres de hauteur que j'avais, et faillis toucher terre malgré moi.

En revanche, je semai en route tous mes concurrents et arrivai bon premier à Vienne. Je l'avais bien mérité.

Le prix d'atterrissage

Il était difficile de prévoir que j'arracherais ce prix à des adversaires comme Chevillard, sur un Farman, et Perreyon sur un Blériot.

Mon Morane n'était pas seulement une machine dense et fuselée, faisant normalement du 130 : c'était le vieux monoplan de Marseille et de Tunis-Rome, celui-là même qui capotait si bien. Mais on en avait changé le châssis.

Je ne voulais même pas m'inscrire dans l'épreuve. Saulnier me décida :

– Pourquoi ne pas essayer ?

Du premier coup, un tour de main heureux me fit gagner – je ne sais comment – un ou deux mètres sur Chevillard, 8 ou 10 sur Perreyon. Ce dernier se retira. Chevillard recommença et battit mon record de deux mètres.

« Jamais, pensai-je, je ne pourrai seulement renouveler ce que j'ai fait par hasard. »

Cependant j'essayai… et j'enlevai le prix, sans y rien comprendre.

Les premiers départs

C'était une des attractions de Vienne. À 3 heures précises, sur un signal, on partait d'une ligne fixée ; à 200 mètres de celle d'arrivée – où avait lieu le classement. Il fallait ensuite tenir l'air une ½ heure pour rester qualifié.

Les concurrents s'alignaient nombreux, serrés. Il fallait être sûr de soi – surtout les jours de vent oblique – pour ne pas dévier.

Une minute avant le signal, on mettait les moteurs en marche. Toute la ligne frémissait, trépidait dans le bruit et la fumée des échappements ; dans cette odeur qui est l'odeur de la poudre de nos champs de bataille.

Une fusée éclatait en l'air ; le fanion rouge du commissaire s'abaissait. Alors rien n'était plus pittoresque que l'élan de tous ces appareils, grands et petits, biplans et monoplans, de toutes formes, de toutes sortes. Quelques-uns – toujours les mêmes – se détachaient immédiatement du lot et se disputaient mètre à mètre, comme des chevaux à la cravache, les premières places.

S'il n'y eut jamais d'accrochage au départ même, il y eut du moins une collision en vol, au moment où, la ligne d'arrivée passée, les avions s'écartaient en gerbe dans le ciel.

Ce jour-là nous étions particulièrement nombreux. J'avais – je crois – passé la ligne second. Je m'élevai en surveillant mes voisins. Sous moi à gauche, le REP rouge de Molla[1] contourna le premier pylône.

Au même instant, de la région des hangars, partait à contre-piste un gros biplan Lohner. Les deux appareils firent, pour s'éviter, une fausse manœuvre. Ils étaient bien à 15 mètres de haut. L'aile de Molla rencontra la cellule gauche du Lohner, qui s'effondra sur le sol. Le REP rouge, la moitié d'une aile rasée net, continua sur sa lancée une terrifiante spirale… Cela me parut interminable… Enfin il s'arrêta, piqué en terre.

Je survolai à quelques mètres cette scène poignante…

En un clin d'œil, les deux machines en ruine furent entourées de gens qui s'agitaient. Je m'éloignai, pour terminer mon heure dans des régions paisibles.

Molla n'eut que de fortes contusions ; les deux Autrichiens furent grièvement blessés.

Cet accident fut la cause indirecte d'un autre drame – moins tragique heureusement.

Saulnier nous avait accompagnés, cette année-là, attiré par l'intérêt technique du meeting. Il nous rendait, à Audemars et à moi, les services d'un conseiller et d'un manager.

Ce soir-là il apprit que je n'étais pas classé dans le premier départ. Nous demandâmes des explications. J'avais été disqualifié pour n'avoir pas terminé l'heure réglementaire. Il y avait évidemment erreur. Mais le président du jury, un officier autrichien affirma qu'il m'avait vu atterrir – et il accompagna cette affirmation d'un sourire expressif, assez humiliant.

Saulnier en perdit complètement le sang-froid. Il devint rouge, cramoisi, exorbité et entra dans un accès

1. François Molla.

de colère épouvantable. Circonstance aggravante : l'officier était en uniforme.

Je m'efforçais de calmer notre ami.

– C'est un comble, criait-il. Soutenir qu'il vous a vu, *vu*... Il a l'air de nous accuser, et c'est lui qui ment. Car il ment, impudemment.

À grand-peine et avec l'appui de nos amis du Comité, on finit par arranger l'affaire. Il fut reconnu que je n'avais pas atterri. Dans la confusion qui avait suivi l'accident de Molla, les juges avaient confondu de loin l'appareil de Bielovucic avec le mien.

Pour clore on supplia Saulnier d'exprimer un regret pour les expressions trop violentes qu'il avait employées. Mais il n'y eut rien à faire. La moindre allusion à ce sujet suffisait au contraire pour rallumer l'incendie. Il n'en fut plus question.

Après le dîner nous allâmes prendre des nouvelles de Molla. Il était alité, seul dans sa chambre d'hôtel. Il avait la fièvre, un œil fermé, le visage tuméfié, le corps couvert de courbatures et de contusions et il était heureux de s'en être tiré à si bon compte.

Notre exhibition, le traditionnel vol d'ensemble avec Audemars, fit moins d'impression que la première année.

Le public se blasait, et Chevillard nous avait enlevé du prestige. Éliminé de tout par l'impuissance de son Farman il passait son temps à emmener des passagers. Il mettait dans ces vols libres beaucoup de fantaisie et de virtuosité, son appareil très maniable produisait les illusions d'optique habituelles des biplans. Chevillard avait un style très personnel, dont l'originalité consistait dans l'utilisation des différences de vitesse. Cela donnait à ses mouvements une souplesse nouvelle. Au contraire, dans nos longues spirales classiques nous nous appliquions à conserver une vitesse constante pour ne pas glisser, c'était la vieille erreur fondamentale du début.

L'heure des passagers

Tous les soirs à 6 heures précises, une bombe signalait la clôture. La foule s'écoulait lentement sur la route de Vienne. Et il y avait, au commencement du crépuscule, une heure délicieusement calme.

À la fin de ces journées un peu énervantes, il n'y avait pas de délassement plus agréable qu'un long vol libre, sans soucis, sans but, sur la plaine de Wagram couverte à perte de vue d'un beau blé doré, et que l'imagination peuplait de fantômes d'épopée.

Au sud, presque en bordure de l'aérodrome le Danube coulait vers l'Orient. Vienne s'estompait déjà dans l'ombre du Kahlenberg, qui lui cachait le soleil couchant. Des brumes roses voilaient tout le paysage et, d'une certaine altitude, les choses prenaient un aspect léger, doux, heureux.

Cette heure de poésie était l'heure des passagères. Le moment où l'on s'acquittait des promesses faites pour un sourire.

Le ciel était sillonné de couples gracieux que je m'amusais de poursuivre et de surprendre, parfois de manière indiscrète…

Le groupe des Français comprenait : Audemars, Saulnier, Bielovucic, Chevillard, Bathiat, Molla, etc.

Vienne nous fut plus accueillante que jamais. Les bons endroits nous étaient maintenant familiers et toute notre bande y fréquentait.

Mais j'aimais surtout les excursions que nous faisions entre intimes aux environs de la ville. Je me souviens en particulier d'un déjeuner sur une terrasse encadrée de verdure, du Kahlenberg. Devant nous s'étendait sous une lumière propice le panorama de Vienne, avec le Danube et la plaine bordée au lointain d'un liseré de montagnes bleues.

Je revins de Vienne par l'Italie, en visitant Venise, Milan et les lacs.

J'avais été invité à venir donner mon avis sur le parcours d'une course d'hydravions qu'on préparait pour le mois d'octobre. Après trois journées d'excursions en yacht, en auto, je rentrai à Paris la tête pleine de visions et d'impressions enchantées. Et j'avais promis de participer au Circuit des lacs italiens.

XXI

Nous étions en juillet, et je n'avais en vue rien de sérieux. Le bilan de cette période se réduisait à une exhibition d'amateurs à Commercy – en l'honneur du président Poincaré ; des parties de tourisme à Deauville, et quelques vols d'entraînement à Villacoublay.

Pour sortir de cette inaction j'étudiai quelques projets de voyage et me décidai pour un circuit Méditerranéen en trois parties : la première était Paris-Tunis, avec relais à Saint-Raphaël.

Je préparai pour cela deux appareils semblables, emportant chacun 8 heures d'essence. Je tenais à passer la mer d'un trait, et j'avais renoncé à l'hydravion, n'en connaissant pas un, à cette époque, qui offrît le rayon d'action nécessaire. J'avais également renoncé aux convoyeurs, afin de partir librement, à mon heure, et d'éviter l'énervement contagieux de la galerie.

Seguin venait de donner l'exemple d'une tentative avortée. Il avait mobilisé une flotte de torpilleurs aux environs de Marseille et attendu un temps favorable jusqu'au moment où il abandonna.

Quand mes appareils furent prêts, on expédia le plus soigné à Saint-Raphaël – je savais trouver au centre d'aviation de la Marine un accueil sympathique. Jules s'y tint prêt à me recevoir d'un jour à l'autre, vers 11 heures du matin et à me remettre en selle aussitôt.

Alors commença à Paris l'attente du temps propice. Je ne pouvais réussir mes 1 400 kilomètres que par un vent au moins neutre. Or, il souffla obstinément du sud pendant 2 semaines.

Je me félicitais bien d'avoir gardé jusque-là un secret à peu près complet. Les retards m'avaient traîné jusqu'en septembre. Reims et Côme allaient avoir lieu. Les journées raccourcissaient.

Il fallut réduire mon programme pour en finir, et, comme on annonçait le beau temps en Méditerranée et que le vent du sud soufflait toujours à Paris, je pris un soir le rapide de la Côte d'Azur.

J'arrivai à Saint-Raphaël le 22 septembre vers midi. Le ciel était si bleu que je fus tenté de partir de suite. La crainte d'arriver dans l'obscurité me retint.

Je passai le reste de la journée dans une sorte de recueillement. Je me rendais parfaitement compte du danger. En déduisant la traversée de la Sardaigne, j'allais passer 5 ou 6 heures en pleine mer. Là, en cas de panne, aucun espoir.

Au bord de ma Méditerranée familière, dans cette beauté ruisselante de lumière, où vivre est une volupté, c'était une impression étrange de penser que le lendemain, peut-être, j'allais disparaître. Et pourquoi ? Par luxe, pour vivre une jolie aventure – quitte à en mourir.

Aucune hésitation ne me troubla. Par un dédoublement que j'ai éprouvé maintes fois, je me voyais suivre ma destinée.

Ces *dernières* heures avaient un goût rare.

Les officiers du centre promirent de venir me chercher en auto, le lendemain à l'aube.

Je me couchai tôt, sans sommeil. Il me semblait rêver. J'imaginais avec une lucidité particulière mes impressions du lendemain, au départ, en voyage, à l'arrivée ou… en cas d'accident.

J'étais presque étonné de sentir comme tout cela serait simple. En décidant cet effort, j'avais pris un grand élan ; et voici que j'arrivais sur l'obstacle porté, poussé par des forces inconnues, et je me regardais passer, comme si c'était un autre.

Ces réflexions alternaient avec des visions où se résumait mon enfance.

Enfin je m'endormis.

Lorsque mon réveil sonna, il faisait encore nuit. Je me levai et m'apprêtai avec soin. Les moindres négligences – un linge ou une chaussure qui gêne ou qui protège mal ; une collation insuffisante ou indigeste – sont autant de fissures par où se perdra peut-être la dernière parcelle d'énergie dont on aura besoin.

Au petit jour, les officiers m'emmenèrent. L'auto traversa Saint-Raphaël endormi et roula vers le champ. En route dans ce moment ingrat de l'engourdissement matinal, je pensais aux impressions du condamné que l'on mène à l'échafaud.

Le ciel promettait une belle journée. Les marins ouvrirent les portes du hangar. Ils aidèrent Jules à pousser jusqu'au point de départ choisi, le petit monoplan net et reluisant. Je complétai mon habillement d'une combinaison imperméable. Tout avait été minutieusement préparé, il ne restait plus qu'à partir.

Ce fut simple comme je l'avais imaginé… Un adieu bref aux officiers, à une amie ; puis la voix traînarde de Jules prononça l'habituel :

– Contact.

– Voilà…

Au premier coup d'hélice le moteur se mit à tourner souple et régulier. Je percevais son ronflement filtré par la laine de mon passe-montagne. Un geste : on me lâche. L'appareil alourdi de 8 heures de combustible roula longuement. Aussitôt décollé, je piquai au but, à la boussole, en manœuvrant pour monter graduellement. J'eus vite gagné quelques centaines de mètres. Tout allait bien. À demi retourné sur mon siège, je contemplai longuement la côte qui s'éloignait derrière moi. L'Estérel mauve sombre émergeait d'une mer pâle et lisse ; la Riviera s'étendait à perte de vue sous un voile de vapeur, léger et nuancé. Il y avait un relief saisissant et tout semblait figé, endormi en attendant que le soleil fît éclater ses fanfares de lumière.

C'était une de ces surprises féeriques que la nature réserve à nos âmes de terriens à peine affranchis de la terre, et ma sensibilité aiguisée la percevait intensément. Petit à petit le paysage s'estompa tandis que, dépassant les brumes, j'arrivai, vers 1 000 mètres, dans les régions limpides. Alors m'apparurent, soudain, les sommets de la Corse. Déjà… Il n'y avait guère plus de 20 minutes que j'étais en route. Ce point de repère supprimait toute difficulté de direction.

J'avais un plan de route. Sous mes yeux une carte à petite échelle, suffisante en mer, indiquait la ligne droite, entre Saint-Raphaël et Bizerte. Cette ligne était jalonnée de points figurant l'horaire prévu. Je portais deux montres, l'une marquant l'heure, l'autre mise à midi au moment du départ, le temps de vol. Je devais passer sur Cagliari au bout de cinq heures. Il me restait 3 heures d'essence pour les derniers 225 kilomètres, c'est-à-dire une marge de sécurité d'environ une heure sur trois. Je m'étais promis d'atterrir si j'arrivais sur Cagliari avec plus d'une ½ heure de retard.

La première heure passa si heureuse que mes sensations, d'abord aiguës, s'adoucissaient. Tout me chantait confiance, le calme environnant, le bourdonnement égal du moteur, le glissement des ailes doux dans l'air frais. Derrière moi, l'Esterel presque effacé marquait encore le point d'où me suivaient les vœux amis. À gauche, la Corse était si nette qu'elle en paraissait voisine.

Soudain un éclatement sinistre de métal brisé, un ébranlement de tout l'appareil. Je me sens perdu… Cependant le moteur continua à tourner avec un *cognement* régulier qui se répercutait dans mon corps. D'instinct, j'avais visé la terre : elle était à une heure de vol. Sur mon capot, une bosse s'était produite : la tôle était percée ; il en sortait des gouttes d'huile noire que le vent me jetait à la figure. Évidemment une pièce s'était détachée du moteur : comment ne s'arrêtait-il pas ? Quelle anxiété dans les minutes qui suivirent… Mais les angoisses trop fortes s'atténuent vite. J'avais réduit au minimum l'allure du moteur. L'appareil semblait arrêté dans l'espace. Une heure s'écoula ainsi. J'arrivai enfin en vue d'Ajaccio. Il dépendait de moi de terminer l'aventure. Mais ç'aurait été lamentable.

« Il tiendra bien quelques minutes encore, jusqu'à la Sardaigne. Là, j'aurai deux heures, au-dessus de terre, pour l'observer à l'aise. »

À Cagliari un mécano m'attendait. Je repris la direction du sud.

Le voyage continua sans incident. Je m'habituais à cette terrible trépidation. En Sardaigne je rencontrai des remous et un vent debout qui me retarda. Le ciel perdit sa pureté et des amas de nuages me forcèrent à descendre de 1 500 à 800 mètres environ. Le temps passe, voici Cagliari. Un poignant dilemme se pose : vais-je atterrir ou continuer ? J'avais près d'une heure de retard, ma réserve d'essence était consommée. J'avais, surtout, ce moteur qui marchait depuis 5 heures avec une pièce en moins.

Je cherchai sur le sol les signaux de mon mécanicien : le soleil aveuglait, je ne vis rien. Du reste, je n'étais pas encore décidé. Atterrir, c'était mutiler cette traversée, abîmer un rêve…

Je n'oublierai jamais ce moment d'hésitation. Une force mystérieuse plus forte que ma raison et que ma volonté m'entraîna vers la mer.

Dès lors je m'acharnai à ne pas perdre une goutte d'essence, et à ne demander au moteur que le strict indispensable. Je pris de l'altitude par économie, en haut on consomme moins. Je dépassai 3 000 mètres. En dessous, l'air était sali de brouillasse, des nuages flottaient. La terre disparut ; la mer même n'était plus visible que par taches. Au-dessus le soleil éclatait, aveuglant, dans un ciel nu et je volais vers lui, comme une alouette.

J'avais tant *réduit*, que le moteur hésitait, bégayait, l'hélice tirait à peine, l'air se dérobait sous les ailes. Cependant ma main revenait sans cesse au pointeau.

Nouvelle alerte, un clic de rupture d'une netteté lugubre en cette solitude. Mon cœur se contracte.

« Plus que 20 litres, environ une heure de vol. Où est la terre ? Peut-être suis-je immobilisé par un vent contraire ? »

Rien n'indiquait mon déplacement. Je me brûlais les yeux à découvrir la côte à travers les nuages. Peine perdue. Je ne la reverrais qu'en y arrivant ou jamais…

Ce niveau d'essence comptait, comme un sablier, les dernières minutes de l'épreuve ; quel serait le dénouement : tragique ? radieux ?

Plus que 30, de ces minutes étranges, intoxicantes, pleines de lucidité intense, presque de bien-être.

Je me voyais, et je remarquais des détails futiles, par exemple, sur la mer des bouillonnements d'écume où il me semblait distinguer les plongeons ondulés de milliers de marsouins, et je pensai :

« Cela vaudra toujours mieux que les requins. »

Plus que 20 minutes… Je calculai pour la dixième fois peut-être ce qui devait rester de mon réservoir. Le calcul confirmait invariablement le chiffre du niveau ; je l'avais gradué moi-même à Villacoublay.

Trois torpilleurs… Sauvé… Sauvé… Cette certitude soudaine me jaillit au cerveau, m'inonda de chaleur. Ce n'étaient que trois points noirs, informes, à peine entrevus : mais je les avais devinés, reconnus instantanément. Ils venaient à ma rencontre. Ils m'annonçaient la victoire et toute la vie reconquise.

Je coupai l'allumage et plongeai en spirale dans les nuages. Les torpilleurs grossirent. Ils avançaient de front à toute vapeur vers Cagliari, et ne me voyaient pas. Je n'étais plus qu'à 300 mètres. Ils s'arrêtèrent enfin. Tandis qu'ils faisaient demi-tour, je m'efforçai de remettre mon moteur en marche. Ce fut pénible. J'échappai de justesse à un bain ridicule et repris, poursuivi par mes trois convoyeurs, la route de Bizerte que leurs sillages avaient tracée sur l'eau.

La côte d'Afrique apparut aussitôt, grise, basse. Je l'atteignis en 10 minutes, à l'ouest de Bizerte. Il était temps. J'atterris sur le champ de manœuvre où personne ne m'attendait. Au milieu du terrain, sous le soleil ardent, je me trouvai seul, dans le silence, l'immobilité, la paix.

Cet instant de recueillement… comme il terminait bien les heures que je venais de vivre.

Le premier homme que je vis, fut un soldat en bourgeron. Il s'approcha sans hâte, m'observa curieusement. Puis s'enhardissant :

– Vous venez de loin ?

– De France…

Il sourit d'un air perplexe et ne dit plus rien.

Un examen superficiel me révéla deux avaries.

À la tête d'un cylindre manquaient un ressort de rappel et son support. La force centrifuge avait suffi au fonctionnement de la soupape. Mais la masse en rotation s'était trouvée déséquilibrée et la trépidation aurait pu entraîner d'autres ruptures.

Déjà après Cagliari, un axe du culbuteur s'était fendu en long : une moitié de la pièce avait sauté, l'autre s'était coincée à sa place. Mon salut n'avait tenu qu'à l'adhérence de ce bout de fer…

C'est à Tunis que je m'étais promis d'arriver. Mais l'Arsenal dut fabriquer entièrement les 3 pièces nécessaires. On m'offrit le champagne au Mess des officiers.

Les réparations furent terminées au coucher du soleil. Je repartis alors. La nuit me surprit, car les crépuscules sont courts en Afrique. Je cherchai en vain ma route et finis par me poser à la lueur des brasiers que les Arabes allument en plein champ. Je passai la nuit au petit poste de Protville. C'est là, vers 10 heures, que je reçus le premier télégramme, celui que m'adressa le Président de notre conseil des Ministres.

À minuit on me réveilla, des aviateurs militaires de Tunis venaient m'offrir du secours. Je confiai à leurs mécanos mon moteur que les remontages hâtifs de Bizerte avaient déréglé.

Le lendemain j'achevai de bonne heure les quelques kilomètres qui me séparaient de Tunis. J'atterris à Kassar-Saïd vers 6 heures du matin. On ne m'y attendait pas. Mon Gnome semblait à bout de souffle. Je renonçai à la suite de mes projets.

Deux heures plus tard je voguais vers Marseille, à bord du *Manouba*, avec mon avion démonté.

XXII

On ne m'avait préparé pour Reims aucun matériel sérieux. L'avant-veille de l'ouverture j'enfourchai à Villacoublay un mauvais parasol d'étude, et nous partîmes en escadrille de touristes pour Bétheny.

Parmi un groupe d'amis, j'assistai – moins participant que spectateur – à cette belle semaine qui n'eut rien de l'allure épique des premiers grands meetings.

Après Reims s'organisa l'expédition de Côme.

Un ami nous prêta une 90 HP Mercedes de tourisme – une des voitures les plus capables que j'ai rencontrées de réjouir l'âme d'un dilettante du volant.

Nous fîmes à cinq – plus un chauffeur – un voyage enchanteur, par Lausanne et le Simplon. Seule la descente du versant italien fut désagréable dans la nuit, le brouillard et la pluie.

À Côme, la lumière indispensable à la beauté de ce pays, se fit hélas désirer pendant tout notre séjour. Le temps s'améliora, mais jamais jusqu'au bleu pur.

Le circuit des Lacs italiens fut couru de façon assez bizarre.

Cette course d'hydravions traversait quelques régions complètement dénuées d'eau. En outre, le règlement instituait une série d'éliminatoires qui avaient lieu après l'épreuve de classement.

Comme matériel, j'avais un terrible 160 HP trop lourd sur ses 16 mètres de voilure.

Léon Morane, dont c'était la première réapparition en public, pilotait un 80 HP de série, plus modeste mais plus sûr.

Notre principal concurrent était le monoplan Albatros de Hirth[1].

Je pris le départ de Côme, un des premiers, à une allure brillante. En un clin d'œil, je fus à la pointe de Bellagio. Déjà le moteur emplissait le fuselage de vapeurs suffocantes.

Quelques minutes plus tard – j'allais atteindre le terrain sec – il se grippa tout à fait, en me crachant de longues flammes sur le ventre…

Il fallut mouiller. Je flottai un instant au milieu du lac – adorablement enserré à cet endroit. Un canot vint à mon secours et me remorqua jusqu'à la berge. Mon moteur était grillé – irrémédiablement. On vint me chercher, et on me ramena à Côme – en auto.

Léon avait fait merveille. Il était premier de la première étape, précédant Hirth de 2 ou 3 minutes.

Le soir, nous le rejoignîmes à Pavie. Le cher ami était tout ému de retrouver du premier coup la victoire si fidèle jadis.

À l'aube, nous l'attendions, à Pallanza. Hirth arriva le premier, suivi de Léon à un intervalle insignifiant. Ils avaient semé tous les autres.

Léon avait perdu son avance au départ de Pavie. Ses flotteurs refusaient de décoller sur l'eau lisse. Le Morane-Saulnier était encore l'hydravion improvisé de Monaco.

Par malheur le pauvre Morane était complètement démoralisé. Ils avaient rencontré dans la vallée du

1. Helmuth Hirth, pilote et fabriquant d'avions.

Tessin un brouillard épais dont l'angoisse avait réveillé en lui des souvenirs cruels.

On obtint que le départ fût retardé d'une ½ heure. Mais Léon insista, demanda un nouveau délai. J'employai en sa faveur le peu d'influence personnelle que j'avais auprès du Comité.

Il y eut, par téléphone, une longue discussion dont, petit à petit, le ton devenait aigre.

Enfin il fallut partir et – Léon s'y refusant – on obtint, je me demande par quelle interprétation du règlement, que je finisse à sa place, sur son appareil.

Hirth s'envola. On me lâcha deux minutes après lui.

Un clapotis propice favorisa l'envol. Le brouillard s'était dissipé. L'air était d'un calme parfait.

À Varese, on devait mouiller. L'eau y était polie comme un miroir : il fallut 10 minutes d'efforts furieux pour m'en arracher…

Dès lors, plus la moindre difficulté : mais la course était perdue…

J'arrivai à Côme second, à 10 minutes de Hirth.

Toute la presse annonça ce résultat : on oubliait les fameuses éliminatoires qui, le lendemain… éliminèrent Hirth – pour avoir crevé un flotteur dans un mouillage malheureux. Et c'est à moi que fut attribué le premier prix du circuit des Lacs.

De Côme, me séparant de notre petite caravane je gagnai directement Marseille. Mon appareil méditerranéen avait attendu démonté chez l'ami Niel que Manselon organisât une exhibition de plus au parc Borély.

Je ne perds jamais une occasion d'aller à Marseille. Le soleil de la Canebière, avec ce bruit particulier, cette animation bariolée qui est de l'exubérance – non de la fièvre – me dilate et me repose. Un départ pour Marseille me donne des joies d'écolier en vacances. Jules, en un tour de main, remit mon moteur en parfait état. Le séjour ressembla aux précédents : toujours avec l'indispensable Niel les balades béates en auto, les bains de Canebière, les écrevisses à la provençale de Roquefavour ; les coquillages et les grillades au feu de *sarmeng* (avec le Châteauneuf-du-Pape), dans *notre* salon, chez Bassot ; les déjeuners panoramiques sur le pont transbordeur.

Le succès de l'exhibition – je m'en souciais peu – fut compromis par une circonstance dont Manselon avait mal calculé l'effet. Le président Poincaré revint d'Espagne et les cortèges officiels arrêtèrent juste à contretemps la circulation des tramways.

Le matin, nous avions été, Legagneux et moi faire un vol de bienvenue au-devant de l'escadre qui portait le président. Il eut la bienveillance de nous faire appeler, le soir, pour nous en remercier : il me complimenta de ma récente traversée et m'annonça la croix qui me fut remise quelques jours plus tard.

J'eus la fantaisie de rentrer de Marseille par l'air.

Avec cet excellent appareil et ses 8 heures d'essence, ce serait charmant de passer la moitié d'une belle journée à traverser la France, l'esprit libre, sans soucis de terrains à trouver, de ravitaillements ennuyeux, de curiosités énervantes de badauds.

Marseille-Paris est un de ces itinéraires si marqués qu'on le retrouve aisément de mémoire. On peut partir sans préparation aucune de Marseille, pourvu qu'on ait l'essence nécessaire, et décider là-haut si l'on ira à Paris, à Genève, à Rome, à Ajaccio, à Alger, à Barcelone ou à Bordeaux.

Ce sont des chemins qu'on trouve sans y avoir jamais passé et sans carte. Se diriger ainsi de tête, exclusivement, donne un plaisir particulier, qui fait penser au pigeon voyageur : j'en fis l'expérience.

Ayant déjeuné vers 10 heures, je m'envolai au pied de Notre-Dame de la Garde et prenant par la mer, passai en revue le vieux et le nouveau port derrière lesquels la ville étendait son fourmillement de maisons grises. Je traversai l'étang de Berre et rejoignis le Rhône à Arles.

De haut les villes ont leur visage. Arles sourit mélancoliquement sous la brûlure du soleil de Provence. Je ne savais pas que c'était Arles, tant j'ignorais le détail du parcours : je l'ai identifiée après coup sur une carte. Je me guidais sur ces grands traits de la France : le Rhône, jusqu'à Lyon, puis un bond vers l'ouest ; la Loire jusqu'à Orléans – un dernier bond : Paris…

Rien ne met mieux en valeur la délicieuse sensation d'indépendance que donne le vol, que cette façon de concevoir et d'exécuter un voyage.

Je vis défiler le long d'un fleuve que je savais être le Rhône des paysages inconnus des villes ignorées – Paris-Rome m'avait laissé peu de souvenir de cette région. Je pressentis Lyon – d'après la durée de vol – et le reconnus sans peine ne fût-ce qu'aux dimensions.

Il y eut là un moment difficile : un épais brouillard remplissait la vallée de la Saône – le brouillard, cette chose odieuse, le pire ennemi.

Je sortis de Lyon rasant les toits et je me serais mis en quête d'un atterrissage si je n'avais eu l'intuition qu'en quittant la vallée j'échapperais au fléau. En effet, je réussis à m'évader par une fissure et sur les croupes du Beaujolais je retrouvai un horizon.

La Loire coulait vers le nord sous un ciel assez clair. Nouveaux paysages. Le fleuve tourna progressivement à l'ouest – j'avais une petite boussole mais je m'en serais facilement passé.

Aussitôt Orléans vu, j'obliquai à droite et me trouvai bientôt, à 100 mètres de haut, sur la fameuse route qui vit le premier voyage aérien (le Toury-Artenay de Blériot[1]).

Je guettais Étampes. C'est alors qu'avec une soudaineté prodigieuse je me trouvai enveloppé d'un brouillard plus opaque que celui de Lyon, un de ces brouillards visqueux qui s'abattent sur la terre au crépuscule de certains soirs d'automne. J'étais encore à la lisière de cette nappe de coton humide qui s'avançait du nord. Je rencontrais donc quelques intervalles de clarté ; puis cela devint tout à fait impénétrable. Passer par-dessus ? Facile. Mais comment atterrir là-dedans à Paris ? Car il n'y avait aucune raison – cette fois – pour que cela cessât 50 kilomètres plus loin.

Sans hésiter longtemps, quel bonheur de ne pas être en course… je fis demi-tour et me posai sur le premier coin de terre qui se laissa entrevoir.

C'était près d'une ferme. J'y laissai l'avion et pris le premier train qui passa à la gare voisine. Ce soir-là je fus tout de même le premier homme qui déjeuna à Marseille et dîna à Paris le même jour.

La nécessité de ramener mon appareil fut l'occasion, le surlendemain je crois, d'un de mes rares vols comme passager. Gilbert m'inspirait confiance, m'intéressait. Il m'emmena en croupe de Villacoublay jusqu'à la ferme en question, par un très mauvais vent. À la faveur de cette difficulté je remarquai certaines différences entre sa manière et la mienne, notamment à l'atterrissage, qui fut dans ces remous, d'une belle sûreté. Comme le faisait jadis Simon, Gilbert arrivait jusqu'au contact du sol en plein vol, presque en vol accéléré. Il y mettait évidemment une intention de prudence. Mais il me sembla que j'aurais, quand même, cherché plus de souplesse et freiné dans l'air.

1. Toury-Artenais et retour, réalisé le 31 octobre 1908.

Nous fîmes le retour aile sur aile, avec des ébats de chauves-souris.

Le looping

J'ai raconté dans mes souvenirs d'Amérique, comment j'ai connu Moisant, Hoxsey et ce Johnstone qui se tua, à la veille de réaliser le looping.

C'était en 1910…

L'école américaine était en avance sur la nôtre, et aussi, malheureusement, sur le matériel.

Plus tard, en France, j'entendis parler comme tout le monde, des deux premiers vols renversés accidentels [1]. On me montra même chez Blériot une copie du rapport du capitaine Aubry sur son aventure.

Comment n'ai-je pas compris, préparé comme je l'étais ? Il y a de ces déclenchements de la pensée qu'un rien provoque ou arrête. Tout mon système de réflexe était imprégné de cette discipline : la nécessité constante d'une vitesse normale. Je ne *sentais* pas le vol autrement.

Je ne sais si je dois maudire cette vieille erreur qui limita mes progrès ou lui attribuer le bonheur de ma conservation. Car sans elle, je me serais trouvé, moi aussi, en avance sur le matériel. Je frémis déjà à la pensée des vols que j'ai faits sur une frêle Demoiselle construite par Santos sans aucun haubanage supérieur (comme les premiers REP [2]).

Ne parlons pas des ailes de Domo d'Ossola ; mais le Blériot qui supporta l'accident du capitaine Aubry, n'eût sans doute pas résisté longtemps à la pratique des retournements et de toutes les manœuvres insouciantes qui en découlent.

1. Dus au capitaine Aubry et au lieutenant Morel.
2. Robert Esnault-Pelterie (brevet 4) fut un des pionniers de la construction aéronautique avant de se consacrer à l'astronautique.

Enfin l'idée flottait dans l'air ; elle rencontra une tête hardie et vierge de raisonnailleries, s'y épanouit et Pégoud jaillit dans le ciel. Il y trouva une gloire, une vie et une mort belles comme les grandes légendes simples et merveilleuses de jadis.

Dans les almanachs et les annuaires d'aéro-clubs son nom se confond parmi des célébrités de moins bon aloi. Il n'a sa vraie place que dans un petit nombre de mémoires pieusement pleines des reliques de l'aviation.

Une chose a nui à Pégoud et à son école, même pas une chose, un mot : le looping. (Cela mesure, oh… incomplètement, l'ignorance de ceux qui guident l'opinion.)

Le looping : un terme de cirque.

Pégoud : le Roi des Acrobates. L'aviation devenait un genre de saltimbanquerie. L'aéro-club avait déjà fait son possible, avant Pégoud, pour discréditer les acrobates de l'air.

Mais Pégoud, acrobate d'une taille nouvelle, s'imposa. Ce fut la mode, le triomphe du looping.

Le public de France qui aime l'audace et la crânerie, sentit bien qu'il y avait là quelque chose de moins terre à terre qu'un saut périlleux.

Personne ne lui fit comprendre que Pégoud venait d'ouvrir à l'aviation véritablement une ère nouvelle, et que cela était très glorieux.

La guerre survint. Au-dessus des vieux champs de bataille s'inaugura un champ de bataille nouveau et sublime. L'ennemi s'y présenta avec une organisation et une préparation supérieures. Mais Pégoud et ses émules avaient pour eux la maîtrise du vol. Le reste s'improvisa et les Allemands ne soutinrent la lutte qu'en assimilant de leur mieux les méthodes de Pégoud l'acrobate.

Pour Pégoud, cette balle au front dans un combat aérien fut une fin digne de l'homme qui avait un jour achevé seul, d'un joli geste insolent, la conquête de l'air.

Pour ceux qui la comprennent, sa gloire est complète.

Pégoud fit ses premières expériences au moment où j'attendais à Paris le temps favorable pour mon raid Paris-Tunis. J'avais la tête pleine de mon projet, rien ne m'en distrayait. J'étais même de si méchante humeur que je boudais les séances de Buc.

Il fallut renoncer à Paris-Tunis, se contenter de la traversée. Puis il y eut Reims, les lacs italiens, Marseille. Je commençai à regretter ma négligence, la tentation me prit à Marseille d'essayer la fameuse boucle, avec mon appareil ordinaire. Mieux valait une machine préparée et la tranquillité de Villacoublay. Dès mon retour à Paris je pressai Saulnier qui mit en construction un appareil spécial.

Pendant ce temps Pégoud parcourait l'Europe. Hanouille[1] et Hucks furent ses premiers imitateurs. Je m'impatientais.

Un jour Audemars rentrant de Buc vint me voir. Il avait assisté aux débuts de deux nouveaux boucleurs : Domenjoz[2] et Perreyon.

– Un jeu d'enfants, répétait-il, exalté. Comment n'as-tu pas encore fait ça ? Je t'emmène à Buc demain.

J'y fus. Je vis voler Perreyon : il tentait l'aventure – pour la première fois sur un Blériot de série, non renforcé.

Le « grand constructeur » assista à l'expérience tout près de nous, une lorgnette à la main. Il suivit le vol de Perreyon avec le sang-froid du praticien inoculant un cobaye. Je l'entendis énoncer cette réflexion caractéristique :

– Avec ces machines renforcées, ça ne prouvait rien. On verra si l'appareil ordinaire tient.

1. Le Belge Élie Hanouille, mort en mars 1914 à la suite d'une avarie de son appareil alors qu'il tentait un looping.

2. John Domenjoz.

Il tint… Je quittai Buc aussi enthousiasmé qu'Audemars et persuadé comme lui que le looping était chose facile.

Mon *spécial* devait être prêt une semaine plus tard. Je jugeai inutile d'attendre cette semaine. Où le Blériot de série avait tenu, un Morane tiendrait a fortiori.

À Villacoublay, le lendemain, je me fis attacher, grimpai vers 800 mètres, et, après quelques tâtonnements, tirai sur la cloche… trop brutalement : l'appareil se freina en cabrant, accomplit une sorte de renversement glissé, avec des vibrations telles, que je crus à une avarie.

Je descendis assez ému et atterris bien doucement. Les mécanos exubéraient :

– Ça y est… Épatant… Vous avez loopé…

En réalité je n'avais pas bouclé : mais, pour la première fois, je m'étais trouvé à l'envers : c'était le principal.

On vérifia l'appareil. Il était intact. Je repartis, et cette fois je réussis une boucle presque correcte, sur deux essais.

La nouvelle fit aussitôt par téléphone le tour de la maison Morane. On ne se doutait pas que 6 mois plus tard, les bons élèves de l'école termineraient leur apprentissage à la Pégoud.

À partir de ce jour-là, je découvris dans le vol tout un ordre de joies et de possibilités nouvelles. Affranchis des dernières épouvantes latentes, nous allions réellement posséder l'air comme un élément nôtre – nous y mouvoir les nerfs détendus, l'esprit libre et réceptif à ces impressions merveilleuses qui ne retrouvent en nous aucune trace atavique.

Mon *spécial* fut livré à Villacoublay en novembre. Il était construit avec un coefficient de sécurité élevé au superflu, et des haubanages symétriques assurant à la voilure la même résistance à l'envers qu'à l'endroit. Aussitôt essayé, l'appareil fut expédié à Saint-Raphaël, où j'avais choisi de passer l'hiver.

Je m'entraînai progressivement, tâtonnant, découvrant pour mon compte, une à une les nouvelles manœuvres. J'éprouvai de suite l'impossibilité de rester sur le dos. Le Morane se redresse malgré le pilote – c'est une précieuse vertu. Personne, par la suite, n'en vint à bout – pas même Gilbert qui s'y entêta dangereusement. J'acquis d'abord le tour de main du renversement sur l'aile – tandis que je cherchai longtemps le secret de la boucle correcte. Mon appareil alourdi passait difficilement le point mort. J'eus l'idée bizarre, de faire détoiler le fuselage – à la juste indignation de Saulnier… Bien entendu cela ne donna rien et j'en fus quitte pour un rentoilage.

Parmi les nouveautés une des plus impressionnantes fut la descente verticale à reculons – qui se termine aussitôt commencée par un rétablissement automatique dont il est bon d'atténuer la brutalité. Je ne connus que plus tard la boucle parfaite et le jeu complet des pertes de vitesse. Enfin, je vis boucler à Saint-Raphaël, la première passagère – bien avant Miss Davies qui s'attribua indûment ce record.

Ma première exhibition publique de boucleur eut lieu à Nice, au-dessus de la mer, entre la jetée promenade et le château.

Hanouille – le premier imitateur de Pégoud – était de la fête. Il se tua quelques semaines plus tard à Saint-Sébastien.

Temps superbe – foule énorme – Hanouille sur son Blériot, bouclait plus facilement que moi ; il était surtout intéressant par le vol à l'envers. En revanche, mon Morane avait des retournements agiles et souples, un vol plus gracieux, rapide et puissant.

Le Blériot était une machine étonnante, mais un oiseau poussif et laid.

Les vacances et l'entraînement de Saint-Raphaël se prolongèrent encore. Je signai avec Hilaire Gaignard un contrat de six exhibitions.

La première eut lieu à Barcelone. Froid, mauvais terrain, organisation insuffisante, essai piteux du fuselage sans toile. Néanmoins, grand enthousiasme d'une foule peu blasée et d'une presse bien disposée.

Ensuite, nous fîmes Bordeaux. Là le succès nous détermina à prolonger notre séjour. Le deuxième dimanche, Audemars fit à mes côtés ses débuts de boucleur. Cet événement mérite une note.

Audemars engagé et annoncé à Bordeaux comme boucleur émérite n'avait jamais bouclé. Je m'étais porté garant pour lui, persuadé que pour être boucleur il lui suffisait de vouloir l'être. Ne m'avait-il pas lui-même décrit la simplicité de cet exercice : « Enfantin… on tire sur la cloche, etc. »

Lui, ne se donna même pas la peine de venir s'exercer la veille. Il arriva bien de Paris le samedi, mais à l'heure du dîner.

Cependant la presse faisait le petit battage habituel sur les « virtuoses de l'air ».

Nos deux appareils attendaient à Croix-d'Hins. Nous décidâmes d'aller y déjeuner en pique-nique. Audemars s'exercerait à l'aise, avant le repas. À l'heure de l'exhibition, nous arriverions à Bordeaux en vol.

Étant à Bordeaux depuis 10 jours, nous étions entourés de connaissances. Toute une expédition prit la route de Croix-d'Hins – y compris journalistes et photographes.

On arriva vers 10 heures. Pendant que le lunch se prépare les mécanos sortent nos appareils. J'essaie le mien. Audemars s'attarde en préparatifs, se fait longuement attacher. Enfin, le voilà parti.

Tous les regards le suivent dans l'attente du moment sensationnel – tandis qu'il monte bien sagement, à larges tours d'aérodrome.

Jusqu'ici, ce n'est pas trop casse-cou : mais il prépare sans doute quelque effet. De plus en plus prudent, le « virtuose » grimpe toujours. Il est haut et loin – on le voit tout petit. Cela devient monotone et inquiétant. Je pense à l'exhibition publique, tout à l'heure.

Au bout de 20 minutes, Audemars que personne – sauf moi – ne regarde plus, coupe doucement l'allumage et descend de l'allure de quelqu'un qui a peur de glisser dans un escalier sombre.

Il atterrit. Je suis près de lui le premier.

– Eh bien, quoi ?

– Je ne sais pas… peux pas… c'est nerveux…

– Tais-toi, malheureux.

Et d'une voix intelligible je crie aux mécanos de vérifier les soupapes.

Aux questions qu'on lui pose le patient répond vaguement que son moteur va mal et que lui-même ne va pas très bien.

L'apéritif vint à point réchauffer l'entrain général. Puis, les soupapes ayant subi une vaine révision, voilà mon pseudo-looper en selle pour un deuxième essai.

Même départ, même ronde à mille mètres avec de timides mouvements de montagnes russes. Personne ne s'en occupe plus. Moi-même j'abandonne, un peu énervé. On s'installe en rond autour d'appétissantes victuailles et de flacons poudreux. La fête va commencer. Il y a de nouveau 20 minutes qu'il est reparti.

Soudain un cri : « Venez voir… Venez voir… » On se précipite hors du hangar. Tel ces chiens qui s'acharnent à la poursuite de leur queue, Audemars menait dans le ciel une danse effrénée, se renversait, bouclait sans arrêt, retombant au hasard à droite ou à gauche… C'était un feu d'artifice, un bouquet de loopings.

Nous en étions encore bouche bée lorsqu'il atterrit et s'avança d'un air hypocritement tranquille et modeste… Inutile de dire la gaieté du déjeuner après un tel prologue.

Vers deux heures, nous quittâmes Croix-d'Hins en vol, l'un derrière l'autre pour l'hippodrome où la foule s'écrasait : j'en fis presque autant, à l'arrivée. Ayant pris en croupe notre ami bordelais Gounouilhon, je ne pus m'arrêter dans les limites trop restreintes du terrain. Un maudit caniveau nous fit basculer sur le nez. Pas de mal. Réparation rapide. Audemars fit des merveilles. L'après-midi s'acheva triomphalement.

Le looping fit recommencer quelque temps l'existence amusante des tournées, sauf l'insouciance de collégien échappé du début. Les années s'additionnent. Gaignard organisa successivement Niort, Amiens, Bruxelles, Angers, Cholet.

Dans les méthodes de Pégoud, le vol renversé n'est qu'une expérience particulière ; le looping, une trajectoire typique, un symbole expressif pour les initiés.

Depuis le looping, j'ai complètement réappris à voler.

Audemars comprit avant moi le secret de la boucle correcte. Il me communiqua des remarques précieuses, comme au temps de la Demoiselle.

En fait d'exercices de haute école, le public – même initié – se contente d'à peu près.

Sur les aérodromes, on se fait vite une réputation de pilote épatant. Étant entendu qu'il n'y a pas de danger dans l'air, il suffit d'agiter ses commandes dans tous les sens pour donner une impression. De là une maîtrise souple et précise, il y a un pas.

Les termes parfois heureux qu'on a consacrés aux nouvelles manœuvres s'emploient donc abusivement. À commencer par le looping : un looping peut ne pas être rond – mais il doit s'inscrire dans un même plan vertical.

Quand un looping est trop raté on le baptise renversement sur l'aile.

J'ai vu peu de loopings corrects : je n'ai pas encore vu de renversements impeccables.

On appelle quelquefois vrille une spirale trop brutale. Toutes les dégringolades incohérentes deviennent des descentes en feuille morte.

C'est de l'aviation facile.

XXIII

La formule du Rallye de Monaco est une des plus heureuses idées de Geo Prade. Elle concilia l'intérêt sportif, la commodité des participants, la facilité des contrôles, le succès de l'arrivée ; l'effort était proportionné aux possibilités du matériel existant.

Enfin, ces trajets égaux, convergeant de toutes les capitales d'Europe, donnaient à l'épreuve une variété pittoresque. C'était une trouvaille.

Malheureusement la concurrence de la coupe Schneider dispersait un peu les ressources. Pour ma part je voulus disputer les deux épreuves. Dans la coupe, mon 160 HP de Côme semblait bien placé pour peu qu'il marchât.

Pour le rallye, Saulnier créa à ma demande un matériel spécial – qu'on baptisa le série O. Ce type O nous fixa les idées sur quelques points, se montra capable de gagner le rallye, mais fut ensuite abandonné sans regrets. J'avais mobilisé 5 appareils : un O à Paris ; un O à Bruxelles ; mon spécial en réserve à Saint-Raphaël ; un hydro 80 HP à Marseille ; le 160 HP à Monaco.

Je pris mon premier départ à Bruxelles, le deuxième jour de la quinzaine, par vent sud-ouest. Jusqu'au contrôle de Calais – voyage pénible dans le froid du matin et l'inévitable brouillard mélangé de fumée – ce fléau du Nord. À partir de Calais le ciel s'éclaircit mais le vent debout augmente.

Le type O, très docile en temps calme, ruait comme un cabri et agitait rageusement ses petits bouts d'ailes.

Il est écrit que je ne ferai pas un voyage sans l'odieuse inquiétude de la panne d'essence. Il fallut se résoudre à un atterrissage supplémentaire. Sézanne m'offrit à point son champ aménagé – avec un rond blanc au centre et un hangar tout neuf dans un coin. J'atterris au milieu d'un bouquet de ruades, cours au hangar : une vieille gardienne – pas d'essence… Un cycliste obligeant va m'en chercher. Cela dure une heure.

Conçoit-on cette ineptie : une station pour avions – sans essence…

En route pour Dijon, je vole bas pour être moins retardé. Dans les remous de midi, la vallée de la Seine est particulièrement mauvaise. Dijon – ravitaillement – quelques minutes de repos. Ma moyenne est exécrable. Ce n'est pas aujourd'hui que je gagnerai le rallye. Mais peut-être au retour, après-demain, si cette brise dure.

En selle… Décidément ce type O m'exaspère, comme un cheval vicieux : je lui rendrais volontiers quelques coups de pied dans le ventre, si je pouvais. Le vent est maintenant plein sud. À une allure de plus en plus pauvre, j'atteins Lyon. Là encore un ravitaillement s'impose : mais sur cet aérodrome, il ne me coûte que 10 minutes.

Quelqu'un m'affirme qu'en aval de Lyon le vent cessera. En mettant les choses au mieux, je serai à Marseille au crépuscule.

Je repars. La vallée canalise le vent : il est plus fort que jamais. J'espère en vain la région propice. Je m'énerve entre le besoin de ménager mon moteur et la nécessité d'avancer – car voici le crépuscule. Pour mieux profiter de l'accalmie du soir, je voyage à dix mètres. Au-dessous de moi il n'y a que ravins et rocailles. Mon allure s'est améliorée ; mais Marseille est encore à 100 kilomètres et dans une demi-heure l'obscurité sera complète.

Voilà une journée bien désagréable. Je passe au-dessus d'un village – toujours à 10 mètres des toits. À ce moment précis, crac… une explosion… Trois grandes flammes me jaillissent sur le ventre, brûlant mon chandail.

J'ai coupé l'allumage… un zigzag instinctif… J'évite un toit, dépasse un mur et mesure de l'œil la petite carrière de pierre où je vais m'écraser ; je freine dans l'air tant que je peux, m'arc-boute et courbe le dos… Ça y est… Le type O est puni. Il a écrasé quelques petites choses et s'est enfoncé le nez dans les cailloux. Je suis indemne.

Quelques heures plus tard, j'arrivai à Marseille par le train. Brindejonc avait seul terminé un parcours : Madrid-Bordeaux-Marseille.

Sans mon accident nous arrivions presque en même temps. Toute la journée, on nous avait suivis sur les cartes, heure par heure, convergeant vers le même point. C'eût été un joli succès pour Morane.

Brindejonc acheva régulièrement le parcours marin et resta le seul qualifié du Rallye, jusqu'aux quatre derniers jours – grâce au temps défavorable.

Cependant, à la fin de la première semaine un coup de théâtre se produit : Hirth termine le parcours terrestre allemand, battant Brindejonc de 2 heures. Mais le lendemain tout se gâte – ou tout s'arrange ; comme on voudra. Hirth démolit son hydre au mouillage de Boulouris, et se trouve éliminé.

À ce moment, le Rallye est interrompu par la coupe Schneider. Elle me fit perdre 3 jours : mais pouvais-je me douter de ce qui allait se passer ?

La coupe Schneider

(La coupe Schneider se court à peu près comme la coupe Gordon-Bennett. À partir d'une certaine heure on court à volonté contre la montre – sur 200 milles le meilleur temps de la journée gagne.)

Une visite aux hangars.

Il y avait là une terrible équipe – Deperdussin, avec ses monocoques de vitesse – à peine modifiés pour l'eau (Gilbert était à l'hôpital pour avoir essayé un de ceux-là).

Mon 160 HP de Côme.

Brindejonc, dangereux outsider, sur 100 HP monosoupape.

Cela n'avait pas l'air méchant.

Le jour de l'épreuve – temps superbe. On se prépare posément puisqu'on a la journée devant soi. Mais il y a tout de même une tension dans l'atmosphère à l'approche de la course, parce que certains ont des appareils dangereux.

Le *joujou* est prêt un des premiers. Il quitte le port en naviguant et va décoller en mer – hors de vue.

Son premier passage en face de la jetée nous fait une impression déconcertante : le *joujou* semble doué d'une vitesse de projectile. On échange des réflexions rapides.

– C'est inouï !

– Peut-être un effet d'optique. Il est si petit…

– Chronométrons.

On prend le tour suivant :

– Pas loin de 170.

Je suspends mes préparatifs et monte au tir aux pigeons.

Il n'y a qu'un prix – et si ce phénomène-là termine à 170, il est bien inutile de s'aligner.

Je reste le plus émerveillé des spectateurs. Les vols de vitesse sont rarement de jolis vols : celui-ci est facile, souple, léger.

Aux virages – qui sont aigus – l'appareil s'incline obéissant et pivote en gagnant de la hauteur. C'est superbe.

Les 100 milles sont abattus avec une régularité d'horloge. Un moment nos espoirs (de piètres espoirs) se rallument : le *joujou* vient de passer avec un cylindre muet. Cela n'a d'ailleurs pas l'air de l'incommoder beaucoup. La vitesse a baissé de 5 à 6 kilomètres, mais la ronde continue. Aucun nouveau signe de défaillance. Le temps passe.

Enfin le *joujou* termine, amerrit légèrement, rentre au port.

Avec les virages aigus d'une piste triangulaire et son cylindre arrêté la moitié du temps, il a réalisé simplement du 160 de moyenne, à quelques secondes près.

Par acquit de conscience j'essaye un tour – le moteur dégage la même chaleur asphyxiante qu'à Côme : il ne tiendrait pas dix minutes. Et l'appareil est si tangent sous sa charge que le vol donne une affreuse impression de détresse.

J'écourte mon tour et rentre. Saulnier me reçoit rouge d'excitation, brandissant son chronomètre :

– Malheureux ! Mais vous étiez en course. Vous le teniez…

Je le calmai en lui apprenant que j'avais raccourci la piste d'un ou deux kilomètres.

Il ne restait plus qu'à s'en aller.

La révélation de ce jour-là était le petit biplan Sopwith.

Le rallye de Monaco (suite)

Les jours suivants, je prends ma revanche dans le Rallye.

Il fallut d'abord terminer mon premier parcours pour avoir le droit de repartir de Monaco. Tandis qu'on achevait à Marseille de réparer le type O endommagé, je pris mon appareil de Saint-Raphaël, le conduisis à Marseille; repartis de là pour aller virer sur le lieu de mon accident et rentrer, terminant officiellement mon premier parcours terrestre – Bruxelles-Marseille. Le lendemain j'achevai le parcours maritime.

Deux heures après mon arrivée à Monaco, je repartais vers Marseille, entamant l'itinéraire: Monaco-Bordeaux-Paris. Le règlement neutralisait une nuit à Marseille. Je quittai Marseille vers 7 heures. J'avais télégraphié à Albi et obtenu la promesse d'un ravitaillement prêt.

Le voyage fut une belle promenade sur ma vieille machine d'exhibition – car le type O réparé avait, au dernier moment, manifesté des intentions hostiles.

J'eus une contrariété à Albi. L'huile de ricin qu'on m'avait préparée me sembla de mauvaise qualité. Je ne sus pas cacher mon dépit aux personnes obligeantes qui s'étaient efforcées de m'être utiles. Décidément, je ne serai jamais aimable en course – qu'on me pardonne.

Faute de mieux, il fallut bien employer l'huile en question, et je dois reconnaître qu'elle ne me causa aucun ennui.

À Bordeaux, je croisai Moineau. Il faisait le parcours en sens inverse sur un mastodonte Bréguet. Nous atterrîmes à Croix-d'Hins, à quelques minutes d'intervalle. Mon voyage se poursuivit dans une agréable brise sud-ouest.

Un dernier ravitaillement-contrôle, fort bien organisé, à Angers, et me voilà pointant sur Paris.

J'atterris à Buc vers 5 heures, après les tours de piste réglementaires.

On m'attendait dans l'intimité – une arrivée comme je les aime.

Jusque-là, j'avais gagné le Rallye.

Un deuxième type O était prêt à Bruxelles. Un bon dîner, un bain : me voilà embarqué, ivre de sommeil, dans un train qui arrivait à Bruxelles le lendemain, vers 4 heures du matin.

Il n'y avait pas de wagons-lits, mais j'aurais dormi sur des cailloux. Un voyageur inconnu promit, un peu interloqué, à mes amis de me réveiller de force en temps utile. Il tint parole.

Bruxelles. Je trouve sur le quai Péquet et un chronométreur. Ils me font absorber un café au lait ; nous sautons dans un taxi, nous arrivons à l'aérodrome de Berchem.

Legagneux et Prévost attendaient là depuis plusieurs jours le temps favorable. Je m'envolai sans perdre une minute. Jusqu'à Calais, toujours le même brouillard pénible. De Calais à Dijon, lutte épique contre le sommeil. Cette fois je bénis les fameuses ruades du type O : à chaque instant elles me réveillent en sursaut.

À Dijon j'éprouvai les inconvénients de mon petit train rigide : un pneu crève : l'aile et un bout de stabilisateur effleurent le sol et se déchirent.

Des jeunes filles les recousent : pendant ce temps on remplit mes réservoirs.

Louis Cottereau, une vieille célébrité de la pédale se présente, s'empare de moi et m'entraîne chez lui où sa femme me gave de choses réconfortantes. Je vorace sans élégance tout ce qu'on me présente et en 10 minutes me voilà réveillé, retapé, aussi frais et dispos que si je sortais de mon lit.

Dès lors, tout marche à souhait. Je passe sur Lyon sans toucher terre. À quatre heures je suis au parc Borély, battant d'une heure mon record de la veille.

En une trentaine d'heures j'avais passé à Marseille – Albi – Bordeaux – Angers – Paris – Bruxelles – Calais – Dijon – Marseille.

À 5 heures du soir je courais dans les rues de Marseille à la poursuite de l'ami Riel. Je le rencontrai au volant d'une Pic-Pic qu'il inaugurait.

Ma vue lui fit l'effet d'une hallucination.

– D'où viens-tu ?

– De Bruxelles.

– Hein… Comment ?

Cela se termina devant un porto chez *Bodega*.

Le lendemain je terminai mon dernier parcours maritime. Il était trop tard pour entreprendre un autre voyage. J'avais déjà une victoire très complète, puisque je cumulais : premier et deuxième prix du classement général – premier prix de l'itinéraire de Paris – premier prix de l'itinéraire de Bruxelles – prix spéciaux du ministre de la Marine ; du Président de la République, de la Grande-Duchesse de Mecklembourg-Schwerin [1].

Match Hamel

Au début du printemps les directeurs de Juvisy organisèrent une rencontre entre Hamel et moi.

Le programme comprenait deux parties :

1. Une course sur piste, en deux manches, sur deux appareils semblables avec échange des appareils pour la deuxième manche.

2. Un concours de vols libres.

1. Voir notice biographique en fin de volume.

L'aéro-club ne nous menaça pas de pénitence : il nous envoya même deux représentants.

Lorsque nous nous mîmes en piste, un vent d'orage soufflait. Au fond de la cuvette de Juvisy les rafales sont mauvaises. S'il ne s'agit que de voler, cela gêne juste le départ et l'atterrissage – quelques secondes vite passées. Mais qu'une lutte de vitesse vous force à rester au ras de l'herbe et à calculer des virages serrés, la tâche devient fatigante et dangereuse.

On nous fit partir de front, à 100 mètres d'un pylône.

Le sort donna la corde à Hamel. Cet avantage aurait dû lui assurer la première manche. Mais au départ il eut l'étourderie de s'écarter du sol perdant ainsi un peu de son élan. Je saisis à la volée cette occasion, me glissai sous lui : après le premier pylône, j'avais deux longueurs d'avance. L'épreuve était courue… Et nous fîmes ainsi 15 tours de piste odieux et monotones, dont mes avant-bras restèrent courbaturés.

C'était vraiment trop bête. D'un commun accord nous modifiâmes ainsi la deuxième manche :

1. Nous partirions non plus en ligne, mais à exactement une minute d'intervalle.

2. Nous ne ferions que 10 tours au lieu de 15.

Cette dernière convention nous attira les remontrances de ces messieurs de l'aéro-club : « Il y avait un règlement, etc. »

Nous n'en fîmes pas moins dix tours et non quinze. Cette fois encore je pris un léger avantage sur Hamel. Ensuite eurent lieu les vols de fantaisie.

Chacun de nous en fit un, séparément. Puis nous volâmes ensemble. Hamel exécuta devant moi un des vols les plus élégants et variés que j'aie vus. Il étalait tout un atavisme de souplesse sportive.

Notre vol à deux manqua sans doute d'ensemble – nous ne nous connaissions guère – mais certes pas de fantaisie et d'animation.

La fête finie, nous passâmes la soirée parmi un groupe d'amis anglais venus de Londres pour assister au match.

Hamel était le meilleur pilote que l'Angleterre ait produit et un des tempéraments d'homme volant les mieux doués que j'ai rencontrés. C'était aussi un très charmant camarade.

Hélas, nous ne devions plus le revoir. Quelques jours plus tard il prit la voie des airs pour rentrer en Angleterre et n'arriva jamais. On ne sut rien de sa fin.

Quelque temps après je fus avisé par lettre qu'une assemblée compétente – je me demande laquelle – de notre aéro-club, m'avait voté un blâme à propos de cette journée de Juvisy.

« Le Groupe »

Depuis 1910 l'aviation fut en France très mal dirigée. Notre aéro-club se compose de personnes charmantes, de ballonniers, d'industriels, même de quelques vieilles gloires vénérables. Mais les gens d'aérodrome et d'air, qui constituent l'aviation, ne participent pas à la vie du club.

Il n'y a ainsi aucune intimité entre l'aviation et ses dirigeants, et ceux-ci ne la comprennent pas.

Quant aux aviateurs c'étaient jusqu'ici une bande assez disparate de grands garçons insouciants. Notre existence s'accommodait mal de responsabilités publiques. Nous avons fait pourtant deux efforts de groupement et d'organisation. Le premier aboutit à l'amicale des aviateurs, qui donna peu de résultats. Le deuxième promettait mieux, mais fut interrompu par la guerre.

C'était une petite entente cordiale formée spontanément, et qui s'intitulait le Groupe, en attendant mieux.

Le Groupe se réunissait chaque semaine autour d'une table copieuse, dans un salon du *Carlton*. Et tout en banquetant on ébauchait des projets. Pour faire œuvre utile, il fallait éviter au début les assemblées nombreuses et les discussions compliquées. L'association fut provisoirement limitée à la quinzaine de vétérans que nous étions. Nous avions le bonheur de pouvoir nous procurer de l'argent sans dépendre de personne. Il nous suffisait pour cela de nous réunir un dimanche sur un aérodrome et d'y voler. Mais nous avions de grandes ambitions : devenir riches, puissants ; créer des caisses de secours, des prix qui fussent vraiment des prix, au lieu des aumônes compliquées qu'on nous offrait ; répandre, vulgariser l'aviation, et en même temps relever son prestige.

Pour nous enrichir, nous avions imaginé de centraliser les contrats de vol et de les répartir entre les membres du groupe, moyennant un pourcentage au profit de notre caisse. Et chaque membre aurait dans les délibérations futures un nombre de voix proportionnel aux ressources procurées à la communauté.

Tout cela n'était qu'une ébauche, et présentait des difficultés d'application. Mais ces difficultés ne devaient pas nous arrêter. L'esprit du Groupe se résumait dans cette devise : Réaliser.

Notre première réalisation fut : la journée des aviateurs, à Juvisy.

Ce meeting n'eut pas le succès qu'il méritait, n'ayant pas été suffisamment annoncé par la presse. Une manifestation qui prétendait se passer des patronages officiels, parut sans doute suspecte aux pontifes. On nous étouffa sous le silence. Seul notre vieil ami Mortane, à nos côtés depuis le début, et qui jouait le rôle désintéressé de Secrétaire Général du Groupe, s'évertua dans *Excelsior* à convaincre ses lecteurs qu'il fallait aller à Juvisy.

La masse resta sourde.

Par un temps favorable, l'exhibition eut lieu pourtant et le spectacle qu'on vit reste je crois unique dans les annales de l'aviation. Pendant deux heures se déroula sans interruption un immense quadrille aérien, où les pilotes les plus réputés de France rivalisaient d'adresse.

Chevillard, Brindejonc, Gilbert, Marc Poupe, Bille[1], Audemars, Prévost, Gobert[2], etc.

Nous fîmes un vol d'ensemble à trois, sur appareils semblables : Gilbert, Audemars et moi.

Prévost se distingua – malgré lui je crois – par une vrille qui arracha des cris d'angoisse à l'assistance. On ne savait où regarder pour tout voir, et le public restait ébahi d'une telle abondance de sensations.

Dans les journaux, les comptes rendus de la fête furent aussi sobres que son annonce. Malgré tout le Groupe avait manifesté son existence, sa volonté d'entreprise ; et se trouvait en débutant à la tête d'un fonds d'une dizaine de mille francs.

Premier duel aérien

Je n'ai pas raconté dans ces notes toutes mes exhibitions. Mais celle de Buc, avec Audemars, mérite une mention.

Elle fut bien préparée par P. L'Hermite et favorisée du temps. Mais elle fut surtout originale par l'idée que nous eûmes – pour la première fois – d'y simuler un duel aérien.

1. Philippe Bille (brevet 205).
2. Marcel Gobert.

Qui eût dit alors, que le temps des vrais combats était si proche.

Montés sur deux appareils semblables, nous ne dépasserions pas les limites de l'aérodrome. Je figurerais l'agresseur. Audemars s'efforcerait d'échapper à mon attaque par des manœuvres appropriées.

La démonstration eut lieu avec un plein succès. Elle intéressa l'assistance, mit en relief l'avantage qu'assurait au pilote de combat une assimilation complète des méthodes nouvelles. Enfin elle nous amena tout naturellement à la tactique ordinaire des batailles actuelles.

Le troisième Vienne 1914

Nous retrouvâmes à Vienne le programme traditionnel, la même organisation intelligente, et un accueil courtois. Mais la lutte sportive fut d'une âpreté qui enleva quelque charme à la fête et deux événements tragiques, à la fin, achevèrent de glacer un séjour jadis si cordial.

Mon matériel, brillant mais nullement au point, se composait d'un 14 mq tout neuf, que Saulnier avait malheureusement gâté par de petites innovations malheureuses ; et d'un appareil réduit dit monocoque à cause de son fuselage arrondi, véritable modèle à records, dont le premier exemplaire avait disparu avec Hamel. Ces deux appareils portaient l'éprouvé 80 H Gnome.

J'avais en outre pour le monocoque 3 paires d'ailes différentes et une série d'hélices inconnues. Tout cela n'avait pas été essayé faute de temps.

Les prix de hauteur restèrent inaccessibles. Les premiers départs le devinrent. Un compromis me fit partager avec Gilbert le prix de vitesse pure.

Dès les 100 kilomètres de Wiener Neustadt, une hélice mal choisie me fit perdre la première place.

L'équipe allemande s'adjugea toutes les différences de vitesse ; les biplans lents (Caudron) tous les départs et atterrissages. Seule la vitesse ascensionnelle m'échut, malgré une hélice déplorable. (1 000 mètres en 2 minutes 29 secondes, avec un Gnome 80 HP.)

Dans l'ensemble, un pauvre bilan.

Et les vols de fantaisie cette année-là n'attiraient plus qu'à peine l'attention, car Chevillard, Chanteloup, Poulet[1], Audemars, Bielovucic emplissaient continuellement le ciel de boucles, spirales et trajectoires de tous styles.

La première catastrophe de la semaine fut la perte d'un dirigeable. Il évoluait je ne sais où lorsqu'un aviateur autrichien s'en approcha. Soit qu'il y eut un accrochage, soit que la proximité d'un échappement libre suffit à allumer des gaz filtrant à travers l'enveloppe, on vit l'avion et l'aéronat s'écraser en flammes sur le sol.

Les 6 ou 7 victimes étaient des officiers autrichiens, camarades de club ou frères d'armes, des organisateurs de notre meeting.

On leur fit des funérailles magnifiques et on les enterra au cimetière en face de notre champ d'Aspern, sur la rive opposée du Danube.

Tous les aviateurs français s'y rendirent en un cortège aérien parfaitement ordonné ; chacun à son tour s'inclina d'un mouvement simple, comme une grande génuflexion, sur les tombes ouvertes, puis la volée s'éloigna, disparut.

Les Viennois furent très émus de ce geste.

Le second drame fut – le dernier jour du meeting – l'historique assassinat de Sarajevo.

1. Pierre Chanteloup (brevet 549), Étienne Poulet (brevet 709).

Ce crime qui mettait officiellement l'empire en deuil, ne semblait pas atteindre beaucoup de sentiments profonds. Le couple disparu n'était pas populaire. On n'exprimait de tristesse sincère qu'à l'égard du vieil Empereur, si souvent frappé dans son cœur d'homme.

Et il ne vint jamais à l'idée d'aucun de nous que cet événement quasi indifférent à la masse, était l'étincelle qui mettrait l'Europe en feu.

Cependant, cette année-là pour la première fois, je quittai Vienne sans regret.

Mannheim

Ma dernière exhibition avant la guerre eut lieu à Mannheim.

J'y volai en compagnie d'Audemars. C'était la première fois de ma vie que je m'arrêtais en Allemagne.

Nous fîmes sans entrain une exhibition quelconque, dont la seule originalité consista dans la participation d'un Zeppelin : le *Victoria-Luise*.

Le dirigeable vint chargé de nombreux touristes, atterrir en face du public puis il repartit avec aisance.

On nous demanda de ne pas voler pendant sa présence et le zeppelin obtint beaucoup plus de succès que nos loopings.

À part l'excursion à Baden – qui fut une tache de lumière et de fraîcheur –, le séjour de Mannheim fut une oppression.

Paris-Londres

J'avais rencontré Hirth aux Lacs italiens, à Monaco, à Vienne. Nous nous étions liés. Une sympathie sincère m'attirait vers ce jeune ingénieur, homme de sports et fanatique d'aviation.

Après Vienne, Hirth se rendit à Lyon. Il y rejoignit l'équipe Mercedes qui se préparait au grand prix.

Mon contrat de Mannheim m'empêcha d'assister à cette course émouvante. On se souvient de la défaite sans précédent que Mercedes nous infligea, grâce à une mise au point parfaite, à l'organisation, à la discipline de son équipe ; enfin grâce à la tactique dont Hirth fut je crois, la veille de la course, un des inspirateurs.

Nous nous étions donné rendez-vous à Paris. Hirth devait essayer notre petit Morane, dont les qualités de vol l'avaient frappé.

D'autre part, j'avais télégraphié de Vienne à Saulnier de m'apprêter pour la prochaine course Londres-Paris-Londres un des types O du Rallye, avec un moteur Rhône, un train souple et de nouvelles ailes – que j'eus le tort de choisir sans les connaître assez. Nous les avions appelées les ailes serpent à cause de leur courbe compliquée.

Je retrouvai Hirth à Paris. Il essaya le Morane-Saulnier et s'en déclara enchanté, tout en conservant ses préférences pour l'aviation lourde, confortable, solide, à laquelle il était habitué.

Il accepta même de participer à Londres-Paris-Londres sur l'appareil que Saulnier mit à sa disposition.

Une petite expédition s'organisa sous la conduite de Saulnier pour nous accompagner en Angleterre. Nous devions donc nous rendre au départ, Hirth et moi par la voie des airs.

Partis ensemble par une matinée brumeuse, nous voyageâmes d'abord de conserve. Tout me rendit ce vol désagréable : une boussole affolée, les ailes serpent, un cylindre en panne.

Agacé par tous ces ennuis, j'avançais sans vitesse. Hirth me dépassa peu à peu et disparut. J'obliquai alors sur Crotoy où j'aurais trouvé du secours en cas de besoin. Mais comme le moteur semblait capable de rester sur 8 cylindres je continuai jusqu'à Calais.

Hirth et notre escorte m'attendaient à l'aérodrome. On donna à nos moteurs les soins nécessaires, et nous repartîmes.

Le temps s'était éclairci. Nous passâmes la Manche côte à côte. Mon compagnon m'entraîna à 3 000 mètres de haut. C'était suffisant pour planer en tout cas jusqu'à terre. Il semblait avoir le pressentiment de ce qui lui arriva quelques minutes plus tard.

Nous avions atteint la rive anglaise et pris la direction de Londres à une altitude un peu plus tempérée. Je m'aperçus tout à coup que Hirth avait disparu. J'entrai bientôt dans l'éternel brouillard de Londres. Avec ma boussole folle et de nouveau un cylindre en panne, j'errai un moment, perdu au-dessus de cette banlieue enchevêtrée. Enfin j'atterris, nettoyai ma bougie, me fis indiquer la direction et arrivai à Hendon.

J'appris que Hirth était en panne. On était parti à son secours. Il arriva plus tard inondé d'huile. Une tige de soupape brisée avait arraché son capot. Il s'en tira sans casse malgré le terrain difficile et un appareil inhabituel. On remplaça la tige de soupape et il termina sans capot.

Dégoûté par ces incidents, Hirth renonça à la course. Je m'alignai moi-même sans enthousiasme, persuadé que mon matériel me lâcherait en route.

Or, le moteur marcha de bout en bout ; Lord Carbery – qui faisait du 170 sur un biplan Bristol – fut repêché dans la Manche, et j'aurais gagné l'épreuve si j'avais couru avec plus de confiance.

Le départ eut lieu par un brouillard londonien. Enfoui dans mes ailes serpent je perdis une demi-heure et un atterrissage à trouver le pylône d'Epson. Tout le trajet se passa en zigzags. Carbery et X… terminèrent l'aller longtemps avant moi.

À Buc, j'étais dans ma fureur des grands jours. On me remplaça un stabilisateur que j'avais fait mettre à Londres et qui me tortura les poignets.

Je fus d'une impardonnable impertinence envers la Grande-Duchesse de Mecklembourg.

En mettant mon moteur en marche on découvrit une pièce cassée qui me fit perdre un nouveau quart d'heure. Enfin, me fiant à la boussole qui fit mine de fonctionner, je reconnus tout à coup à ma gauche, dans le lointain… Rouen…

Je méritais certes d'être le dernier de cette course. Mais la destinée semble m'avoir donné comme un droit au deuxième rang.

Nous restâmes en Angleterre une semaine, visitâmes l'usine Sopwith et celle de Samuel White.

Notre ami W. Wright avait mis à notre disposition une superbe 6 cylindres Sheffield-Simplex, où nous tenions tous confortablement.

Une longue excursion nous fit découvrir au sud de l'île de White un petit paradis qui s'appelle Ventnor, où nous restâmes 48 heures.

Puis, nous regagnâmes Londres. Saulnier et les dames reprirent les voies terrestres du retour à Paris ; Hirth et moi, la voie des airs. Nous fîmes une courte halte à Hardelot.

Voyage

À l'époque des tanks, l'aviation française ignorait l'aviation… et n'y perdait pas grand-chose.

Il est regrettable que ce beau dédain ait trop duré.

Dès 1912, au meeting de Vienne nous nous trouvâmes nez à nez avec les Lohner.

En 1913, l'aviation allemande réalisait de beaux records (rayon d'action, altitude). On parla de leur régularité, des vols de nuit, etc.

En 1914, à Vienne, ils se montrèrent aptes à nous disputer presque tous les concours. Il existait désormais une aviation lourde bien au point, différente de la nôtre et que nous connaissions mal. Elle excitait notre curiosité.

Hirth nous offrit de nous la faire connaître – comme nous lui avions montré la nôtre. Il nous invita à traverser l'Allemagne en auto. Il nous ferait visiter des usines et essayer un appareil.

Nous partîmes en touristes, Saulnier, moi et son chauffeur, dans une berline Mercedes. Nous visitâmes 7 usines : Benz, Bosch, Mercedes, Gotha, Oberursel, L.V.G., Albatros.

Saulnier examina tout attentivement, parlant peu, surtout décidé, semblait-il, à ne s'épater de rien. Il donnait parfois des signes de déception ou d'énervement. Je ne connus jamais exactement sa pensée.

L'usine des L.V.G. m'a semblé un dernier cri de l'organisation industrielle.

À Oberursel une usine exploitait une licence de Gnome. On nous montra les premiers moteurs fabriqués, des monosoupapes qui marchaient aussi mal que ceux de France. On nous montra aussi un laboratoire métallurgique admirablement outillé. Gnome même, je crois, ne possédait pas une installation équivalente à celle de cette jeune filiale.

Ce trait est à retenir. Nous avons retrouvé partout ce souci méticuleux de technique.

Les fabricants de moteurs fixes (surtout Mercedes que nous avons mieux vu) ne paraissaient point posséder de grands secrets. Nous vîmes des gens sérieux fabriquer un moteur sérieusement, c'est-à-dire ne négliger aucun détail, éliminer une à une toutes les faiblesses par des moyens logiques et directs ; pas de transcendance mécanique mais un acharnement patient et méthodique de mise au point.

En quittant leur banc d'essai, je songeai : « Ces gens-là ne doivent pas livrer souvent à Hirth la veille d'une course, des moteurs en panne. »

– C'est fait bon, c'est fait sûr, répétait notre cicérone. En avons-nous vu, des choses faites bon et faites sûr…

Les aéroplanes étaient faits de même. Nous ne venions pas pour apprendre s'ils étaient épatants ou pas. Les performances étaient connues et j'en avais vu voler à Vienne. Ce qui valait la peine d'être vu en œuvre, senti et compris, c'est l'esprit de leur fabrication, ce sérieux, cette gravité avec laquelle on traite chaque détail, du bureau de dessin au vernissage.

Que ne joignons-nous cette force à notre génie inventif.

Hirth me fit essayer à Johannisthal un 100 HP Albatros.

J'ai dit mon horreur des appareils nouveaux ; cette machine lourde était faite pour m'intimider. En outre l'air était agité. Mais je dominai mes répulsions.

L'Albatros me fit une impression heureuse – ce n'est pas un jugement. Je compris les prouesses de Hirth à Vienne.

Cet appareil *lourd* me surprit par sa sensibilité aux commandes, son insensibilité aux remous. Je m'attendais à sa puissance de vol. Et je goûtai fort ce détail : l'agrément d'une nacelle confortable et propre.

Pour ma part, je n'ai pas regretté ce voyage.

Ceci se passait à la fin de juillet 1914, quelques jours avant la guerre.

Journal de guerre

16 août 1914 – 17 avril 1915

16 août 1914[1]

Nous partons de Buc vers 10 h – nous devions partir au lever du jour mais les nuages ne permettent pas de voler à plus de 4 ou 500 mètres et le capitaine Le Révérend ne juge pas cette hauteur suffisante. D'ailleurs les circonstances sont à peu près les mêmes à 10 h. L'escadrille[2] arrive complète au camp de Mailly. Gilbert et moi voyageons côte à côte, tout près. À Mailly nous attendait le capitaine de Vergnette[3] parti de Buc vers 5 h en auto. Les tracteurs de l'escadrille partis à 3 h du matin arrivent peu après, sauf un resté en panne au départ. On déjeune à la cantine. Les officiers trouvent mon accoutrement si ridicule qu'on m'oblige à échanger mes effets contre d'autres choisis au magasin. On arrive à Nancy en même temps qu'un orage. Gilbert qui ne trouve pas le champ de suite erre 55 minutes puis atterrit pour se

1. L'Allemagne a déclaré la guerre à la France le 3 août. Le plan Schlieffen prévoit de contourner les forces françaises à travers la Belgique et le Luxembourg puis d'avancer rapidement vers Paris, tandis que le plan XVII élaboré par Joffre prévoit des offensives en Alsace-Lorraine et dans les Ardennes.

2. L'escadrille MS 23, rattachée à la 2e armée puis au 1er groupe d'aviation au deuxième trimestre 1915, utilise six Morane-Saulnier L Parasol.

3. François de Vergnette de Lamotte.

renseigner, il se fait fusiller de près par une patrouille heureusement aussi maladroite qu'excitée. Il arrive aux hangars furieux. On nous emmène dîner avec des officiers au château de Marbois et coucher au château de Rémicourt[1].

17 août

Installation à Rémicourt. J'ai pris froid en voyage et me lève avec un rhume de cerveau épouvantable. Heureusement notre installation est confortable, j'ai le temps de me soigner et notre châtelaine, Mme de Scitivaux, me fait entourer des soins les plus aimables.

18 août

Gilbert sort avec observateur Berger. Le capitaine de Vergnette me permet de me reposer et de me soigner ce que je fais avec énergie. Il paraît que nos opérations sont heureuses : l'ennemi recule.

19 août

Ma 1re reconnaissance[2]

Temps superbe. Je pars vers 7 h avec mes pleins. J'ai mission d'aller à Lunéville me mettre à disposition du capitaine Orthlieb, observateur d'état-major. Nous partons de Lunéville à 8 h. On m'a indiqué avant de partir l'itinéraire à suivre. Il faut rejoindre la vallée de la Saar et la remonter jusqu'à Sarrebruck puis revenir en pas-

1. À quelques kilomètres au sud-ouest de Nancy.

2. Ce fut la première tâche de l'aviation française, décisive malgré les doutes initiaux de l'état-major. En détectant entre 2 et le 4 septembre un changement de direction de l'armée allemande, l'aviation du camp retranché de Paris et les escadrilles de la 6e armée joueront ainsi un rôle central dans la victoire dans la Marne.

sant par St Avold et divers points en inspectant particulièrement les voies ferrées. Nous partons très lourds : j'emporte trop d'essence, un mousqueton, des accessoires et mon passager pèse 96 kilos, *nu*. En outre mon moteur est un peu faible. Nous passons sur la forêt de Parroy en montant. Nous arrivons sur la fameuse région des lacs et suivons la ligne ferrée qui va à Sarrebruck. Il y a une bataille d'artillerie à droite. Je vais pour la première fois éclater des obus par terre. Je découvre au loin un autre appareil ; nous nous détournons de notre route pour le poursuivre. Nous l'atteignons rapidement. Il y a près de terre à notre gauche un dirigeable souple, jaune ; nous nous demandons avec une vive inquiétude si ce dirigeable qui n'est pas un zeppelin ne serait pas un des nôtres en détresse (nous avons su depuis qu'il s'agissait d'un Drachen, ballon allemand[1]) ; nous atteignons notre appareil ennemi : c'est un Euler qui ressemble à un grand H Farman. Mais il a de grandes croix noires. Nous tirons dessus avec notre mousqueton à moins de 100 m mais en le ratant sans doute. Nous sommes environ à 1 800 m. Tout à coup notre ennemi est encadré d'obus et de Shrapnels qui éclatent à 90 m de lui. Il pique aussitôt et fuit éperdument vers la terre et en arrière des lignes. Les Allemands voyant notre poursuite ont dû prendre leur Euler pour un Farman et notre Morane pour un Aviatik ou un Albatros qui de loin ont la même silhouette. Nous reprenons la direction de Sarrebruck et nous revenons sans incident ; mon observateur ne voit rien, même pas ce que je lui montre. Retour après 2 heures avec un cylindre en moins. Au dernier moment nous rencontrons un Aviatik. Nous tirons encore en passant sans insister.

1. « Cerf-volant » : ballon allongé d'observation.

21 août

Mort du Lt Grandry

Les batailles que nous avons survolées hier dans la région des lacs ont mal tourné pour nous[1]. On annonce un grand recul de nos troupes. On ne parle plus d'aller nous établir à Dieuze que nous avons lâché ni même à Lunéville[2] dont toutes les escadrilles au contraire rallient Nancy. Le soir notre camarade, le lieutenant Grandry part avec mon 1er observateur le capitaine Orthlieb. Il part vent arrière : je le vois décoller assez bien et gagner 10 à 15 m et disparaître derrière mes ailes (je suis assis dans mon fuselage, devant le hangar, par terre). Aussitôt j'entends des cris autour de moi : Grandry vient de tomber ; on se précipite. On dégage d'abord des débris de l'appareil le capitaine Orthlieb : il n'est pas évanoui et porte une plaie à la tête ; une jambe est cassée ; il n'est pas en danger de mort et c'est un miracle. Le pauvre Grandry est mort horriblement défoncé, toutes commandes intactes. Vraisemblablement *glissade* et *vrille*.

22 août

Départ pour Toul

Ma 2e reconnaissance – Lieutenant Berger

Nous partons en reconnaissance de Nancy même. Le lieutenant Berger est un peu moins lourd que mon 1er observateur. J'ai pris aussi moins d'essence. Le vol est un peu plus facile. On met 20 à 25 minutes pour atteindre les 2 000 mètres habituels. Notre itinéraire est plus court que la 1re fois : le 1er point est le village de

1. Terribles défaites françaises à Morhange et à Dieuze.
2. Lunéville est occupée par les Allemands du 22 août au 12 septembre.

Maixe : en y arrivant nous ne sommes qu'à 1 400 m. Le lieutenant repère plusieurs positions et nous entrons peu après dans des nuages trop denses : impossible de continuer. Nous rentrons après un petit circuit au sud de Saint-Nicolas.

Les nouvelles sur les actions de la veille sont décidément mauvaises. Le soir nous recevons l'ordre de nous replier sur Toul où nous nous installons moins confortablement dans les chambrées du camp d'aviation que dans le château de Rémicourt.

23 août

3e sortie. Lieutenant de Bernis. 1re chasse.

Notre première chasse aérienne du 19 août nous avait inspiré l'idée de poursuivre systématiquement les avions ennemis. Aujourd'hui on me charge de partir à la chasse avec le lieutenant de Bernis qui a une réputation de tireur. Nous partons vers 7 h. Mon passager est armé d'une carabine automatique Browning à 5 coups. Nous battons la campagne à 2 000 m environ entre Nancy, Dieuze, Lunéville. Au bout d'une heure nous n'avions rencontré que des Farman : tout à coup je vois à moins de 500 m en avant, légèrement en dessous, un Albatros : il nous croise. Je vire brusquement derrière lui et le poursuis vers Lunéville. Mon passager tire trop tôt deux balles qui n'ont pas l'air d'avoir porté. Je continue : l'Albatros se laisse approcher de façon surprenante : j'évalue à une trentaine de mètres la distance qui nous sépare. Nous sommes en arrière : on dirait qu'il ne nous voit pas : nous avons la sensation d'être à bout portant. Le lieutenant vise mais le coup de part pas ! Pendant des secondes qui semblent longues ses efforts sont inutiles : l'arme est détraquée. Rentrons.

24 août

4e sortie – aucune rencontre.

Nous partons encore de bonne heure, le lieutenant de Bernis et moi. Cette fois nous emportons deux mousquetons de cavalerie, arme particulièrement sûre, paraît-il. Ils sont chargés chacun de quatre balles. Hélas ! Pendant 2 heures nous explorons la campagne sans résultat. Nous voyons une foule d'appareils et les rejoignons : mais ils sont tous français. Nous rentrons dégoûtés ! Évidemment il sera difficile de retrouver une occasion comme celle d'hier. Nous volons toujours entre 1 800 et 2 800 m. Nous n'avons pas encore reçu de balles comme certains camarades ni vu d'obus éclater près de nous.

25 août

5e sortie : rencontre sur Lunéville.

Nous partons de bonne heure. Le lieutenant de Bernis emporte encore ses deux mousquetons. Après une heure de chasse nous voyons un Albatros au sud de Lunéville (que les Allemands occupent toujours). Nous lui courons après et l'atteignons mais trop près de son nid. Mon tireur ouvre le feu toujours un peu loin : les 2 premières balles sont perdues ; la suivante ou la 4e est tirée de 75 à 100 m. Elles doivent avoir touché au moins l'appareil car le pilote ennemi après un mouvement un peu brusque pique verticalement sur le terrain de Lunéville. Nous le poursuivons jusqu'à 1 100 m. Mais l'inclinaison de notre appareil empêche le lieutenant de Bernis de tirer avec quelques précisions. Il tire la dernière balle : nous sommes à 1 100 m seulement et au-dessus de l'aérodrome de Lunéville. Je redresse et m'éloigne : le moteur reprend avec 1 cylindre en moins. Nous voyons à ce moment un 2e Albatros à 50 m sous nous et en arrière. Nous nous retournons et tirons 2 ou 3 balles : comme l'autre cet appareil fuit en piquant vers l'aérodrome. Nous rentrons à Toul à 1 000 m avec notre cylindre arrêté.

26 août

6e sortie : je pars vers 6 h et demie avec le lieutenant de Bernis nous dirigeant directement sur Nancy. On monte doucement : nous passons Nancy à 1 200 m. Je vois aussitôt dans le lointain un appareil beaucoup plus haut : j'essaie de le rattraper mais il est loin et a beaucoup d'avance en altitude. Il nous attire dans la direction de Metz. Après cinq minutes je vois un autre appareil plus près et moins haut. Changement de direction, nous courons après lui : il nous entraîne au nord de Lunéville. Je le rejoins en le plaçant comme d'habitude à notre gauche et un peu plus bas que nous (10 à 15 m). Le lieutenant vise et tire 2 balles trop tôt. Je lui hurle d'attendre ; nous approchons à moins de 100 m. Je m'aperçois alors que l'adversaire nous tire avec une mitrailleuse. Le lieutenant vise encore et tire trois balles. Il faut recharger notre carabine. Nous nous écartons à droite pour cette opération et revenons aussitôt à la charge. Mais l'Albatros, étant dans ses lignes (au nord de Lunéville), descend et disparaît dans les nuages. Nous abandonnons la poursuite et prenons la direction sud-ouest. Nous arrivons au-dessus d'une bataille importante sur laquelle nous restons trois quarts d'heure en observation (j'ai un cylindre en moins). Le spectacle est passionnant : notre artillerie sur de très fortes positions forme un croissant au sud-est de Nancy et tire avec acharnement sur des positions ennemies que nous voyons mal et qui semblent ne répondre que faiblement[1]. On a l'impression d'une attaque heureuse pour reprendre Lunéville. Après 2 h et demie de vol nous rentrons, toujours avec un cylindre arrêté.

Notre armement s'affirme insuffisant.

27 août

Une forte pluie le matin nous permet de rester couchés jusqu'à 10 h, ce qui met la chambrée en gaîté. Je ne sors pas. Grande toilette et correspondance.

28 août

Nous avons entendu une violente canonnade cette nuit. Ce matin elle reprend de plus belle. Brouillard et temps couvert le matin. On ne vole pas de la journée. Nous employons l'après-midi Pinsard[2], Gilbert, lieutenant Chevrier et moi à ravitailler notre popote. Une 1re expédition dans un verger voisin nous donne un assortiment de légumes frais ; une 2e en auto dans un village, du vin, du lait, des œufs (!) et du beurre frais exquis. Le village est Fontenoy dont on a fait sauter le pont en 1870.

29 août

7e sortie : jusqu'à midi brouillard assez dense ; personne ne sort. On entend toujours et presque tout le temps le canon. Le gouverneur de Toul me convoque. On me reçoit avec une grande amabilité mais il n'est pas question de la « mission » qu'on m'avait fait prévoir. On me promet des armes plus efficaces pour nos

1. Victoire française à la bataille de la trouée de Charmes.
2. Voir notice biographique en fin de volume.

chasses. Mais ces essais en ce moment font perdre du temps et des occasions. On me demande aussi de tâcher de rapporter un renseignement quelconque du fort de Manonviller qui est isolé depuis quelques jours et dont on est très inquiet. Des sans-fil allemands interceptés annoncent la capitulation du fort mais on croit qu'il s'agit d'une ruse de guerre[1].

Le soir nous partons vers 3 heures avec le capitaine de Vergnette pour aller voir Manonviller. Nous survolons le fort pendant au moins 15 mn. Il est troué, criblé d'énormes trous d'obus et rien de vivant n'est visible à une lieue à la ronde. Nous voyons d'énormes groupements autour de Baccarat : le capitaine juge un corps d'armée, retranchement de batteries, un Drachen ballon. En rentrant nous croisons un Albatros. Échange de balles à longue distance. Le capitaine veut rentrer. L'Albatros nous a fait faire un tour complet ; nous nous retrouvons face au soleil, aveuglés : on ne voit rien dans la brume en avant. Nous regardons au-dessous un duel d'artillerie : nous prenons une fausse direction sans nous en apercevoir et au bout d'un moment nous sommes perdus hors de la carte. Je ne pense plus qu'à une chose : ne pas atterrir en pays ennemi. Je vise le soleil sans plus chercher à me reconnaître. J'exagère ce mouvement aidé par le vent arrière et en touchant terre nous apprenons que nous sommes à Neufchâteau. Nous rentrons sans incident.

30 août

Brouillard le matin. Restons couchés. À midi après déjeuner toute l'escadrille va atterrir à Pont-Saint-Vincent. Je pars sur l'ennemi entre Manonville et

1. Le fort entre Lunéville et Blâmont, à 40 km de Nancy, avait capitulé le 27 août.

Baccarat avec 2 000 balles que je lâche à peu près (l'installation est très mal commode) sur des rassemblements. Je reviens et repars avec 1 000 autres balles et cette fois avec mon passager habituel, le lieutenant de Bernis et ses fusils. Nous sommes lourds quoique emportant peu d'essence. Nous lâchons nos balles et rentrons sans rencontre.

31 août

Nous avions tous rendez-vous l'après-midi à Pont-Saint-Vincent d'où nous devions partir pour aller lâcher des projectiles sur les positions ennemies. J'y vais en volant tout près de Gilbert qui me photographie. En arrivant le capitaine me dit qu'il y a contrordre. L'attaque est remise à demain. Nous rentrons à Toul de conserve. Et nous faisons ensemble une descente de fantaisie, hélice arrêtée, puis relancée, entraînement pour de futures exhibitions.

1er septembre

Tous les matins il y a du brouillard. Jules découvre dans mon moteur une pièce cassée qui immobilise l'appareil pour la journée. Je reste seul au camp et je m'ennuie bien. Les autres escadrilles ont repris ce matin leur campement à Nancy. Nous en ferons autant sous peu si nos lignes continuent à tenir bon. Mais nous avons tous vu des réserves menaçantes du côté ennemi[1]. Et les nouvelles du nord sont vagues mais bien inquiétantes[2].

1. Les Allemands préparent une nouvelle offensive au sud du Grand Couronné. Du 4 au 6 septembre, ils s'empareront du Champenoux. Le 7, ils parviendront à 10 km de Nancy.

2. Suite à la défaite de Mons du 23 août, les forces alliées opèrent une lente retraite jusqu'à la Marne.

2 septembre

Je pars à 6 heures le matin par un temps magnifique à Pont-Saint-Vincent. Je prends le capitaine Fougeroux comme observateur et nous partons en reconnaissance direction Baccarat. Les positions ennemies n'ont pas changé. Les réserves semblent avoir diminué beaucoup. Tous les villages au sud de Moyen notamment Magnières brûlent. Nous allons observer Manonviller à la jumelle. Rien ne bouge dans le fort ni autour : il est sûrement éteint sinon pris. Nous rencontrons deux Albatros qui font un réglage de tir d'artillerie ; ils opèrent avec une méthode qui doit leur faire gagner du temps. Le but principal de la reconnaissance est de voir s'il y a des embarquements de troupes à Avricourt. Nous y allons et nous ne voyons rien d'intéressant. Nous passons en revenant sur Château-Salins. Une petite action est engagée au nord de Lunéville à l'ouest de la forêt de Parroy, observée par deux Drachen ballons contre lesquels nous n'avons aucun moyen d'action efficace. Au sud de Château-Salins les Allemands semblent avoir établi des retranchements énormes. Nous rentrons à Pont-Saint-Vincent après une heure et demie de vol. Je vais au QG serrer la main à Thobois puis rentre à Toul. L'après-midi, n'ayant rien à faire, nous allons Gilbert et moi faire en auto des emplettes à Nancy. Pinsard et le capitaine Le Révérend vont visiter la ligne de feu à Frascati. Ils reviennent avec quelques dépouilles et des détails pittoresques. Nous rentrons à Toul vers 6 heures et demie. Mon nouveau moteur a volé ce jour environ deux heures et demie.

3 septembre

Repos.

4 septembre

Je vais me mettre vers deux heures à la disposition de l'état-major à Pont-Saint-Vincent. Un officier chargé de prendre des photos fait deux départs infructueux avec le Farman que pilote le lieutenant de Bernis qui n'arrive pas à monter. Il part donc avec moi et nous allons prendre douze vues sur la ligne Lunéville-Rainville et derrière du côté de Parroy. La lumière est parfaite. Nous voyons avec une netteté extraordinaire les lignes de tranchées ennemies. Mon observateur opère sans prendre de notes. Je me demande comment il fera pour identifier ses vues ; il ne les identifiera sans doute pas. J'ai l'impression qu'un observateur entraîné à voler aurait recueilli là des renseignements extrêmement précieux. Nous rentrons au bout d'une heure environ.

5 septembre[1]

Repos.

6 septembre

Après avoir décidé la suppression de nos chasses nous recevons l'ordre de recommencer. Nous partons l'après-midi avec le lieutenant de Bernis et survolons toute la ligne de bataille de Pont-à-Mousson au sud de Buyon. La ligne est assez inactive. Elle a reculé vers nous un peu partout mais de peu. Aucune rencontre intéressante. En revenant nous retournons vers Pont-à-Mousson où il y a quelques mouvements : nous les

1. À bord d'un Voisin L, le sergent Joseph Frantz et son mécanicien Louis Quénault abattent un Aviatik ennemi. C'est le premier combat aérien de la guerre.

observons quelques instants. Au moment de rentrer à l'aérodrome nous voyons des éclats d'obus dans le ciel. Nous pensions qu'on nous tirait. En arrivant à l'aérodrome on nous apprend qu'un Albatros vient de passer. C'est lui que les forts tiraient ; nous ne l'avons pas vu et en sommes désolés : il a dû nous croiser d'assez près pourtant et l'occasion était unique : une chasse au-dessus de notre terrain ! Mais nous avons été distraits par l'observation de la canonnade.

7 septembre

Repos. Le soir, après avoir attendu des ordres jusqu'à 4 heures je suis chargé par le Colonel d'aller à Nancy chercher un revolver oublié par Gilbert. Ce dernier est au lit malade et ne peut y aller. Je m'acquitte de cette commission. La route de Nancy à Toul est encombrée de longues caravanes de réfugiés lamentables.

8 septembre

Avec le capitaine Armengaud longue reconnaissance entre Pont-à-Mousson – Étain – Verdun – Thiancourt, etc. En partant à 5 ou 6 kilomètres de l'aérodrome alors que nous n'étions encore qu'à 500 mètres de hauteur nous passons au-dessus d'une batterie française qui se met à nous bombarder copieusement ; un fort du voisinage et tous les fusils de la région suivent cet exemple et c'est sous une grêle de projectiles heureusement maladroits que nous nous en allons en zigzaguant. De Toul aux environs de Verdun il n'y a rien ; entre Verdun, Étain et Thiancourt de nombreux retranchements mais pas de rassemblements. À Étain un champ d'aviation avec six tentes et deux biplans sont dehors ; on voit en outre quelque chose qui ressemble à un appareil cassé. Nous croisons sur les forts de l'est de Verdun et sur la région pendant deux heures. On ne voit quelque chose qu'à l'est de Pont-à-Mousson : des batteries et une importante agglomération. Nous rentrons gelés après deux heures vingt de vol. Le soir les capitaines de Vergnette et Le Révérend m'emmènent en auto. Nous allons d'abord au village où était la batterie qui m'a tiré. La batterie est partie. Les habitants me racontent que des obus tirés par le fort sont retombés sur le village sans mal ; on m'en montre un enfoncé dans le sol. Il n'a pas éclaté. Nous partons de là en excursion sur la ligne de feu au plateau d'Amance. Les obus arrivent même plus loin qu'Almance, à Eulmont. Le village est complètement abandonné. Dans une étable un vieux cheval et deux jeunes porcs. Quelques obus tombent à moins de 100 mètres de nous. Nous laissons la voiture dissimulée derrière une maison et nous avançons de quelques mètres à pied sur la route. Un obus tombe derrière un mur à quelques pas de nous et nous fait renoncer à aller plus loin. Nous rentrons par Nancy.

9 septembre

Le matin, coup de téléphone de l'état-major. On me demande d'aller le soir surveiller les environs de Buyon qu'un « avion noir » vient survoler tous les soirs vers 5 heures, semant la terreur dans le 16e corps. Je pars à deux heures avec le capitaine Le Révérend comme tireur. Nous atterrissons dans un champ choisi pour nous et marqué d'un T : le terrain est très incliné si bien qu'une fois arrêté l'appareil glisse à reculons pendant 5 à 6 mètres puis est arrêté brusquement par la béquille qui se brise dans le sol. Nous recueillons sur place quelques renseignements sur le fameux avion noir. À 5 heures l'avion noir n'a pas paru. Nous partons pour croiser en vue de Buyon. Au bout d'une heure toujours rien. On nous a bombardés au départ : tous les appareils qui passent sont pris pour l'avion noir. Le pays en est hanté. D'ailleurs nous nous habituons aux salves qui nous saluent tous les jours sur toute la ligne française.

10 septembre

Repos. Il pleut on s'ennuie. Saulnier téléphone que Morane et lui viennent nous voir. Bonnes nouvelles de Paris[1].

11 septembre

Il pleut. Le capitaine Le Révérend et l'adjudant Pinsard sont cités à l'ordre du jour de l'armée. Morane et Saulnier arrivent. Joie générale. Saulnier a un uniforme d'une suprême élégance.

12 septembre

Il pleut toute la journée, pas mal de vent. J'essaie une reconnaissance avec le capitaine Berger, observateur. Nous partons dans la direction de Thiancourt : à 1 200 mètres nous rentrons dans une épaisse couche de coton. On insiste sans résultat, il n'y a qu'à rentrer. Nouvelles de victoire sur toute la ligne. On réoccupe Lunéville, Baccarat. Cependant on tire encore dans la région du plateau d'Amance. Morane, Saulnier, Gilbert ont été avec le capitaine Le Révérend à Lunéville. La population est en joie. Il n'y a pas trop de dégâts. Les murs de la ville ont été couverts de proclamations disant que les Russes étaient en déroute, les Français aussi, etc., avec mille détails mensongers et insolents. Morane

1. Du 6 au 12 septembre, la première bataille de la Marne voit l'armée française et le corps expéditionnaire anglais arrêter la progression des forces allemandes.

et Gilbert ont rapporté de Frascati des fusils, casques et autres dépouilles prussiennes.

Notre victoire entre Meaux et Sézanne paraît sérieuse. Nous aurions coupé les ponts de la Marne, derrière l'ennemi, etc. Tout le monde est radieux. Nous partons demain pour Nancy.

13 septembre

Il y a eu dans la nuit une vraie tempête avec pluie torrentielle. J'ai été réveillé la nuit par des rafales qui menaçaient de démolir notre pavillon. Le matin le vent est un peu calmé mais il reste mauvais et le capitaine décide de renvoyer notre départ au lendemain. L'après-midi nous obtenons, Bobba et moi d'aller visiter pour la première fois un champ de bataille : nous partons sous la conduite du capitaine Le Révérend dans la Panhard entre Amance et la forêt de Champenoux. Nous rencontrons d'abord un champ jonché de cadavres français de l'infanterie en général, un ou deux cavaliers tués avec leurs chevaux. Un de ces derniers est au milieu de la route, difficile à éviter avec notre auto. La figure est écrasée sur le sol, noire de décomposition ; il enfourche encore le cheval tombé sur le flanc gauche, les pattes avant brisées. Une main tient encore le mousqueton, l'autre les rênes. Nous passons et arrivons à la forêt de Champenoux. Sur la lisière nous trouvons les premiers cadavres allemands. Nous prenons des fusils tout chargés et en excellent état et des sacs. Nous excursionnons dans la forêt qui a été occupée pendant 15 jours par les Allemands. Ils ont fait partout des abris souterrains dans lesquels nous trouvons une foule d'objets sans intérêt abandonnés. Un de ces souterrains est meublé d'une table, de chaises, et d'un petit tapis à jeu, témoignage qu'on y a joué aux cartes. Il y a aussi des bouteilles vides. Tout cela est maintenant inondé de pluie. Dans une tranchée nous trouvons tout un approvisionnement d'obus de 77 abandonnés. Nous rapportons des paniers d'osier porte-obus. L'abandon de ces munitions prouve une retraite précipitée. Nous avons remarqué plusieurs tombes fraîches avec des croix et des feuillages en couronnes. De la forêt nous revenons par la colline d'Amance. Les premiers détachements français que nous rencontrons nous apprennent que nous avons été en nous promenant, plus loin vers l'ennemi que nos avant-postes eux-mêmes ! Cela aurait pu se passer plus mal. Nous rentrons à Toul.

14 septembre

Le matin à 6 heures réveil général. Nous partons pour Nancy sous la pluie et avec du vent. Les hangars sont combles : on loge nos appareils à grand-peine. Nous reprenons nos logements au château de Rémicourt d'aimable souvenir. Le temps reste nuageux, pluvieux avec fort vent d'ouest. L'après-midi nous allons nous promener dans Nancy à pied avec Gilbert et Marc Pourpe[1], qui est arrivé hier et à qui on a placé avec succès notre coup des uhlans le soir. Nous rentrons à 7 heures après avoir marché sans arrêt depuis 3 heures de l'après-midi.

15 septembre

Ns restons deux jours à ne rien faire, il pleut.

16 septembre

Départ pour Commercy. L'escadrille voyage en groupe homogène et notre arrivée nous attire des

1. Voir notice biographique en fin de volume.

compliments. Monsieur Grosdidier, notre vieil ami, qui est le roi du pays, nous reçoit avec son amabilité habituelle et se donne personnellement le plus grand mal pour nous loger dans deux maisons particulières : nous sommes princièrement installés. Monsieur le sénateur maire nous invite à déjeuner pour demain.

17 septembre

Je fais une bonne reconnaissance avec le capitaine de Vergnette comme observateur. Le temps est couvert. Nous faisons trois départs : une bougie s'arrête à chaque fois les 5 premières minutes. Enfin le moteur va. Nous fouillons la région de Thiancourt, Conflans et d'Étain, puis les environs de Metz, Mars-la-Tour, etc. Peu de troupes, quelques groupes autour de l'étang de la Chaussée. Deux agglomérations de wagons à Mars-la-Tour et Conflans, environ 200 et 300. Deux importants groupes de cavalerie sur la route au nord de Conflans marchant vers le nord. Deux petits convois venant de Metz sur Conflans, etc. Nous sommes pris dans les nuages noirs et prenons le chemin du retour. Obligés de descendre jusqu'à 100 mètres seulement, nous n'avançons pas vite, fort vent debout. Nous arrivons sur nos lignes à Vigneulles. Nous ne sommes plus qu'à 400 mètres. Un peu plus loin nous sommes copieusement canardés. Un petit bruit sec tout près me fait supposer qu'une balle a porté sur une partie métallique. Enfin nous arrivons à Commercy. Nous découvrons la trace de la balle. Elle a traversé le fuselage à 5 ou 10 centimètres du dos du capitaine de Vergnette, trouant le réservoir arrière et le contreplaqué supérieur.

Nous faisons à midi et demi, Gilbert, Pourpe et moi un excellent déjeuner chez Monsieur Grosdidier qui le soir nous fait l'honneur de dîner avec nous à notre popote. De sa part c'est à la fois aimable et courageux.

18 septembre

Nous nous levons tard. Mauvais temps. Le soir Gilbert et Pinsard partent par très mauvais temps et leur retour à la nuit tombante dans la pluie et les nuages noirs nous cause pas mal d'inquiétude. Cependant tout finit bien. Le soir le capitaine de Vergnette nous prévient brusquement de nous préparer au départ pour demain matin 6 heures, destination inconnue. Première étape camp de Mailly.

19 septembre

Nous hésitons à partir, il fait mauvais et froid. Du vent et de la pluie. La journée se passe dans l'indécision. Nous restons à Commercy.

20 septembre

Nous avons passé la nuit à l'hôtel de la cloche. Nous nous rendons au champ de bonne heure. Il fait encore mauvais : on décide pourtant le départ. Marc Pourpe décolle le premier et fait une chute terrible : toujours la vrille. Le mécanicien passager un peu étourdi n'a rien. Pourpe souffre de la jambe gauche. La cheville est foulée. C'est un miracle. Nous le mettons sur le lit de la gardienne de l'aérodrome. Et nous partons. Pinsard reste pour attendre le docteur et pour arranger ses bougies. Le capitaine Le Révérend part avec nous mais revient presque aussitôt à l'aérodrome avec des ratés. Nous restons en l'air Gilbert et moi voyageant de conserve et Bobba qui a disparu. Nous essayons de passer haut mais ne voyons plus la terre. Nous descendons alors sous le plafond qui n'est qu'à 200 mètres. Après Saint-Dizier je ne vois plus Gilbert. Aussitôt un cylindre se met en panne et je viens atterrir sur l'aérodrome de Saint-Dizier repéré en passant. Gilbert y est déjà. Lui est simplement dégoûté de voyager si bas et si désagréablement. Nous téléphonons aux capitaines. Pendant ce temps Pinsard arrive et atterrit aussi pour se reposer sans savoir notre présence et il débarque Pourpe qu'il a pris comme passager. C'est une bonne surprise, nous collationnons copieusement près de l'aérodrome dans une auberge où l'on nous sert des œufs frais et du petit fromage blanc exquis. Pinsard et Gilbert le mangent à l'échalote. Nous allons ensuite déjeuner et arrivons une demi-heure après à Mailly, à trois, avec un ensemble parfait, après avoir survolé un coin du grand champ de bataille criblé d'obus et jonché de ruines. Le capitaine Le Révérend arrive le soir. Bobba n'arrive pas.

21 septembre

Nous partons de bonne heure pour Meaux à quatre. Bon voyage sans incident. Bobba n'est toujours pas arrivé.

22 septembre

Nous partons de bonne heure pour Clermont. Gilbert et le capitaine Le Révérend partent les premiers. On les attend pour une reconnaissance. Pinsard et moi une demi-heure après voyageons côte à côte jusqu'à Clermont.

23 septembre

Je suis chargé d'une longue reconnaissance avec le capitaine Berger. Nous partons vers onze heures après un repas froid ; le temps est superbe. Au bout de dix minutes grand bruit et secousses : un piston pulvérisé.

J'atterris dans un champ. Le capitaine Berger part à bicyclette chercher des secours pour moi et un autre pilote pour lui. Jules me monte rapidement un autre moteur et le soir je rentre à la nuit avec Gilbert comme passager. Il fait de l'acrobatie sur le fuselage. Aujourd'hui c'est l'anniversaire de la traversée de la Méditerranée. À 7 heures l'an dernier j'étais à Protville un peu abruti.

24 septembre

Je pars à 8 heures avec le capitaine Maginel pour Lassigny, Ham, Saint-Quentin, Cambrai, Péronne, Roye et retour. L'itinéraire est long, mon moteur de rechange m'inspire peu de confiance. Nous arrivons à Haur sans incident mais là nous sommes reçus par plusieurs salves de shrapnels qui éclatent tout près, faisant trembler l'appareil. C'est la première fois que j'essuie le feu des batteries spéciales allemandes. Nous continuons toujours à 1 800 ou 2 000 mètres. Le froid est très pénible. En revenant nous assistons à un mouvement de recul de notre cavalerie entre Péronne et Roye devant le feu de l'artillerie ennemie. Un peu plus loin nous rencontrons un Albatros ou un Aviatik, auquel nous donnons la chasse. Il fuit vers ses lignes en piquant. Nous le rejoignons cependant mais au premier coup notre carabine s'enraye. Nous rentrons sans incident.

Le soir partie de chasse avec Pinsard et le capitaine Le Révérend près de Creil : deux lièvres et plusieurs faisans.

25 septembre

Repos.

26 septembre

Grande reconnaissance avec le lieutenant Baltus. Itinéraire : Lassigny, Noyon, Saint-Quentin, Wassigny. Retour. Temps splendide. Visibilité extraordinaire. Le voyage dure deux heures quarante environ. Pendant la dernière heure un cylindre m'abandonne et le moteur trépide tant que l'angoisse de la panne s'empare de moi : nous sommes loin de toutes nos lignes. C'est une des heures les plus désagréables que j'aie passées. La reconnaissance a été assez fructueuse, en tout cas précise, grâce à l'exceptionnelle visibilité. Nous pouvons affirmer qu'il n'y a rien au-delà de la ligne Saint-Quentin – Noyon jusqu'à Wassigny à gauche de la vallée de l'Oise.

Sur les voies ferrées aucun mouvement. Mais entre Saint-Quentin et Wassigny une énorme agglomération de wagons encombre la voie sur peut-être dix kilomètres.

Entre les lignes Saint-Quentin – Noyon et Péronne – Lassigny, des parcs nombreux et importants, quelques effectifs et quelques convois sur les routes.

À Noyon une station d'aviation : trois appareils LWG ; nous en rencontrons deux en l'air, l'un avant la reconnaissance sur le terrain d'atterrissage. Nous nous en désintéressons par conséquent. L'autre chez nous en rentrant : mais mon cylindre en moins me dégoûte et je ne pense qu'à rentrer.

27 septembre au 7 octobre

Je fais un voyage à Paris pour chercher un appareil. Je passe la nuit chez Audemars. Au retour l'escadrille a quitté Clermont. Je la rejoins à Breteuil, ou plutôt à Esquennoy, petit village à l'ouest. Le mauvais temps et des petits incidents font que je ne vole pas jusqu'au

7 octobre. Je suis logé chez des petits rentiers, M. et Mme Delaforge, vieux ménage sans enfants, qui ont adopté une petite fille. Je suis entouré de soins. Et avec un tact et une courtoisie naturels que j'admire. Pour mon anniversaire (6 octobre – 26 ans) la petite fille m'offre un bouquet et l'on me prépare un délicieux chausson aux pommes.

7 octobre

Reconnaissance matinale avec le lieutenant Baltus à l'est d'Arras. Les bougies nous ennuient et nous forcent à atterrir à Saint-Pol. Nous repartons du côté de Cambrai. Mais les ratés recommencent. Enfin nous rentrons au bout de trois heures après avoir rempli à peu près notre mission. L'ennemi avance au sud d'Arras, bombarde les faubourgs à l'est. Des rassemblements importants entourent Bapaume.

Le soir j'obtiens l'autorisation du capitaine Dalloz avec Gilbert comme passager de lancer des obus de 90[1]. Nous en emportons deux. Nous rencontrons 2 parcs au sud de Péronne. Nous envoyons au petit bonheur car nous n'avons pas d'installation spéciale pour nos deux projectiles. Ils ne portent pas mais tombent assez près avec un nuage de fumée noire. Nous voyons une fuite épouvantable autour des parcs. Cette fois ils en seront quittes pour la peur. Nous avons tiré de 1 800 puis de 1 600 mètres. Les obus ont mis environ 20 secondes pour arriver au sol. Nous avons tiré trop tard par inexpérience car la visée paraît facile vu les dimensions de la cible.

1. La convention de La Haye, ratifiée par tous les belligérants, interdit le bombardement aérien des populations civiles. Mais, dès le 3 août 1914, un Taube largue des bombes sur Lunéville, sans dégât important. Le 30 août, les premières bombes sont larguées sur Paris. Ces attaques sont effectuées sans équipement spécifique. Le premier véritable bombardement français a lieu le 4 décembre contre la gare et le camp d'aviation de Fribourg-en-Brisgau.

8 octobre

Je pars l'après-midi pour jeter des obus. Il a fallu encore en arracher l'autorisation au capitaine. Enfin nous partons étant bien entendu que c'est parce que « cela nous fait plaisir ». Mon passager cette fois est Pinsard : « pas toujours les mêmes ». Pinsard a déjà de l'expérience : il le montre bien sur un rassemblement à l'est de Roye en faisant deux mouches sur trois. Il est certain que nous avons fait des dégâts à en juger par l'explosion et la fuite provoquée. Nous remarquons sur la route de Roye-Noyon une suite d'autos qui démarrent à toute allure. Le Kaiser était paraît-il dans le pays hier… Ce serait drôle ! Nous rentrons enthousiasmés.

9 octobre

Le matin longue reconnaissance avec le capitaine Armengaud. Péronne – Bapaume – Arras – Cambrai – voie ferrée direction Saint-Quentin. Retour temps splendide. Nous reconnaissons de nombreuses forces dans la région de Bapaume. La plupart connues ; rien jusqu'à Cambrai, mais une longue colonne venant d'Arras marchant vers le sud qui intéresse beaucoup l'observateur. Au retour, quelques parcs au sud-est de Péronne. Temps splendide, nous avons volé près de trois heures et rencontré deux ou trois avions allemands et vu plusieurs terrains d'atterrissage. L'après-midi je pars avec Gilbert sur son appareil pour lancer trois obus. Le principe de ces expéditions semble admis. Nous allons à Noyon, le temps est brumeux, on y voit difficilement. Nous ne rencontrons de rassemblement que près de Roye, toujours. Nous ratons les deux premiers projectiles. On commence à nous tirer d'en bas et d'assez près, les batteries spéciales sont là. Nous plaçons cependant notre troisième obus et cette fois heureusement. Et nous voilà partis à toute vitesse.

Les batteries spéciales nous accompagnent jusque sur nos lignes. Nous leur aurons coûté bien des munitions.

10 octobre

Brouillard. Repos. Visite de Morane et de Saulnier.

11 octobre

Nous partons en escadrille pour Amiens. 20 minutes de vol à ras de terre. Saulnier est mon passager. Le soir, vol de là avec le capitaine de Vergnette pour essayer de trouver un autre terrain. On m'apprend que je suis demandé à Paris pour chasser le Taube.

12 octobre

Départ pour Paris avec Saulnier comme passager. Nous passons sur la ligne de feu. Voyage délicieux : une heure trente-cinq à cause de quelques détours. Je vais me présenter à la direction de l'aviation militaire. Il n'y a personne.

13 octobre

Vu la direction militaire dans la personne du capitaine Faucompré, chargé de mettre au point la petite mitrailleuse fixe tout en chassant le cas échéant sur mon biplace. L'après-midi je vais à Villacoublay réceptionner le MS 43. J'ai réussi 2 000 mètres avec la charge en 14 minutes. Je fais un autre vol avec Baudry ; il fait mauvais mais la forme va bien.

13 octobre au 30 janvier 1915

Séjour à Paris

J'ai interrompu ces notes pendant le temps passé à Paris. J'avais cru qu'un séjour de 3 à 4 semaines suffirait à la mise au point d'un dispositif pour tirer en monoplace à travers le champ de rotation de l'hélice[1]. Cette mise au point était pour moi la vraie raison d'être de mon séjour à Paris, tandis que la défense du camp retranché en était le prétexte. En réalité par suite des difficultés imprévues et des complications de règlements officiels (formalités pour les commandes, etc.), mon séjour à Paris a été de 3 mois et demi. Il coïncidait heureusement avec la période d'hiver pendant laquelle l'aviation est restée assez inactive. Le premier service que j'ai rendu à Paris a été une campagne de démonstration dans les centres officiels. Le parasol MS dont l'unique escadrille, la nôtre, avait prôné les incomparables qualités d'avion de reconnaissance rapide, était très décrié et réputé dangereux à la suite d'une série d'accidents. J'ai pu faire revenir sur cette impression les chefs de l'aéronautique et beaucoup de pilotes en les faisant voler et cela quelques jours à peine avant les décisions officielles concernant les commandes. J'ai fait voler entre autres le colonel Bouttiaux qui a déclaré en descendant : « qu'il n'aurait pas cru possibles les choses que je lui avais fait voir et qu'il en était d'autant plus heureux qu'il était en train de décider les commandes ». Le commandant Girod, le capitaine de Goÿs du commandant Barès, etc. J'insiste sur ce point parce que je crois avoir été pour beaucoup et d'une façon très directe dans une décision d'une grosse commande pour Morane et il est maintenant reconnu que l'élimination ou l'emploi restreint de cet appareil aurait été une faute

1. Procédé inventé par Raymond Saulnier qui consiste à blinder les hélices en installant des déflecteurs en acier sur les pales et que Roland Garros met au point. Il tombe aux mains des Allemands quand l'avion de Garros est capturé. Antony Fokker parvient alors à synchroniser l'hélice et la mitrailleuse.

grave. La mise au point de mon monoplace ne s'est pas faite sans difficulté. Le commandant Barès avait donné des ordres pour que tout fût mis à ma disposition. Les premiers essais ont été faits sur un 14 m 50, type G avec hélice ordinaire muni de pièces énormes fabriquées longtemps avant par Saulnier et qui avaient donné des résultats jugés satisfaisants dans des expériences au sol. Après avoir longuement volé avec l'appareil muni de ce dispositif, je décide, avant de tirer en l'air, un dernier essai de tir au sol. On fixe l'appareil et on met l'hélice en route. À peine le moteur était-il parti, une pièce pare-balles s'échappe par la force centrifuge, arrache le moteur, brise le fuselage et les ailes. Cinq minutes plus tôt le même accident m'arrivait à 2 000 mètres. Ayant reconnu la cause de l'accident (attache insuffisante des pièces) je fais un rapport concluant à la continuation des expériences. Rendu prudent je fais monter les mêmes pièces sur une autre hélice avec cette fois une attache rassurante et les essais aux Arts et Métiers m'apprennent que ce système tient à 1 600 tours et probablement à plus, que le dispositif ne consomme que deux ou trois chevaux de la force du moteur. Pour terminer je fais tourner une hélice à pare-balles, 6 heures à 1 250 tours sur un 100 HP monosoupape Gnome sans trace de jeu. Aidé alors par Chauvière je cherche à alléger les pièces et à réduire leurs dimensions pour économiser proportionnellement les balles perdues. Grâce à une hélice de forme spéciale on arrive à une économie de poids des pièces et de déchets de balles de 50 % environ. On ne doit plus perdre que 4 à 5 % des balles tirées. Je me crois prêt à tirer en l'air, en tout cas je vole avec l'appareil complet. À ce moment le commandant Barès me demande une expérience de tir sur terre à Satory. J'y vais très confiant et m'installe en face d'une cible en présence du commandant et de sa suite. On met l'hélice en route et je tire environ 300 cartouches sans arrêt. Un enrayage de la mitrailleuse se produit et j'arrête triomphalement le moteur : hélas, l'hélice est déchiquetée, un pare-balles endommagé et une balle a ricoché dans l'aile. Je suis navré. Et naturellement chacun donne son avis sur une chose qu'il n'avait jamais vue la veille, quelques fins théoriciens en tête. Je suis un peu énervé. Le commandant me rend courage en déclarant qu'il est satisfait de l'expérience qui prouve que le dispositif n'est pas au point, mais peut en somme déjà permettre de tirer 300 balles sans panne irrémédiable.

Le lendemain je m'aperçois que les déboires de la veille ont une cause indépendante du dispositif. La mitrailleuse mal fixée s'est déplacée de sur son support et tirait en dehors du pare-balles, directement dans la partie non blindée. Je fais faire de nouvelles pièces et une hélice perfectionnée et je déclare après une séance courte mais réussie de tir au vol, au commandant Barès, que mon appareil est au point. Il me donne rendez-vous en même temps qu'à d'autres un matin à Villacoublay. J'y vais en vol et avant d'atterrir je tire 25 cartouches. Je continue à tirer et j'atterris ; l'hélice est fendue : je me retire très penaud. L'examen des pièces m'apprend que les ricochets sont corrects et que les accidents sont produits par des fragments de balles projetés comme des éclaboussures au moment du choc. J'en conclus qu'il faut : premièrement, employer des balles homogènes de 8 mm (munitions du Lebel) au lieu de la balle cheminée de 7 mm dont je me servais jusque-là. Deuxièmement qu'il faut un dispositif empêchant non seulement la balle mais les éclats de balle s'il y en a, d'atteindre l'hélice. J'imagine aussitôt deux parois métalliques pour arrêter les fragments et ayant obtenu une petite mitrailleuse 8 mm, je l'installe et constate le bon fonctionnement de tout le dispositif. Je convoque le commandant Barès une dernière fois et obtiens enfin un succès. Je reçois alors l'ordre de rejoindre l'escadrille MS 26 à Dunkerque ou le Taube abonde. Je fais le voyage avec une escale de 24 heures à Treux, près d'Amiens, où je retrouve ma vieille escadrille MS 23 en pleine gloire ; chacun s'y est distingué et Gilbert a enfin abattu un Taube. Je termine le voyage péniblement dans le froid et la neige avec un vieux moteur infect que je fais changer dès le premier jour contre un neuf à Dunkerque.

Dunkerque

Les premiers jours se passent à mettre un peu d'entrain dans l'escadrille. Je fais voler les pilotes un à un et leur démontre que leurs craintes sur l'appareil sont injustifiées. Mes vols dans cette période sont très nombreux mais ne présentent aucun intérêt au point de vue de ce petit recueil d'impressions. Je signalerai seulement deux essais de tir heureux l'un dans une petite mare, l'autre dans une cible tracée par terre dans le sable de la plage. La cible a environ 3 mètres de diamètre ; je n'ai aucune peine à la cribler de balles devant les officiers de l'escadrille. On fait un rapport au GQG je crois, mais il semble passer inaperçu. On ne signale toujours aucun avion. Je fais sans succès quelques croisières au-dessus de nos lignes. Rien.

Un jour, au matin, on signale par téléphone des avions sur Furnes. J'y vais avec mon monoplace – rien. Au bout d'une heure je reviens. À l'atterrissage on se précipite vers moi. Un deuxième coup de téléphone toujours de Furnes signale de nouveaux avions. Je repars en hâte et croise une ½ heure sur nos lignes – rien. Je me dispose à rentrer quand tout à coup je vois à gauche trois petits points noirs : 3 biplans qui viennent vers moi. Une grosse émotion s'empare de moi ; enfin ! Je fais appel à toute ma volonté et je m'impose le calme. Les avions approchent. Ils vont évidemment bombarder la France. Le premier est moins haut que les autres et plus facile à poursuivre. Je le choisis et pique dessus. J'aperçois à ce moment un deuxième Morane monté par Faure et le capitaine Brunet qui poursuit le même biplan que moi. Je le dépasse et arrive à 30 mètres du but. Je tire un chargeur. J'ai certainement touché quelque chose mais rien ne tombe. Je me retire pour recharger la mitrailleuse, l'autre Morane arrive d'ailleurs à portée. Mais l'Allemand pique dans ses lignes tandis que le deuxième biplan semble vouloir donner la chasse à Faure. Je me place en position de chasse au-dessus et derrière lui et tire un chargeur – encore pas de résultats visibles. Le temps de recharger et le voilà près de ses lignes. Je m'occupe du suivant sur lequel je tire deux chargeurs puis enfin d'un quatrième. Il me semble que je tire dans de bonnes conditions à une trentaine de mètres. Je vise sans difficultés, je ne comprends rien à mon insuccès. J'ai repris tout mon calme mais je suis abasourdi. Que se passe-t-il ? J'ai l'impression de tirer à bout portant sur un homme que mes balles feraient sourire. Pourtant ceux qui sont dans les biplans ne sourient certes pas et s'échappent en désordre. Mais ils ne tombent toujours pas. Enfin cet exercice se termine par un arrêt de la mitrailleuse alors qu'il y avait encore deux avions à chasser. Je suis si abruti que je n'essaie même pas de réparer la panne. D'ailleurs on m'a tant parlé d'enrayage que je m'y attendais et un enrayage ne se répare pas si facilement. Je rentre tête basse. Jules me fait constater que pour continuer je n'avais qu'à réarmer : il y a eu un simple arrêt. Ce n'est pas pour me consoler. Il est difficile de ne pas se laisser décourager. Heureusement j'ai la foi, une foi solide.

Temps couvert et grand vent. Je suis un peu triste. Pour tout mettre au comble une bourrasque arrive et renverse le hangar qui s'écroule sur les appareils et en écrase trois dont le mien de façon irrémédiable. C'est fini ou tout est à recommencer. Le capitaine de Malherbe me propose d'aller avec lui à Paris pour chercher des appareils. Bien que ce voyage me répugne, j'accepte dans l'espoir d'obtenir quelque chose du GQG en fournissant des explications. Je voudrais des moteurs 100 HP. Nous partons par la route.

Nous visitons le commandant Barès qui nous reçoit très aimablement. Au cours du déjeuner qu'il nous offre je lui expose mes desiderata. Il discute un peu mais finit par promettre tout ce que je veux : des hélices de rechange, un 100 HP Gnome et un 120 HP Rhône à l'essai, etc. Nous faisons préparer deux appareils choisis, les faisant équiper à la dernière mode. Cela prend quelques jours. Je suis étonné que Saulnier n'ait aucunes nouvelles des commandes promises par le commandant Barès. Je téléphone pour demander un deuxième entretien. La réponse est sèche : le commandant a changé d'avis. Je n'aurai pas de 100 HP Gnome et il faut regagner Dunkerque d'urgence. Le ton de la réponse anéantit tous mes espoirs. Je comprends que tant que je n'aurai pas obtenu un succès par mes propres moyens – et quels moyens – je n'ai plus rien à dire. Les avions de chasse commandés à Morane sont décommandés bien qu'ils soient presque terminés.

Nous partons pour Dunkerque, le capitaine de Malherbe et moi. Nous n'arriverons peut-être qu'à Amiens avant la nuit. Les nuages sont à 200 mètres. Il fait très gris. Je n'ai pas de carte, ma boussole est folle. J'arrive par un détour au petit bonheur sur l'Oise. Nous voyageons près l'un de l'autre. Un peu avant Creil le capitaine atterrit. Je descends près de lui, il est en panne. Je change trois bougies et le mets en route. Laissant son appareil au ralenti il m'aide à lancer mon moteur. Puis nous partons. Deuxième atterrissage du capitaine sur le même champ. Je redescends ; son moteur ne va pas, il me dit de continuer, je repars seul. Je n'ai plus guère le temps d'arriver qu'à Amiens avant la nuit. J'irai coucher à Treux avec l'escadrille MS 23 que je retrouve toujours avec plaisir. À 25 kilomètres du but mon moteur s'arrête net. Je descends dans un champ. Je constate que mon réservoir d'essence est vide. On avait négligé de le remplir à Villacoublay. Heureusement il y en a quelques litres dans le réservoir arrière. En pompant je les fais passer devant. Pendant ce temps toute une escouade de territoriaux commandés par un vieux lieutenant à barbe blanche ont surgi et m'ont entouré revolvers au poing et en avançant très prudemment. Je me fais reconnaître et tous ces braves gens deviennent des plus aimables. Je repars au bout d'une ½ heure vers Treux. Il fait sombre, très gris, sans carte, je ne retrouve pas l'aérodrome et arrive presque sur les lignes de feu. Je reviens un peu en arrière, atterris sans arrêter mon moteur, demande le chemin et repars. J'atterris devant les hangars de la 23 presque à la nuit. Le lendemain après une bonne nuit et une grasse matinée je repars pour Dunkerque à 2 heures de l'après-midi malgré l'aimable insistance du capitaine de Vergnette qui m'invite à rester étant donné le mauvais temps. Je me dérobe à ces offres tentantes et arrive à Dunkerque après un voyage à 50 mètres de haut.

Pendant mon voyage à Paris mon fidèle Jules a transformé mon biplace neuf que m'avait amené Audemars quelques jours avant la catastrophe du hangar. Me revoilà à la tête d'une mitrailleuse tirant à travers l'hélice. Mais il fait mauvais et très froid. On vole peu. J'en profite pour faire ajouter un superbe lance-obus de 155. Jules fait des chefs-d'œuvre. Mon appareil est enfin prêt. Le capitaine de Malherbe est au lit avec un abcès à la mâchoire. Cahuzac est à Paris, Marmier qui a cassé deux appareils au huitième jour va à Paris où il en casse un troisième. Le capitaine me passe le commandement de l'escadrille. Je fais de mon mieux et avec beaucoup de peine arrive à quelques petits résultats. Le QG me demande tous les jours une reconnaissance de voies ferrées entre Cambrai, Tournai et Lille. Pour ma part je la fais trois fois avec le lieutenant Sarda comme observateur. Au cours d'un de ces voyages nous chassons un biplan allemand mais bien dans ses lignes. Nous lui envoyons deux balles de mousqueton à bout portant. Car nous l'avons approché sans être vus. Pas de résultat. Il descend à pic et se dérobe ainsi à notre feu. Les reconnaissances de Tournai-Courtrai durent de deux heures à deux heures et demie dont la moitié sur l'ennemi. En passant les lignes par un fort vent debout nous avons subi un bombardement impressionnant. Un des obus a éclaté si près que l'appareil a reçu 24 éclats. Un de ces éclats a brisé une entretoise inférieure du fuselage. Mais aucun organe essentiel n'était atteint et nous avons pu remplir la mission. Au retour Jules a recueilli une fusée complète formant le sommet de l'obus qui était resté dans le fuselage. J'ai conservé cette pièce assez curieuse en souvenir.

J'ai croisé de longues heures pour trouver un Taube sans résultat. Décidément on n'en voit plus. On entend bien parler de leurs timides bombardements à droite et à gauche mais impossible d'en trouver un.

Par un beau clair de lune je reçois mission du commandant Bure de faire un rapport sur la visibilité des lumières de Dunkerque. Je fais un premier vol. Puis il fait si beau que je décide d'une petite expédition de bombardement ne fût-ce que pour détruire cette légende que le Morane ne peut pas voler la nuit. Je pars donc avec 2 obus et de 155. Je fais un voyage exquis sur la mer jusqu'à Ostende. Je descends entre 2 et 300 mètres sur les voies de la gare sans être inquiété et place mes deux bombes bien au milieu des voies. Je regagne la mer. Alors les projecteurs s'allument. Il y en a un énorme à Ostende puis 3 petits sur le rivage. Le gros me passe dessus deux ou trois fois sans s'arrêter ; les autres se couvrent de ridicule. Tous ces messieurs dormaient quand je suis venu, maintenant c'est trop tard. Ils ne vont pas se faire complimenter par leurs chefs. Je rentre à 11 heures du soir.

1er avril

Je pars vers 3 heures après midi avec deux 155 destinés à une gare teutonne. Je monte doucement et arrive sur Furnes à 1 500 mètres. Tout à coup je distingue dans des éclatements d'obus qui ont attiré mon attention un appareil ; c'est bien un Allemand. Il va de Furnes sur la Panne. Je prends aussitôt une direction parallèle à la sienne pour lui couper la retraite. Et je m'efforce de rattraper son altitude car il est à 4 ou 500 mètres plus haut que moi. Arrivé près de la Panne il est encadré par une batterie spéciale qui le force à faire demi-tour. Il revient sur Furnes. Je le suis. Je suis un peu plus haut que lui comme il convient et me met à lui donner la chasse. J'aperçois alors à 300 mètres environ à gauche un Voisin qui lui a déjà tiré quelques balles sans résultats et qui est vite distancé. J'arrive à une trentaine de mètres et commence à tirer : dès le 1er chargeur de 24 balles l'ennemi fait des efforts visibles pour fuir en piquant. Le passager me tire avec une carabine sans autre succès qu'une balle qui traverse le longeron d'aile. Je tire successivement 3 chargeurs, la fuite devient de plus en plus désordonnée, nous ne sommes plus qu'à 100 mètres ; à ce moment une immense flamme jaillit du moteur allemand et se propage instantanément. Chose curieuse l'avion ne tombe pas mais décrit une immense spirale. Le spectacle est épouvantablement tragique, irréel. La descente s'accentue pendant 20 secondes et se termine par une chute de 200 mètres et un écrasement effroyable. Je regarde bien longtemps pour me convaincre qu'il ne s'agit pas d'un cauchemar, je repère exactement l'endroit et rentre. Naturellement la nouvelle fait sensation à Dunkerque. Nous partons en auto pour voir les restes : un tas de morceaux carbonisés et deux cadavres nus et saignants.

Les réservoirs étaient criblés, le passager avait une balle dans la tête. On n'a pas pu en relever d'autres vu l'état horrible des cadavres nus et saignants. Le combat s'est terminé presque sur les lignes de tranchées ; de sorte que des milliers de soldats alliés ou ennemis ont pu assister. Il paraît que des Allemands sortis de leurs trous pour nous voir auraient été fusillés par les nôtres. Ce succès est une immense joie pour moi.

5 avril

Il a plu pendant 3 jours. Ce matin il fait beau. Je pars seul à la chasse à 8 h 25. Je croise une heure sur nos lignes entre Ypres et Nieuport. Je suis à 2 000 mètres environ ; je rencontre un Albatros. Je lui donne la chasse à tout hasard. Mais il m'a vu de suite et pique. Je le suis jusqu'à 1 000 mètres. Il me tire une dizaine de coups de Mauser automatique. J'entends très bien les détonations. Je vise de mon mieux et lâche une dizaine de coups. La mitrailleuse s'enraye. J'abandonne. La rentrée dans nos lignes est inquiétante car je suis bien bas. Enfin tout se passe bien. Je croise encore quelques instants. Quelques crapouillots assez vaseux. Je reprends de la hauteur. Je poursuis encore un appareil sur lequel on tire au loin. Mais vu de près c'est un Voisin. Je rentre à 10 h 15. Le temps s'est gâté. Nuages et vent violent.

8 avril

Toujours du vent et des nuages bas : Simon me demande d'essayer son appareil. J'en profite pour aller du côté de Nieuport jusqu'aux lignes à la faveur d'une éclaircie. Simon a emporté un petit pistolet automatique Mauser. Nous rencontrons un Boche en flagrant délit de réglage de tir. Je le vois de très loin et manœuvre pour le tourner sans être vu. Je réussis parfaitement et l'attaque par en dessus. Simon tire légèrement trop tôt. Nous sommes à bonne portée à la 2e balle mais nous avons été vus et l'aventure se termine par l'habituelle descente précipitée que nous n'essayons pas de suivre car nous sommes loin de nos lignes et nous devrons y arriver vent debout. Simon a tiré 8 balles, distance moyenne 30 mètres. J'ai vu un coin de plan éclater, je n'ai pas pu me rendre compte si c'était une des balles de Simon ou ce que j'ai cru d'abord, un projectile tiré par le passager allemand. En rentrant je vois en mer longeant la côte vers Dunkerque deux biplans : je pense d'abord qu'il s'agit de deux Anglais. Je les surveille, ils font demi-tour bien avant Nieuport et je les vois descendre vers Ostende. C'étaient bien des Allemands.

10 avril

Je pars vers 4 heures de l'après-midi seul. Vais croiser sur Nieuport où on a signalé par téléphone un avion allemand réglant un tir. J'arrive sur Nieuport vers 1 800 mètres et aperçois en effet un appareil, mais très au-dessus de moi. Je m'écarte pour monter en tâchant de n'être pas vu. L'ascension est laborieuse, je m'aperçois que l'autre est au moins à 3 000 mètres. Le temps de le rattraper semble long. Enfin je m'approche avant d'être à niveau. Je reconnais que l'appareil en question a la nacelle à l'avant (moteur derrière). Il ne me vient pas à l'idée que c'est peut-être un Farman car on m'a affirmé au départ qu'il y avait un Allemand. Je le vois 10 minutes après, il n'y a pas de doute, d'ailleurs que ferait-il à cette hauteur, à cet endroit ? Mais voici qu'il vient vers moi. Aussitôt je crois comprendre, c'est un piège : les Allemands sont fatigués d'être mal placés pour tirer dans leurs biplans hélice avant. Ils ont fait venir un nouvel appareil armé, un Euler quelconque ou une nouveauté. Étant plus bas je ne peux rien faire : c'est pour cela qu'il s'élevait en même temps que moi : il ne veut pas se laisser survoler mais moi non plus. Un virage et me revoilà en train de monter ; non sans une petite émotion : il y a du nouveau. Celui-là accepte la lutte, il faudra jouer serré. Enfin j'arrive assez haut et mets le cap sur l'adversaire. J'hésite à tirer : vais-je ouvrir le feu d'un peu plus loin que d'habitude ? Non : je suis bien placé, il ne faut pas gâcher une occasion et puis en somme je n'ai pas encore vu les croix noires : approchons. Je suis douloureusement gelé dans mon appareil sans pare-brise tout percé de trous de visée. Je vois bien maintenant que mon biplan n'a pas de croix et puis tout d'un coup je reconnais que c'est un de nos Farman. Comment ai-je pu le prendre pour autre chose ? Et dire que j'ai failli tirer. Mais que font-ils à 3 000 mètres ? En tout cas le pilote met son moteur au ralenti et descend. Nous planons l'un près de l'autre longtemps. Il descend à Furnes. Je rentre à Dunkerque gelé et écœuré.

11 avril

J'ai l'ordre de passer toutes les journées de beau temps à l'aérodrome de Furnes. Je pars à 7 h 45 et croise près de deux heures entre Nieuport et Dixmude. Je vois très loin vers Ostende un biplan allemand qui tourne en grands cercles à 1 800 mètres. Que fait-il ? Je le surveille jusqu'au moment où il descend.

Un Maurice Farman vole très haut sur Nieuport. Je l'approche. Le passager fait des signes affolés et je comprends en voyant traîner derrière lui un long fil métallique : l'antenne de la TSF. Je m'écarte ostensiblement pour le rassurer puis j'atterris. Coup de téléphone du quartier général qui se plaint de la présence d'un avion sur Nieuport. C'est très probablement moi-même ou le Farman : en tout cas je suis certain qu'il n'y avait pas d'Allemand sauf celui qu'on apercevait très loin vers Ostende. On me force néanmoins à repartir. Je constate encore une fois qu'il n'y a rien et redescends très vite car mon huile a l'air de ne plus circuler. Je convoque Jules de Dunkerque par téléphone. Vérification du graissage. L'après-midi après une fausse alerte je vois très loin à la jumelle vers Dixmude un biplan ennemi. Je pars vers 4 heures en prenant ma hauteur. Je découvre un autre avion très haut venant de Dunkerque. Bien qu'il soit trop loin pour être reconnu je suppose que ce doit être un Morane qui vient de Dunkerque. Nos batteries ne le tirent pas. J'essaie de le suivre des yeux tout en prenant ma hauteur mais le perds malgré les torsions de cou que je m'impose. J'ai même un moment d'inquiétude : si c'était un ennemi et qu'il soit au-dessus de moi. Mes ailes m'empêchent de voir au-dessus. Je prends le parti de ne plus m'en occuper et je vais vers Dixmude où j'ai vu le biplan allemand que saluaient nos batteries. Je ne le vois d'ailleurs plus. Puis tout d'un coup mon regard le retrouve en même temps que l'autre appareil qui était bien un Morane. J'assiste de loin à une chasse sans résultat. L'Allemand a piqué sur ses lignes et le Morane fait un effort inutile pour l'approcher ; il le détermine pourtant à descendre. L'interruption d'un réglage de tir, c'est déjà un résultat. Dégoûté de ne rien voir je croise jusqu'à près d'Armentières. On ne rencontre vraiment plus rien. Je rentre à Dunkerque. À peine étais-je installé qu'un coup de téléphone de la Panne signale quatre avions ennemis. Je repars, croise jusqu'à la nuit et atterris dans l'obscurité sans avoir rien vu qu'une étoile filante que j'ai poursuivie un moment, la prenant pour un feu d'avion. On m'apprend que les quatre avions sont rentrés chez eux aussitôt après avoir bombardé la Panne.

13 avril

Il fait gris – nuages à 700 mètres. Cependant vers 4 heures on nous signale qu'un Allemand bombarde Furnes. Je pars seul. Il y a en effet une éclaircie entre Furnes et Ostende. Ils en ont profité mais comme on aurait pu le prévoir j'arrive trop tard. Je croise pourtant sur la région pendant une heure. Mais la mer de nuages se forme sous moi, il est bien improbable que je rencontre quelque chose ; je rentre après 1 h 35 de vol ; hauteur maxima 2 400 mètres.

Nous mettons au point en ce moment le nouveau moteur Rhône construit par Gnome. Il est mieux fait et tout porte à croire qu'il est à l'épreuve de la panne ou à peu près. Mais il consomme environ ⅓ d'essence de plus que l'ancien. Le rayon d'action de nos appareils est de ce fait diminué d'⅓. Nous avons essayé plusieurs moyens basés sur des hypothèses différentes de réduire la consommation, jusqu'ici pas de succès.

15 avril

Ce matin à 8 h 35 un avion allemand est signalé sur Calais. Il a jeté des bombes sur cette ville et se dirige vers Dunkerque. Je pars à 8 h 40 et croise pendant ¾ d'heure à 2 400 mètres sur Dunkerque. Rien. Je profite d'être arrivé aussi haut pour faire un tour sur les lignes.

J'y vais et croise ¼ d'heure entre Armentières et Ypres. Beaucoup de nuages, je ne vois d'abord rien. Puis je découvre deux points, deux appareils entre Ypres et la Lys. Ils sont sur leurs lignes et comme on ne leur tire pas dessus ce sont bien des Allemands. Ils sont plus bas que moi. Sont-ils en train de prendre de la hauteur pour passer nos lignes ? Non. À leur manège je reconnais bientôt qu'ils font un réglage d'artillerie.

Ils ne viendront pas chez nous, il faut donc les attaquer chez eux ou abandonner. J'essaie au hasard de m'approcher de celui qui vole le plus haut, il est à 1 800 mètres, moi à 2 000. Je profite d'un moment où il s'approche le plus de nos lignes pour l'aborder par-derrière et d'au-dessus. J'arrive tout près sans être vu et tire 25 cartouches en me pressant trop sans doute car je le rate visiblement. Le pilote a entendu le bruit insolite de la mitrailleuse. Je le vois regarder quelques secondes dans toutes les directions. Il me voit enfin. Avant que j'aie eu le temps de recharger il pique et descend. L'autre appareil est un peu plus loin et plus bas vers 1 500 mètres. Il n'a rien vu. Je pique sur lui et arrive à bonne portée sans être vu. Je tire un chargeur. Je touche bien. Le moteur s'est arrêté et pendant quelques secondes j'ai l'impression d'une vraie chute sur le côté et très rapide. Je le suis du regard. Il reprend péniblement l'équilibre mais continue à piquer sur le sol. Je ne suis plus qu'à 1 000 mètres. Je m'attends à le voir s'écraser mais non, il s'arrête dans un champ et rien ne bouge plus. Que n'est-ce dans nos lignes ! Enfin ! Des tranchées on a dû le voir descendre. En attendant il faut les repasser et je suis assez bas. Je rentre sans incident mais en pleine rage.

Même jour. L'après-midi le groupe de bombardement renforcé d'un ou deux Anglais décide une expédition sur Ostende où il y a des sous-marins et des ateliers, etc. Le capitaine de Malherbe et moi nous joignons à l'expédition avec deux obus de 155 chacun (les Voisin n'en portent qu'un). Nous partons après les Voisin et en rattrapons quelques-uns en route. Nous passons par la mer hors de portée. Du côté de la côte on voit des nuages de shrapnells, pourquoi des appareils passent-ils par là ? J'arrive sans encombre en face d'Ostende vers 2 000 mètres. Par les lueurs des coups de canons je compte six pièces d'un côté et quatre de l'autre, sans compter celles que je ne vois pas. Pour aller au-dessus du but indiqué il faut serpenter au milieu des éclatements ; quitte à perdre un peu de hauteur je pique légèrement à plein moteur pour aller plus vite. Cette manœuvre réussit. Je lâche mes obus le mieux possible ; un virage sec et vive la pleine mer. J'ai essayé de voir mes obus éclater mais n'ai rien vu. Je n'ai été encadré de près que par des salves. Mais je plains les Voisin avec leur surface et leur faible vitesse. Comment n'y restent-ils pas ? Pure chance d'ailleurs car le soir on en compte plusieurs atteints par des éclats ; un dont la cellule a été traversée complètement par un obus entier qui a été éclater plus haut. Un autre enfin piloté par de Marmier a eu son capot défoncé, ses roues brisées, son palonnier de direction tordu. Le pilote a perdu la moitié d'un pied, la figure et les mains écorchées. Il a pu rentrer dans nos lignes et atterrir à l'aérodrome de Furnes.

16 avril

On signale de Calais à midi 30 un avion ennemi venant des côtes anglaises et se dirigeant sur Dunkerque. Je croise une heure à 2 700 m. Ne vois rien. Suis aveuglé par les nuages. J'atterris. On n'a pas d'autres nouvelles.

17 avril

Enfin, un peu de beau temps. Expédition de bombardement sur Roulers avec l'équipe Voisin et le Capitaine de Malherbe. Je lâche mes deux obus et reviens vers Ypres salué de quelques coups de canons mal visés par comparaison avec Ostende. J'ai une grande impression de sécurité. Il fait beau : je chasse pendant deux heures et demie entre Armentières et Nieuport. Mais ne poursuis que des vieux Farman et des Anglais. On ne voit rien surtout quand il fait beau[1].

1. Voir l'aperçu chronologique pour la fin de la vie de Roland Garros.

Dossier

de

Jean-Pierre Lefèvre-Garros

Aperçu chronologique de la vie de Roland Garros

1888

6 octobre 1888 – Naissance à Saint-Denis de La Réunion de Roland, fils de Georges Garros (avocat) et de Clara Faure.

1892

La famille émigre en Cochinchine, où Georges ouvre un cabinet.

1900

Avril – Inscrit en sixième au Collège Stanislas de Paris, après avoir voyagé seul de Saïgon jusqu'en France. Terrassé par une pneumonie, il ne termine pas son année scolaire. Est envoyé au soleil à l'annexe de Stanislas à Cannes. Là où la Faculté a échoué, la Petite Reine le sauve, déclare Jacques Mortane : il recouvre la santé par la pratique du sport et le climat de la Côte d'Azur.

1902-1905

Demi-pensionnaire (ses parents séjourneront quelque temps en France avant de retourner en Cochinchine) puis pensionnaire au Lycée de Nice (le futur Lycée Masséna). Bac latin-langues, sports : vélo et capitaine de l'équipe de football.

1905-1906

Philosophie à Janson-de-Sailly (Paris), Bac le 9 juillet 1906 – « Danlor » (anagramme de son prénom) champion interscolaire de cyclisme.

1906-1908
H.E.C., 2e année de Faculté de droit. Parrainé par son condisciple d'H.E.C. Émile Lesieur, adhère au Stade Français (sports : vélo, rugby).

1908
18 juillet – Diplôme des H.E.C., 2e année de droit, diplômé de la Chambre de Commerce britannique. A sympathisé aux H.E.C. avec Jacques Quellennec, dont la famille l'a chaleureusement accueilli.
1er septembre – Engagé par les Automobiles Grégoire, tient le stand de la firme au Salon de 1908.

1909
– Installe son propre commerce automobile au pied de l'Arc de Triomphe, grâce à un prêt du père de Quellennec (son père lui a coupé les vivres).
2 février – Acte d'émancipation par le tribunal de Paix de Saigon.
26 février – Divorce de ses parents.
22 août – Avec Quellennec, à la Semaine d'Aviation de Champagne : est définitivement conquis à l'aviation.
Septembre – Commande au premier Salon de locomotion aérienne une « Demoiselle Santos-Dumont No XX » fabriquée par Clément-Bayard.

1910
Mai – Réceptionne son avion à Issy-les-Moulineaux. Première sortie : la Demoiselle est fracassée par un Voisin-Delagrange piloté par Maurice Clément, qui remplace l'épave par un appareil flambant neuf.
Mai-juin – Apprentissage du pilotage à Issy, rencontre avec le Suisse Edmond Audemars, lui aussi Demoiselliste. Ils sympathisent et échangent leurs secrets de pilotage.
19 juillet – Brevet de pilotage no 147 à Cholet.
24 juillet – Engagé pour le 14 juillet par le Comité des Fêtes de Cholet, premier vol public triomphal dix jours plus tard.

Dimanche 7 août – Retrouve à Issy le Franco-Américain John Moisant, qui l'emmène dans son Blériot XI d'Étampes à Issy, pour assister au départ du Circuit de l'Est : survol de la tour Eiffel, atterrissage au milieu des commissaires de la course, stupéfaits de l'arrivée inopinée de deux parfaits inconnus…
Mercredi 17 août – Veut renouveler seul l'exploit pour l'arrivée de la course : décollage de Saint-Cyr, panne de moteur au-dessus du château de Versailles, la Demoiselle s'écrase sur l'avenue de Paris. Bilan : l'avion « en allumettes », mais simple fracture du coccyx pour le pilote.
9 septembre – Première traversée de la Rance de Paramé à Dinard, par vent de 25 m/s. Le lendemain, premier vol Dinard-île de Cézembre et retour.
9 octobre – Signe avec l'industriel américain Hart O. Berg un engagement pour le meeting du Belmont Park à Long Island, New-York.
22 au 29 octobre – Les Demoiselles de Garros et d'Audemars, « le plus petit appareil ayant jamais volé », soulèvent l'enthousiasme du public.
5 novembre – Signature d'un contrat avec John et Alfred Moisant : les deux frères ont monté un véritable cirque aérien ambulant par train à l'instar de Barnum.
Novembre à avril 1911 – Tournée du « Cirque Moisant » aux États-Unis. Garros abandonne la Demoiselle pour le Blériot XI – Accident mortel de John Moisant à La Nouvelle-Orléans – La tournée se poursuit au Texas, au Mexique et à Cuba, avec pour vedettes les quatre jeunes européens : Roland « G. » Garros, Edmond Audemars, René Simon et René Barrier.

1911
21 mai – Retour en France, au départ du Paris-Madrid. Par un temps de chien, parmi une quarantaine des meilleurs aviateurs du monde, seul à accomplir la première étape Issy-Angoulême ; reçu en triomphateur ; mais le lendemain, beau temps, les autres concurrents reçoivent l'autorisation de partir. C'est Védrines qui l'emporte à Madrid. Garros, lui, a écrasé son Blériot à bout de souffle dans un torrent près d'Andoain.

28 mai – Départ du Paris-Rome, Garros premier de plusieurs étapes, mais arrive à Rome derrière Beaumont. Rencontrera à Rome Jean Ajalbert.
19 juin – En piste pour le Circuit Européen. Gravement malade, prend souvent le départ avec 40 de fièvre. À la dernière minute, alors qu'il a course gagnée à Vincennes, coiffé au poteau par Beaumont ; pour les journalistes, il devient « l'Éternel Second ».
Fin août – À la Semaine de Saint-Étienne, se lie d'amitié avec Charles Voisin et son amie la « baronne de Laroche » (brevet de pilote n° 36 !). Voisin devient son manager.
6 septembre – Premier record d'altitude à Cancale avec 3 910 mètres sur Blériot 50 HP.
Fin septembre à novembre – Meeting à Marseille où, pour la première fois, son père vient le voir voler.
2 décembre – Départ de Garros, Audemars, Barrier et Voisin à destination de l'Amérique du Sud pour le compte de la Queen Aviation Company Ltd de l'industriel américain Willis McCormick.

1912

Janvier – À Rio, contacté par le Major Paiva Meira (Chef de la Commission d'aviation militaire du Brésil) pour l'organisation d'une semaine aéronautique avec l'Armée ; donne le baptême de l'air à une trentaine de jeunes officiers : parmi eux, l'adjoint du Major, le Lieutenant Ricardo Kirk, l'un des fondateurs de l'aviation militaire brésilienne, qui viendra passer son Brevet à Étampes avec d'autres militaires brésiliens en octobre 1912. Premier vol Rio-Therezopolis, reconnaissance aérienne sur un camp militaire, premières photographies stéréoscopiques de la forêt et des montagnes, premier survol de Petropolis.
9 mars – Premier vol São Paulo Santos en compagnie d'Eduardo *Edu* Chaves, futur héros de l'aviation civile brésilienne.
16 juin – Retour en France, Circuit d'Anjou (Grand Prix de l'Aéroclub de France) : seul contre les meilleurs pilotes du monde, prend l'air dans la bourrasque et termine, toujours

seul, les trois circuits de la première journée. Pour les journalistes, il est devenu « le champion des champions ».
21 juin – Premier meeting de Vienne : remporte en prix la plus grosse somme, soit 21 000 couronnes.
5 septembre – Deuxième record d'altitude à Houlgate : 4 900 mètres sur Blériot 80 HP.
17 septembre – Exhibitions organisées par Joseph Aletti à Vichy, où il apprend que son record vient d'être battu par Georges Legagneux sur Morane-Saulnier H, avec 5 450 m.
18 septembre – Charles Voisin se tue en voiture à Belleville (Rhône) ; très affecté, et après quelques moments de profond désarroi, signe avec la maison Morane-Saulnier.
Octobre > début novembre – Tente de reprendre son record d'altitude à Legagneux, avec l'appareil de celui-ci qu'il a racheté lui-même ; essais malheureux au Pas des Lanciers : décide de changer d'horizon et choisit la Tunisie.
11 décembre – À Tunis, troisième record d'altitude, sur MS 80 HP Gnome, 16 m^2, hélice Chauvière, avec 5 610 m.
18 décembre – Sur MS H 50 HP, 14m^2, sans flotteurs ni ceintures de sauvetage, « trop lourds », quitte Tunis pour Trapani en Sicile, pour la première liaison aérienne entre deux continents, Afrique et Europe, puis, via Palerme et Messine, jusqu'à Rome.

1913
16 avril – Coupe Schneider pour hydravions à Monaco, troisième après Prévost et Weymann, devant Espanet.
Mai – Prix de l'Académie des Sports.
6 juin – Premier « match » public avec Audemars à Juvisy.
15 juin – Deuxième meeting de Vienne. Prix d'atterrissage.
Août – Sur son MS-H rend plusieurs visites à Ettore Bugatti à Molsheim (en Alsace allemande). Lui commande la fameuse 5 litres, qui lui sera livrée le 18 septembre ; commence aussi à préparer un raid Paris-Tunis via Saint-Raphaël ; fait mettre au point par son mécano Jules Hue deux MS H Gnome 7 CYL/ 60 ch, l'un d'eux envoyé au Camp d'Aviation de la Marine de Fréjus.
23 septembre – Première traversée aérienne de la Méditerranée. À 5 h 47, en présence des officiers du croiseur *Foudre* et

du personnel militaire de la base, ainsi que de son amie Marcelle Gorge, décolle longuement avec 280 litres d'essence et 60 litres d'huile, cap Sud-Est, atterrissage à Bizerte après 7 h 53 de vol à une moyenne de 101 km/h. On l'attendait à Tunis. Le champ est désert, seul un bidasse l'accueille en ouvrant de grands yeux lorsque l'aviateur lui dit simplement « arriver de France ».
5 octobre – Assiste avec des amis à une soirée à l'Opéra ; après l'entracte, il ne les rejoint pas. Ses amis mettront plusieurs années à résoudre le mystère de cette disparition dont Garros ne parlera jamais à quiconque de ses proches. L'un d'eux découvrira en effet dans les documents laissés par l'aviateur une lettre de remerciements du Président de l'Université populaire du Faubourg Saint-Antoine pour la série de conférences sur l'aviation que Garros a donnée à ses adhérents.
6 octobre – Circuit des Lacs Italiens : 1er Roland Garros, 2e Hellmuth Hirth. Le même mois, « Je suis le premier à avoir déjeuné à Marseille et dîné à Paris ».
Novembre – À Villacoublay, le terrain d'aviation créé par Léon Morane, fait voler de nombreuses personnalités, dont Jean Cocteau.
Fonde avec des confrères « Le Groupe », association d'aide aux parents des aviateurs morts ou handicapés.

1914
Février – 1re boucle féminine avec Marcelle.
1 > 20 avril – Remporte triomphalement le Rallye de Monaco, réalise trois fois le circuit avec 5 MS !!!
10 mai – Match Audemars-Garros à Buc « Aéro-Park ».
21 juin – 3e Meeting de Vienne, Garros défile avec les autres aviateurs sur son MS type N drapé de noir en hommage à des collègues autrichiens tués dans un accident de zeppelin ; le dernier jour du meeting a lieu l'attentat de Sarajevo.
Juillet – Invité avec Saulnier par Hirth à Mannheim pour une visite des usines allemandes : Albatros, Benz, Bosch, Gotha, L.V.G., Mercedes, Oberursel.
28 juillet – De Berlin, carte postale à Jacques Quellennec.
2 août – S'engage : 2e classe.

10 août – À la MS 23, au camp de Malzéville, première reconnaissance avec le Capitaine Berthier, vol sur Lunéville, combat avec un Euler.
20 août – 1re reconnaissance avec le Capitaine Orthlieb.
23 août – Combat contre un Albatros, tireur Capitaine de Bernis.
8 octobre – Caporal, puis sergent ; avec Pinsard, bombardement à l'est de Roye, apprend le lendemain la présence possible du convoi du Kaiser sur les lieux.
Du 14 octobre au 15 janvier 1915 – À l'escadrille du « Camp Retranché de Paris », met au point sur Morane-Saulnier « l'invention de Saulnier » : le tir à travers le champ de rotation de l'hélice ; sous-lieutenant le 25 octobre.
3 novembre – Rapport au G.Q.G. définissant l'avion de chasse pour les prochaines décennies.
24 décembre – Son dernier Noël d'homme libre, chez son ami Jean Ajalbert au château de la Malmaison dont il est alors le conservateur, en compagnie de son amie Marcelle Gorge.

1915
3 février – À la MS 26, pilote le premier avion de chasse au monde à Saint-Pol près de Dunkerque.
1er avril – Avec son Parasol équipé de son système de tir, première victoire sur un Albatros BII, raconte cette tragédie dans des lettres à sa mère, à Cocteau, à Ajalbert.
15 avril – Abat un deuxième avion, un Aviatik – Propose par lettre à son ami Ettore de disposer de sa fortune (200 000 francs) car Bugatti comme lui « contribue à la défense nationale » et connaît des difficultés financières pour la mise au point de son moteur d'avion.
18 avril – 3e victoire.
Mais le même jour, une panne le contraint d'atterrir à Hulste, en Flandre occupée par les Allemands. Capturé, il en aura pour trente-deux longs mois de captivité, ballotté de Küstrin dans le Fort du Kavalier Scharnorst, à Trèves, Gnadenfrei, Magdeburg, Burg puis de nouveau à Magdeburg.

...1918

15 février – Évasion en compagnie du lieutenant Anselme Marchal, les deux fugitifs se déguisent d'abord en officiers allemands pour passer plus facilement les sentinelles du fort, puis en simples civils. Ils passeront par la Hollande et l'Angleterre.

6 mars – Cérémonie sur le terrain d'Hétomesnil devant le GC 12 « des Cigognes » : Garros est fait officier de la Légion d'Honneur, Marchal chevalier, le porte-drapeau n'est autre que René Fonck. Garros veut retrouver son escadrille MS 26 et retourner au combat.

Avril – Dernières vacances avec son ami Niel à Marseille, au Carro, au Lavandou, à Hyères, à Porquerolles ; projets d'avenir : après la guerre, créer sur la Côte un sanatorium volant pour les tuberculeux.

Mai et juin – Reprend le cycle normal d'instruction, au camp de Cazaux sur Nieuport, à Pau (sur SPAD XIII, René Simon, devenu capitaine, commande l'école, et ils se quittent en improvisant des figures combinées avec leurs SPAD).

Le 26, son dernier testament (la moitié de sa fortune à sa jeune sœur Gilberte, l'autre à son amie Marcelle Gorge).

15 septembre – Première patrouille. Est obligé de se faire faire des lunettes.

Fin septembre – En permission à Paris, il rencontre Isadora Duncan dans le fameux salon de son amie la pianiste polonaise Maria Godebska (future Misia Sert). Il va la raccompagner jusqu'à son hôtel du Quai d'Orsay. Une alerte aérienne survient alors qu'ils traversent la place de la Concorde. Assis sur la margelle d'une fontaine, il regarde, admiratif, Isadora danser « pour lui », simplement éclairée par les départs de la DCA.

2 octobre – Dernière victoire contre un Fokker DVII.

5 octobre – Dernière patrouille, avec le Capitaine de Sevin ; attaquent sept Fokker DVII, puis se séparent dans les nuages ; Sevin attend Garros jusqu'à épuisement de son carburant, puis doit rentrer au terrain. Seul.

12 octobre – Reprise de Vouziers par l'Armée française ; découverte d'une tombe fraîchement creusée.

En décembre, son père Georges et Jean Ajalbert pourront reconnaître le corps mutilé de Roland grâce à une épingle de cravate en or (portant en motif un MS en vol) et à un médaillon orné d'un portrait de son amie Marcelle Gorge.

1927

Son ami Émile Lesieur, devenu Président du Stade Français, impose le nom de son ami et condisciple d'H.E.C. Roland au nouveau stade de tennis où les « Mousquetaires » amènent en France la coupe Davis.

Quinze notices biographiques de personnalités ayant marqué le parcours de Roland Garros

AJALBERT Jean
1863-1947

Personnalité particulièrement complexe et touche-à-tout que celle de l'avocat Jean Ajalbert : ne le voit-on pas au début de sa carrière étiqueté *militant anarchiste* et la terminer en 1945 à Fresnes, pour collaboration à l'organe du PPF de Jacques Doriot et pour avoir signé une *Protestation des intellectuels français contre les crimes anglais* aux côtés de Céline, Drieu ou Brasillach ?

Jean Ajalbert est né le 10 juin 1863, à Levallois-Perret, fils d'un Auvergnat négociant en vin de la petite ceinture parisienne. Il sera élève au lycée Condorcet puis, après son droit, travaillera au journal de Clemenceau, *La Justice*, publiant déjà ses premiers écrits poétiques. En 1884, il deviendra avocat à la cour d'appel.

Tout au long de sa vie, il aura une production littéraire assez abondante et diverse, une quarantaine d'essais ou de romans sur des sujets aussi divers que l'Auvergne, l'Allemagne, l'architecture, la tapisserie, la piraterie en Extrême-Orient, l'aviation, les mœurs du Laos, Roland Garros ou sur l'Académie Goncourt (dont il fait partie à partir de 1917). Sans oublier ses articles de presse.

Son ami Aristide Briand lui confie une mission d'information en compagnie du géologue Henri Moinot et de l'ethnologue Spire en Extrême-Orient. Il va ainsi parcourir l'Indochine, le Siam et Java et c'est à Saïgon qu'il fera la connaissance de l'avocat Georges Garros, le père de Roland.

Il rencontrera ce dernier au terme du Paris-Rome et parviendra à réconcilier le père et le fils.

Devenu par la suite conservateur du château de Malmaison, il y accueillera en décembre 1914 Roland Garros et son amie Marcelle Gorge pour le dernier Noël en liberté de l'aviateur.

Ce n'est qu'en 1926 qu'il publiera *La Passion de Roland Garros*, deux volumes pleins, compte tenu de l'amitié qu'ils se portaient mutuellement, d'informations de première main et souvent intéressantes. Mais la lecture de ces paragraphes, presque tous coiffés d'un superlatif redondant qui donne à l'œuvre un aspect hagiographique difficilement supportable, reste laborieuse.

AUDEMARS Edmond
1884-1970

Le *Tiny*, comme Roland l'avait affectueusement surnommé en raison de sa petite taille, fit partie avec Barrier et Simon de l'épopée du Cirque Moisant (avec des interruptions pour venir régler ses affaires en Europe) aux États-Unis, au Mexique et à Cuba ; comme Barrier et Charles Voisin, il participa à l'aventure de la Queen Aviation Company ^{Ltd} au Brésil et en Argentine. Avec la baronne de Laroche, il était à ses côtés pour le soutenir dans son équipée solitaire du Circuit d'Anjou… C'est avec la boussole de son Berlin-Paris qu'il avait donnée à Garros que celui-ci s'orienta pendant sa légendaire transméditerranéenne.

Très francophile, il ne put néanmoins participer aux combats contre les Allemands en raison de sa nationalité suisse. Il put quand même rendre beaucoup de services en assurant la livraison des appareils militaires.

L'amitié fidèle et intarissable entre les deux jeunes aviateurs fera que Jacques Mortane les baptisera les Oreste et Pylade du XXe siècle.

BARRIER René
1884-1930

Il a participé aux côtés de Garros aux deux grandes tournées américaines, le Cirque Moisant aux États-Unis, au

Mexique et à Cuba et la Queen Aviation Company Ltd, au Brésil et en Argentine.

Ce licencié ès lettres fut d'abord intéressé par l'automobile avant de se convertir à l'aviation. Il pratiquait aussi la photographie, c'est ainsi qu'il a laissé au Musée de l'Air et de l'Espace un album de ses clichés pris lors de ces deux tournées. C'est à lui que l'on doit la fameuse photo des « resquilleurs de Fort Worth », grimpés dans des arbres pour mieux jouir sans payer du spectacle aérien que donnait le Cirque Moisant (voir cahier photographique).

Il aimait le surnom qu'on lui avait donné au sein du Cirque Moisant, le Roi des Dollars, ou celui qu'utilisaient les journalistes : Recordman des vols au-dessus des villes…

BIELOVUCIC Jean
1889-1949

Biélo, comme l'appelaient affectueusement ses amis, est né à Lima, de Juan Miguel Bielovucic, issu d'une opulente famille d'armateurs d'origine croate, et d'une mère française, Adrienne Cavalié Le Bihan. Il bénéficiait ainsi de la double nationalité péruvienne et française, tout en étant considéré à Zagreb comme le premier aviateur croate ! Juan Miguel étant tombé malade, la famille quitta Lima pour Dubrovnik, où malheureusement il décéda alors que son fils Jean n'avait que huit ans. Dès lors, sa mère vint s'installer à Paris pour y retrouver une bonne partie de sa propre famille. Et le jeune Jean terminera ses études à Janson-de-Sailly, où son itinéraire croisera pour la première fois celui de Roland Garros.

Il sera comme lui passionné par les balbutiements de l'aviation naissante et, dépourvu de soucis financiers, il pourra s'inscrire directement à l'école de pilotage des frères Voisin et ne tardera pas à obtenir, le 10 juin 1910, le brevet de pilote portant le n° 87. Avant d'entamer brillamment une double carrière aéronautique, en Europe et dans son pays natal : tout de suite, ce ne sera pas moins que le record du monde de cross-country aérien avec escales, en volant dès septembre 1910 de Paris à Bordeaux sur un Voisin de course, avant de participer au meeting de Milan !

Il retournera dans son pays natal et y séjournera une bonne partie de l'année 1911, réalisant d'incessants survols de villes, de vols de ville à ville, de survols du Pacifique, partout acclamé comme un héros, son nom ovationné à côté de celui de Géo Chavez, cet autre aviateur péruvien mortellement blessé en 1910 à l'atterrissage à Domodossola (Piémont) après avoir accompli la première traversée aérienne des Alpes. Il laissera derrière lui la première école de pilotage d'Amérique du Sud, qui porte toujours son nom et continue à former les pilotes civils péruviens. Et il emportera le grade de colonel du Corps Aérien Péruvien.

De retour en France, il participera notamment, au côté de Garros, aux trois meetings de Vienne, les deux premiers sous les couleurs péruviennes, le troisième, celui de 1914, sous les couleurs françaises. En 1913, en hommage à la mémoire de Géo Chavez et après une tentative manquée, il réussira la deuxième traversée aérienne des Alpes.

À la déclaration de guerre, il s'engagera comme volontaire et sera affecté à la MS 26 du prestigieux GC 12 « des Cigognes », que Garros rejoindra début 1915. Il y gagnera la Légion d'Honneur à titre militaire, la croix de guerre avec palme et trois citations, la croix de guerre belge, l'ordre du roi Léopold Ier, l'ordre de la couronne d'Italie, la médaille de combattant de la bataille de l'Yser, la croix du combattant étranger blessé, etc.

Il abandonnera l'aviation active en 1920 et retournera au Pérou où il deviendra *lieutenant commander* du Corps Aérien Péruvien de réserve.

La Deuxième Guerre mondiale va le trouver attaché militaire péruvien à Paris, mais il aura des contacts de plus en plus précis avec la Résistance avant de s'y consacrer entièrement.

Jean Bielovucic est mort à soixante ans, à l'hôpital de Chaillot à Paris, le 14 janvier 1949.

DEROCHE Élise Raymonde
1882-1919

Titulaire du n° 36, Élise Deroche a été la première femme au monde détentrice d'un brevet de pilote, qui semblait à ses débuts réservé à la gent masculine, et elle a fait honneur à cette distinction.

Née à Paris dans un milieu plutôt modeste, elle a su imposer le pseudonyme qu'elle avait adopté pour le théâtre (« baronne de Laroche ») puisque c'est sous ce nom et à ce titre qu'elle fut reçue au palais de Saint-Pétersbourg par le Tsar lui-même.

Après avoir été modèle pour le sculpteur futur aviateur Léon Delagrange, elle fit la rencontre de Charles Voisin, qui devint son ami intime et lui facilita sa vocation de pilote. Elle participera alors à de nombreux meetings aériens, à l'étranger ou en France : Héliopolis, Budapest, Rouen, Saint-Pétersbourg, Reims. C'est dans ce dernier meeting qu'elle s'écrase avec son Voisin, s'en tirant avec une fracture du bras et de la jambe gauches.

La mort de Charles Voisin l'affecta beaucoup et ce n'est qu'après la guerre qu'on la voit reprendre les commandes d'un avion. Le 17 juin 1919, à Issy, elle bat le record féminin d'altitude avec 3 900 mètres, mais il lui est enlevé par l'Américaine Ruth Law avec 4 720 mètres. La baronne ne tardera pas à le lui reprendre en montant jusqu'à 4 800 mètres. Elle, la spécialiste des vols d'altitude, n'ira pas plus haut.

Le 18 juillet 1919, elle trouve en effet la mort au cours d'un vol d'entraînement au-dessus du Crotoy sur un prototype Caudron. Mais elle n'était pas aux commandes : son honneur était sauf.

GILBERT Eugène
1889-1918

Il avait un an de moins que Garros : il était né en 1889 à Riom, de père inconnu. Sa mère, Françoise Gilbert, est la fille d'un entrepreneur de travaux publics. Passionné de mécanique et d'aviation, il abandonne ses études pour devenir metteur au point dans l'auto-garage Bastide à Clermont-Ferrand. Il entre en 1910 à l'école d'aviation Blériot d'Étampes. Comme Garros, il se révèle rapidement un pilote instinctif : il lui suffit de huit leçons de vol (soit 1 h 30 au total) pour décrocher le 24 septembre de la même année le brevet n° 240 ! Il a vingt et un ans.

Service militaire l'année suivante : il fait ses classes en tant que caporal-aviateur, mais après six mois de service, un grave accident lors d'une manœuvre le contraint à quitter l'armée. Il n'abandonne pas pour autant l'aviation et se lance dans les compétitions sportives où il démontrera rapidement la qualité de son pilotage. Un aperçu de son palmarès est assez probant. Jugez-en : Coupe Deutsch de la Meurthe en 1913, circuit de Paris en 1913, voyage Paris-Baltique-Nord-Stettin (1 250 km en 15 h 25), Coupe Pommery, coupe Michelin en 1914 (3 000 km en 39 heures dans de mauvaises conditions climatiques).

La guerre éclate et il est mobilisé dans l'escadrille MS 23 commandée par le capitaine François de Vergnette, où il fraternise avec son contemporain Garros et avec Marc Pourpe. Il abat son premier avion ennemi le 2 novembre 1914, puis continue, mais trois des appareils qu'il a abattus s'étant écrasés de l'autre côté des lignes, seules quatre de ses victoires seront homologuées, le privant du titre d'as dont il aurait été le premier détenteur en France.

Il est ensuite affecté à la MS 49 dont les MS L Parasol ont été remplacés par des MS N, auxquels une aile médiane et une imposante casserole d'hélice donnent un aspect particulièrement moderne. Les Britanniques, qui l'utiliseront autant que les Russes, le baptiseront d'ailleurs *Bullet*. Le sien, Gilbert le baptisera à grandes lettres peintes sur ses flancs du nom de *Le Vengeur*, rendant ainsi hommage à ses amis Marc Pourpe mort pour la France et Roland Garros, ce dernier toujours prisonnier. C'est sur son MS N que Gilbert montera le système de déflecteur de balles mis au point par son ami Garros et poursuivra sa carrière de chasseur, mais le 27 juin 1915, après le bombardement réussi d'un hangar à zeppelins de Friedrichshafen, Gilbert doit se poser en Suisse : il est fait prisonnier. Après deux tentatives infructueuses, il réussira à s'évader et parviendra à Annemasse le 1er juin 1916.

Mais pour lui, la guerre est terminée : l'otite contractée lors de son accident de 1911 a été peu soignée durant sa captivité, son état n'a fait que s'aggraver et les spécialistes français sont formels : le pilote Eugène Gilbert ne doit plus voler. Gilbert trouve le moyen de passer outre : il devient réceptionneur, c'est-à-dire qu'il va réceptionner les avions sortis d'usine pour les livrer à l'armée une fois testés par lui. C'est ainsi qu'il trouvera la mort le 17 août 1918, dans les bois de Villacoublay, lors d'un essai de routine.

Roland Garros, qui s'est évadé le 15 février, pourra assister aux obsèques de son ami.

LESIEUR Émile
1885-1985

Condisciple de Roland Garros sur les bancs de H.E.C., Émile Lesieur était aussi un redoutable rugbyman, qui a notamment marqué le premier essai français de toute l'histoire du Tournoi des cinq nations. Et en 1906, il fut le parrain de Garros lors de son adhésion au Stade Français. Pendant la guerre, il fut lui aussi pilote de chasse.

En 1927, devenu président de la vénérable organisation sportive, il exigea que le stade de tennis que l'on construisait porte d'Auteuil pour accueillir la coupe Davis amenée en France par les Mousquetaires portât le nom de son ami, mort pour la France neuf ans plus tôt, à l'issue d'un combat aérien.

Émile Lesieur est mort en 1985, pas tout à fait centenaire.

MECKLEMBOURG-SCHWERIN Anastasie,
grande-duchesse de
1860-1922

Avant la guerre de 14, quand les écoliers jouaient à l'aviateur sous le préau, bras tendus comme des ailes et lèvres vrombissantes, ils portaient la casquette à l'envers, visière rabattue sur la nuque. Pas *À la Blériot* ou *À la Védrines*, autres grandes vedettes du moment. *À la Garros*, disaient-ils, parce que pour ces petits hommes volants en herbe, les futurs Guynemer, Saint-Exupéry ou Mermoz, Roland Garros était une semi-divinité et un modèle admiré. Mais sa popularité, pour ne pas dire sa gloire, ne se cantonnait pas dans les cours de récréation, il était réellement devenu pour tout le monde ce que dans le langage de notre siècle on appelle une idole, mais avec d'autres critères pour mériter ce titre.

La plus ardente des admiratrices de Roland Garros a sans aucun doute été la grande-duchesse Anastasie de Russie, la petite-fille de Nicolas Ier de Russie, à la fois par sa naissance grande-duchesse de Russie et, par son mariage à dix-huit ans, arrangé comme cela se faisait à l'époque dans les familles princières, grande-duchesse prussienne.

C'est fin mai 1911, à l'occasion de l'étape de Nice dans la course Paris-Rome-Turin, qu'elle assiste à l'atterrissage, à peine guidé dans l'obscurité par un méchant feu de bois, du Blériot de Garros. Dès lors, elle suivra de loin la carrière aéronautique de Roland, lui adressant à chacun de ses records, épreuves ou traversées un courrier chaleureux, souvent accompagné d'un souvenir, comme ce splendide fume-cigare en or massif.

« Je pense quand même souvent à vous et à votre cher fils, écrit-elle à Georges Garros, le père de Roland, dans une lettre du 16 janvier 1919. Toutes ces fêtes ont dû vous rendre le cœur bien gros en pensant à celui qui aurait pu en être et comme beaucoup d'autres. Mais enfin, pensons au moins aux familles qui ont le bonheur de revoir leurs braves soldats. »

La missive est écrite sur papier à lettres de l'hôtel Beaurivage à Genève, parce que la grande-duchesse Anastasie de Mecklembourg-Schwerin, dont le gendre n'était autre que le Kronprinz Wilhelm, dont les frères combattaient dans les rangs de l'Armée russe et les beaux-frères dans l'Armée allemande, n'a pu séjourner, tout au long de la guerre, sur le territoire français et sa Côte d'Azur qu'elle aimait tant, en raison de sa nationalité allemande.

Et elle poursuit :

« J'aurais aussi tant aimé avoir des détails sur la santé de votre fils au retour de sa captivité et aussi sur son dernier printemps et été, vous me raconterez tout cela un jour [...] Je ne me souviens plus si je vous avais montré à Eze une gravure représentant un avion filant vers l'Afrique au-dessus de la Méditerranée ? On devrait la reproduire en aquarelle. J'aime tant à penser à cette [*sic*] épisode de votre fils – car dans l'histoire aéronautique personne n'a entrepris ni avant ni après un vol aussi courageux et aussi audacieux [...] Que le bon Dieu vous bénisse et vous donne la faculté de se souvenir, sans larmes, des exploits incomparables et de tant de beaux jours de la vie de votre héros. »

MOISANT John
1868-1910

Il y a plusieurs versions concernant l'origine de la fortune de la famille Moisant. Quand on a mesuré le caractère aventurier de John, celle qu'Audemars avait favorisée paraît la plus plausible, quoique la plus invraisemblable.

La famille Moisant, agriculteurs franco-canadiens installés au Salvador, y cultivait la canne à sucre. Une tempête, comme seul alors le Pacifique savait en lancer, frappa un jour les côtes du pays. Un navire transportant un chargement d'or s'échoua près du rivage et son équipage, terrorisé, prit la fuite. La nouvelle arriva aux oreilles de John qui, à la rame, parviendra jusqu'au navire où il s'attachera solidement au mât. Et il lui suffira d'attendre la fin de la tempête pour devenir propriétaire d'un *derelict*.

Dès lors, la famille d'agriculteurs deviendra une famille de banquiers... et d'aviateurs.

NIEL Albert
1883-?

Hormis la place importante et ô combien affectueuse que lui accorde Garros dans ses *Notes*, on sait peu de choses du couple Niel, sinon qu'Albert serait né en 1883 (à Marseille ou Toulon ?) et a obtenu le Brevet de l'Aéro-club de France n° 104 délivré le 10 juin 1910.

Il a longtemps été considéré que la titulaire du brevet de pilote N° 226 sous le nom de Marthe Niel aurait été son épouse, alors que des recherches récentes tendent à établir que ce serait en fait le pseudonyme utilisé par une femme nommée Marie-Ange Denieul (1878-1929).

La participation d'Albert Niel à la 2e Grande Semaine d'Aviation de Champagne (3-10 juillet 1910) sur un Nieuport est en revanche avérée. Mais on ignore les circonstances exactes de l'accident qui l'a handicapé ainsi que sa véritable carrière aéronautique.

En 1918, après son évasion et avant son retour au combat, Roland adresse à Albert le petit mot suivant :

« Léon Morane dit qu'il y a à Marseille deux soleils : celui du Midi et toi. Justement, j'ai un grand besoin de soleil et je fais des efforts désespérés pour aller vous voir tous les deux. Si je n'y parviens pas, ce n'est sûrement pas de ma faute. J'ai encore cependant un petit espoir. »

Il l'aura, sa convalescence bien gagnée, au soleil du Midi, il reverra « tout le paysage de soleil, de réjouissance, de bouillabaisse, d'écrevisses à la provençale et de lièvre braconné, avec des routes poudreuses et des automobiles qui se renversent ».

Il parviendra à passer plusieurs jours en compagnie du couple ami. Marcelle n'en sera pas : elle doit rester couchée, rue Lalo, avant de partir en convalescence à Billère, puis plus tard, à Villefranche-sur-Mer. Et loin des cérémonies officielles, ce sera de longues randonnées en voiture le long de la côte, au Carro, au Lavandou, une escapade à Porquerolles grâce à l'obligeance du maire d'Hyères, un ami de Niel, de grandes parties de bouillabaisse.

Mais Garros ne tardera pas à devoir les quitter pour aller commencer son cycle d'instruction qui doit le remettre à niveau avant son retour au front.

PINSARD Armand
1887-1953

Au sein de la MS 23, l'adjudant Pinsard fit de nombreuses patrouilles et plusieurs bombardements en compagnie du sergent Roland Garros. Avant même ce dernier, il fut lui aussi capturé par les Allemands mais sa captivité ne dura qu'un an. Promu lieutenant dès son évasion, il retournera au combat après avoir suivi une mise à niveau et deviendra le 8e As français, avec 27 victoires homologuées.

Durant cette période, il aurait sauvé la vie de Jean Renoir, alors observateur aérien. C'est semble-t-il la raison pour laquelle, devenu général, il fut en 1937 le conseiller militaire du cinéaste lors du tournage de *La Grande Illusion*. Sa personnalité rude et solide a inspiré Renoir pour le personnage interprété par Jean Gabin sous le nom de lieutenant « Maréchal ». Or c'est avec le lieutenant Anselme « Marchal » que Garros s'est évadé de Magdeburg. Il est en outre difficile de ne pas retrouver dans le personnage de Boëldieu, par ailleurs inspiré par la personnalité du chef d'escadron de chars Louis-Marie Bossut et son monocle, quelques-uns des traits de caractère propres à Garros, comme l'amour de la musique, le flegme, l'humour, et la rigueur morale.

De toute façon, Armand Pinsard n'était pas homme à oublier son coéquipier de la 23.

POURPE Marc
1887-1914

Il ne devait pas être facile d'être le fils d'une Liane de Pougy et pourtant Marc Pourpe a supporté cette épreuve avec, pourrait-on dire, un talent certain mais surtout grâce à l'aide de sa famille paternelle. Il était en effet né le 17 mai 1887 à Lorient, de la future célèbre courtisane et de l'enseigne de vaisseau Joseph Pourpe. Après le divorce de ses parents, il fut confié à ses grands-parents paternels. Son grand-père étant ingénieur au Canal de Suez, c'est là qu'il passa sa première enfance. Puis durant près de deux ans, il suivit en Angleterre des études à Harrow, à l'école préparatoire aux universités d'Oxford et Cambridge.

En France, il trouva un emploi dans une usine de mécanique automobile. En 1908, il fit la connaissance d'un aviateur anglais, nommé Defries, qui venait d'acheter un biplan Wright pour entreprendre une tournée d'exhibitions en Australie. Il réussit à se faire embaucher comme mécano et les voilà débarquant à Sydney, où Defries tombera vite amoureux d'une belle Australienne qu'il va tout de suite épouser. Du coup, Pourpe héritera du vieux biplan et comme pas mal d'aviateurs alors, fera son apprentissage de pilote en autodidacte.

De retour en France en 1909, il deviendra chef pilote à Nice mais ce n'est qu'en juillet 1911 qu'il passera enfin son brevet de pilote (N° 560), alors qu'il vole depuis plus de trois ans ! Le 27 août, il effectue la double traversée de la Manche, Boulogne-sur-Mer-Douvres, puis le lendemain Douvres-Folkestone et retour à Boulogne. En 1912, il participe à la Coupe Pommery, vole d'Étampes à Liège et se blesse accidentellement. C'est durant sa convalescence qu'il décide de se consacrer à l'aviation coloniale.

Il vole avec un Blériot, à travers les Indes anglaises, la Malaisie, le Cambodge, l'Indochine. Il réalise les liaisons Saïgon-Phnom-Penh, Long-Xuyen-Bac-Ninh, Langson-Hanoï, Hanoï-Nam-Dinh. Cette dernière préfigure la ligne aérienne quotidienne qui reliait Hanoï à Nam-Dinh pendant la guerre d'Indochine sur des Dragonfly De Haviland. À Saigon, Pourpe rencontrera le père de Roland Garros et fera ainsi dès son retour en France la connaissance de son fils, qu'il retrouvera finalement au sein de la MS 23.

En 1914, il fait le raid Le Caire-Khartoum et retour.

À la déclaration de guerre, il s'engage. En quatre mois, il totalise 80 heures de vol à la MS 23. Mais il restera soldat de seconde classe !

Le 2 décembre 1914, dans la Somme, au retour d'un vol de reconnaissance au-dessus des lignes ennemies son appareil s'écrase. Il meurt le même jour à Villers-Bretonneux.

Dans une lettre au père de Roland en date du 30 juin 1915, le prince roumain Georges Ghika, le deuxième époux (légitime) de Liane de Pougy, remerciait Georges Garros, au nom de son épouse, pour ce qu'il avait fait en Cochinchine pour la mémoire du « Petit Marco », comme l'appelait sa mère. Il s'agit probablement du quai du port de Tourane (ville depuis rebaptisée Da-Nang) qui, au moins jusqu'en avril 1954, portait le nom de « quai Marc Pourpe ».

SIMON René
1885-1947

René Simon est certainement le pilote qu'a le plus admiré Roland Garros, ce grand jeune homme de vingt-cinq ans, tout de distinction et de raffinement artistique, le *Flying Fool* des journalistes américains, que son origine et sa fortune familiale destinaient à la Carrière lorsque l'Aviation lui a été révélée. Très doué, il a fait sur un Blériot ses premières exhibitions publiques à Barcelone, puis à Cordoue, avant de « sortir », selon l'expression de *L'Auto*, au meeting de la Baie de Seine où il s'attribue le « record du monde de la totalisation des distances parcourues dans un seul meeting », soit la coquette somme de 25 000 francs. Tout de suite après, il remporte la Coupe Michelin avec un vol de 280 kilomètres. Ses succès ne l'étonnent nullement, sans jamais entacher sa passion pour l'aviation.

Il rencontrera Garros dans le train qui les amène au Havre pour embarquer à destination de New York où les attend le meeting du Belmont Park, à Long Island. Il sera par la suite comme Garros conquis par la Moisant International Aviators, et Garros y suivra avec intérêt les progrès réalisés par ses deux maîtres : René Simon et John Moisant, donnant l'avantage à la douceur et à la souplesse du pilotage de Simon. Pendant la tournée de la M.I.A., René Simon épousera une jeune Américaine, Mabel Thorpe, qui suivra son mari au sein de la troupe. En février 1911, le gouvernement mexicain engagera Simon pour une reconnaissance aérienne sur les positions rebelles près de Juarez.

Mais il ne sera pas de la tournée sud-américaine, soucieux qu'il est de faire connaître son pays natal à sa jeune épouse. Le 21 janvier 1913, il décroche son brevet militaire, le n° 199, obtenu à l'école de Reims. Il est affecté au Centre d'Aviation Militaire de Reims, où il se signale le 7 mai 1913 par un accident d'avion (le nez et une jambe cassés). Il est bientôt nommé sous-lieutenant, et, après le début de la guerre, il sera affecté à l'escadrille C 27 pendant presque toute l'année 1915 et recevra la Croix de Guerre. Après un passage rapide à l'école militaire d'aviation de Tours, il enseignera à l'école militaire de pilotage de Pau à compter du 14 décembre 1915 jusqu'à la fin de la guerre. Il va y imposer, non sans grandes difficultés, l'introduction de l'acrobatie aérienne dans le cycle d'instruction des nouveaux chasseurs.

Après son évasion et lors de sa remise à niveau, Garros tiendra à ne pas oublier l'étape de Pau et ce seront de chaleureuses retrouvailles avec Simon et Mabel, quelques agréables soirées agrémentées d'un piano délicatement nostalgique (que c'est loin, Houston !). Et, le jour du départ, les deux anciens du Cirque Moisant retrouveront leur jeunesse de La Nouvelle-Orléans en exécutant, sur leurs SPAD, un éblouissant ballet aérien… Garros n'a plus que quelques semaines à vivre. Simon attendra plus longtemps.

VÉDRINES Jules
1882-1919

Jules Védrines avait six ans de plus que Garros, si bien que dès leur première rencontre au cours du Paris-Madrid, il avait pris l'habitude de traiter le petit jeune d'une façon plutôt paternaliste qui horripilait le benjamin. Mais, curieusement, cela n'a jamais empêché une profonde estime de naître et de se développer entre ces deux tempéraments, diamétralement opposés.

Le journaliste Jacques Mortane a raconté à ce sujet l'anecdote suivante : par ses multiples incartades, Védrines avait réussi à se mettre à dos tous les avionneurs, qui finirent par ne plus lui confier même l'ombre d'un avion. Eh oui ! Le vainqueur du Paris-Madrid au chômage !

Mortane résolut alors de l'aider en faisant la tournée des constructeurs et des aviateurs. Sans résultat. Bien que connaissant le climat régnant entre Garros et Védrines, il n'hésita pas à poursuivre sa démarche par la rue Lalo. Garros le reçut avec son amabilité coutumière, mais resta muet et impassible tout au long de la plaidoirie de son interlocuteur. Jusqu'à ce qu'il l'interrompe :

– Je crois savoir ce qui pourra l'aider…

– Ah, oui ? Et quoi ?

– Eh bien, je viens de mettre au point le Blériot XI que je viens tout juste d'acheter…

– Et alors ?

– Et alors ? Eh bien, il est à lui quand il voudra !

Stupéfaction de Mortane.

– Mais comment pourrait-il s'acquitter d'une telle dette envers vous ?

Moment de silence, puis, dans un soupçon de sourire :

– C'est très simple… Qu'il ne me dise plus *tu*.

Il semble bien que ce soit avec ce Blériot que Védrines réussit son raid le plus fou, le plus improvisé, le plus brillant qu'il ait jamais effectué, le parcours Nancy-Le Caire (Nancy, Prague, Vienne, Belgrade, Sofia, Constantinople, Konya, Tripoli (Syrie), Beyrouth, Jaffa, Le Caire), soit 5 400 kilomètres entre le 20 novembre et le 29 décembre 1913.

À noter aussi que, dans les milieux des services secrets que fréquentait assidûment Védrines pendant la guerre (les « missions spéciales » de Védrines consistaient à déposer, puis à récupérer par avion des espions au-delà des lignes ennemies), lorsqu'il fut question d'organiser une opération d'évasion de Garros par les airs, Védrines fut le premier à se porter volontaire…

VOISIN Charles
1882-1912

C'est début août 1911 et à Saint-Étienne que Garros fit la connaissance de Charles Voisin, au meeting de Bouthéon. Voisin était escorté de sa compagne Élise Deroche, plus connue sous son pseudonyme de baronne de Laroche, la première femme titulaire d'un Brevet de Pilote (le n° 36, s'il vous plaît !). Ainsi que de Jean Bielovucic, dont Voisin était en quelque sorte le cocher. Le courant passa très vite entre Roland et Charles si bien que ce dernier accepta de s'occuper des affaires de Roland comme il le faisait déjà pour Bielovucic : la première fut l'organisation du record d'altitude de Cancale. Puis les manifestations de Vichy avec Joseph Aletti. C'est Charles qui organisa par la suite la tournée de la Queen Aviation Company Ltd en Amérique du Sud.

Mais il ne faut pas oublier qu'avant de quitter la société Appareils d'aviation Les Frères Voisin, fondée avec son frère Gabriel, Charles Voisin avait accompli le 15 mars 1907 à Bagatelle le premier vol mécanique en France sur un aéroplane muni d'un moteur à explosion (un V8 Antoinette).

Garros fut très affecté le 26 septembre 1912 par la mort de son ami Charles dans un accident automobile.

Table

Préface de Philippe Forest 7

Avant-propos de Jean-Pierre Lefèvre-Garros . . 21

Note de l'éditeur 24

MÉMOIRES 25

Les débuts 27

En Amérique 83

Campagnes sportives en France 209

En Amérique du Sud 293

La saison de 1912 327

Les saisons de 1913 et de 1914 367

JOURNAL DE GUERRE
16 août 1914 – 17 avril 1915 423

DOSSIER 467

Aperçu chronologique
de la vie de Roland Garros 469

Quinze notices biographiques de personnalités ayant marqué le parcours de Roland Garros 479

Les Éditions Points s'engagent
pour la protection de l'environnement
et une production française responsable

Ce livre a été imprimé en France, sur un papier certifié issu de forêts gérées durablement, chez un imprimeur labellisé Imprim'Vert, marque créée en partenariat avec l'Agence de l'eau, l'ADEME (Agence de l'environnement et de la maîtrise de l'énergie) et l'UNIIC (Union nationale des industries de l'impression et de la communication).

La marque Imprim'Vert apporte trois garanties essentielles :

- La suppression totale de l'utilisation de produits toxiques
- La sécurisation des stockages de produits et de déchets dangereux
- La collecte et le traitement de produits dangereux

RÉALISATION : NORD COMPO À VILLENEUVE-D'ASCQ
IMPRESSION : MAURY IMPRIMEUR À MALESHERBES
DÉPÔT LÉGAL : MAI 2023. N° 153346 (269012)
IMPRIMÉ EN FRANCE

Collection Points Aventure

Pour aller plus loin :

Site Internet : www.points-aventure.com
Page Facebook : @pointsaventure

DERNIERS TITRES PARUS

P4133. Un long printemps d'exil. De Petrograd à Saigon. 1917-1946, *Olga Ilyina-Laylle, Michel Jan*
P4193. À la recherche de Livingstone, *Henry Morton Stanley*
P4194. Eiger, la dernière course, *Joe Simpson*
P4277. Croquis de voyage, *Joseph Roth*
P4278. Aller voir ailleurs. Dans les pas d'un voyageur aveugle *Jean-Pierre Brouillaud*
P4377. Persévérer. On ne repousse pas ses limites, on les découvre *Jean-Louis Étienne*
P4378. Aventures au Mato Grosso, *Raymond Maufrais*
P4418. De l'esprit d'aventure, *Gérard Chaliand, Patrice Franceschi, Jean-Claude Guilbert*
P4446. Laissé pour mort à l'Everest, *Beck Weathers, avec Stephen G. Michaud*
P4447. Les Fleuves immobiles, *Stéphane Breton*
P4498. Le Sur-vivant, *Reinhold Messner*
P4499. Paul-Émile Victor. J'ai toujours vécu demain *Daphné Victor, Stéphane Dugast*
P4557. L'Aventure, le choix d'une vie, *Collectif*
P4558. Une saison de chasse en Alaska, *Zoé Lamazou et Victor Gurrey*
P4559. Mémoires *suivi de* Journal de guerre, *Roland Garros*
P4603. La vie que j'ai choisie, *Wilfred Thesiger*
P4669. Inventer sa vie, *Jean-Louis Étienne*
P4690. Trois Ans sur la dunette. À bord du trois-mâts « La Boudeuse » autour du monde, *Patrice Franceschi*
P4740. J'ai épousé l'aventure, *Osa Johnson*
P4741. Une femme chez les chasseurs de têtes, *Titaÿna*
P4790. Premières Expéditions. Quatre du Congo & Terre farouche *Patrice Franceschi*
P4791. Grandes Traversées. Qui a bu l'eau du Nil & Raid papou *Patrice Franceschi*
P4871. Sur la route 66, *Stéphane Dugast, Christophe Géral*
P4892. Baïkal-Amour, *Olivier Rolin*
P4915. En radeau sur l'Orénoque, *Jules Crevaux*
P4992. Dans les pas d'Alexandra David-Néel. Du Tibet au Yunnan *Éric Faye, Christian Garcin*

P5017. Des nuages plein la tête. Un pâtre en quête d'absolu
Brice Delsouiller
P5061. Seul à travers l'Atlantique, *Alain Gerbault*
P5062. La Terre magnétique, *Édouard Glissant*
P5063. Dans mes pas, *Jean-Louis Étienne*
P5064. Raga. Approche du continent invisible
Jean-Marie Gustave Le Clézio
P5165. Aux confins de l'Eldorado. La Boudeuse en Amazonie
Gérard Chaliand
P5202. Titayna : l'aventurière des années folles
Benoît Heimermann
P5203. La Mer pour aventure, *Collectif*
P5204. Lawrence d'Arabie. Le désert et les étoiles
Flora Armitage
P5205. Travelling. Un tour du monde sans avion
Tangy Viel, Christian Garcin
P5166. Vivre libre, *Henry de Monfreid*
P5257. Endurance. L'incroyable voyage de Shackleton
Alfred Lansing
P5358. Voyage sans cartes, *Graham Greene*
P5359. La Folle Équipée, *Patrice Franceschi*
P5396. Amelia. Le fascinant destin de la plus grande aviatrice du monde
Bernard Marck
P5397. Un art de parcourir le monde. Paris - Hong Kong à vélo.
11 155 km, 371 jours, 23 pays, Florian Coupé
P5398. Les Aventurières du ciel, *Katell Faria*
P5429. Alpinistes de Staline, *Cédric Gras*
P5430. Le Massacre des Indiens, *Lucien Bodard*
P5481. Le Tour du monde en 80 livres, *Marc Wiltz*
P5492. Routes sans lois, *Graham Greene*
P5493. L'Expédition de La Pérouse, *Jules Verne*
P5537. Patagonie dernier refuge, *Christian Garcin, Eric Faye*
P5538. Vers le pôle, *Fridtjof Nansen*
P5602. Femmes d'aventure, *Priscilla Telmon, Daphné Buiron Justine Muzik, Aurore Asso, Katell Faria, Mélusine Mallender, Catherine Maunoury*
P5634. La Légende du baron rouge, *Stéphane Koechlin*
P5662. Nourrir la bête, *Al Alvarez*
P5922. Jusqu'au bout de la peur, *Geoffrey Moorhouse*
P5924. Les Secrets de la mer Rouge, *Henry de Monfreid*
P5925. Ma vie souterraine. Mémoires d'un spéléologue,
Norbert Casteret

Collector : La Saga des Maufrais. Aventures en Guyane,
À la recherche de mon fils et Aventures au Mato Grosso,
Raymond Maufrais, Edgar Maufrais